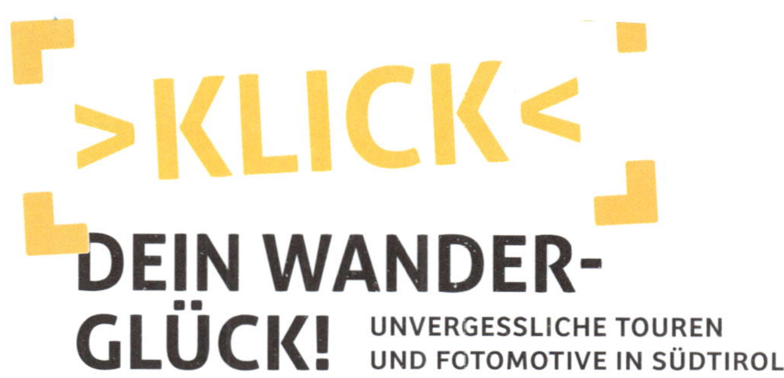

DEIN WANDERGLÜCK!

UNVERGESSLICHE TOUREN UND FOTOMOTIVE IN SÜDTIROL

JUDITH NIEDERWANGER
ALEXANDER PICHLER

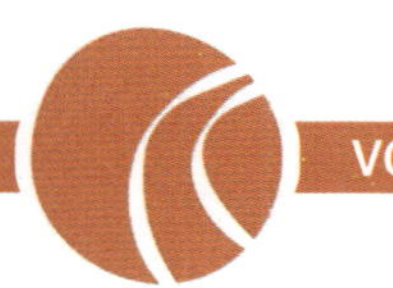

VOM DUO ROTER RUCKSACK

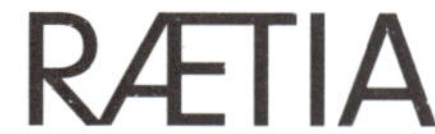

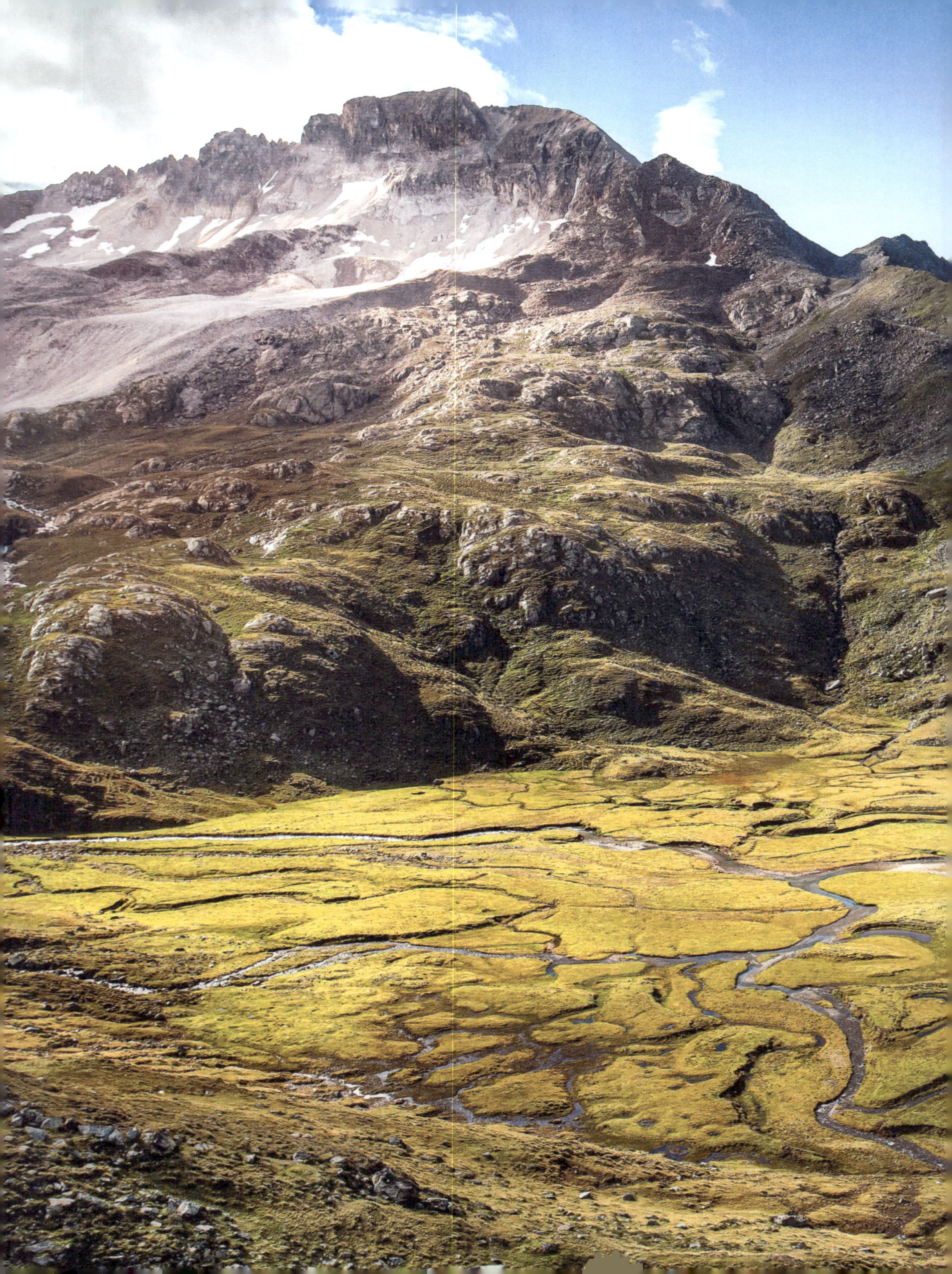

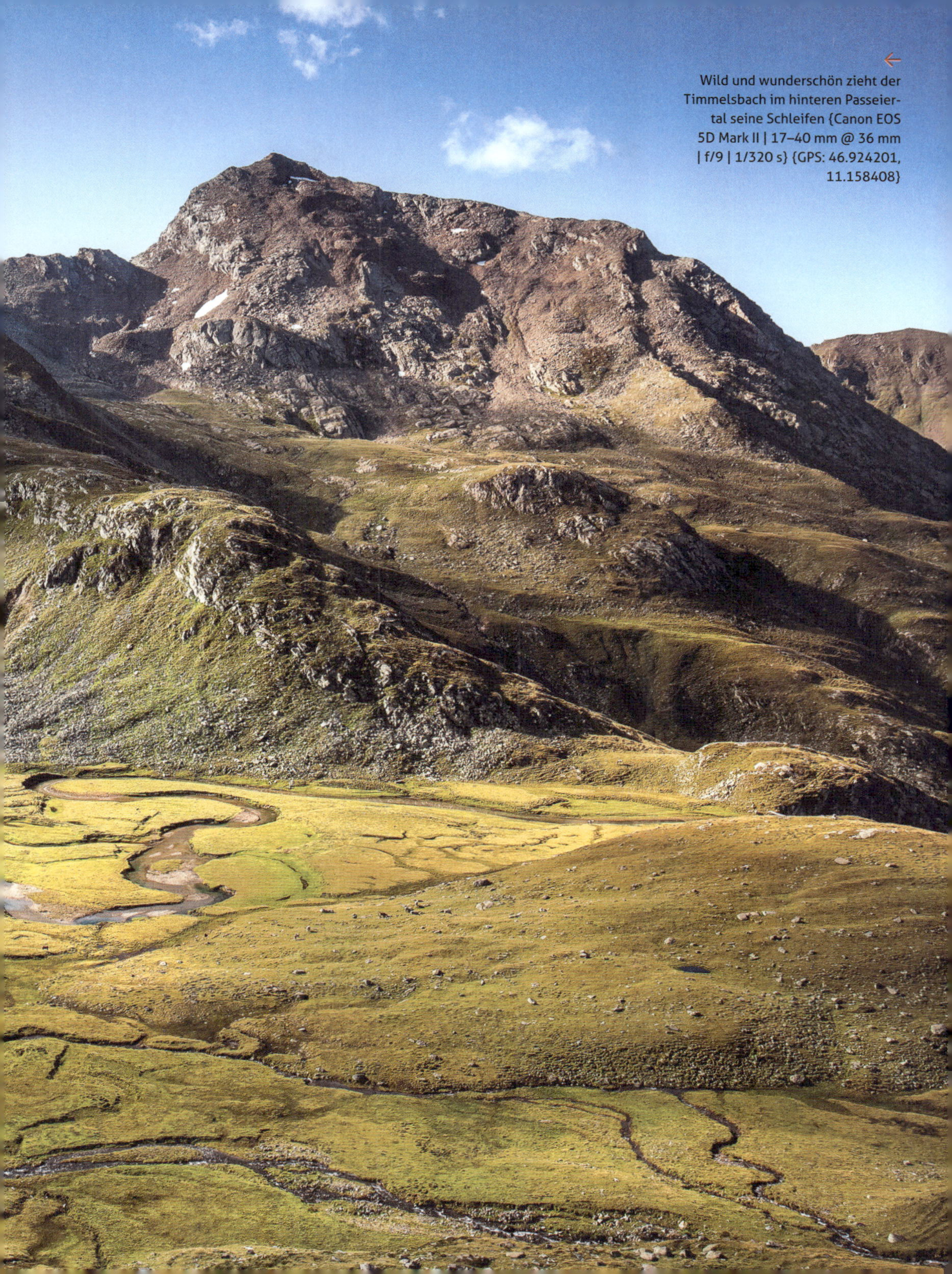

←

Wild und wunderschön zieht der Timmelsbach im hinteren Passeiertal seine Schleifen {Canon EOS 5D Mark II | 17–40 mm @ 36 mm | f/9 | 1/320 s} {GPS: 46.924201, 11.158408}

Inhalt

❄ Winterwanderung

ÜBERSICHT TOP FOTOSPOTS

ÜBERSICHT FOTOTIPPS

Vorwort

Das Erscheinen unseres ersten Buches liegt nun schon etwas zurück, Zeit also für ein neues. Wir waren wieder viel in Südtirol und auch darüber hinaus unterwegs, vom Vinschgau bis ins Pustertal und vom Wipptal bis zum Gardasee. 45 unvergessliche Wanderungen haben wir gesammelt und für jeden Wanderlevel ist etwas dabei. Unser Fokus lag dieses Mal auf Touren, die weniger bekannt sind, aber im Hinblick auf landschaftliche Schönheit und Attraktivität den großen Südtiroler Klassikern in nichts nachstehen.
Mit dabei sind natürlich auch wieder Tipps zur Bildgestaltung und den Kameraeinstellungen sowie 20 Plätze, die uns besonders gut gefallen und beeindruckt haben.

Auch wenn es selbstverständlich sein sollte, eine kleine Bitte noch: Nehmen wir doch unsere Abfälle stets wieder mit! Die Umwelt wird es freuen.

Wir wünschen unseren Leserinnen und Lesern viele einmalige Wandererlebnisse und viel Spaß beim Fotografieren.

Liebe Grüße
Judith und Alex

WIE FUNKTIONIERT UNSER BUCH?

QR-Code
Code scannen, um direkt den Aufnahmestandort der Top Fotospots zu sehen oder den GPS-Track für die Wanderungen herunterzuladen.

Tourencharakter
Was sind die wichtigsten Eigenschaften der Wanderung?

Anfahrt
Wie kommt man zum Startpunkt der Wanderung?

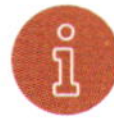

Infos
Dauer, Start und Ziel, Strecke und idealer Zeitpunkt für die Wanderung

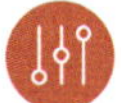

Bewertung
Wie viel Abwechslung und welche Landschaft bietet die Wanderung? Wie viel Kondition und Technik braucht man?

Einkehrmöglichkeiten
Kann ich auf der Route irgendwo einkehren?

Route
Überblick über die wichtigsten Orientierungspunkte

UNSERE FOTOAUSRÜSTUNG

Canon R6 und 5D Mark II
Canon EF 17–40 mm 1 : 4
Canon EF 24–70 mm 1 : 2,8 L II USM
Canon EF 70–200 mm 1 : 2.8 L USM
Panasonic LUMIX G70
Panasonic G VARIO 7–14 mm 1 : 4
Panasonic G VARIO 14–42 mm 1 : 3.5–5.6
Panasonic G Makro 30 mm 1 : 2.8
Panasonic G VARIO 10–300 mm 1 : 4–5.6
Rollei Compact Traveler No. 1 Stativ
Haida Graufilter ND 1.000
Haida Polfilter Zirkular
Akkus und Speicherkarten

EINSTUFUNG DER WANDERUNGEN

Wir haben für jede Wanderung die Aspekte Landschaft, Abwechslung, Kondition, Technik auf einer Skala von 1 bis 5 bewertet. 1 steht für kaum nennenswerte Anforderungen an Technik und Kondition bzw. unspektakulär in Landschaft und Erlebnis, 5 hingegen für schwer bzw. einmalig.
Den Schwierigkeitsgrad haben wir in drei Stufen eingeteilt: **Leicht** bedeutet, dass die Tour für Ungeübte und eventuell auch Kinder geeignet ist. Eine **mittelschwere** Wanderung setzt eine gewisse Erfahrung sowie Trittsicherheit und Schwindelfreiheit voraus, da es unter Umständen abschüssige oder mit Drahtseilen gesicherte Passagen zu bewältigen gilt. Wer sich eine **schwere** Tour vornimmt, der braucht zusätzlich noch Ausdauer und Kondition.

Für einen Klettersteig benötigt man die entsprechende Ausrüstung, ein Klettersteigset und Helm. Der Schwierigkeitsgrad B (Skala A–F, wenig schwierig bis extrem schwierig) bedeutet, dass eine Route mäßig schwierig ist, aber auf jeden Fall auch mit ausgesetzten Stellen und steilerem Felsgelände zu rechnen ist.

VORBEREITUNG FÜR DIE WANDERUNG

Noch ein paar Tipps, die man beherzigen sollte, bevor man aufbricht, um einen schönen Tag in der Natur zu verbringen:

- Wetterbericht und im Winter Lawinenbericht checken (wetter.provinz.bz.it)
- sich selbst richtig einschätzen
- passende Kleidung wählen
- ausreichend Proviant und Wasser einpacken
- da sich Wegverhältnisse ändern können, vorab beim örtlichen Tourismusverein nachfragen
- den Markierungen folgen
- Orientierung behalten, ab und zu die Wanderkarte konsultieren
- Falls es doch zu einem Notfall kommen sollte: Über die kostenfreie Notrufnummer 112 kann man Hilfe anfordern. Anzugeben sind: Standort, Art des Notfalls und Mobiltelefonnummer.

→
Glurns, die kleinste Stadt Südtirols, vor der mächtigen Ortlergruppe {Canon EOS 5D Mark II | 70–200 mm @ 78 mm | f/8 | 1/400 s} {GPS: 46.680892, 10.544185}

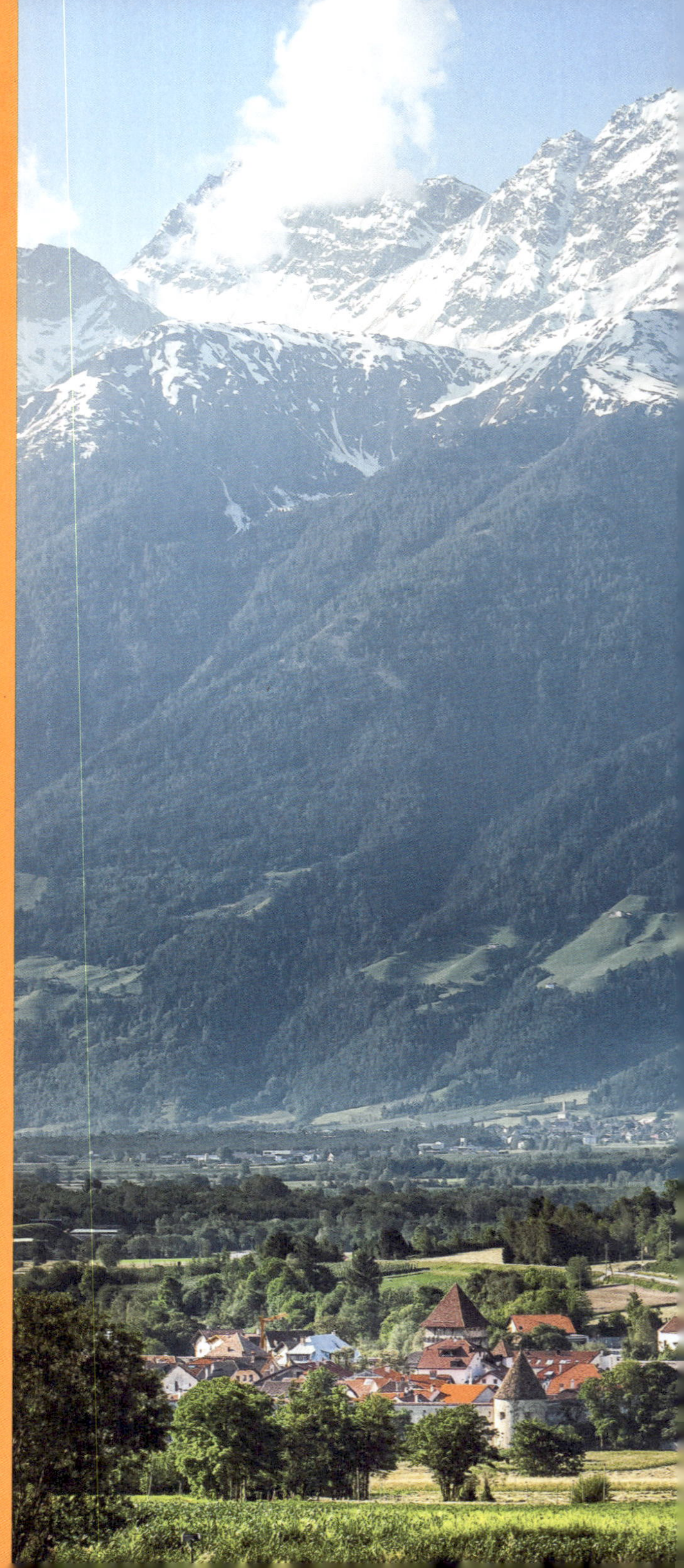

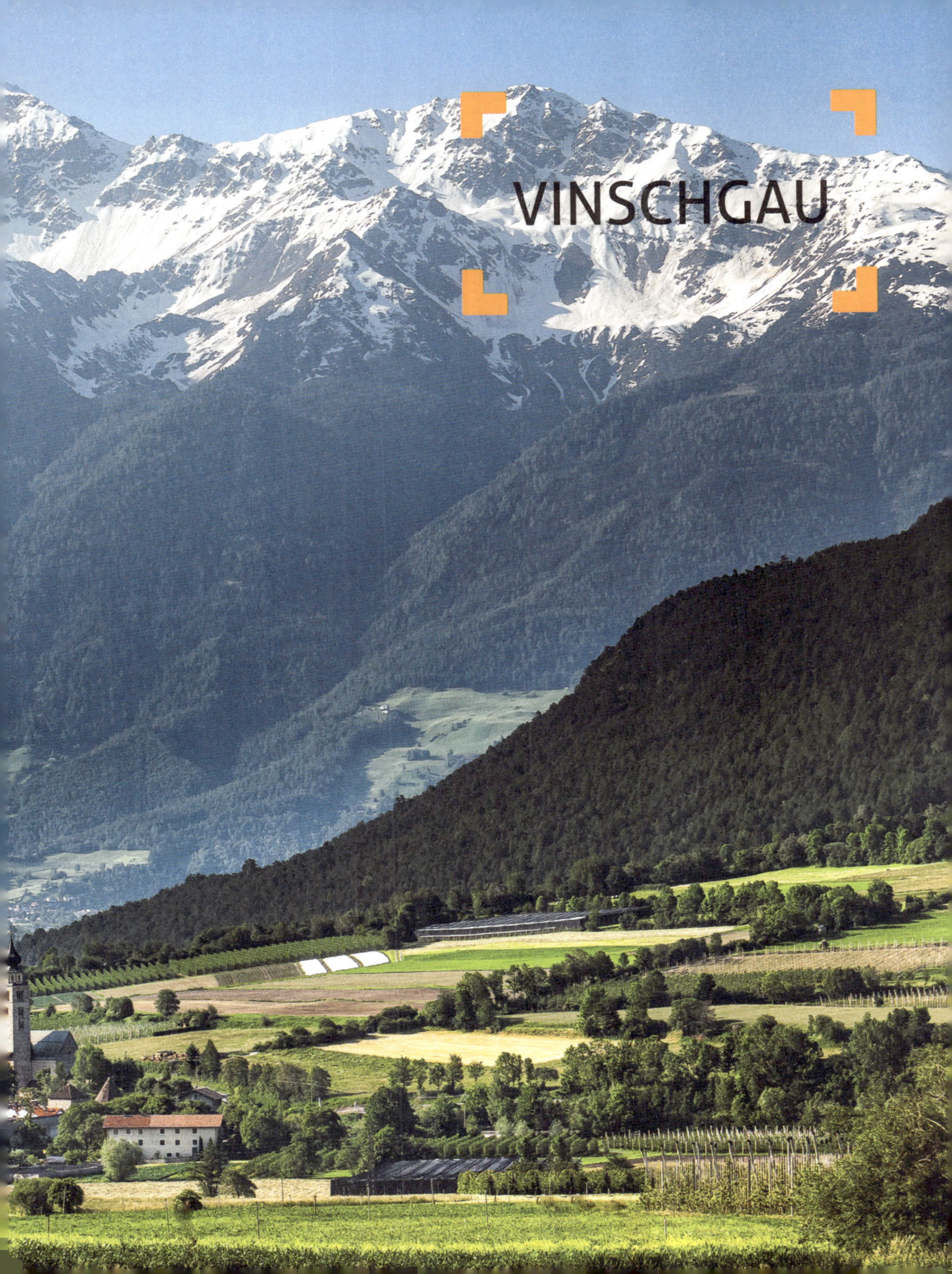

VINSCHGAU

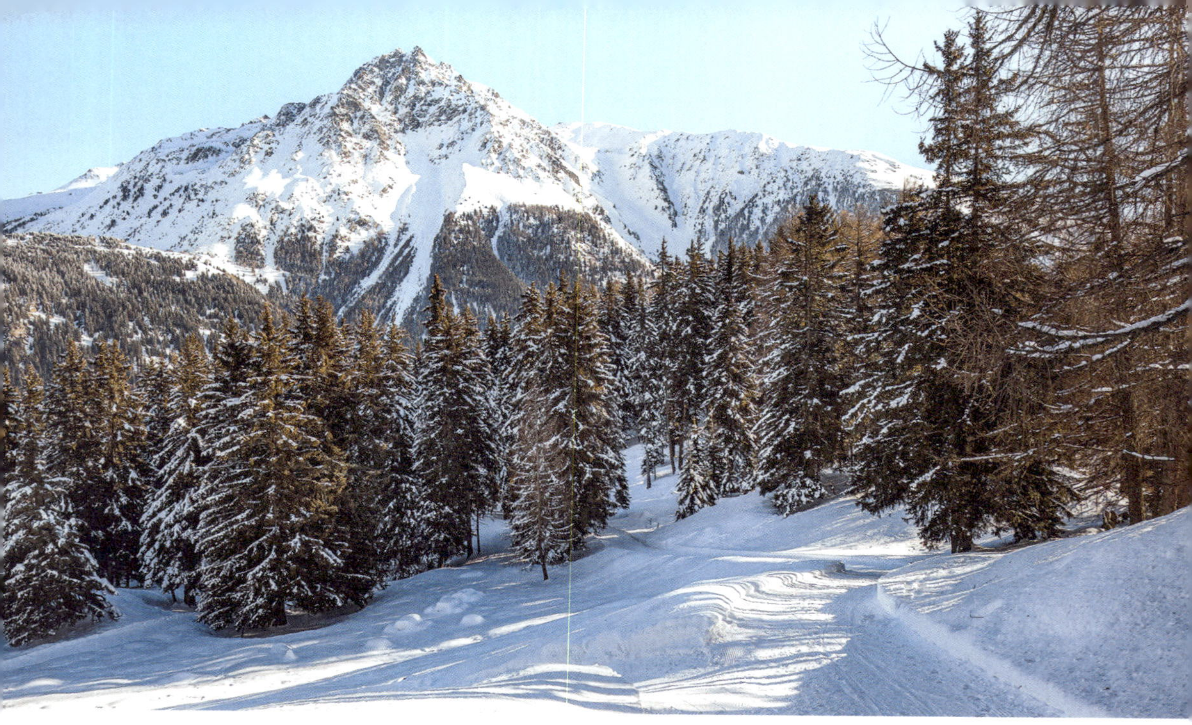

1 Zur Rescher Alm im Winter

Schneeschuhtour im Obervinschgau

Diese abwechslungsreiche und etwa 10 km lange Rundwanderung führt im Oberen Vinschgau durch eine einzigartige Gebirgslandschaft im Grenzgebiet zwischen Südtirol, Österreich und der Schweiz. Ob zu Fuß, mit Schneeschuhen oder auf Tourenskiern, der Aufstieg zur Rescher Alm ist leicht zu bewältigen und man wird mit einem beeindruckenden Blick auf die umliegenden Berge und den zugefrorenen Reschensee belohnt.

Ausgangspunkt dieser herrlichen Winterwanderung im Obervinschgau ist der Parkplatz am See in Reschen. Von dort folgt man zuerst der Markierung Nr. 5 in Richtung Rescher Alm. Durch den verschneiten Wald geht es in leichter Steigung und auf der gespurten Rodelbahn bergauf. Nach etwa 1,5 km gelangt man an eine Gabelung, bei der man auf den Weg Nr. 6 abzweigt und nun in Richtung Rojen weiterwandert. Vorbei an der Wallfahrtskirche Vallierteck geht es stets entlang der bestens präparierten Forststraße. Kurz bevor der Wanderweg auf die Rojentalstraße trifft, zweigt man scharf rechts ab, folgt einer gewalzten Straße und gelangt so zur Rescher Alm, die man nach insgesamt ca. 2:15 Stun-

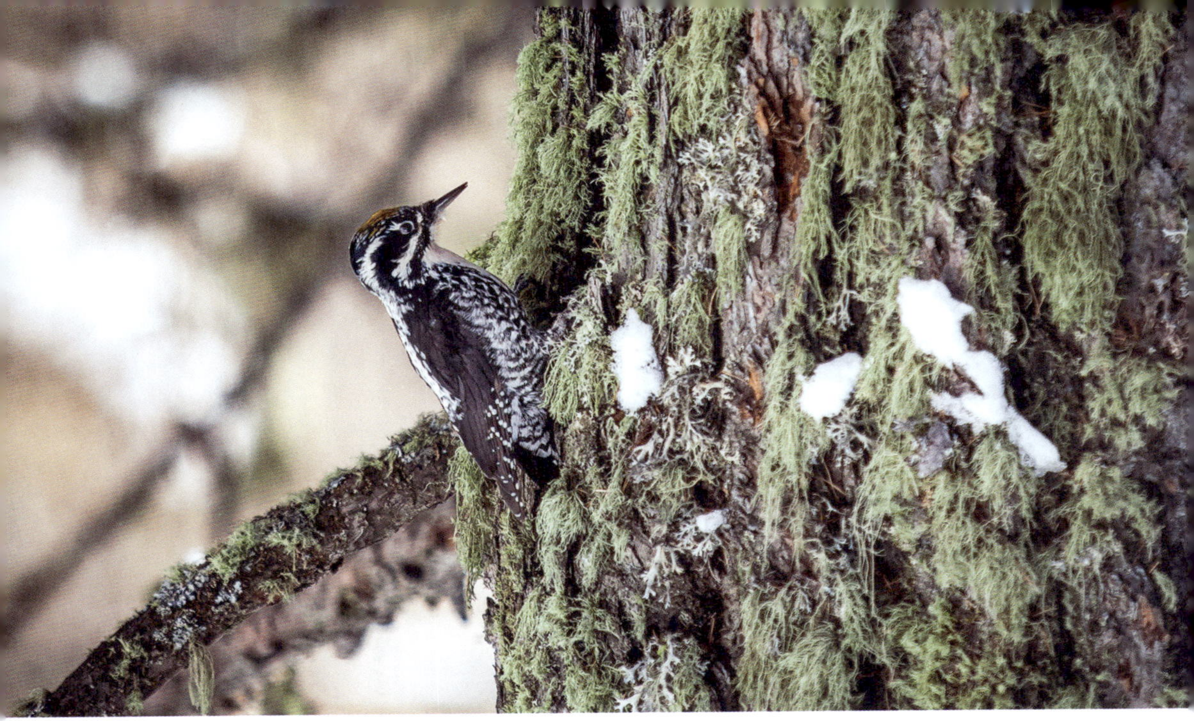

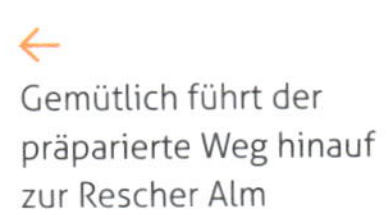
Gemütlich führt der präparierte Weg hinauf zur Rescher Alm

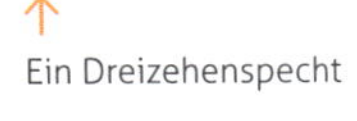
Ein Dreizehenspecht

den erreicht. Oben angekommen, hat man einen fantastischen Blick hinunter ins Tal und auf den Reschensee.
Kam man bis hierhin mit Wanderschuhen noch sehr gut zurecht, sollte man sich jetzt die Schneeschuhe anschnallen. Nach einem kurzen Abstieg über den Pfad Nr. 5 geht es quer über die Pofelwiesen und im Tiefschnee weiter. Zwischen kleinen Heuhütten bahnt man sich den Weg durch die weiße Pracht. Danach folgt man wieder dem Waldweg Nr. 5, ehe man rechts auf den Weg Nr. 6 und kurz darauf links auf Nr. 7 abzweigt. Darüber führt die Route nochmals durch den Tiefschnee und mit Blick auf den Turm im Reschensee weiter, ehe man auf eine Asphaltstraße trifft und auf dieser wieder den Ausgangspunkt erreicht.

Alternative: Wer eine Rodel dabeihat, kann von der Rescher Alm über den bereits bekannten Weg wieder abfahren.

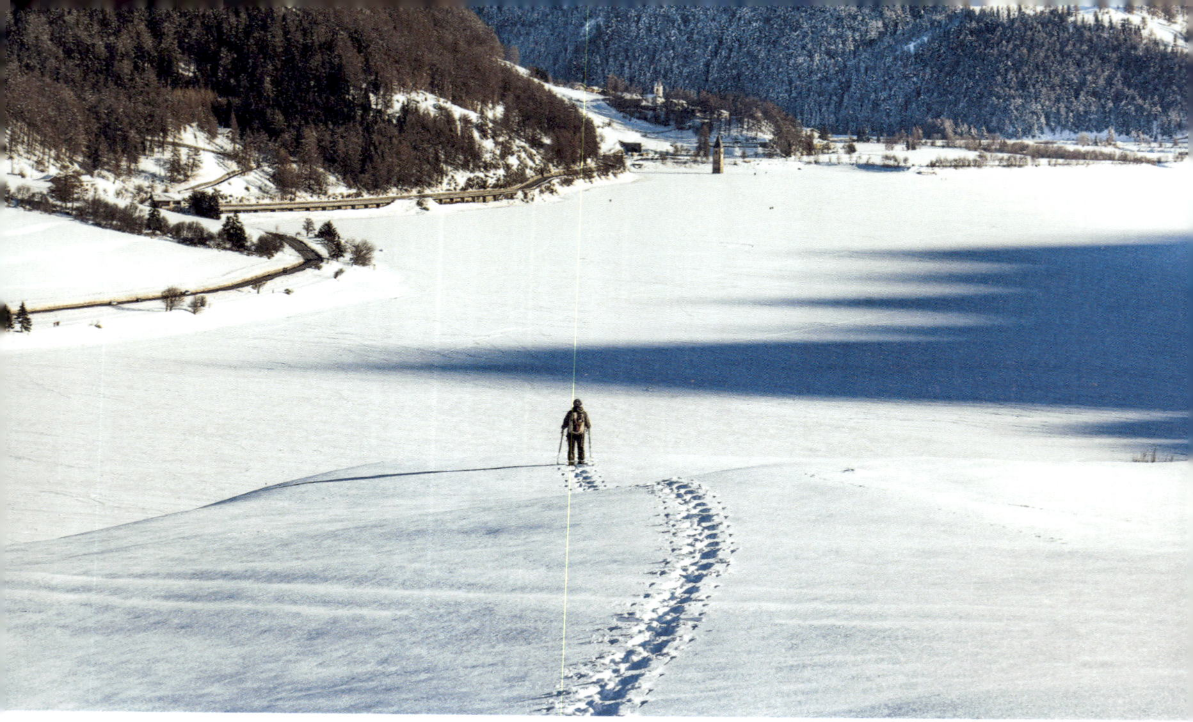

Die Spuren im Schnee führen den Betrachter ins Bild hinein zum Wanderer, der die Aussicht auf den See und den Kirchturm genießt {Canon EOS 5D Mark II | 70–200 mm @ 110 mm | f/9 | 1/640 s} {GPS: 46.828591, 10.505326}

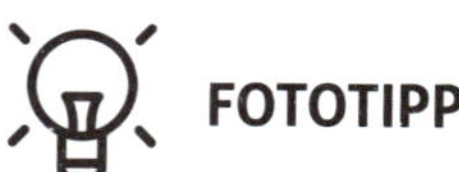

FOTOTIPP

Unscharfer Hintergrund
Ein beliebtes Stilmittel in der Fotografie, um störende Objekte oder einen unruhigen Hintergrund verschwinden zu lassen, ist Unschärfe. Der Fokus wird dabei voll und ganz auf das Wesentliche reduziert und somit voll in Szene gesetzt. Um diesen Effekt so einfach wie möglich zu erzeugen, muss man zum einen näher an das Objekt herangehen und zum anderen die größtmögliche Blende verwenden.

Einfache Schneeschuhwanderung inmitten der beeindruckenden Gebirgskulisse nahe der schweizerischen und österreichischen Grenze mit herrlichem Blick auf den Reschensee.

Von Meran in Richtung Reschenpass durch das Dorf Reschen am See fahren. Kurz vor der Dorfausfahrt bei der Beschilderung zur Rescher Alm links abzweigen und der Straße noch etwa 150 m folgen, dann nochmals links abbiegen und man hat den Parkplatz erreicht.

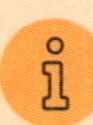

(leicht)

- Gebiet: Vinschgau, Südtirol
- Tal: Vinschgau
- Start/Ziel: beim Parkplatz in Reschen am See
- Dauer: 3:30 Std.
- Strecke: 9,6 km
- Aufstieg/Abstieg: 512 Hm
- Wann: Sommer, Herbst, Winter

Landschaft: ●●●●○
Abwechslung: ●●●○○
Kondition: ●●●○○
Technik: ●●○○○

ja

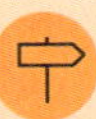

Reschen am See (1.500 m) → Weg Nr. 5 in Richtung Rescher Alm → abzweigen auf Weg Nr. 6 in Richtung Rojen → kurz vor der Rojentalstraße scharf rechts abzweigen hinauf zur Rescher Alm → ein Stück über den Pfad Nr. 5 hinab → quer über die Pofelwiesen → weiter über Waldweg Nr. 5 → dann Weg Nr. 6 und gleich darauf Nr. 7 zurück zum Ausgangspunkt

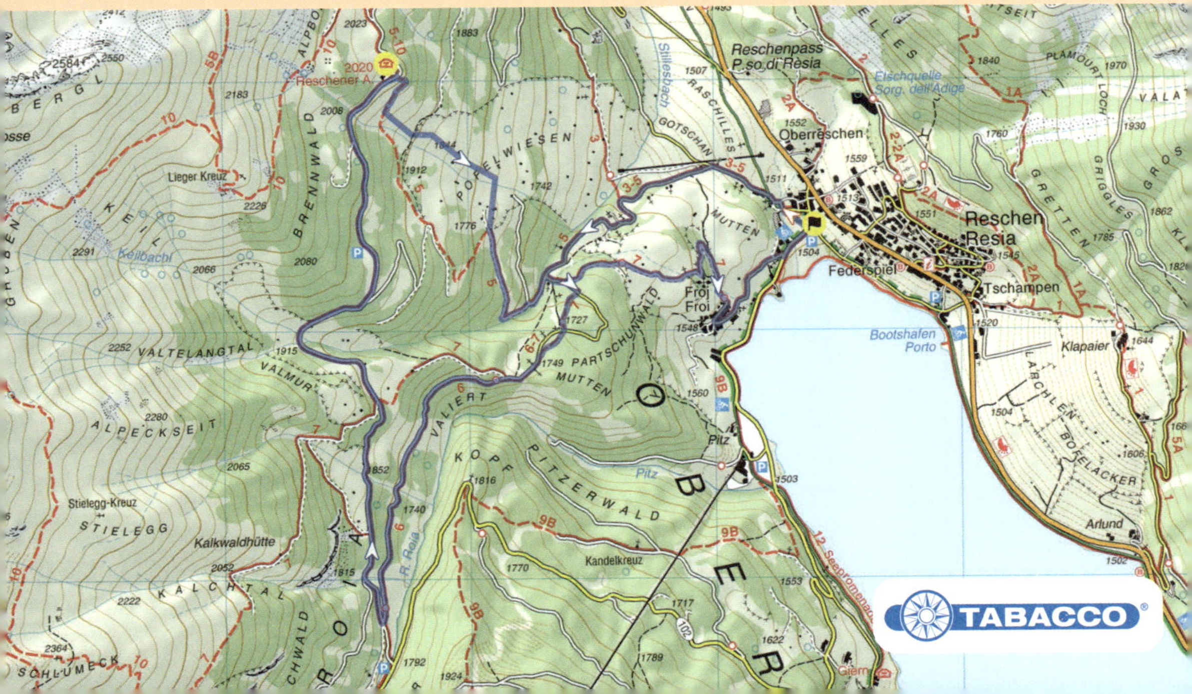

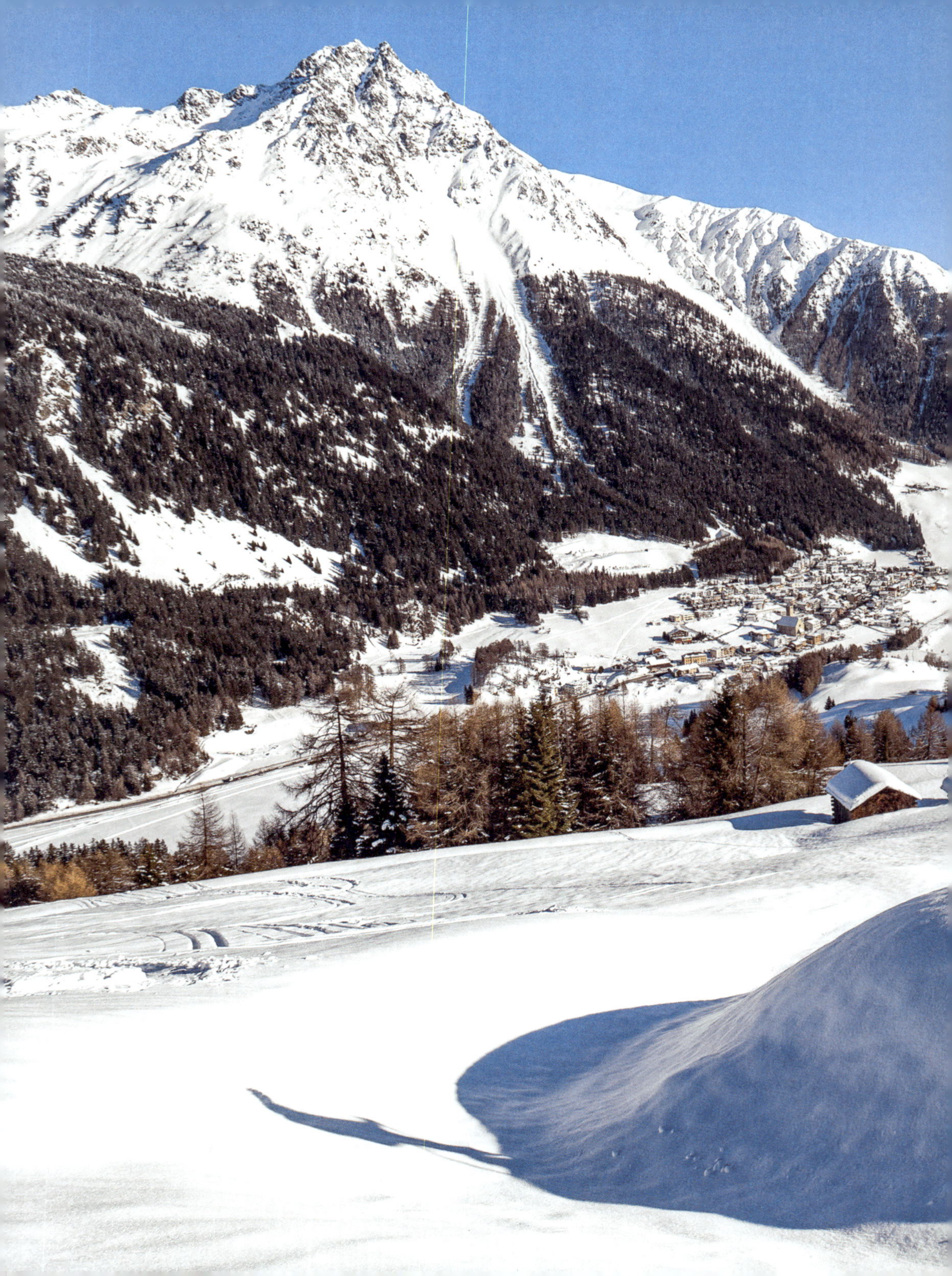

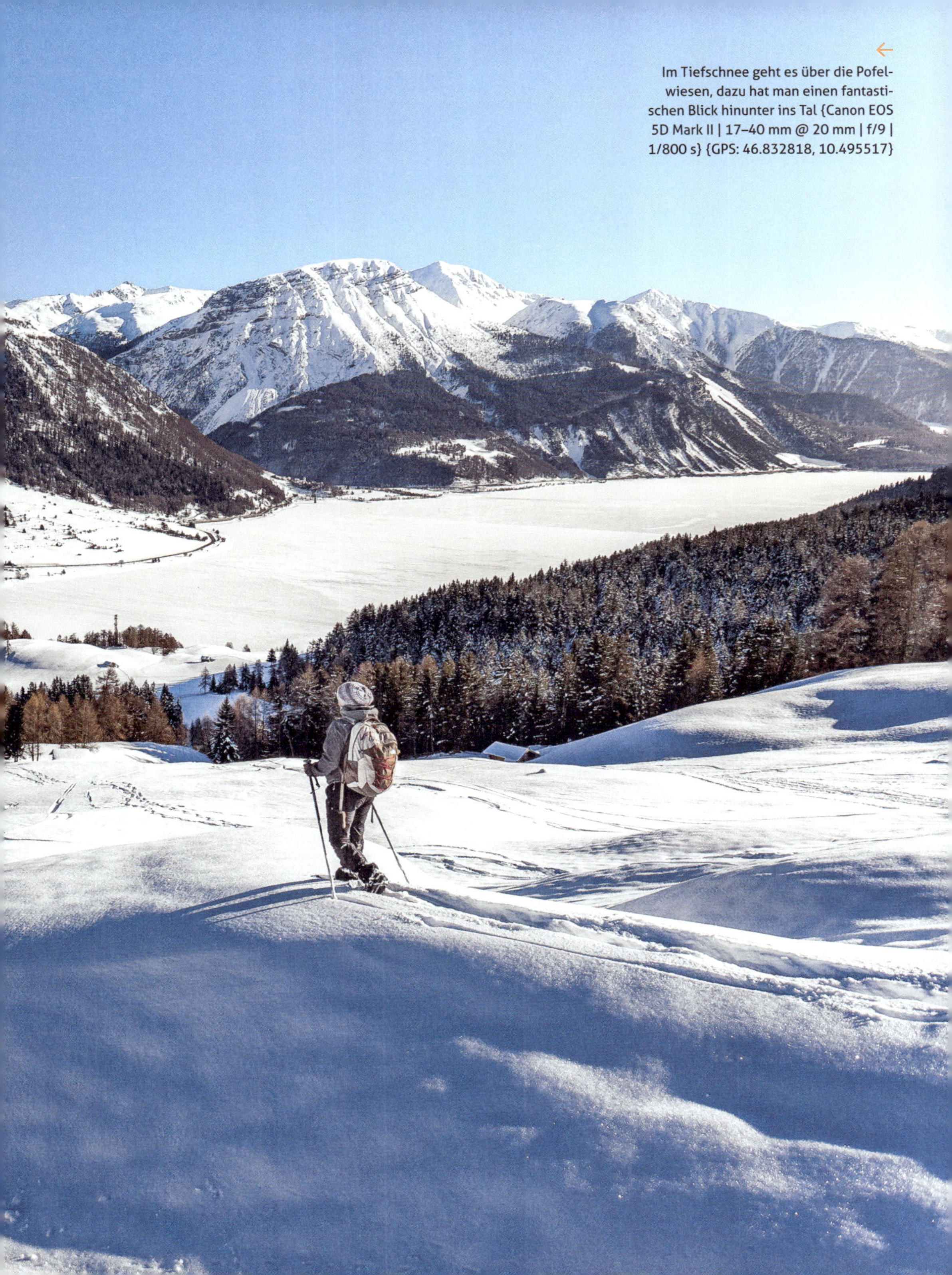

Im Tiefschnee geht es über die Pofelwiesen, dazu hat man einen fantastischen Blick hinunter ins Tal {Canon EOS 5D Mark II | 17–40 mm @ 20 mm | f/9 | 1/800 s} {GPS: 46.832818, 10.495517}

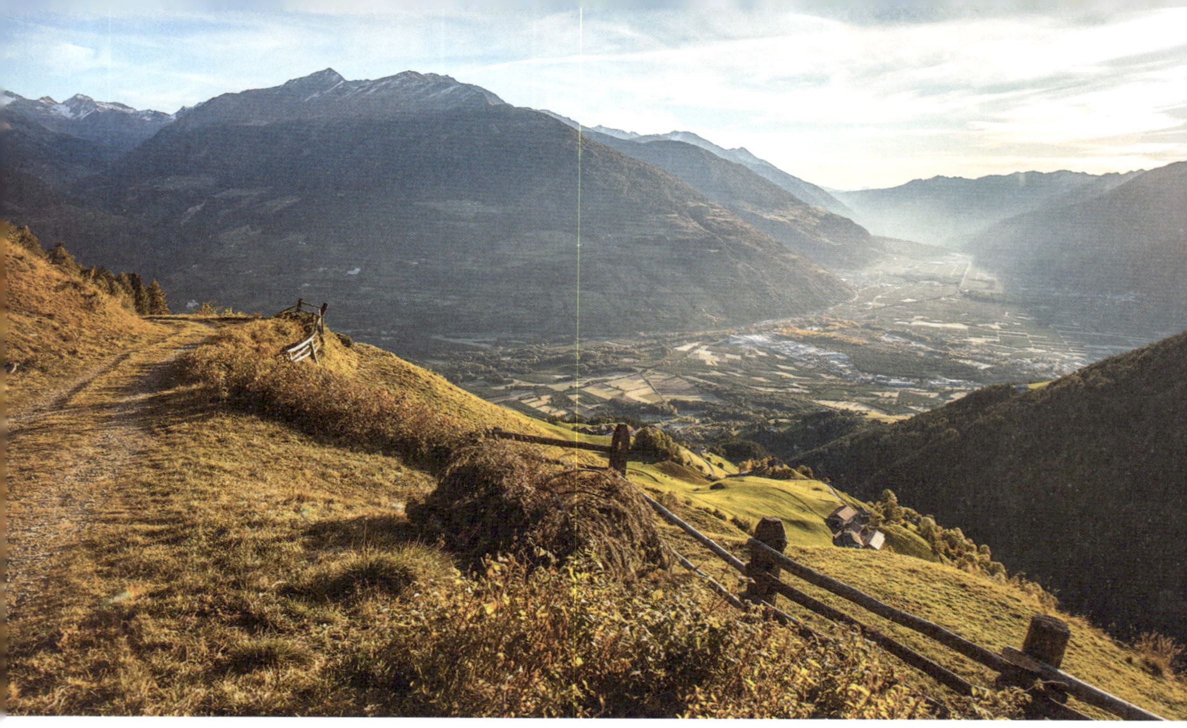

2 Auf das Glurnser Köpfl

Aussichtswarte oberhalb von Glurns

Dieser einfach zu besteigende Aussichtsberg im Oberen Vinschgau verlangt zwar einiges an Kondition, aber eröffnet einem eine Weitsicht, die vom Reschensee über den Vinschgau bis hin zu den Dolomiten reicht. Besonders reizvoll ist diese Wanderung im Spätherbst, wenn die Lärchen ihr leuchtendes Kleid tragen.

Ausgangspunkt ist der Parkplatz bei den Lichtenberger Höfen auf 1.522 m. Von hier folgt man der Beschilderung Nr. 14 in Richtung Tschagain. Über eine Wiese und einen Zaun entlang geht es zunächst steil aufwärts, bis man auf eine Forststraße trifft. Die Aussicht ist bereits am Beginn der Tour wunderbar, blickt man doch hinab auf den Vinschgau und hinüber zum höchsten Berg Südtirols, dem Ortler. Etwas weniger anstrengend führt die Route über die Straße bergauf weiter, bevor man rechts auf einen Waldpfad abzweigt und dabei auf der Markierung Nr. 14 bleibt. Nun gewinnt man zunehmend an Höhe, bis man schließlich die Waldgrenze hinter sich lässt und nach ca. 1:30 Stunde die unbewirtschaftete Tschiggonalm (2.100 m) erreicht. Ab der Hirtenhütte hält man sich an den Steig Nr. 14A in Richtung Plaschweller und gelangt

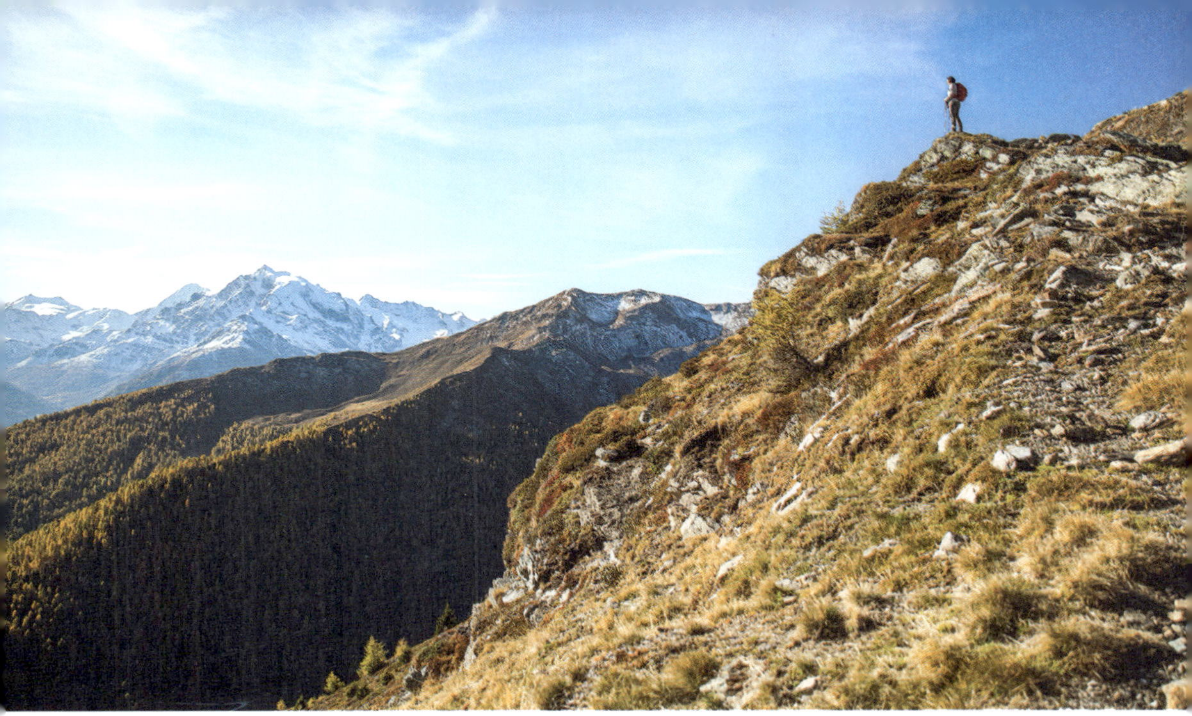

Bereits am Beginn der Tour ist die Aussicht überwältigend

Der Aufstieg ist zwar anstrengend, bietet aber herrliche Blicke auf Südtirols höchsten Berg, den Ortler {Canon EOS 5D Mark II | 24–70 mm @ 24 mm | f/4 | 1/1000 s} {GPS: 46.636510, 10.518323}

auf diesem bis zum Rücken des Glurnser Köpfls. Jetzt geht es in nördlicher Richtung über den breiten Grat ganz gemütlich zum Gipfel (2.395 m). Hier kann man nach rund 2:30 Stunden den grandiosen Blick auf die vielen umliegenden Berggipfel und hinunter auf das mittelalterliche Städtchen Glurns genießen.
Der weitere Wegverlauf führt nun auch am Kreuz etwas unterhalb des Gipfels vorbei. Teils recht steil geht es hinunter zur etwa 35 Minuten entfernten Glurnser Alm (1.978 m) und von dort im leichten Auf und Ab durch einen wunderbaren Lärchenwald hin zur bereits genannten Tschiggonalm mit der kleinen Hirtenhütte. Ab hier dient der Hinweg wieder als Rückweg zum Ausgangspunkt.

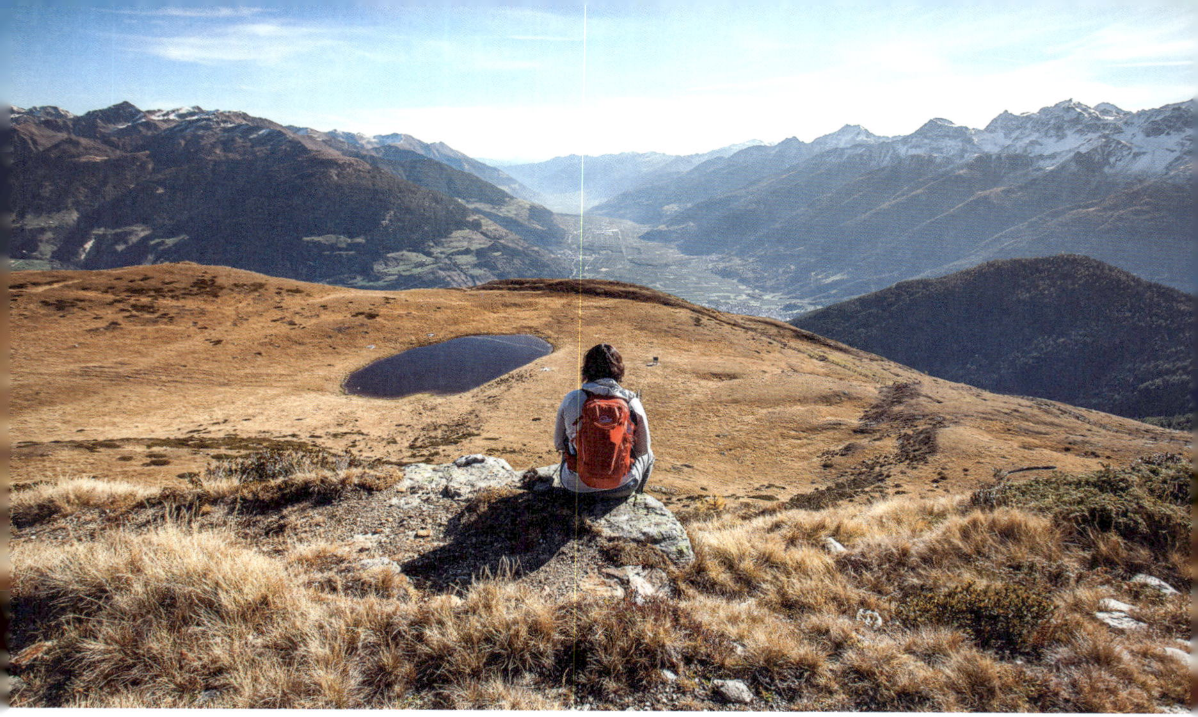

↑ Lohnende Rast entlang des Weges zum Gipfel

↓ Vom Glurnser Köpfl schaut man hinab auf Glurns {Panasonic LUMIX G70 | 100–300 mm @ 150 mm | f/5,6 | 1/800 s}

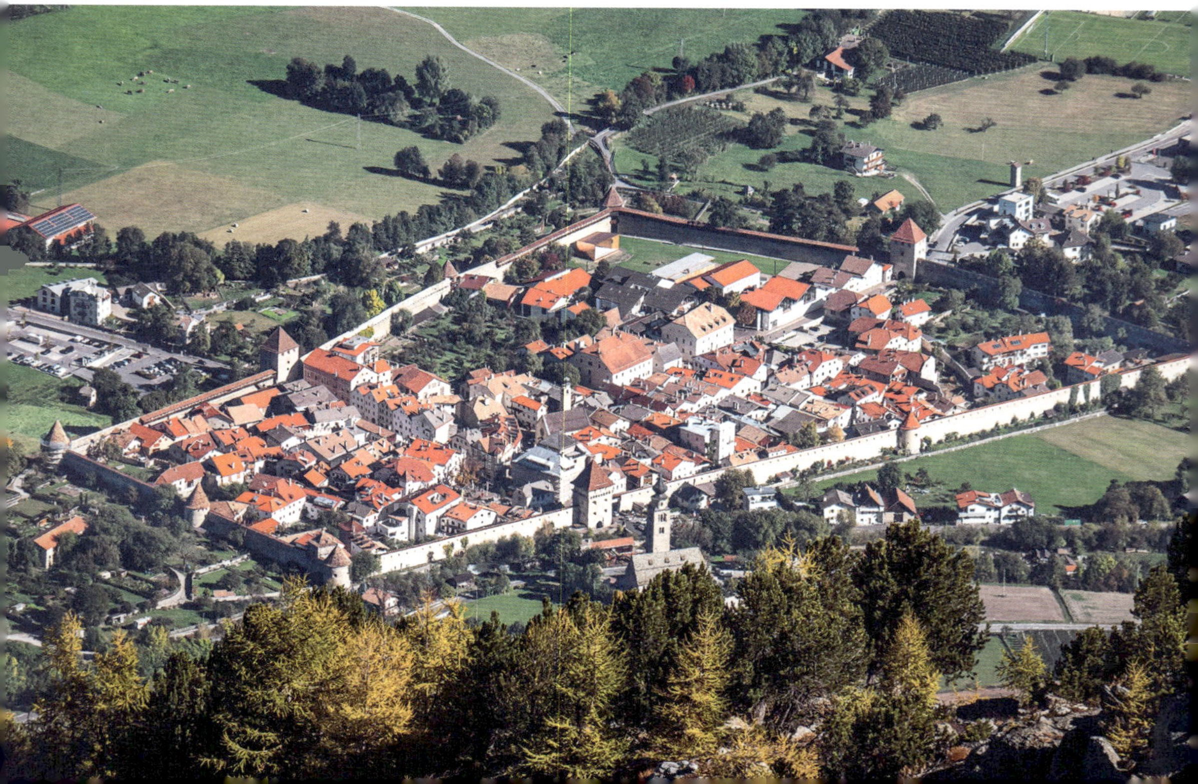

Wunderschöne Tour im Nationalpark Stilfserjoch mit herrlichen Aussichtsgipfeln, die zwar technisch wenig schwierig ist, aber wegen der vielen Höhenmeter einiges an Kondition verlangt.

Bei Prad am Stilfserjoch über die Landesstraße in Richtung Glurns fahren. Nach der Fraktion Lichtenberg biegt man links auf die schmale Bergstraße ab, die hinauf zu den Lichtenberger Höfen führt. Der Asphaltstraße bis ans Ende folgen. Vorsicht, manche Navigationssysteme berechnen bei der Bergstraße eine falsche Route.

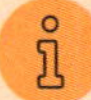

(schwer)

- Gebiet: Vinschgau, Südtirol
- Tal: Vinschgau
- Start/Ziel: Parkplatz bei den Lichtenberger Höfen oberhalb von Prad am Stilfser Joch
- Dauer: 5:00 Std.
- Strecke: 11,5 km
- Aufstieg/Abstieg: 1.013 Hm
- Wann: Sommer, Herbst

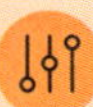

Landschaft: ●●●●○
Abwechslung: ●●●○○
Kondition: ●●●●○
Technik: ●●●○○

ja

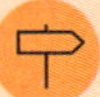

Parkplatz Lichtenberger Höfe (1.522 m) → Weg Nr. 14 in Richtung Tschagain → Tschiggonalm (2.100 m) → Weg Nr. 14A in Richtung Plaschweller → über den breiten Grat zum Glurnser Köpfl (2.395 m) → Weg Nr. 24 zur Glurnser Alm (1.978 m) → Weg Nr. 4 zur Tschiggonalm → Weg Nr. 14 zurück zum Ausgangspunkt

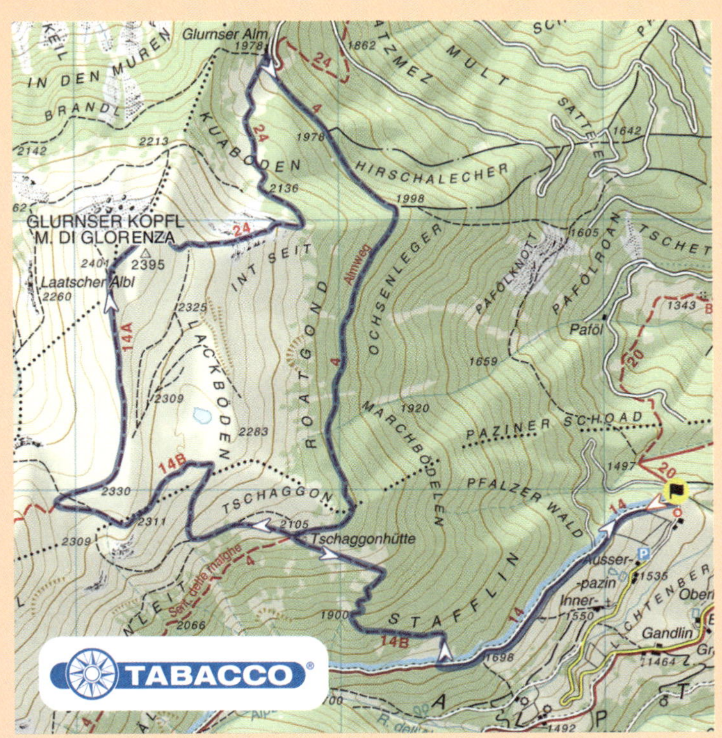

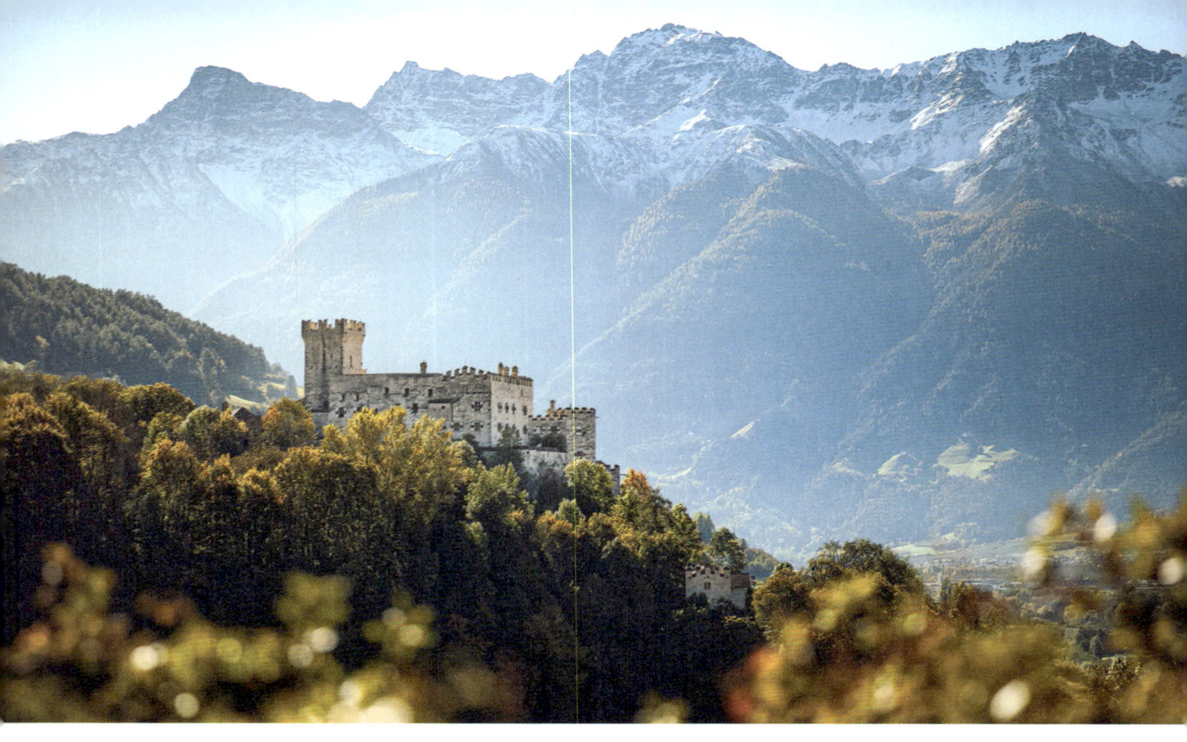

3 Schludernser Waalwege

Über den Leiten-, Berk- und Griggwaal

Bei dieser familienfreundlichen Rundtour wandert man auf gleich drei miteinander verbundenen Waalwegen. An diesen uralten Bewässerungsanlagen kann man den Artenreichtum der Vegetation im Vinschgau aus nächster Nähe erleben. Der Weg führt durch trockene Sonnenhänge, lichte Laubwälder, uralte Lärchen- und Schwarzkiefernhaine. Geschichtsinteressierte können noch die prähistorische Siedlung Ganglegg aus der Bronze- und Eisenzeit besuchen und dort den eigens dafür eingerichteten Platz für ein gemütliches Picknick nutzen.

Ausgehend vom Schludernser Bahnhof (918 m) geht es hinein ins Dorfzentrum und über die Kalvarienbergstraße hinauf in Richtung Ganglegg. Sobald die ersten Höhenmeter überwunden sind, lädt ein paar Meter abseits vom Aufstiegsweg bereits ein schöner Aussichtsplatz mit tollem Blick auf die Churburg zu einer kurzen Rast ein. Über den Sonnensteig mit der Markierung Nr. 17 erreicht man nun in einem gemütlichen Aufstieg an drei großen Kreuzen vorbei nach ca. 40 Minuten den Leitenwaal.
Nun ist es nicht weit bis zur archäologischen Ausgrabungsstätte Ganglegg. Hier hat

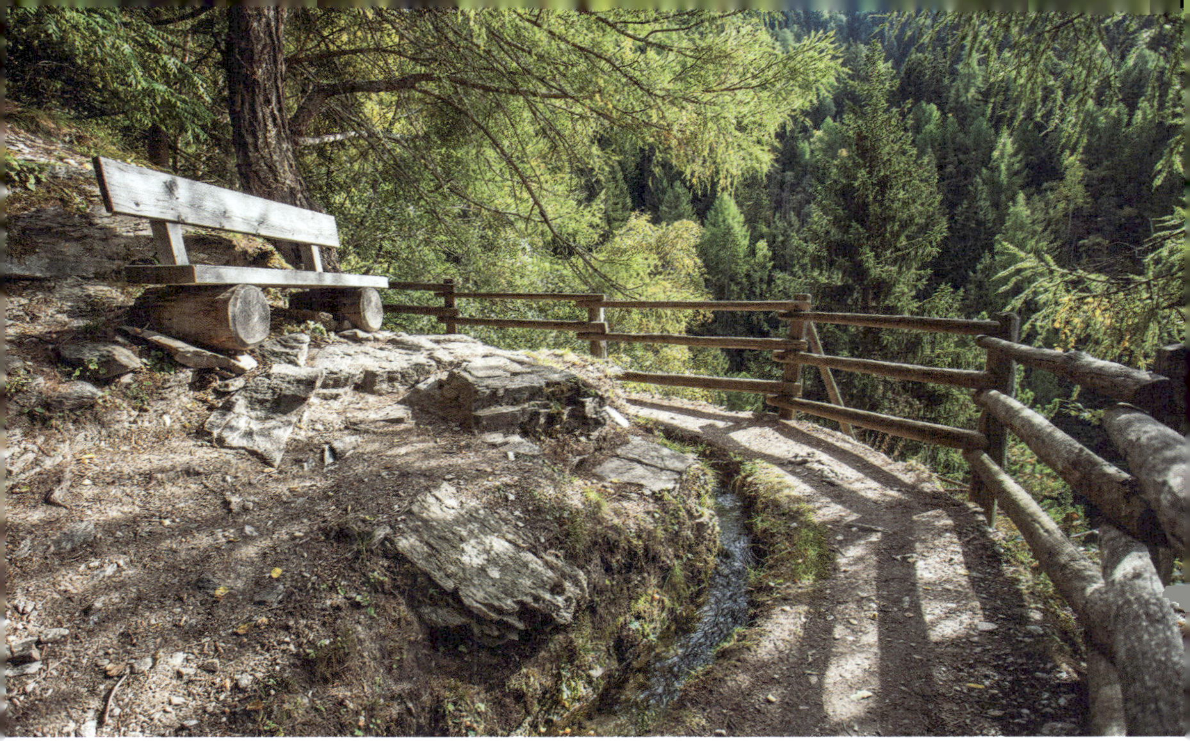

Schönes Fotomotiv am Beginn der Wanderung, die im Jahr 1250 erbaute Churburg {Canon EOS 5D Mark II | 24–70 mm @ 67 mm | f/2,8 | 1/2000 s} {GPS: 46.667807, 10.586336}

Gemütlich wandert man über den Leitenwaalweg

man Siedlungsreste von der Bronze- bis zur Römerzeit gefunden und einige Gebäude anschaulich rekonstruiert. Im Vintschger Museum in Schluderns gibt es noch mehr darüber zu erfahren.

Hat man sich zur Genüge umgesehen, setzt man seine Wanderung auf dem Weg neben dem Leitenwaal fort, der mit ein paar schönen Passagen und herrlichen Blicken auf den Ortler aufwartet. Nach rund 50 Minuten hat man die Saldurschlucht erreicht, überquert auf einer Holzbrücke den Bach und geht nun über den Berkwaal (Nr. 17) talauswärts weiter. Der Weg schmiegt sich anfangs an den Felsen, ausgesetzte Passagen sind gut mit einem Holzzaun gesichert. Der Waal selbst ist immer wieder in faszinierende Holzkonstruktionen eingefasst. Nach ungefähr 30 Minuten verlässt man den Waalweg und zweigt rechts auf die Markierung Nr. 18 zum Griggwaal ab. Nun geht es 15 Minuten in spitzen Serpentinen bergab bis zum Griggwaal. Vom Waal selbst ist nicht mehr viel zu sehen, er führt schon länger kein Wasser mehr. Der Weg selbst bietet aber nochmals schöne Blicke über das Dorf bis hin zur Ortlergruppe und endet am anfänglich genannten Aussichtspunkt. Über den Hinweg geht es wieder zurück zum Bahnhof.

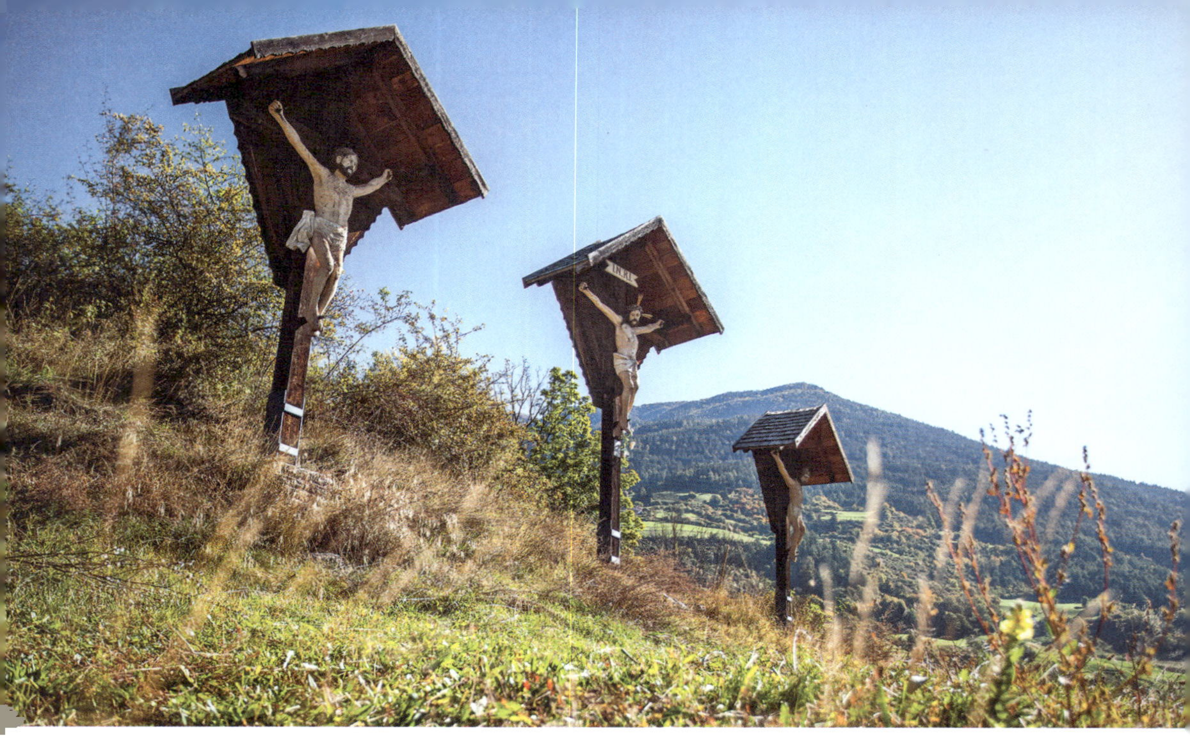

↑ Drei Kreuze am Schludernser Kalvarienberg

↓ Über tolle Konstruktionen wird das Wasser im Berkwaal talauswärts geführt {Canon EOS 5D Mark II | 17–40 mm @ 17 mm | f/5 | 1/80 s}

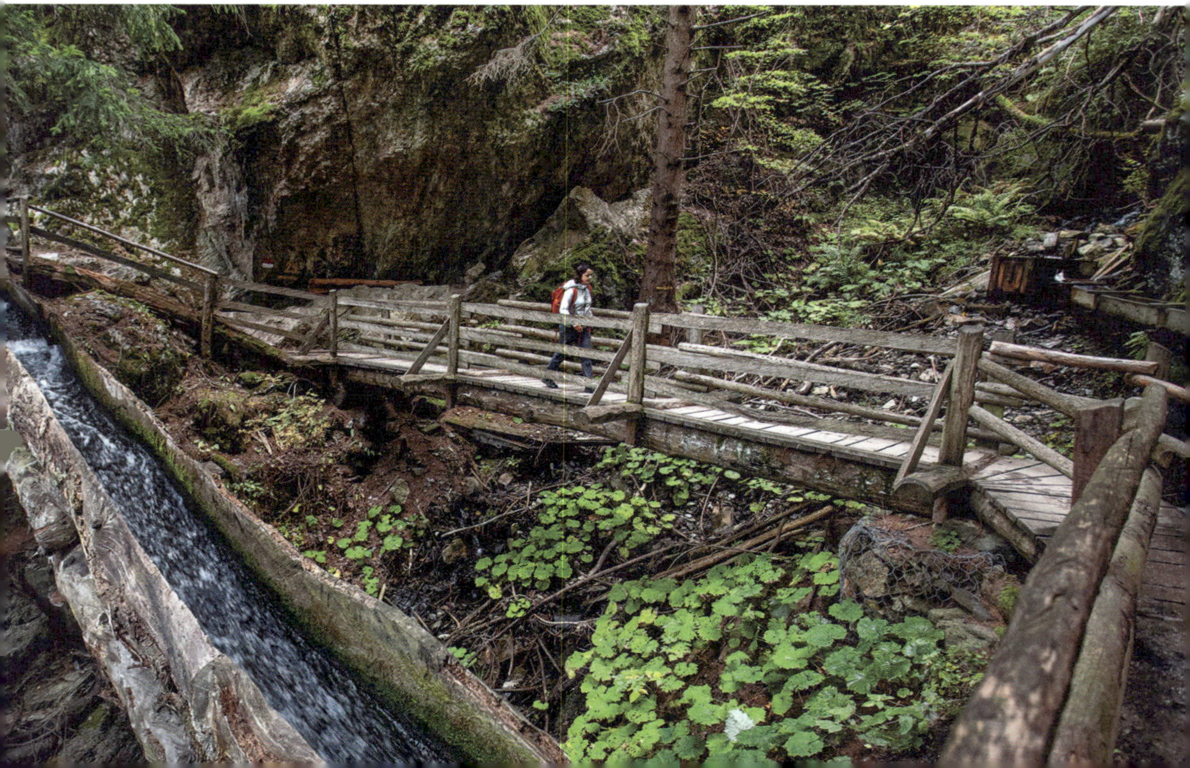

Wunderbare und einfache Wanderung über drei Waalwege, bei der man auch noch etwas über die frühe Besiedelung der Gegend erfahren kann.

Mit dem Zug zum Bahnhof Schluderns. Beim Bahnhof stehen auch Parkplätze zur Verfügung.

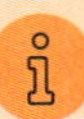

(leicht)

- Gebiet: Vinschgau, Südtirol
- Tal: Vinschgau
- Start/Ziel: Bahnhof Schluderns
- Dauer: 3:00 Std.
- Strecke: 7,6 km
- Aufstieg/Abstieg: 297 Hm
- Wann: Frühling, Sommer, Herbst

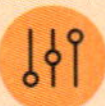

Landschaft: ●●●●○
Abwechslung: ●●●●○
Kondition: ●●●○○
Technik: ●●○○○

nein

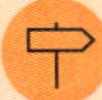

Schludernser Bahnhof (918 m) → ins Dorfzentrum hinein → Kalvarienbergstraße → Sonnensteig Nr. 17 → Leitenwaal → Berkwaal → Weg Nr. 18 zum Griggwaal → Griggwaal → hinab ins Dorfzentrum → zurück zum Bahnhof

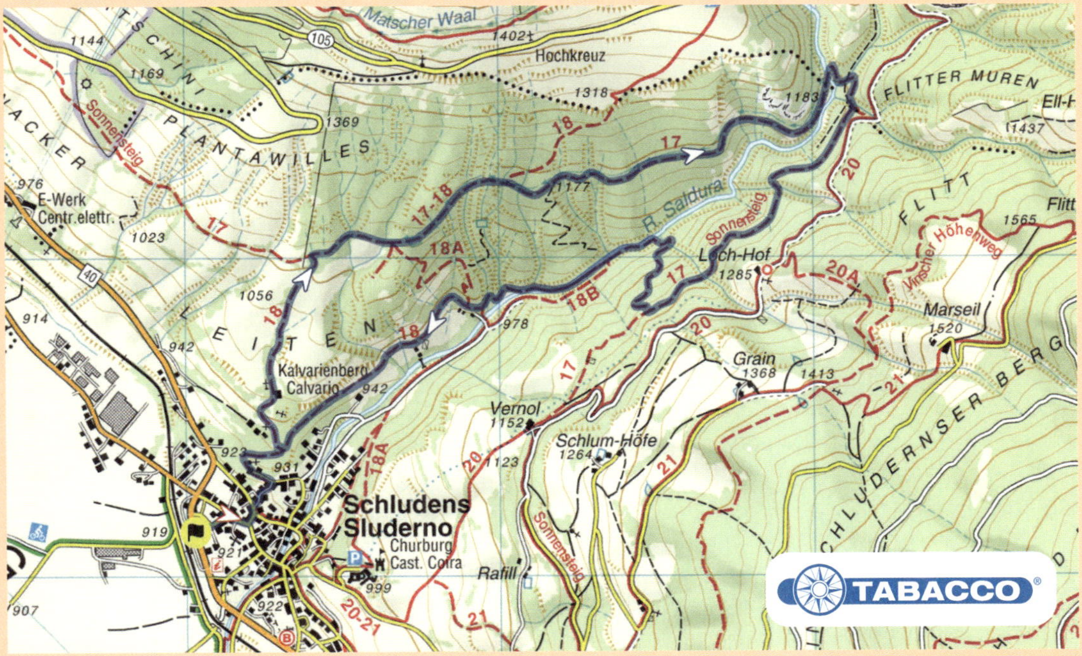

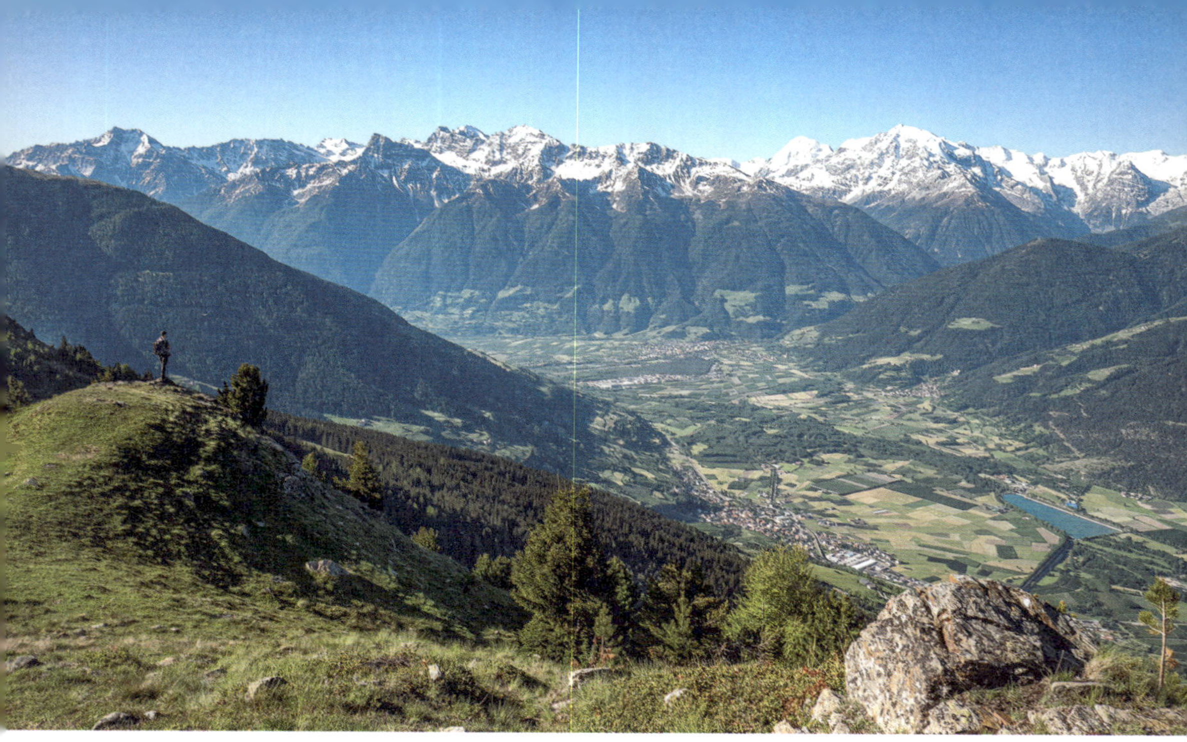

4 Von Matsch zur Spitzigen Lun

Prächtiger Aussichtsberg

Diese recht einfache Tour führt auf einen der wohl schönsten Aussichtsgipfel des Vinschgaus, die Spitzige Lun oberhalb von Mals. Dabei kann man sich aber nicht nur an der Weitsicht erfreuen, sondern auch an der bunten Vielfalt der üppigen Alpenflora.

Ausgangspunkt ist die Bushaltestelle/der Parkplatz in der Ortschaft Matsch (1.515 m), wo man den Weg Nr. 13 zur Spitzigen Lun einschlägt. Nach einem etwas mehr als 2 km langen, gemütlichen Anstieg auf einer Asphalt- und bald darauf einer Forststraße zweigt man links auf einen Pfad ab, der nach oben führt. Kurz darauf lichtet sich bei der Kammschulter Plantavilles der Wald und gibt den wunderbaren Blick auf die Ortlergruppe und hinab ins Tal frei.

Der Weg führt nun über die Bergwiesen den Hang entlang und überwindet dabei auch noch eine Steigung, wird dann aber im letzten Stück vor dem Gipfelkreuz so gut wie eben. Nach rund 2:30 Stunden genießt man auf der Spitzigen Lun (2.324 m) dann das herrliche Panorama auf die umliegende Bergwelt, die Täler und auf den Reschen- und Haidersee. Nach der aussichtsreichen Verschnaufpause geht es jetzt in die entgegengesetzte

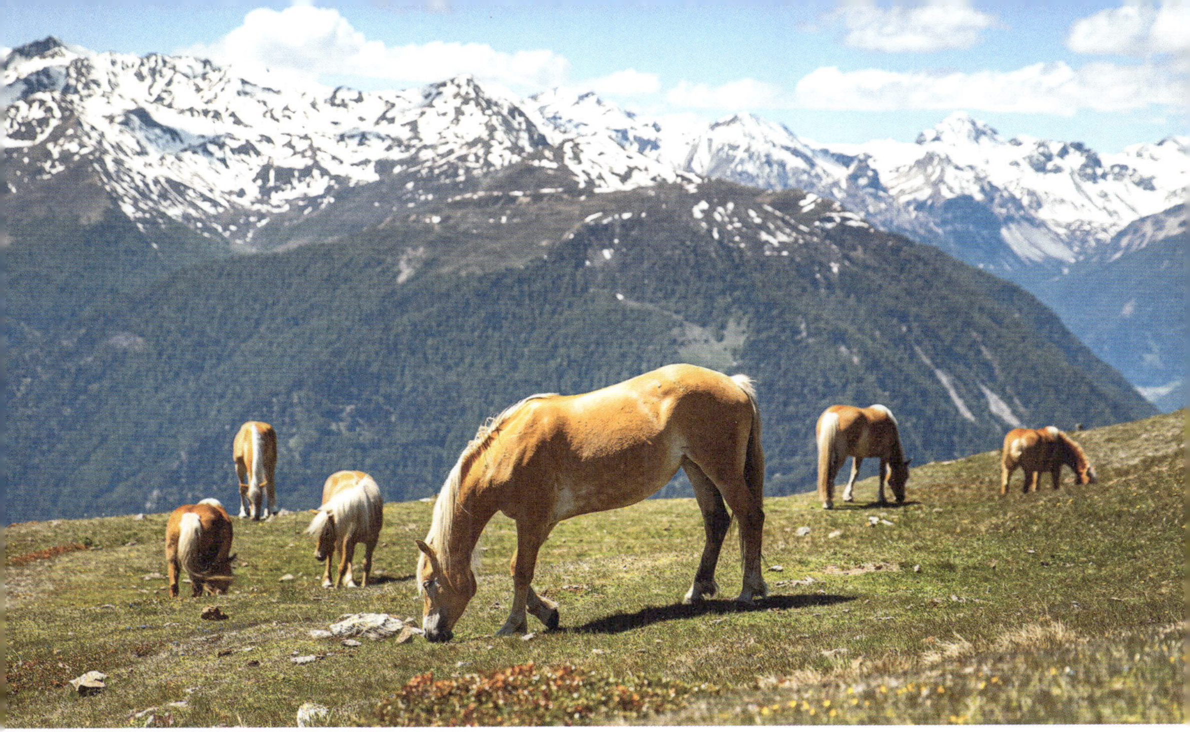

Traumhaft liegt dem Wanderer das Tal zu Füßen, gegenüber ragen die verschneiten Berge gen Himmel {Panasonic LUMIX G70 | 7–14 mm @ 14 mm | f/7,1 | 1/400 s} {GPS: 46.703176, 10.585002}

Haflinger weiden auf den Bergwiesen

Richtung und entlang der Markierung Nr. 15 weiter. Nach einem gemütlichen Anstieg trifft man auf die Abzweigung nach Matsch, folgt nun etwa 30 Minuten lang der Markierung Nr. 13A und erreicht so das Niederjoch bzw. Tartscher Kreuz (2.406 m). Abermals kommt man nicht umhin, nochmals kurz anzuhalten und die wunderbare Aussicht auf sich wirken zu lassen.
Immer weiter bergab, teils über einen unmarkierten Steig entlang einer Grenzmauer, trifft man schließlich wieder auf den Weg Nr. 13, auf dem man gekommen ist, und kehrt auf diesem wieder zur Asphaltstraße zurück.

Wer noch ein paar schöne Blicke auf das urige Bergsteigerdorf Matsch erhaschen möchte, der biegt links ab und nimmt die Straße bis zur nächsten Abzweigung. Über eine Schotterstraße geht es schließlich wieder zurück zum Ausgangspunkt.

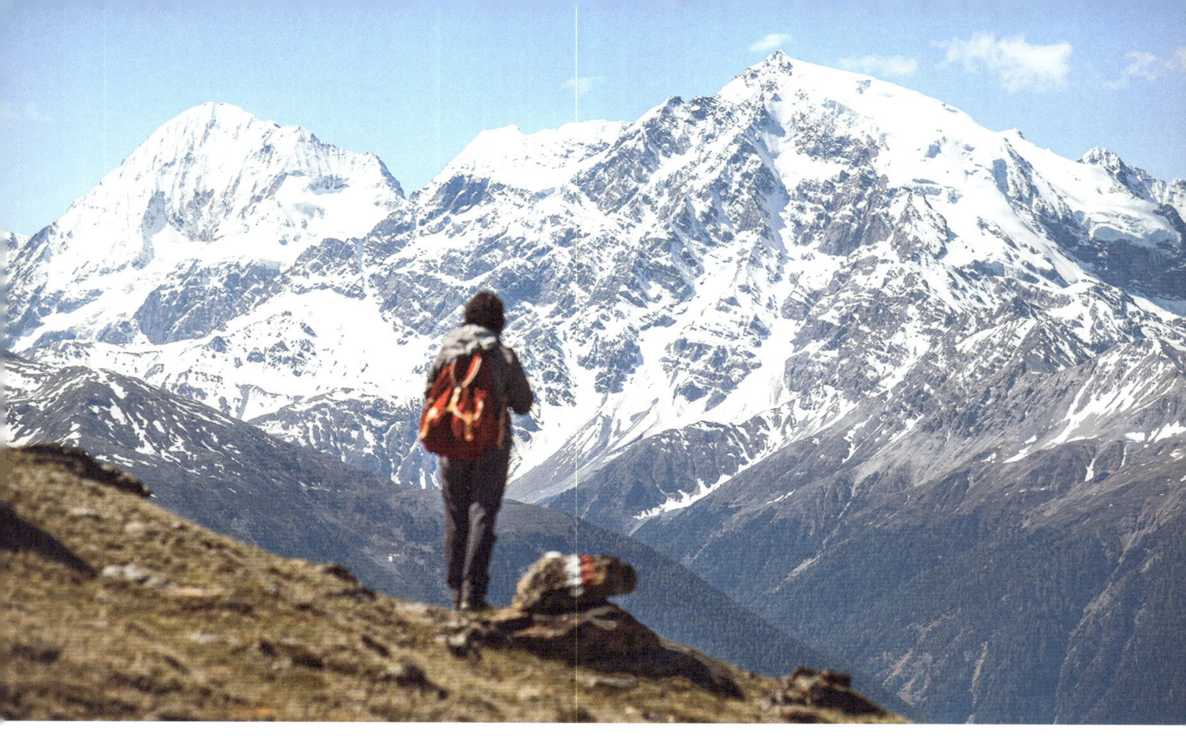

↑ Fokus auf den mächtigen Ortler, der Wanderer bleibt in der Unschärfe und macht so das Bild interessanter {GPS: 46.702299, 10.592873}

↓ Auf dem Rückweg ins beschauliche Bergsteigerdorf Matsch {GPS: 46.696100, 10.616371}

Einfache Wanderung auf einen wunderbaren Aussichtsberg im Oberen Vinschgau. Am Ende lohnt sich noch ein Spaziergang durch das urige Bergsteigerdorf Matsch.

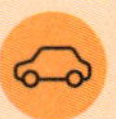 

Von Meran in Richtung Vinschgau, bei Tartsch rechts nach Matsch abzweigen. Im Dorfzentrum gibt es einen Parkplatz bei der Bushaltestelle.

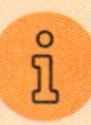

(mittel)

- Gebiet: Vinschgau, Südtirol
- Tal: Matscher Tal
- Start/Ziel: Parkplatz/Bushaltestelle in Matsch
- Dauer: 4:45 Std.
- Strecke: 11,9 km
- Aufstieg/Abstieg: 851 Hm
- Wann: Sommer, Herbst

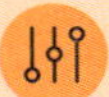

Landschaft: ●●●●○
Abwechslung: ●●●●○
Kondition: ●●●●○
Technik: ●●●○○

nein

Parkplatz/Bushaltestelle in Matsch (1.515 m) → Weg Nr. 13 zur Spitzigen Lun (2.324 m) → Weg Nr. 15, dann 13A nach Matsch → vorbei am Niederjoch/Tartscher Kreuz (2.406 m) → teils unmarkierter Steig bergab → Weg Nr. 13 zurück zum Ausgangspunkt

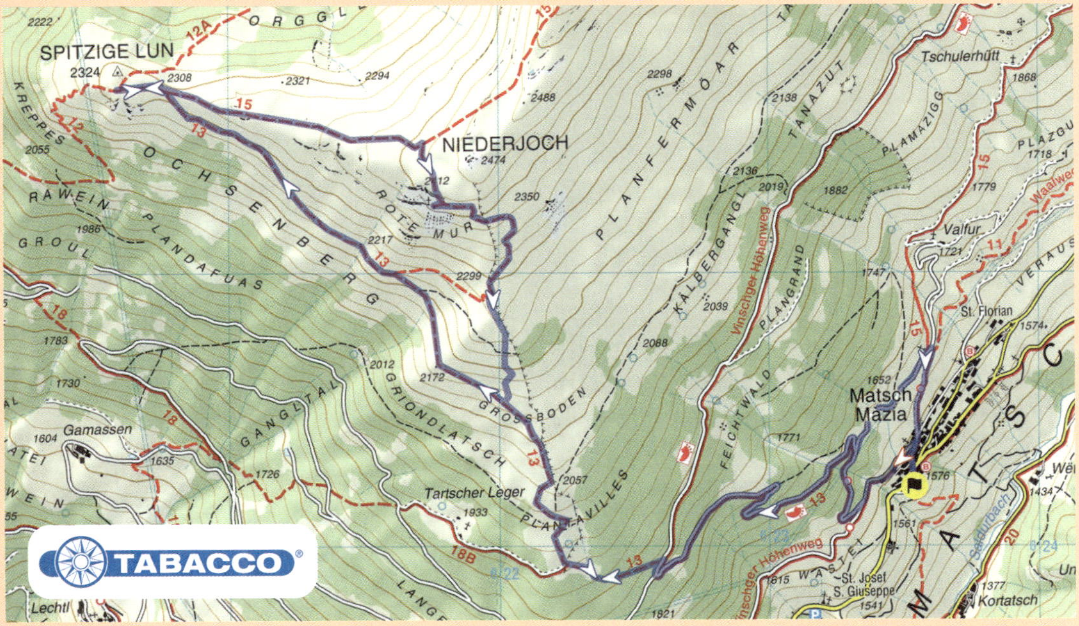

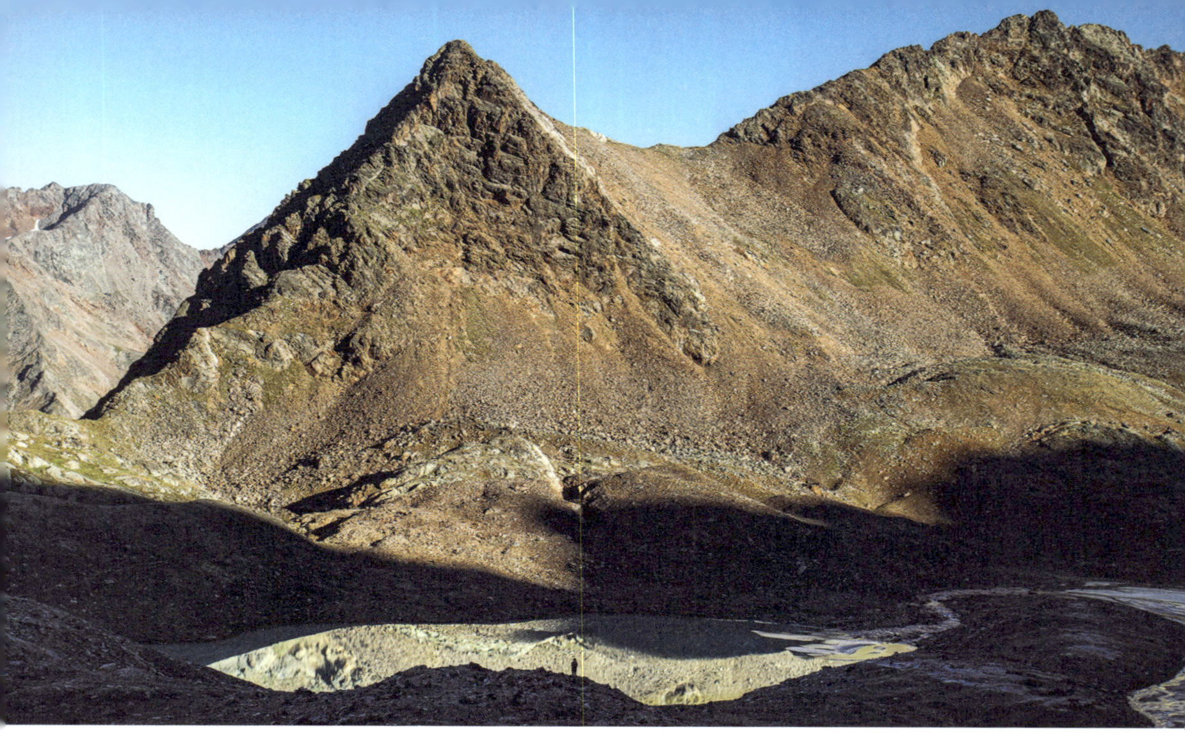

5 Zu den Saldurseen

Einsame Wanderung auf über 3.000 m

Diese anstrengende, aber allemal lohnende Wanderung führt hinauf zu Südtirols höchstgelegener Seenplatte. Umgeben von einer einsamen und abgeschiedenen Landschaft liegen die sieben Seen auf einer Höhe zwischen 2.750 m und 2.910 m. Ein beinahe unwirklicher Ort, dessen Schönheit vom traumhaften Panorama auf die umliegenden Berge nur noch gesteigert wird.

Ausgangspunkt ist der Parkplatz beim Glieshof (1.811 m) im Matscher Tal, wo man der Markierung Nr. 1 zu den Saldurseen folgt. Die Route verläuft zuerst fast eben 2,5 km durch den Wald und hinein zur Inneren Matscher Alm (2.022 m), wo man rechts auf den Weg Nr. 4 abzweigt. Nun geht es steil bergauf, während sich der Bach daneben tosend seinen Weg ins Tal bahnt. Sobald man die letzten Bäume hinter sich gelassen hat, wird der Anstieg etwas flacher, die Landschaft karger und die Aussicht ständig beeindruckender. Der Pfad führt immer weiter ins Tal hinein und nach einem weiteren Anstieg erblickt man nach gut 3:00 Stunden endlich den ersten und größten der Saldurseen (2.750 m), eingebettet in eine schroffe und schon fast unwirkliche hochalpine Bergwelt.

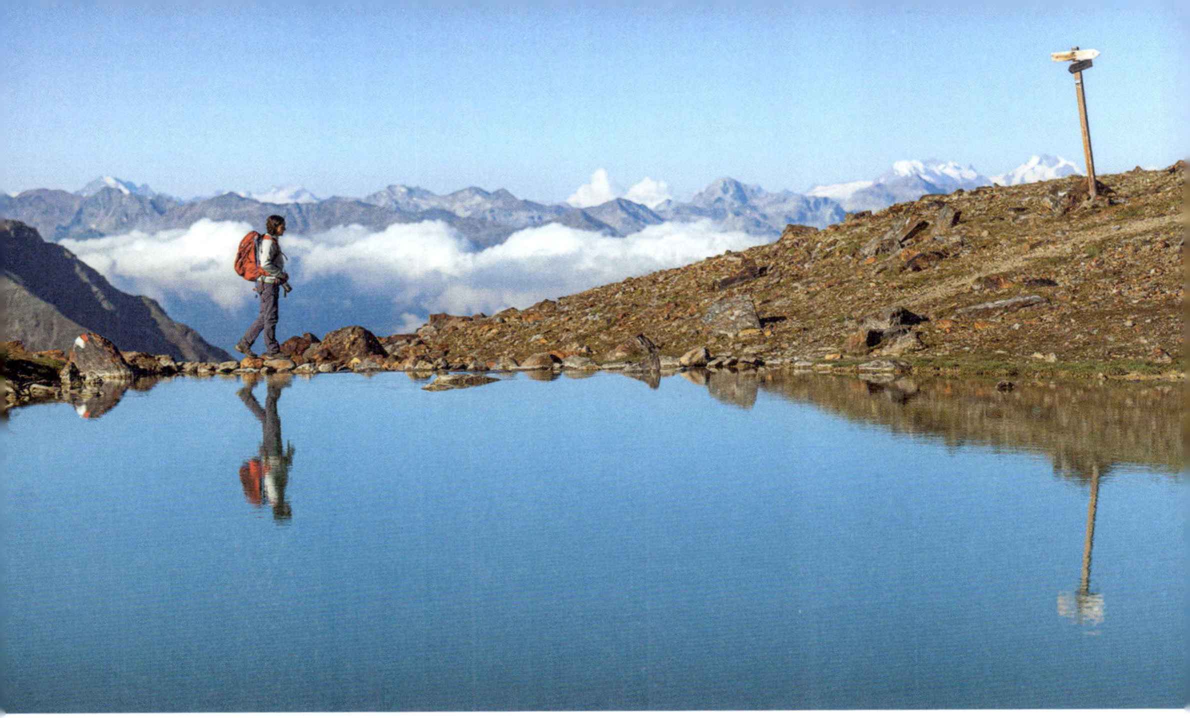

Der erste Saldursee, dahinter ragt pyramidenartig die Spizat (3.038 m) empor {Canon EOS 5D Mark II | 17–40 mm @ 40 mm | f/8 | 1/125 s} {GPS: 46.746878, 10.720158}

Wunderschön führt der Weg vorbei an den Seen und ermöglicht einen unvergesslichen Rundblick {Canon EOS 5D Mark II | 70–200 mm @ 95 mm | f/3,5 | 1/2500 s} {GPS: 46.747558, 10.718236}

Weiter der Markierung Nr. 4 folgend, geht es in angenehmer Steigung und über Blockwerk bald an größeren, bald an kleineren Seen vorbei hinauf und nach gut 1 Stunde ab dem ersten See ist die Abzweigung zum Bildstöckljoch auf knapp 3.000 m erreicht. An dieser Abzweigung orientiert man sich nun an der Beschilderung Nr. 1 zur Oberetteshütte (30 Minuten). Ab hier sollte man absolut trittsicher und schwindelfrei sein. Der Weg führt über steiles und felsiges Gelände nach unten, ausgesetzte Passagen sind teilweise mit einem Drahtseil gesichert. Hat man das schwierigste Stück der Wanderung geschafft, geht es ganz gemütlich weiter bis zur Oberetteshütte (2.670 m). Von dort nimmt man den Pfad Nr. 1 und gelangt so weiter talauswärts auf eine breite Forststraße. Dieser folgt man, um dann bei der Inneren Matscher Alm auf den bereits vom Beginn der Wanderung bekannten Weg abzuzweigen und so zum Ausgangspunkt zurückzukehren.

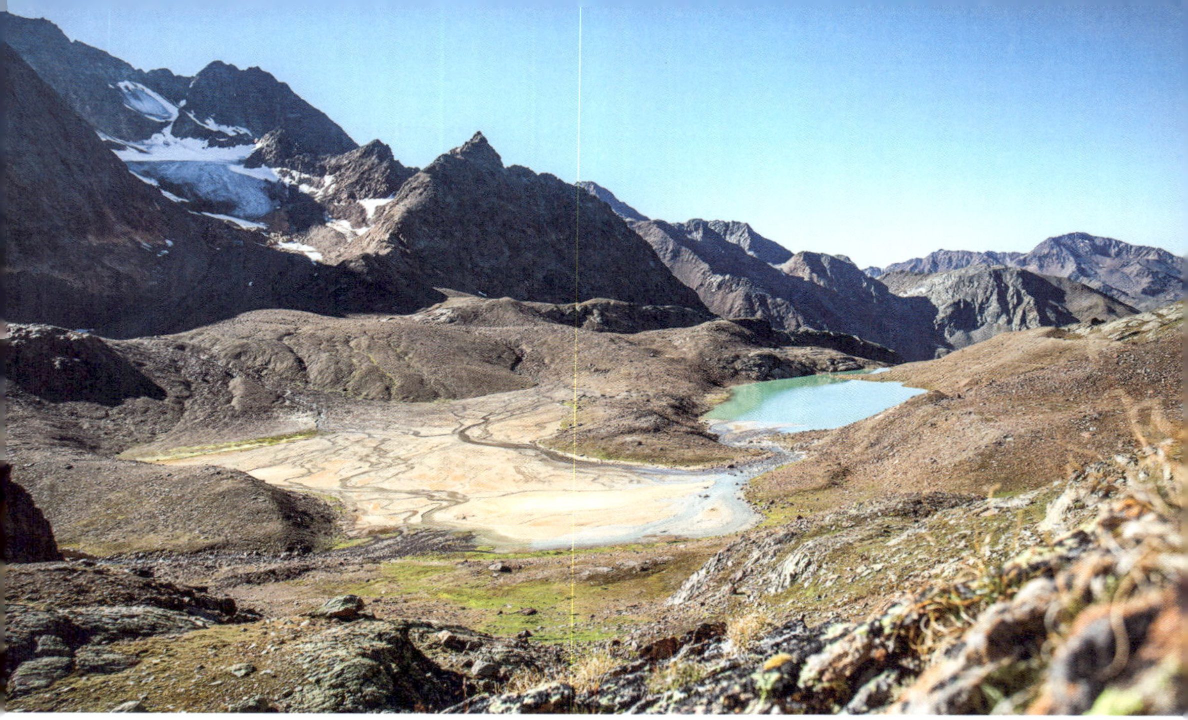

Einsam und karg zeigt sich die Landschaft hier oben {GPS: 46.751545, 10.719483}

An der Abzweigung zum Bildstöckljoch hat man mit knapp 3.000 m den höchsten Punkt dieser Wanderung erreicht

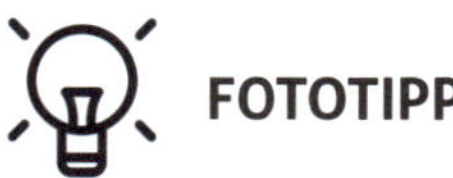

FOTOTIPP

Das Histogramm

Ein sehr gutes Hilfsmittel, um zu erkennen, ob ein Foto über- oder unterbelichtet wurde, ist das Histogramm. Anzeigen lassen kann man es sich bei den digitalen Kameras in der Bildrückschau oder, wenn möglich, bereits in der Displayvorschau. Das Diagramm mag auf den ersten Blick nicht besonders aufschlussreich erscheinen, lässt sich aber ganz einfach lesen. Je weiter links sich der Histogrammverlauf befindet, umso mehr Tiefen hat das Bild und es wird dementsprechend dunkler. Ist der Verlauf im Gegensatz dazu weiter rechts, umso mehr Licht hat es und umso heller ist das Bild. Für eine optimale Belichtung und um keine Bildinformationen zu verlieren, sollte das Histogramm nie komplett an den linken oder rechten Rand stoßen.

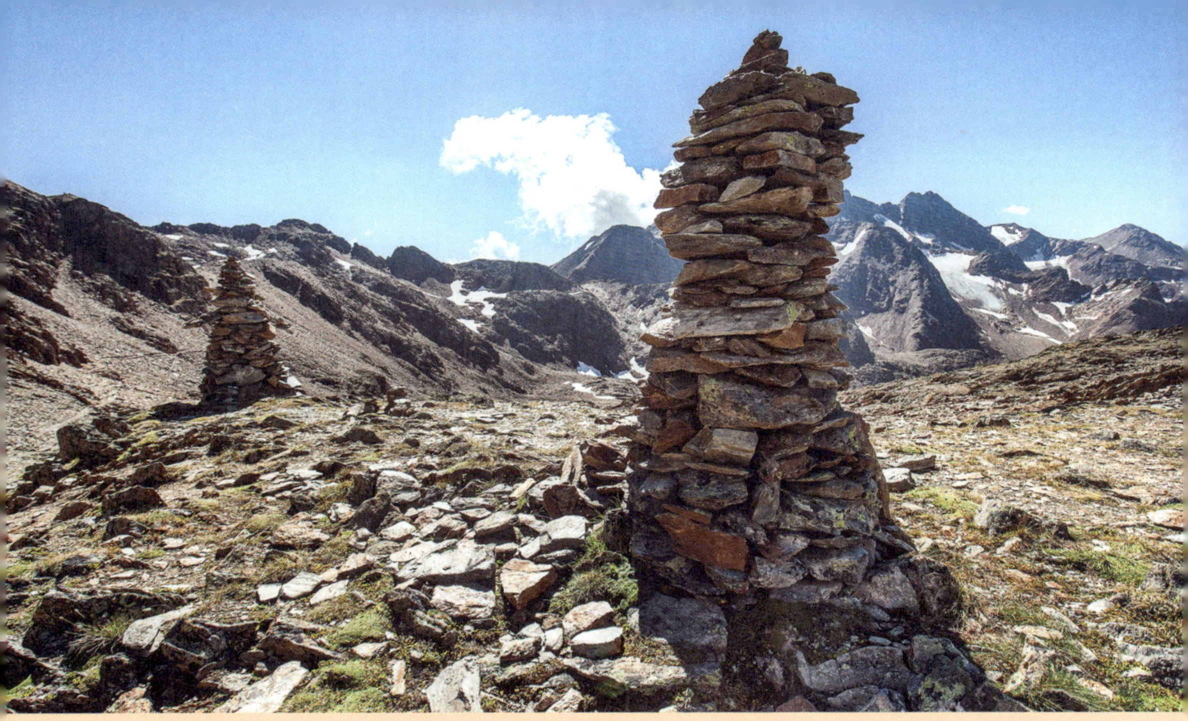

Schwere Bergtour, für die Kondition, Trittsicherheit und Schwindelfreiheit erforderlich sind. Dafür erlebt man eine einmalige hochalpine Bergwelt und die höchstgelegene Seenplatte Südtirols.

Von Meran in Richtung Vinschgau, bei Tartsch rechts nach Matsch abzweigen. Durch das Dorf und weiter in Richtung Glieshof. Kurz vor dem Glieshof befindet sich ein großer Parkplatz.

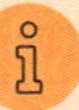

(schwer)

- Gebiet: Vinschgau, Südtirol
- Tal: Matscher Tal
- Start/Ziel: Parkplatz beim Glieshof
- Dauer: 6:30 Std.
- Strecke: 15,6 km
- Aufstieg/Abstieg: 1.265 Hm
- Wann: Sommer

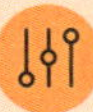

Landschaft: ●●●●●
Abwechslung: ●●●●●
Kondition: ●●●●●
Technik: ●●●●○

ja

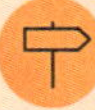

Parkplatz beim Glieshof (1.811 m) → Weg Nr. 1, später Nr. 4 zu den Saldurseen → Weg Nr. 4 zur Abzweigung Bildstöckljoch → Weg Nr. 1 zur Oberetteshütte (2.670 m) → Weg Nr. 1 zum Glieshof

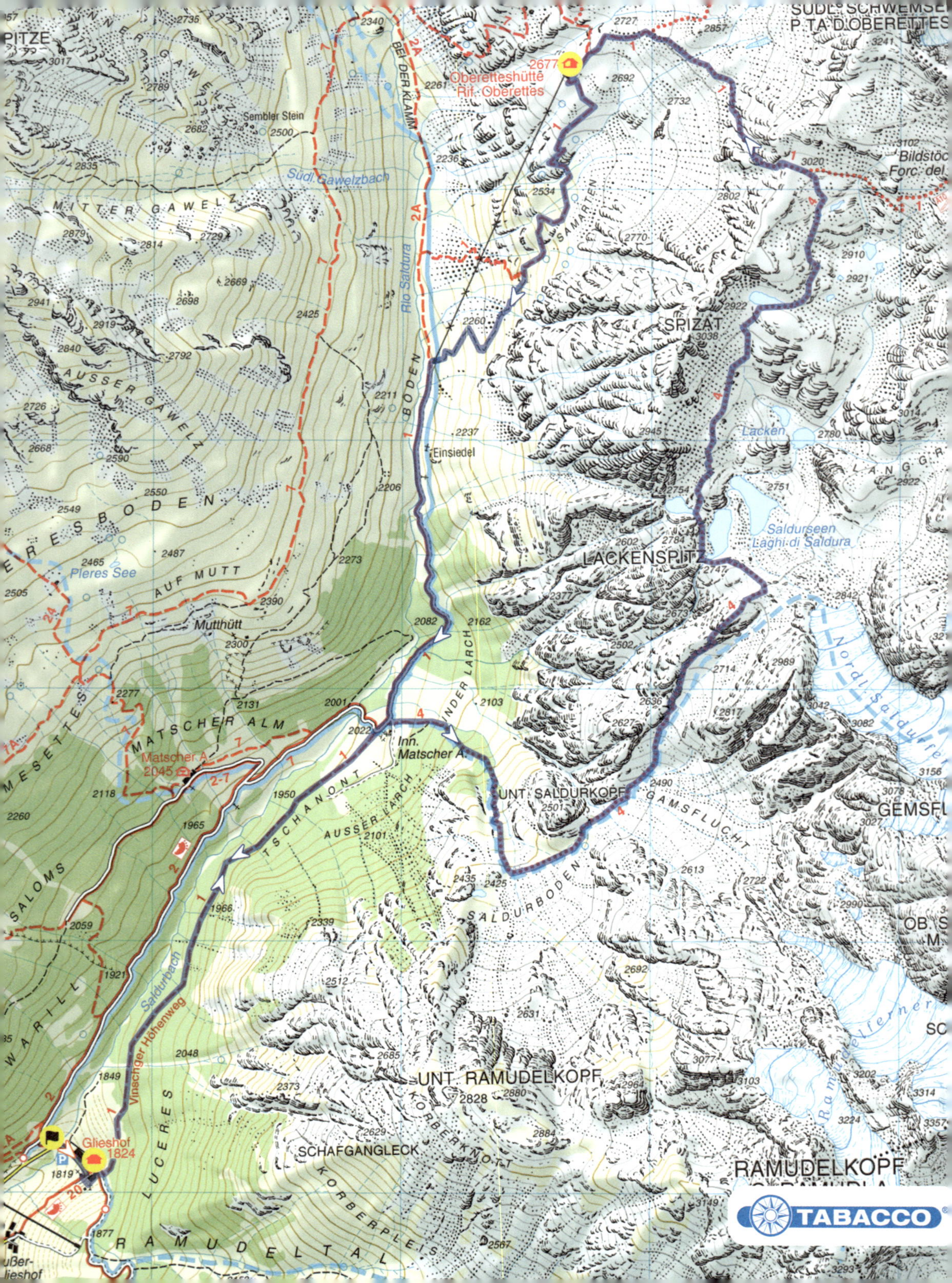

Oberetteshütte
Rif. Oberettes
2677
Südl. Schwemser
P.ta d'Oberettes
Bildstöc
Forc. del
Spizat
3038
Lacken
Saldurseen
Laghi di Saldura
Lackenspitz
Nördl. Saldurferner
Gamsfl
Unt. Saldurkopf
Gamsflucht
Saldurboden
Inn. Matscher A.
Inner Larch
Ausser Larch
Tschanont
Matscher Alm
Matscher A.
2045
Mutthütt
Auf Mutt
Pleres See
Eresboden
Ausser Gawelz
Mitter Gawelz
Sembler Stein
Südl. Gawelzbach
Rio Saldura
Bei der Klamm
Boden
Einsiedel
Samarten
Saloms
Mesettes
Warill
Saldurbach
Vinschger Höhenweg
Glieshof
1824
Lucedes
Ramudeltal
Korberpleis
Korberknott
Schafgangleck
Unt. Ramudelkopf
2828
Ramudelkopf
Ramudelferner
TABACCO

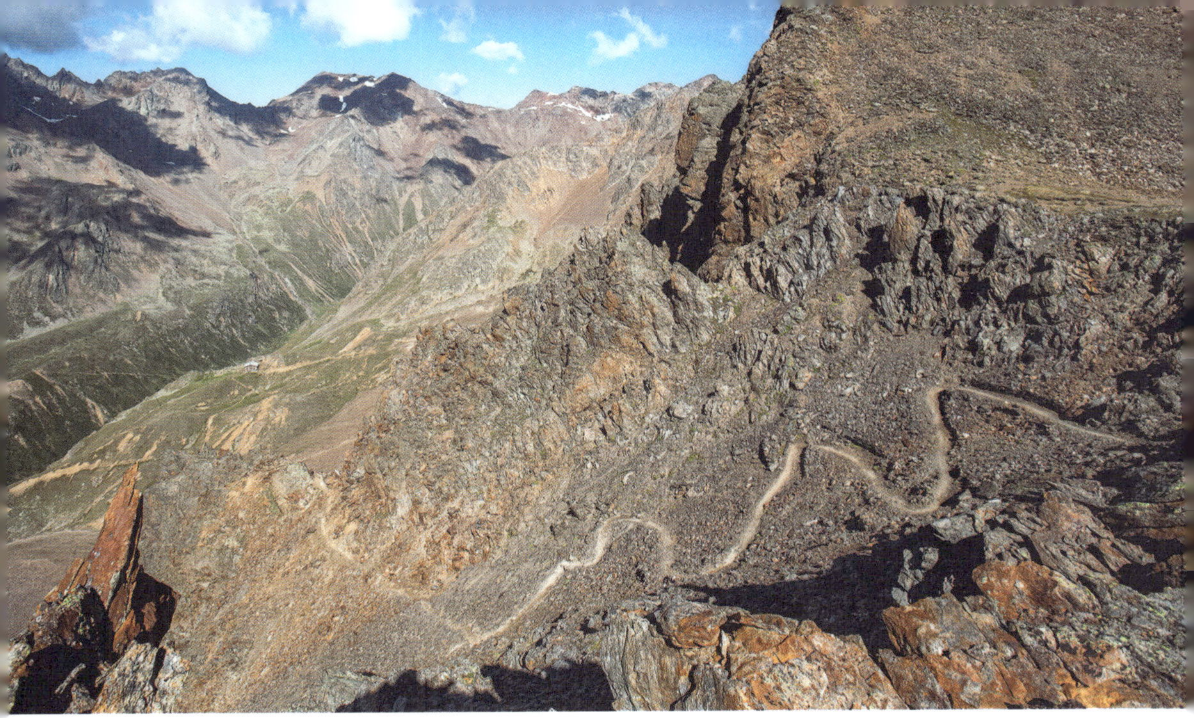

↑ Für den schwierigsten Teil der Tour, den Weg hinab zur Oberetteshütte, sollte man absolut trittsicher und schwindelfrei sein

↓ Die Oberetteshütte (2.670 m)

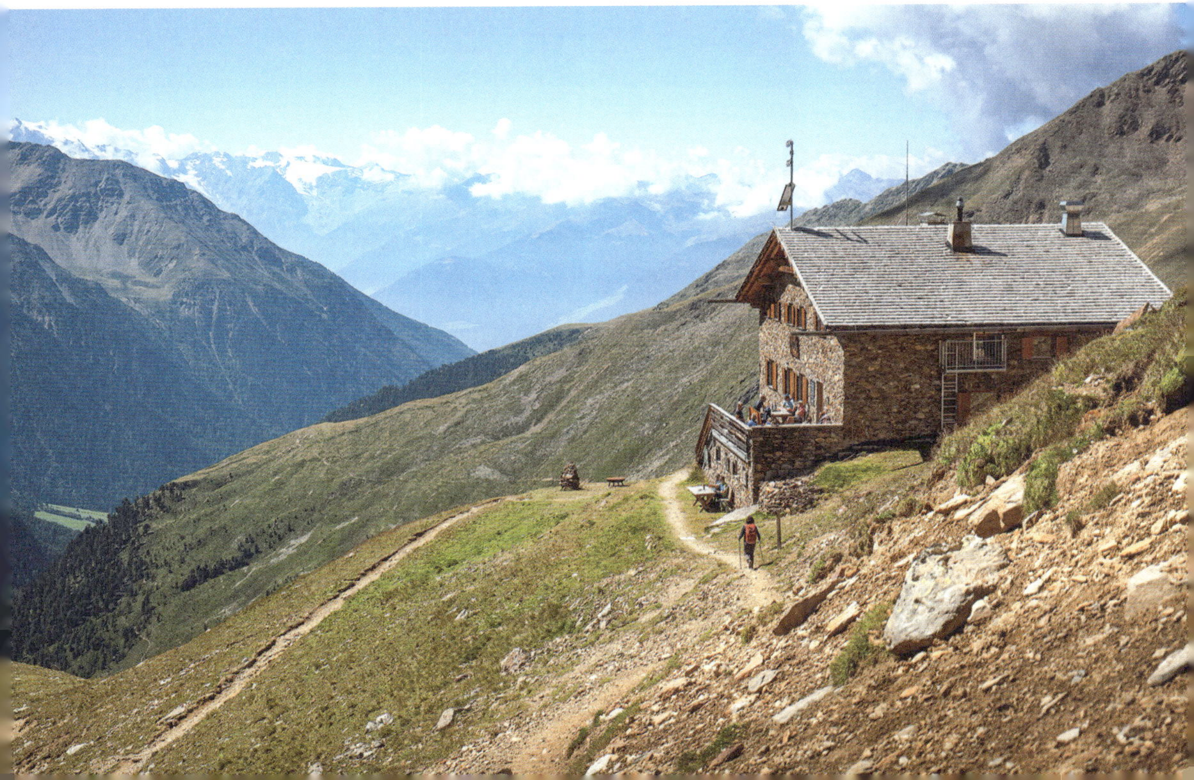

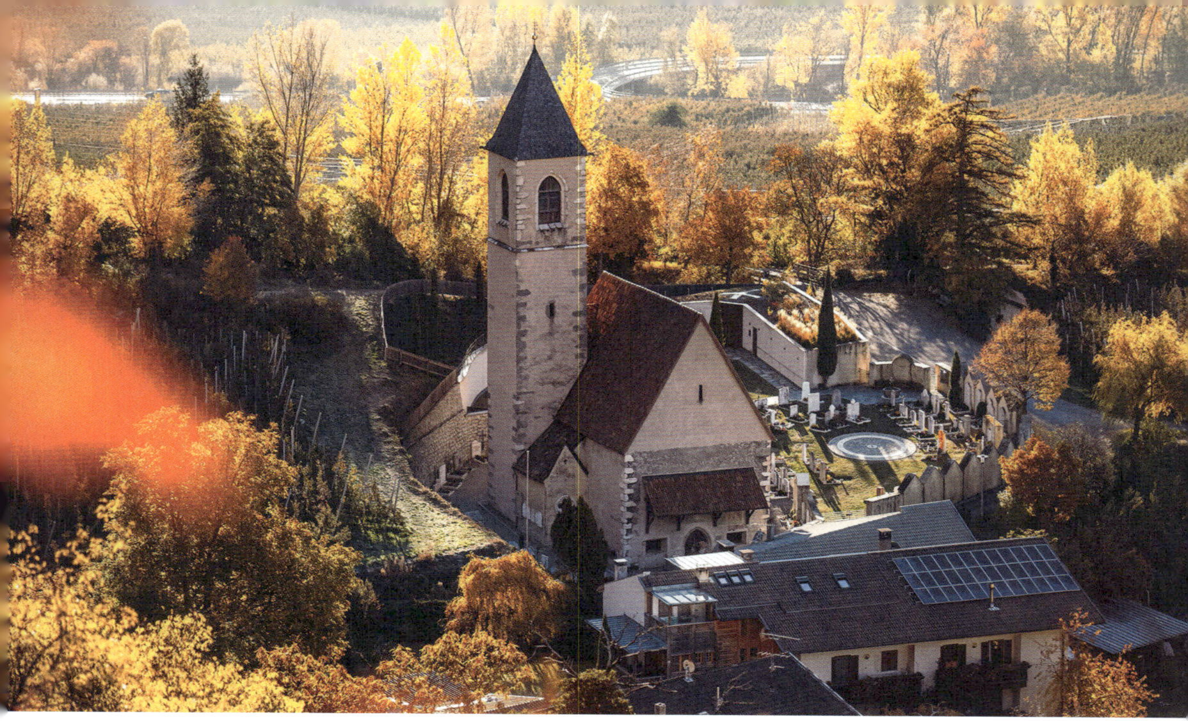

6 Zu den Annenbergböden

Sonnige Herbstwanderung

Diese aussichtsreiche Wanderung am Vinschgauer Sonnenberg ist vor allem im Frühling, Herbst und Winter zu empfehlen. Im ersten Abschnitt dieser Tour kommt man am Schloss Annenberg vorbei, das malerisch oberhalb von Latsch thront. Eine Augenweide sind auch die weiten Wiesen der Annenbergböden mit ihrer einzigartigen Steppenvegetation.

Startpunkt ist Schloss Goldrain (686 m), wo man der Markierung Nr. 5 in Richtung Annenbergböden folgt. Das Schloss zur Linken, geht es auf der Asphaltstraße noch ein Stück weiter, ehe man links auf einen Waldweg abzweigt. Dieser führt stetig ansteigend durch einen lichten Mischwald bis zu einer Gabelung, bei der man auf die Markierung Nr. 6 nach St. Martin im Kofel wechselt. Nach etwa 1,5 km erreicht man eine breite Schotterstraße, die in etwas mehr als 1 Stunde gemütlich hinauf zum Schloss Annenberg (1.039 m) führt. Hier lohnt sich ein erster Zwischenstopp, das Schloss und die kleine Kapelle dahinter sind ein tolles Fotomotiv.
Vorbei am Schloss wandert man der Straße entlang weiter, zweigt wenig später abermals links auf einen holprigen Steig ab und ge-

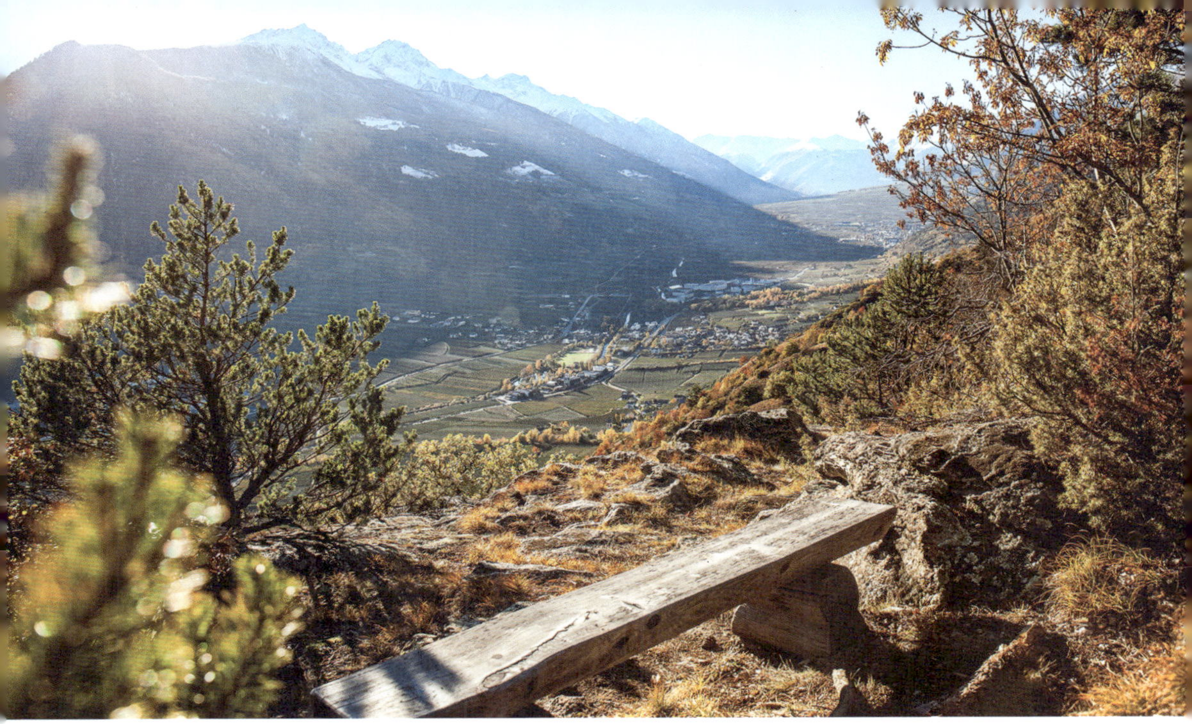

Umringt von den bunt leuchtenden Bäumen steht in der Mitte die Kirche von Tiss {GPS: 46.624965, 10.836463}

Sitzgelegenheiten laden zum Verweilen ein {Canon EOS 5D Mark II | 24–70 mm @ 24 mm | f/5 | 1/400 s} {GPS: 46.625463, 10.850940}

langt auf diesem nach 45 Minuten ab Schloss Annenberg zum Ratschillhof (1.285 m). Hat man sich beim Hofschank gestärkt, geht es über den bereits bekannten Weg wieder ein Stück zurück. Bei der nächsten Kreuzung der Markierung Nr. 7 folgend, hat man nun einen gemütlichen Abstieg durch den Wald zu den Annenbergböden vor sich. Dabei sollte man aber auf die Biker achten, mit denen man sich teilweise die Strecke teilt. Sobald sich der Wald lichtet, öffnet sich das Hochplateau der Annenbergböden (1.021 m) und man durchquert diese wunderbar steppenartige Landschaft. Ein ganz besonderer Ort, an dem man vor allem in den kalten Monaten Sonne tanken und das Panorama hinab ins Tal und hinüber zu den schneebedeckten Gipfeln genießen kann.

Der schmale Pfad Nr. 5 führt schließlich über die breite Ebene wieder zurück in Richtung Goldrain, schmiegt sich im weiteren Verlauf an die Hänge des Sonnenberges und gibt herrliche Blicke in den Obervinschgau frei. Man überquert eine kleine Hängebrücke beim Tisserbach und gelangt wenig später an die Gabelung des Aufstiegsweges, über den man wieder zum Ausgangspunkt zurückkehrt.

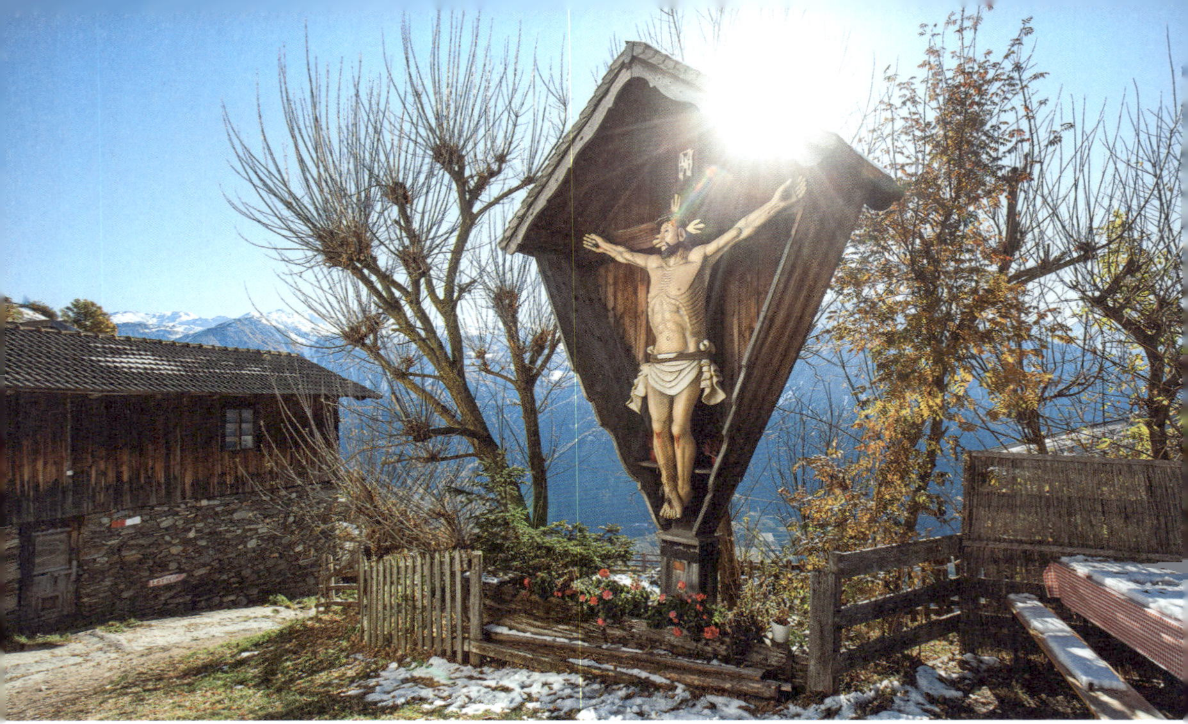

↑ Ein überlebensgroßer Jesus beim Ratschillhof (1.285 m)

↓ Über einen aussichtsreichen Pfad geht es in Richtung Ausgangspunkt

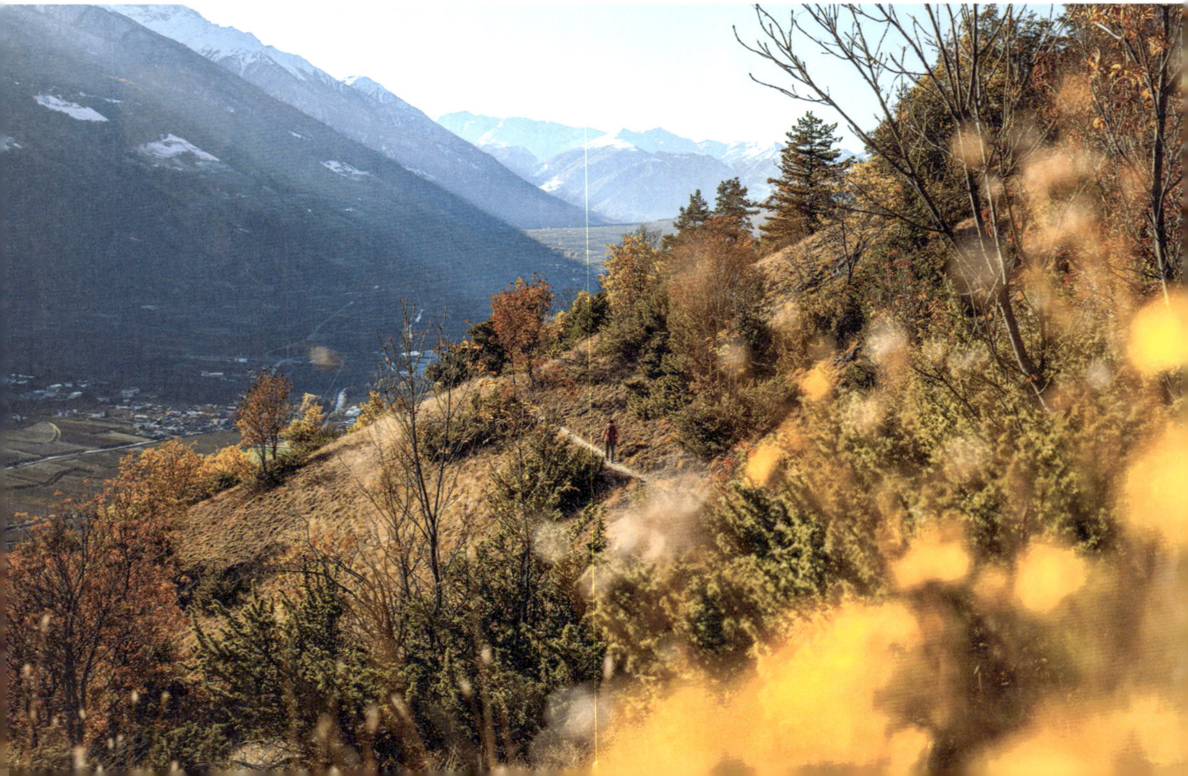

Einfache Wanderung mit guter Einkehrmöglichkeit, die vorbei an zwei Schlössern zu einem herrlichen Hochplateau im Mittelvinschgau führt.

Von Meran in Richtung Vinschgau fahren und nach Latsch rechts von der Staatsstraße in Richtung Goldrain abzweigen. Dort der Beschilderung zum Schloss Goldrain folgen, wo es ein paar Parkplätze gibt.

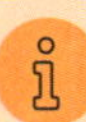

(leicht)

- Gebiet: Vinschgau, Südtirol
- Tal: Vinschgau
- Start/Ziel: Schloss Goldrain
- Dauer: 3:15 Std.
- Strecke: 7,5 km
- Aufstieg/Abstieg: 595 Hm
- Wann: Frühling, Sommer, Herbst, Winter

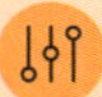

Landschaft: ●●●●○
Abwechslung: ●●●●○
Kondition: ●●●○○
Technik: ●●●○○

ja

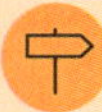

Schloss Goldrain (686 m) → Weg Nr. 5 in Richtung Annenbergböden → Weg Nr. 6 in Richtung St. Martin im Kofel → Schloss Annenberg (1.039 m) → Weg Nr. 6 Ratschillhof (1.285 m) → Weg ein Stück zurück → Weg Nr. 7 zu den Annenbergböden → Weg Nr. 5 zurück nach Goldrain

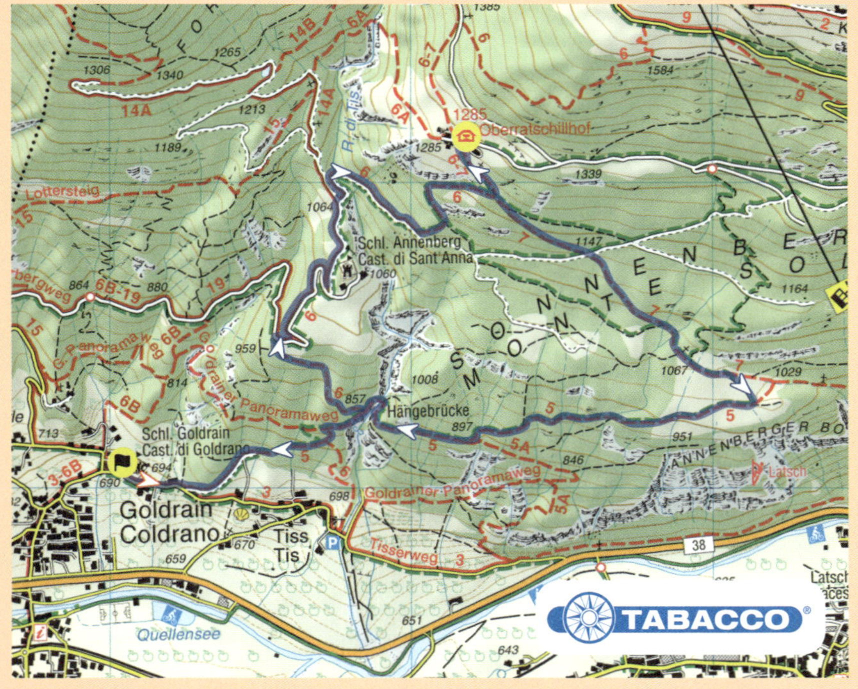

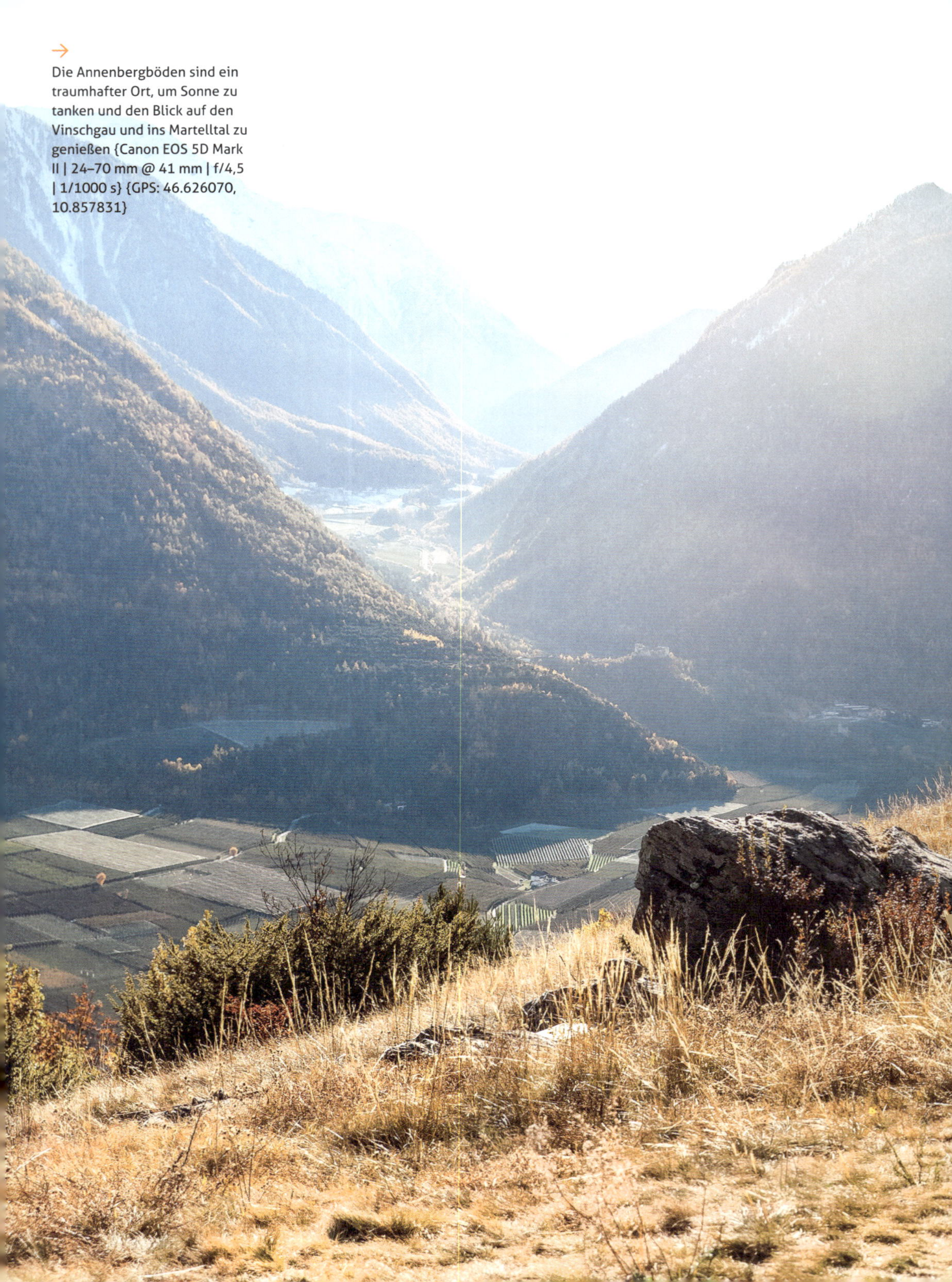

→
Die Annenbergböden sind ein traumhafter Ort, um Sonne zu tanken und den Blick auf den Vinschgau und ins Martelltal zu genießen {Canon EOS 5D Mark II | 24–70 mm @ 41 mm | f/4,5 | 1/1000 s} {GPS: 46.626070, 10.857831}

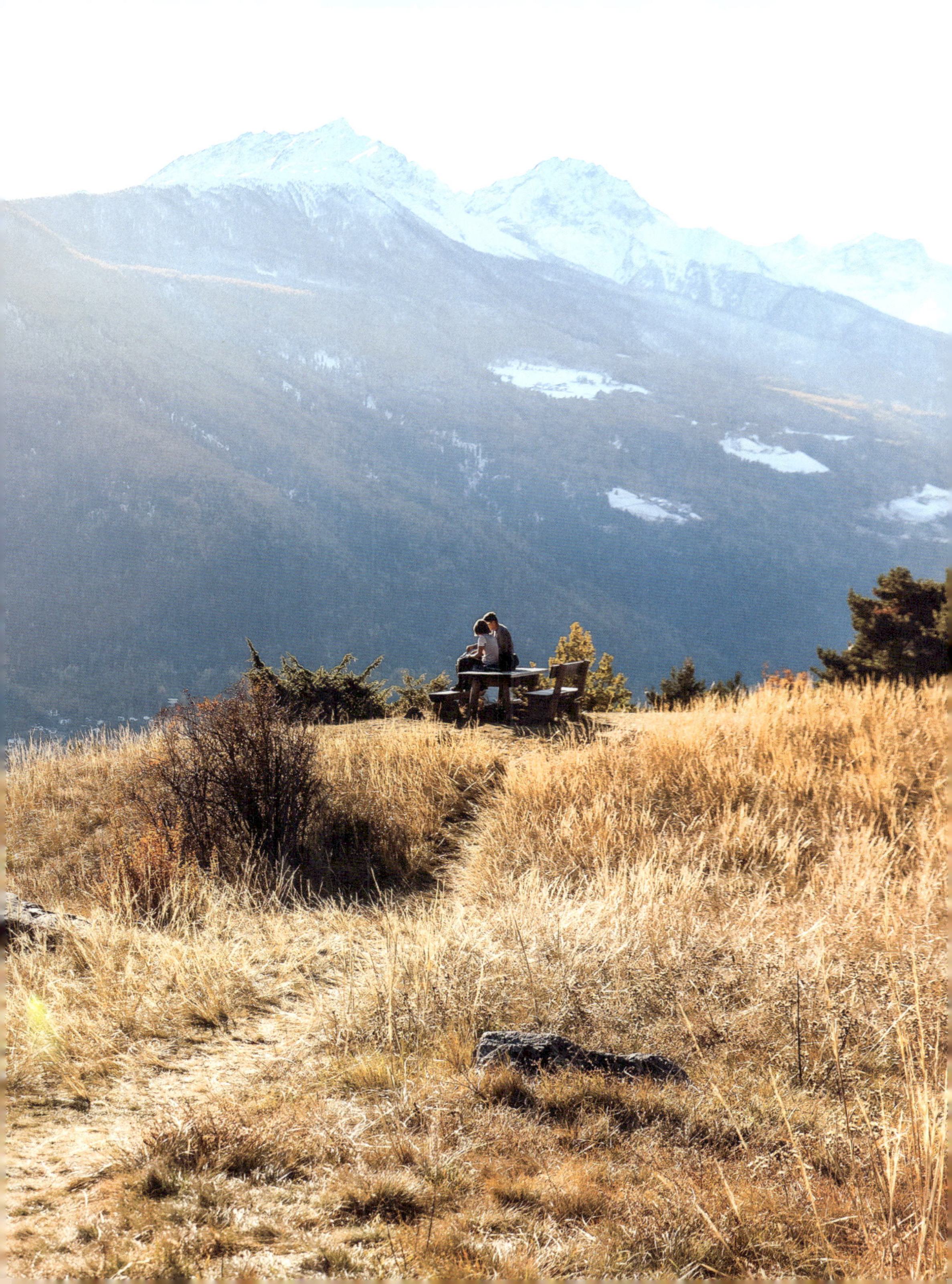

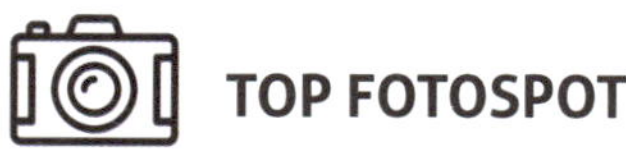

TOP FOTOSPOT

Schloss Annenberg, Latsch

Ein absoluter Hingucker ist das im 13. Jh. erbaute Schloss Annenberg oberhalb von Latsch. Schon die Lage des burgähnlichen Schlosses lässt einige Einblicke und fotografische Blickwinkel zu. Hinzu kommen noch die im Hintergrund emporragenden verschneiten Berggipfel des Martelltals, ein sehr eindrucksvolles Bild. Das Schloss ist in privatem Besitz und kann daher leider nicht besichtigt werden.

Koordinaten: 46.632165, 10.840485
Wie kommt man hin: Über eine lohnende Wanderung, vor allem im Herbst, kommt man am Schloss vorbei (siehe Seite 34).
Exif-Daten: Canon EOS 5D Mark II | 24–70 mm @ 53 mm | f/5 | 1/400 s
Aufnahmedatum: 06.11. – 11:09 Uhr

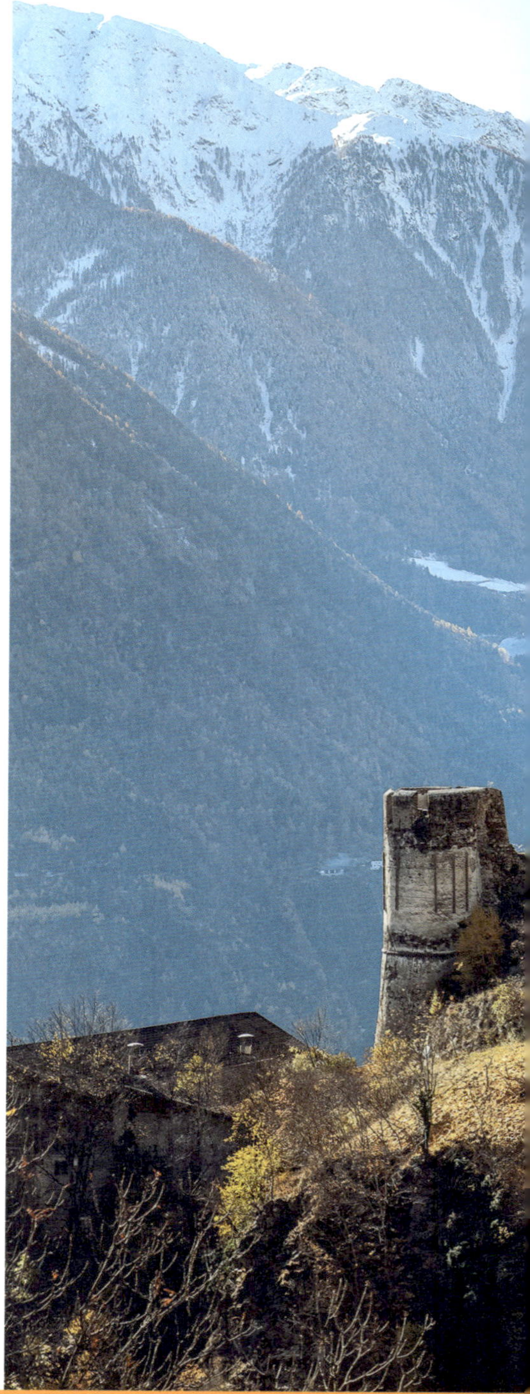

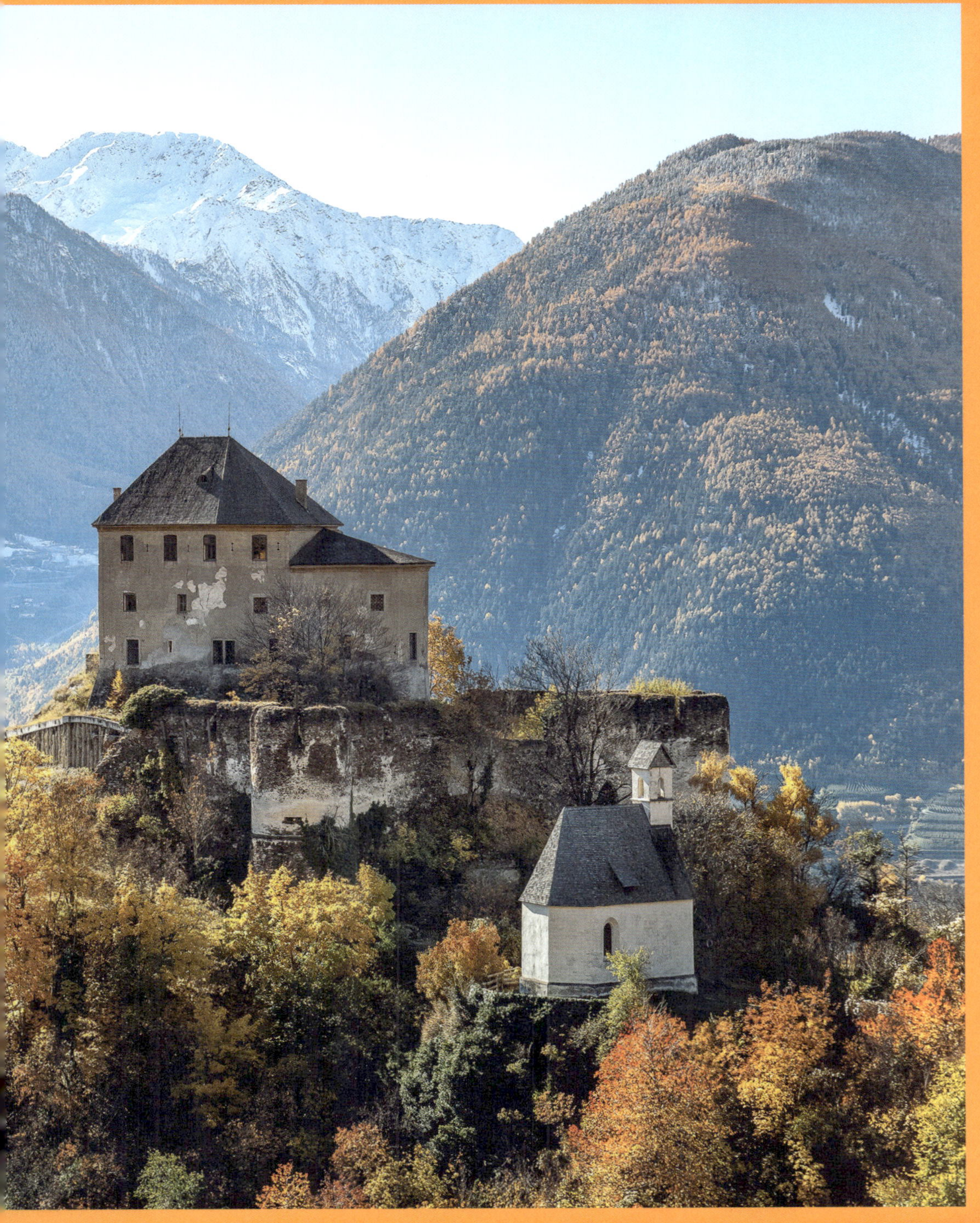

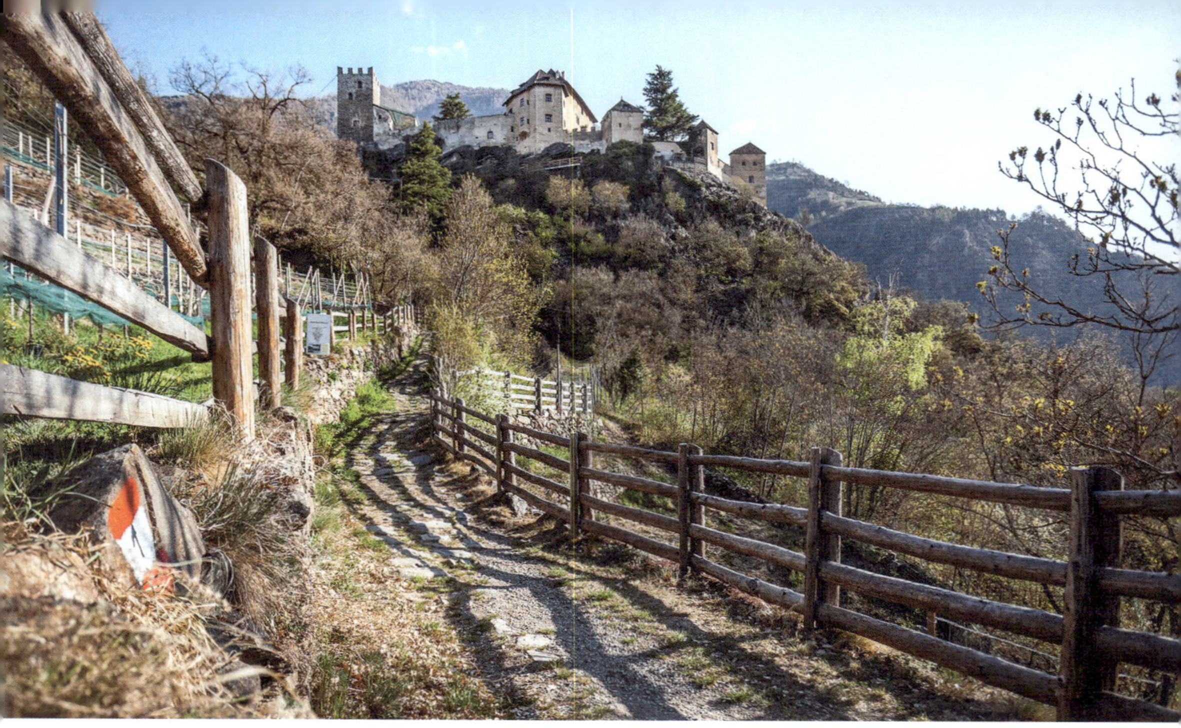

7 Von Tschars zum Schloss Juval

Über den Schnalser und den Stabener Waalweg

Diese einfache Wanderung von der kleinen Vinschgauer Ortschaft Tschars zum Schloss Juval und wieder zurück ist eine ideale Familienwanderung. Sie führt über zwei wunderbare Waalwege, auf denen man immer wieder das herrliche Panorama genießen kann. Den Weg entlang gibt es mehrere Einkehrmöglichkeiten.

Die Runde startet am Parkplatz beim Dorfeingang in Tschars (592 m). Von dort folgt man zunächst der Asphaltstraße (Markierung Nr. 2) ins Zentrum und wechselt dann auf die Markierung Nr. 1A zum Schloss Juval. Nach einem leichten Aufstieg über die schmale Straße zwischen den Häusern und an der Kirche vorbei zweigt man alsbald rechts auf die Schotterstraße Nr. 3B ab und nimmt so den Vinschger Höhenweg in Richtung Schloss Juval. Nach einer gemütlichen Strecke zwischen Weinbergen und Apfelwiesen gelangt man auf einen schmalen Pfad, der sanft durch den Wald aufsteigt. Nach gut 50 Minuten ab Start trifft man auf den Schnalser Waal. Nun geht es eben und entspannt neben dem Wasserlauf dahin, während man das Plätschern des Wassers und den Ausblick ins Tal und auf die Berge genießen kann.

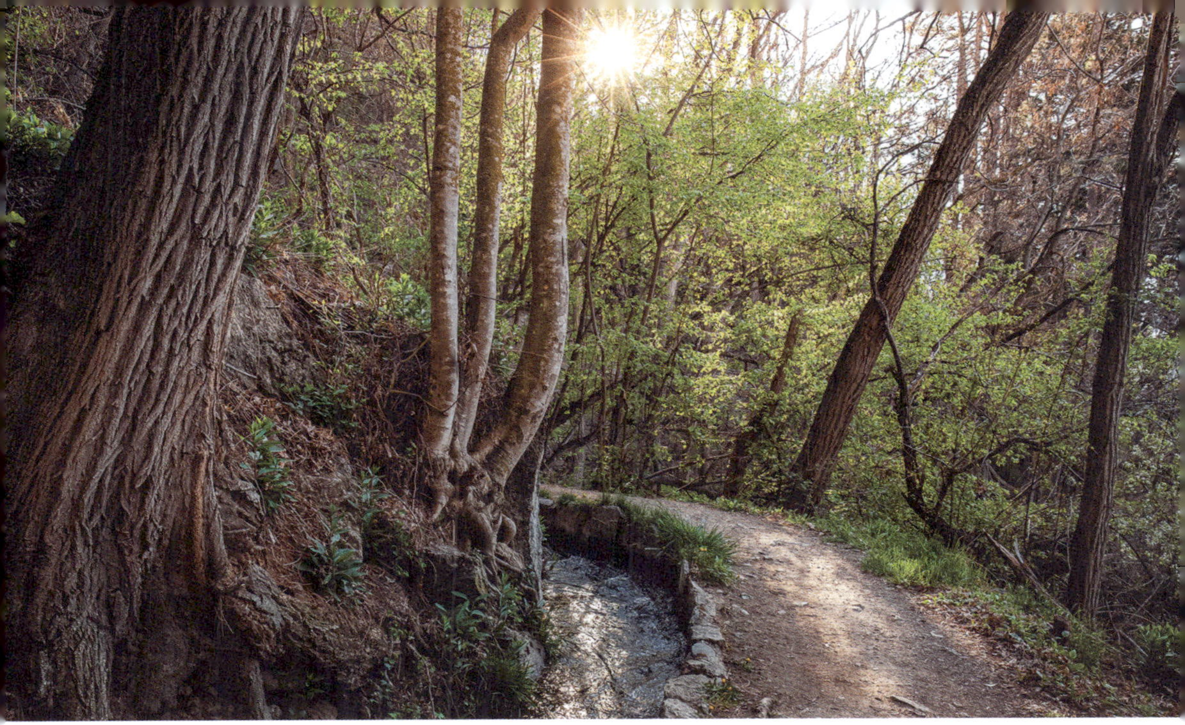

Schloss Juval – eines von sechs Messner Mountain Museen {Canon EOS 5D Mark II | 17–40 mm @ 40 mm | f/4 | 1/500 s} {GPS: 46.650388, 10.967150}

Entlang der Wanderung ergeben sich immer wieder märchenhafte Augenblicke, wie hier beim Schnalser Waalweg {Canon EOS 5D Mark II | 24–70 mm @ 28 mm | f/8 | 1/160 s} {GPS: 46.648285, 10.952438}

Bei der Jausenstation Sonnenhof (830 m) verlässt man den Waalweg und zweigt auf den Weg Nr. 1 links hinauf ab. Nach etwa 1:30 Stunde hat man schließlich Schloss Juval (1.000 m) erreicht. Das Schloss ist im Besitz von Reinhold Messner und kann besichtigt werden.
Vorbei am Schloss geht es ein Stück über die Asphaltstraße bis zum Beginn des Schnalser Waales abwärts und anschließend folgt man diesem zurück bis zur Jausenstation Sonnenhof. Dort nimmt man links den Weg Nr. 1 in Richtung Staben und steigt auf diesem ca. 15 Minuten ab, ehe man auf den Stabener Waalweg abzweigt. Auch dieser Abschnitt durch einen lichten Laubwald auf dem Waalweg zurück nach Tschars ist ein echtes Wander- und Naturerlebnis. Kurz vor Tschars endet der Waal und über die Straße kehrt man zurück zum Ausgangspunkt.

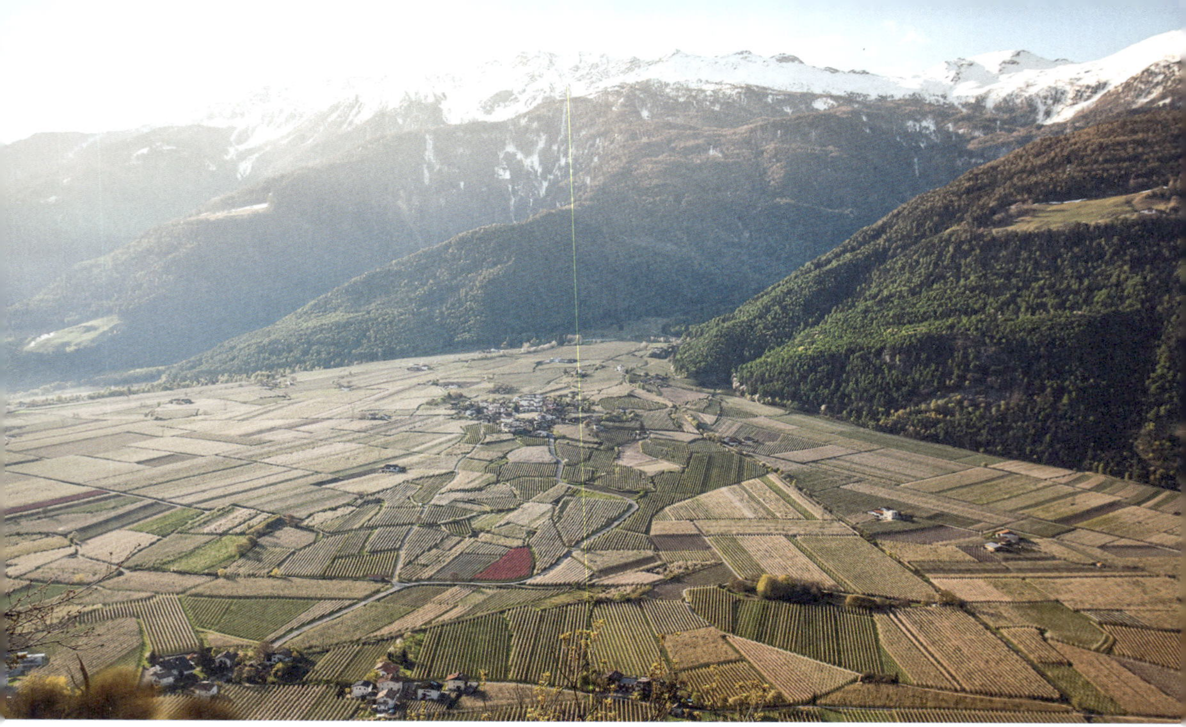

↑ Der Talboden: ein Mosaik aus Obstwiesen und Weinbergen {GPS: 46.647967, 10.957207}

↓ Durch die Weinberge geht es zurück nach Tschars

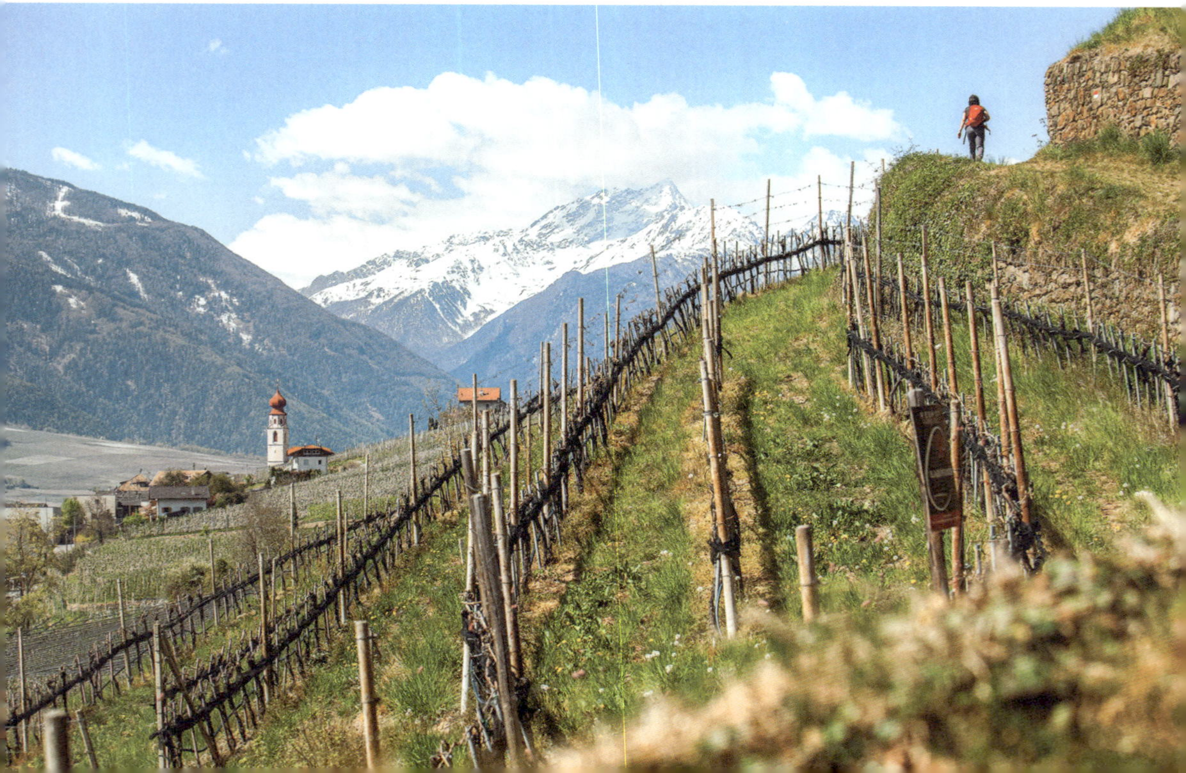

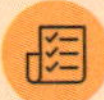

Eine sehr abwechslungsreiche Wanderung, die über zwei Waalwege und zum Schloss Juval führt. Besonders lohnend im Frühjahr, wenn die Apfelblüte die Landschaft in einen weißen Schleier hüllt.

Von Meran nach Tschars, etwas unterhalb vom Dorfzentrum befindet sich auf der linken Straßenseite der Parkplatz.

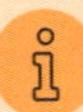

(leicht)

- Gebiet: Vinschgau, Südtirol
- Tal: Vinschgau
- Start/Ziel: Parkplatz in Tschars
- Dauer: 3:00 Std.
- Strecke: 8,9 km
- Aufstieg/Abstieg: 314 Hm
- Wann: Frühling, Sommer, Herbst, Winter

Landschaft: ●●●●○
Abwechslung: ●●●●●
Kondition: ●●○○○
Technik: ●●○○○

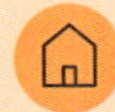

ja

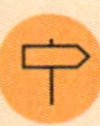

Route: Parkplatz in Tschars (592 m) → über die Straße (Weg Nr. 2) ins Zentrum → Weg Nr. 1A, dann Nr. 3B zum Schloss Juval → Schnalser Waal bis Jausenstation Sonnenhof (830 m) → Weg Nr. 1 zum Schloss Juval (1.000 m) → vorbei am Schloss → über die Asphaltstraße bergab → Schnalser Waal bis Jausenstation Sonnenhof → Weg Nr. 1 in Richtung Staben → Stabener Waalweg → Tschars

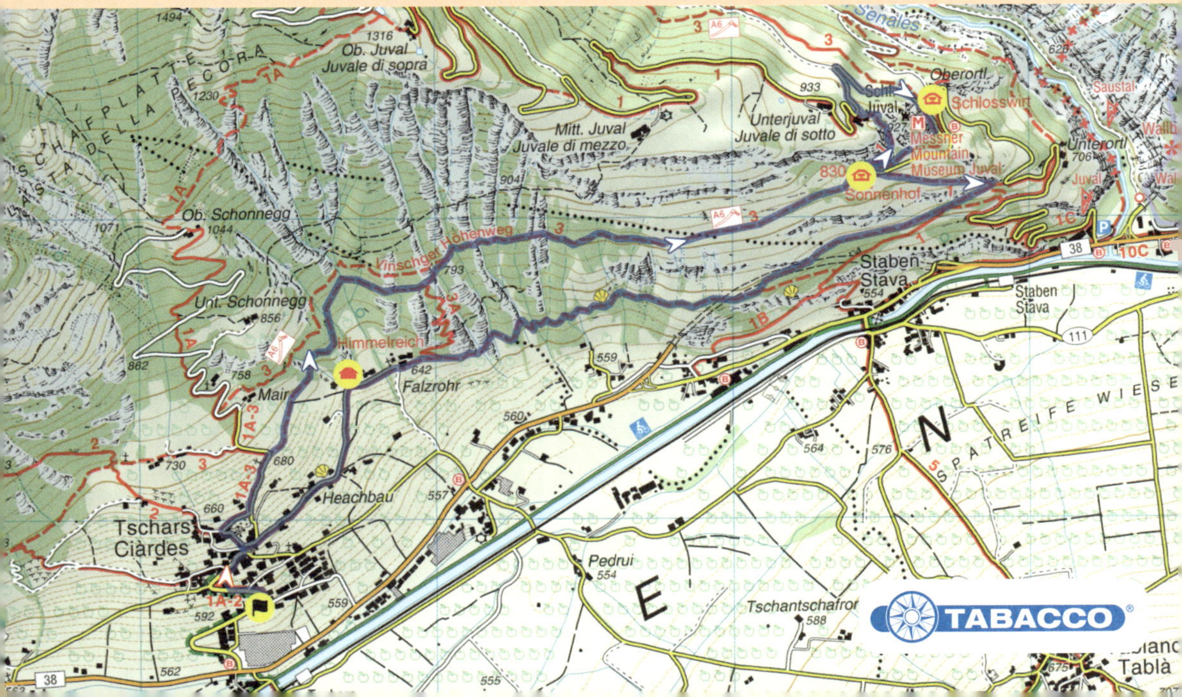

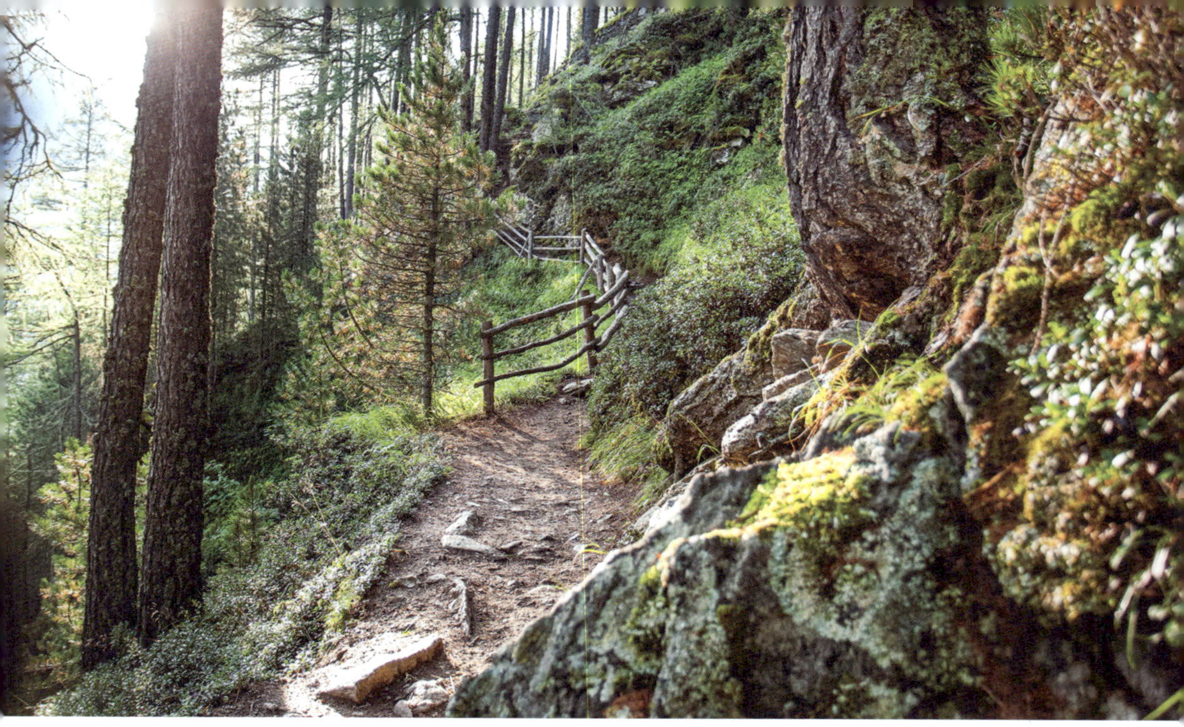

8 Um den Vernagt-Stausee

Rundwanderung im Schnalstal

Der Rundweg um den Vernagt-Stausee ist ein echtes Highlight. Wer bereits frühmorgens losgeht, wird sich kaum an der Farbe des Wassers sattsehen können und kann zudem die Ruhe und Einsamkeit genießen. Bei Windstille kann man die Landschaft gleich doppelt bestaunen: einmal direkt und ein zweites Mal als Spiegelbild auf der Wasserfläche des Sees.

Ausgangspunkt dieser einfachen Wanderung ist der Parkplatz in Vernagt (1.689 m). Von dort geht es zuerst über die Staumauer hinüber zur anderen Uferseite und ab da folgt man ganz einfach der Beschilderung Seerundgang. In einem gemütlichen Auf und Ab durchwandert man den Wald, ohne je den See und seine unglaubliche Farbe aus dem Blick zu verlieren.

Nach rund 1 Stunde ist das obere Ende des Stausees erreicht. Der Weg führt nun hinauf durch den Wald bis zur ersten Hängebrücke. Über diese gelangt man wenig später wieder hinab ans Ufer des Sees und überquert ihn abermals über eine zweite Hängebrücke. Nach einer Gehzeit von insgesamt 2:00 Stunden nimmt man schließlich links den Weg Nr. 8A (Grawand) und folgt diesem berg-

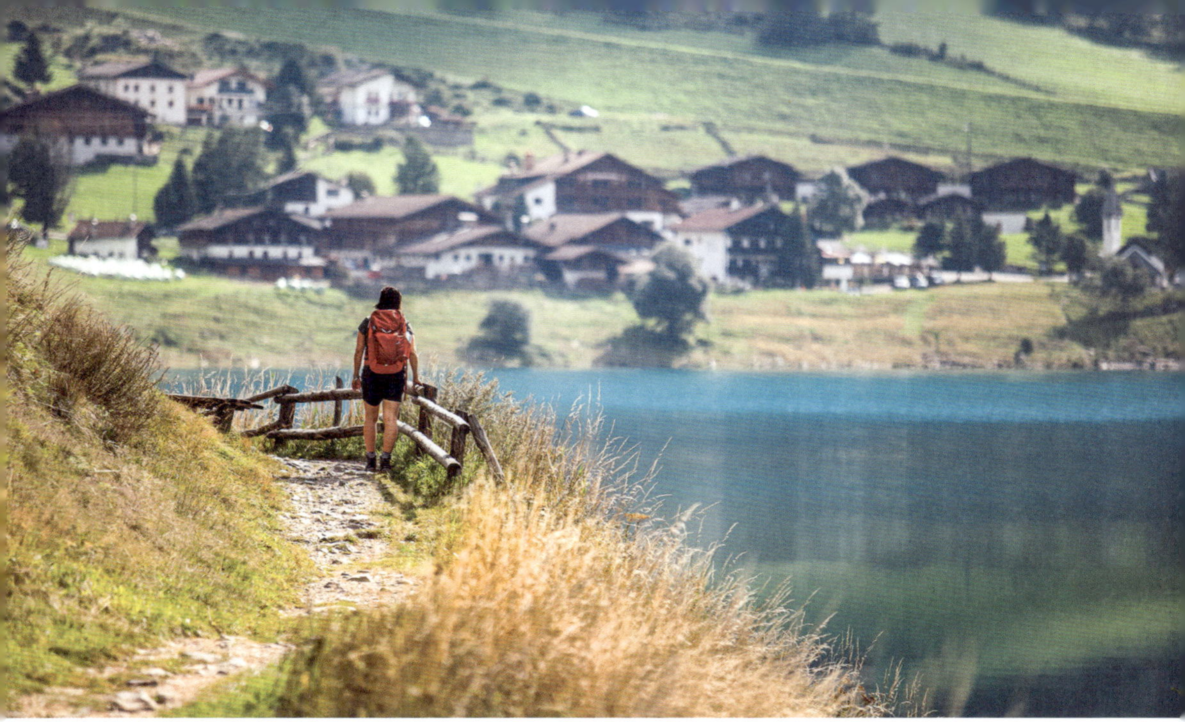

Im gemütlichen Auf und Ab geht es durch den Wald am See entlang

Auf dem Rückweg nach Vernagt zweigt man links hinauf zum Finailhof ab

auf bis zum über 700 Jahre alten Finailhof (1.973 m). Für diesen etwa 45-minütigen Aufstieg wird man am Ziel mit einem wunderbaren Blick auf den See belohnt.
Über die Markierung Nr. 7 geht es schließlich wieder zurück nach Vernagt. Der aussichtsreiche Pfad führt in rund 30 Minuten zum Raffeinhof (1.883 m). Ab hier kehrt man vorbei am Tisenhof (1.814 m) auf der Asphaltstraße (Weg Nr. 2) zurück zum Ausgangspunkt.

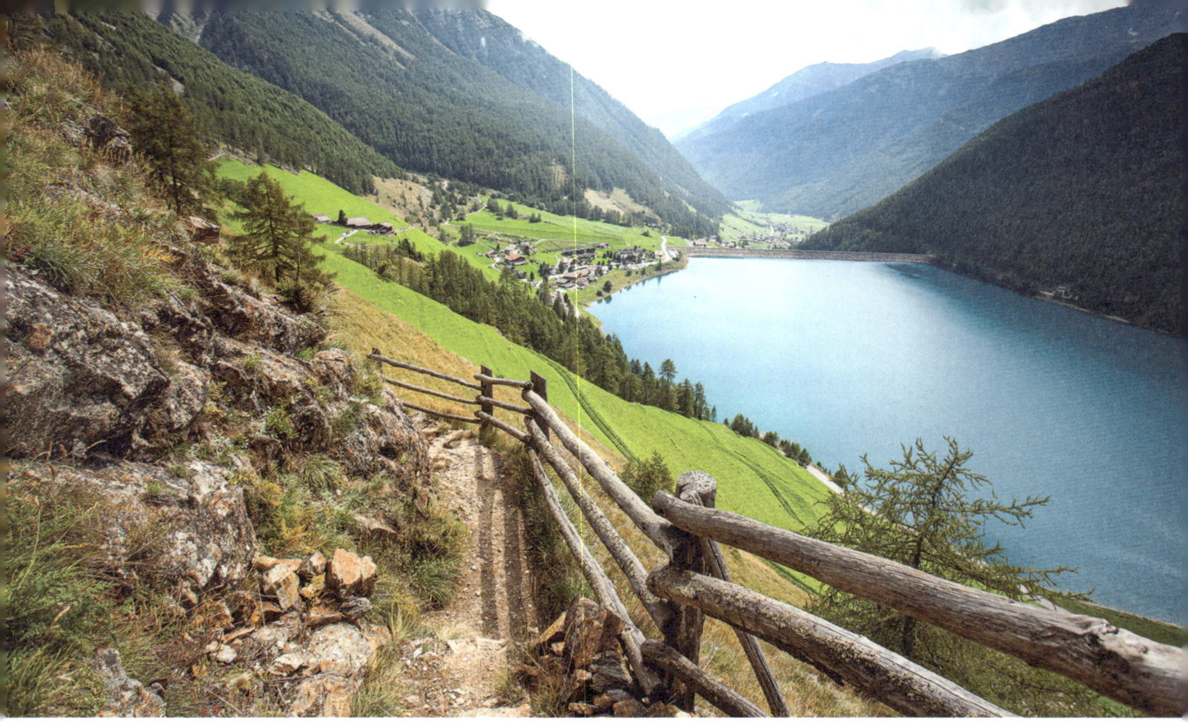

↑ Aussichtsreich geht es über den Weg Nr. 7 zurück {Canon EOS 5D Mark II | 17–40 mm @ 17 mm | f/6,3 | 1/320 s}

↓ Der Raffeinhof auf 1.883 m

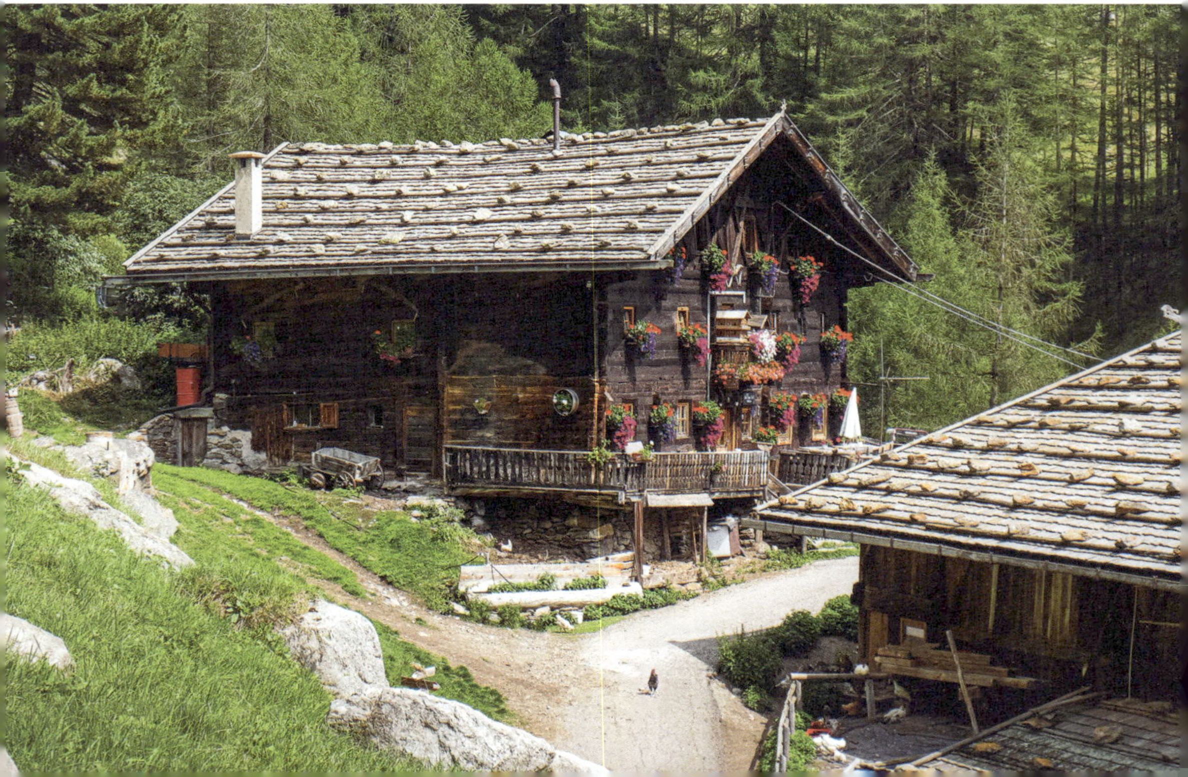

Traumhafte und einfache Wanderung für die ganze Familie rund um den Vernagt-Stausee. Besonders schön im Herbst, wenn sich die Lärchen färben.

Von Meran in Richtung Vinschgau, nach Naturns rechts ins Schnalstal abbiegen. Parkplatz in Vernagt bei der Staumauer, kurz danach ist auch eine Bushaltestelle.

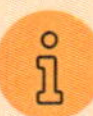

(leicht)

- Gebiet: Vinschgau, Südtirol
- Tal: Schnalstal
- Start/Ziel: Parkplatz/Bushaltestelle in Vernagt beim Stausee
- Dauer: 3:30 Std.
- Strecke: 9,8 km
- Aufstieg/Abstieg: 356 Hm
- Wann: Sommer, Herbst

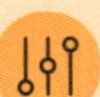

Landschaft: ●●●●●
Abwechslung: ●●●●○
Kondition: ●●●○○
Technik: ●●●○○

ja

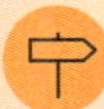

Parkplatz Vernagt-Stausee (1.689 m) → Seerundgang → Weg Nr. 8A Grawand → Finailhof (1.973 m) → Weg Nr. 7, später Nr. 2 Vernagt

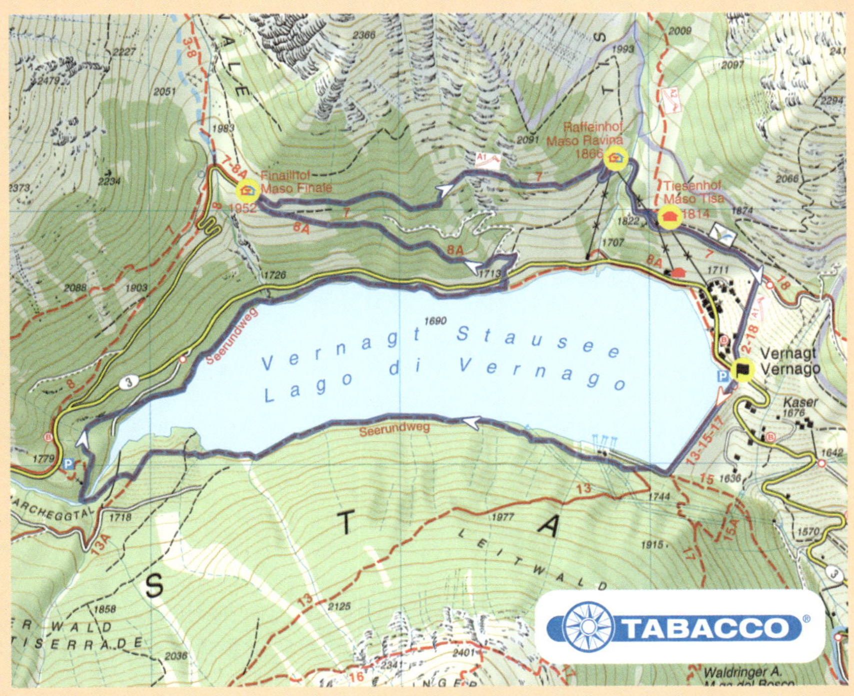

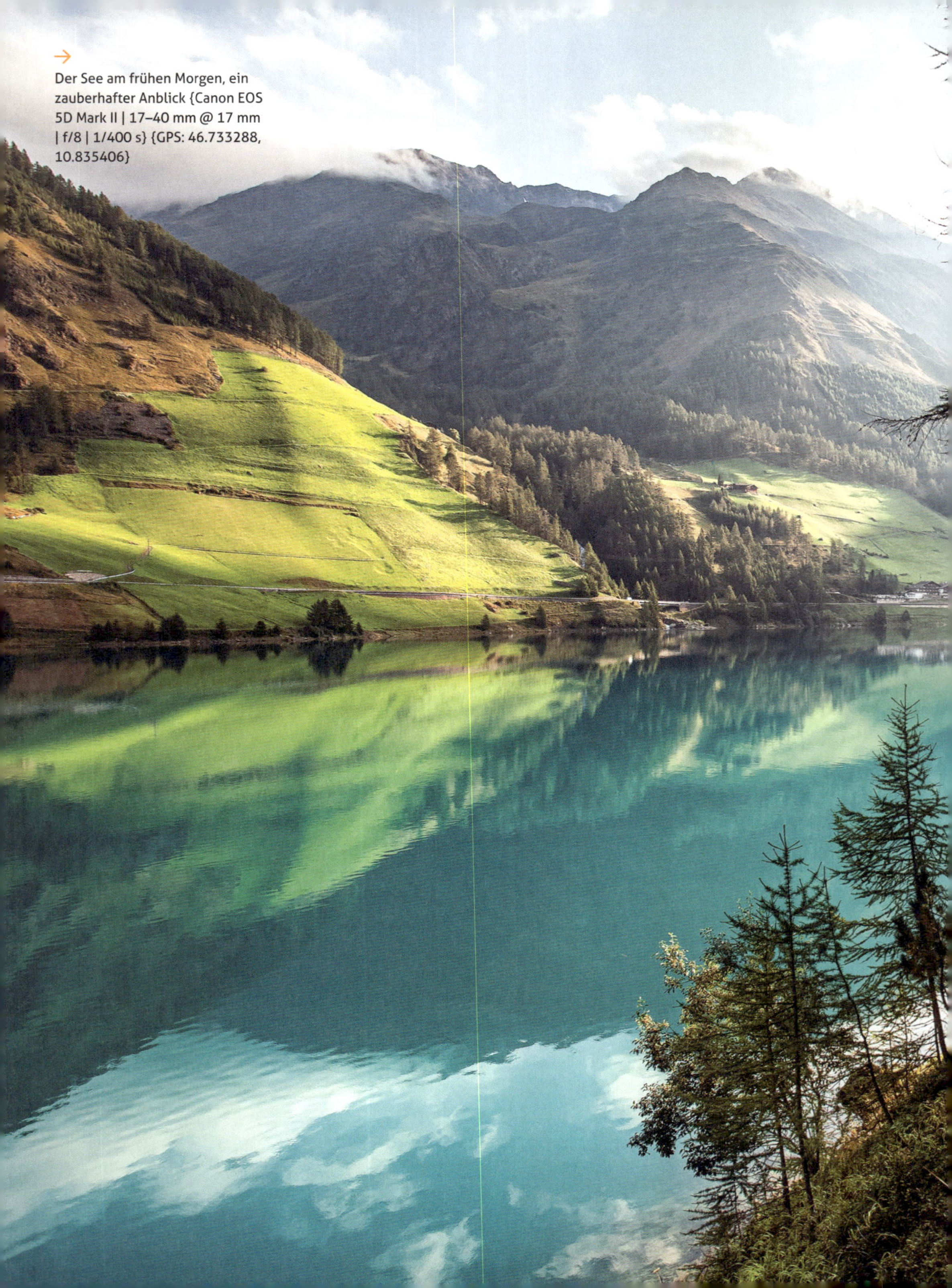

→ Der See am frühen Morgen, ein zauberhafter Anblick {Canon EOS 5D Mark II | 17–40 mm @ 17 mm | f/8 | 1/400 s} {GPS: 46.733288, 10.835406}

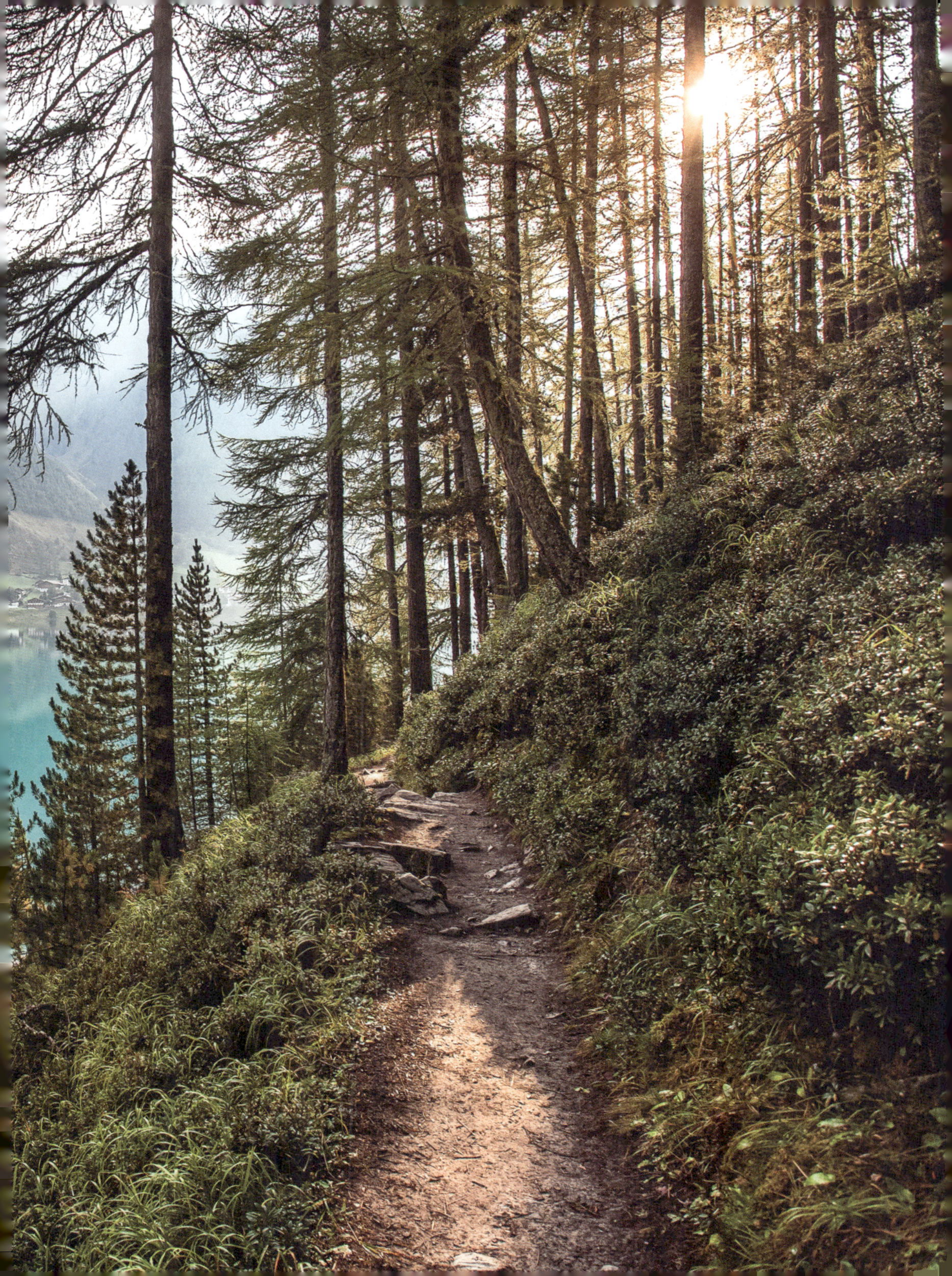

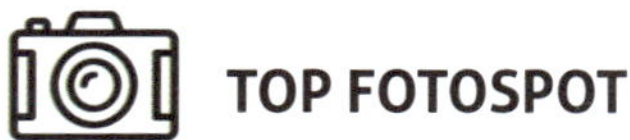

Turm im Vernagt-Stausee

Kaum jemand weiß, dass es in Südtirol neben dem Turm im Reschensee noch einen weiteren versunkenen Kirchturm gibt. 1957 wurde im Schnalstal die Vernagter Au ebenfalls für einen Stausee geflutet. Dem Projekt fielen sieben alte Bauernhöfe und das Leiterkirchl zum Opfer. Die Überreste der kleinen Kirche sind nur zu sehen, wenn der See seinen niedrigsten Stand erreicht. Mit Beginn der Schneeschmelze verschwindet der Turm, dessen Spitze eingestürzt ist, langsam wieder unter der Wasseroberfläche.

Koordinaten: 46.737058, 10.843201
Wie kommt man hin: Von Meran in Richtung Vinschgau und nach Naturns rechts ins Schnalstal hinein. Bei der Staumauer befindet sich ein Parkplatz, unweit davon gibt es eine Bushaltestelle. Taleinwärts entlang der rechten Seeseite führt ein Weg zum Turm hinab.
Exif-Daten: Canon EOS 5D Mark II | 17–40 mm @ 40 mm | f/9 | 1/640 s
Aufnahmedatum: 25.04. – 12:53 Uhr

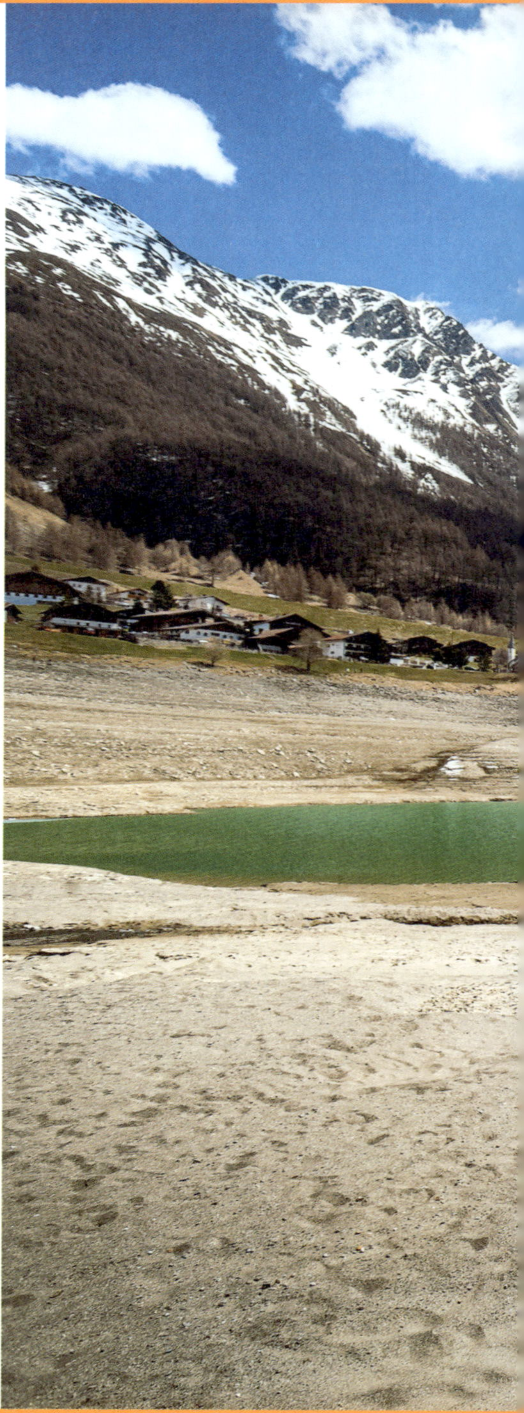

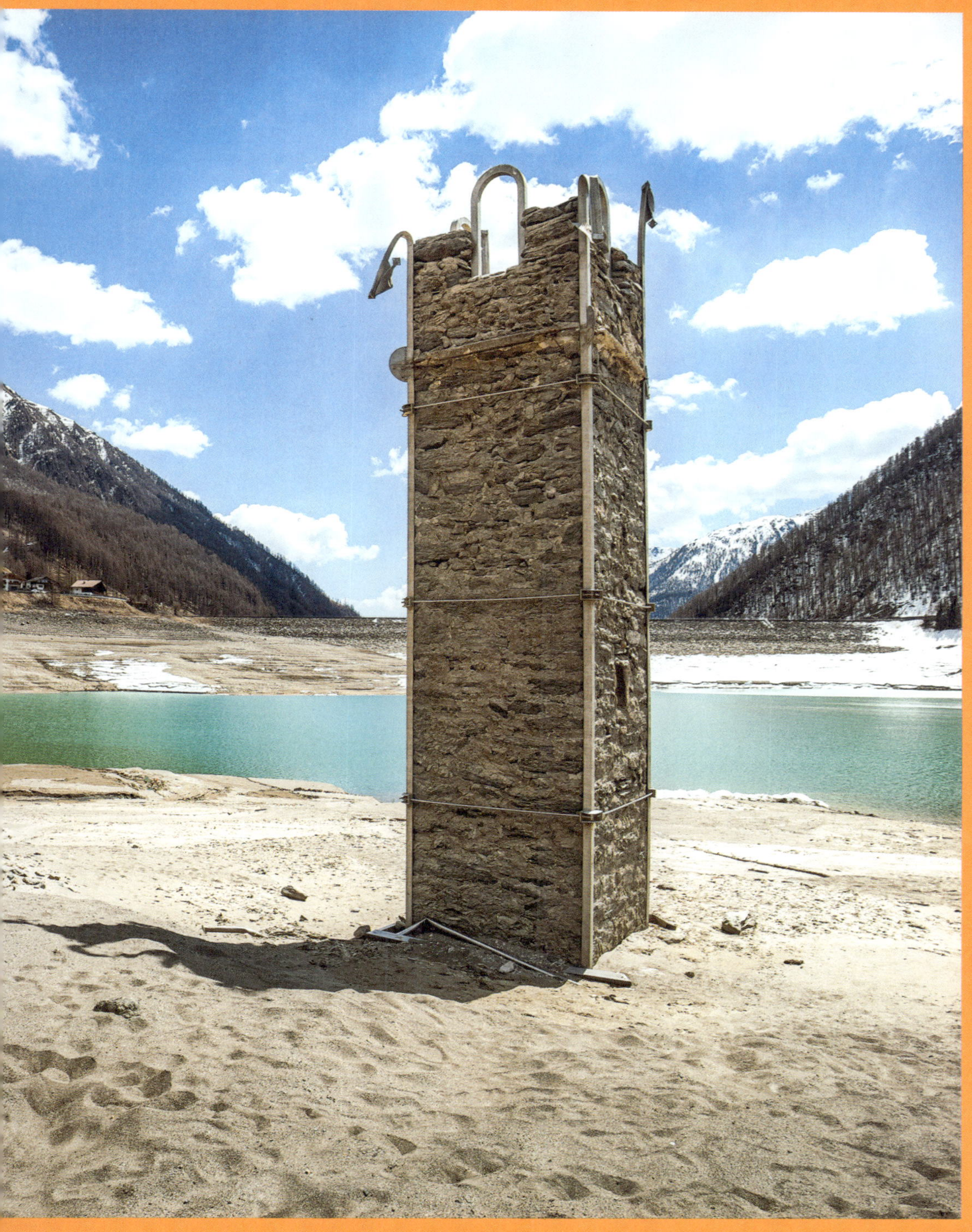

→ Der Tappeinerweg bietet schöne Blicke auf Meran {Canon EOS 5D Mark II | 24–70 mm @ 31 mm | f/4 | 1/500 s} {GPS: 46.672664, 11.165178}

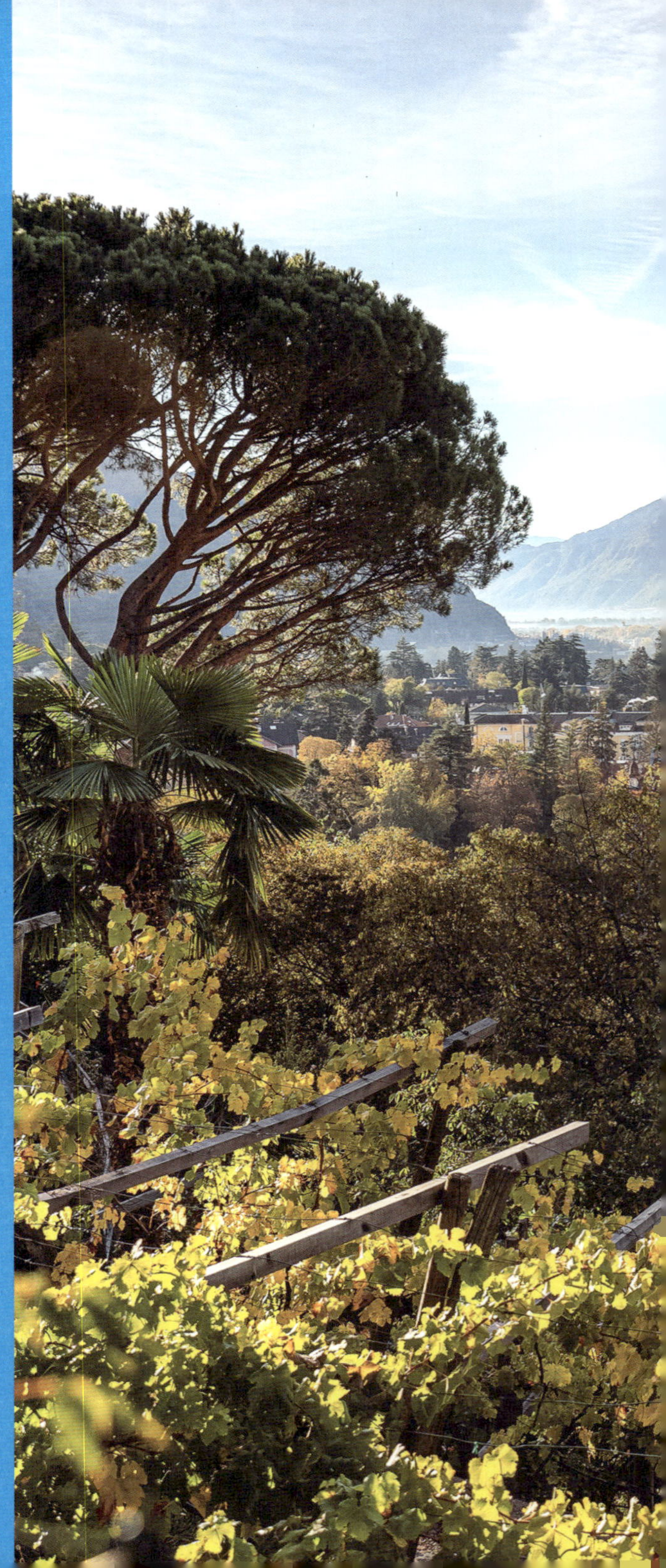

MERANER LAND

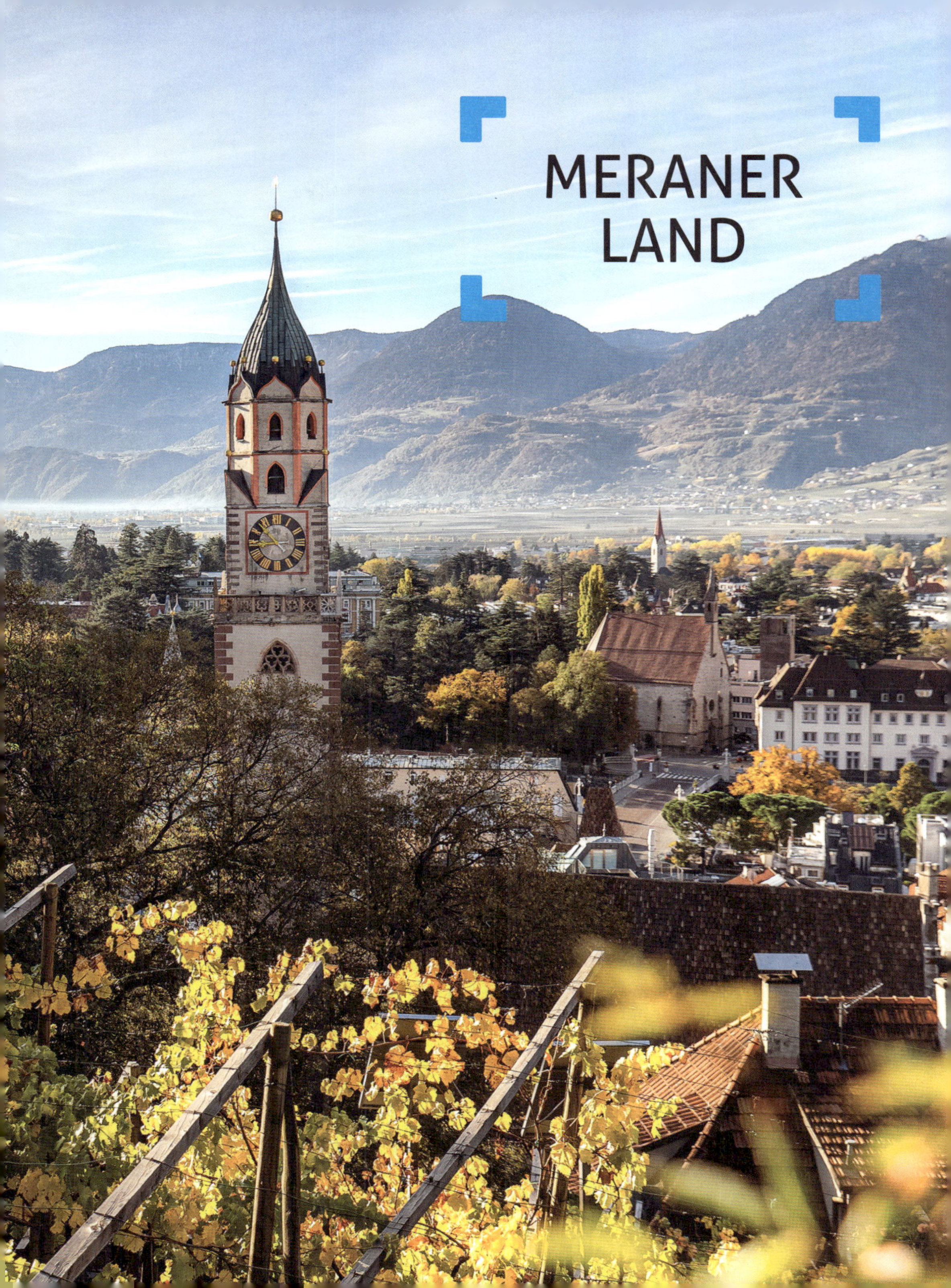

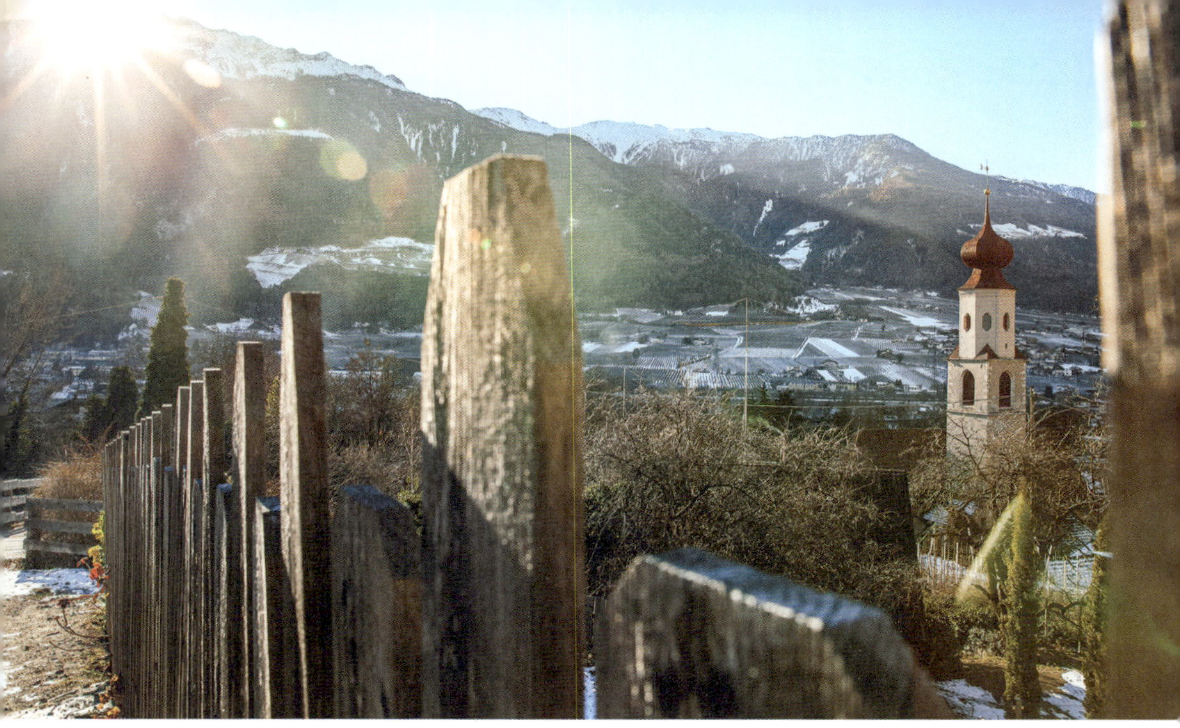

9 Zum Wallburgboden

Ein mystischer Ort am Naturnser Sonnenberg

Diese einfache Rundwanderung am Naturnser Sonnenberg führt an historischen Bewässerungskanälen entlang durch die typische Macchia-Landschaft. Wegen der sonnigen Lage ist diese Tour besonders in den kälteren Monaten des Jahres sehr zu empfehlen. Im Sommer hingegen kann es hier unter Umständen sehr heiß werden.

Ausgangspunkt der rund 8 km langen Wanderung ist die Bushaltestelle im Zentrum von Naturns (530 m). Zunächst geht man auf der Hauptstraße weiter ins Dorf hinein, um kurz darauf rechts in den Schlossweg abzubiegen. Die Straße steigt nun bis zu einem Tennisplatz stetig an. Auf der gegenüberliegenden Straßenseite befindet sich ein kleiner Durchgang, durch den man auf einen Wanderweg gelangt. Am Endes dieses Weges zweigt man links ab und folgt jetzt der Markierung Wallburgweg Nr. 10.
Vorbei an der aufgelassenen Seilbahn zum Innerforchhof setzt man die Wanderung fort und erreicht nach rund 30 Minuten die Jausenstation Schwalbennest (im Winter geschlossen, 658 m). Gleich danach biegt man an der nächsten Gabelung rechts ab und hält sich an die Beschilderung zum Wallburg-

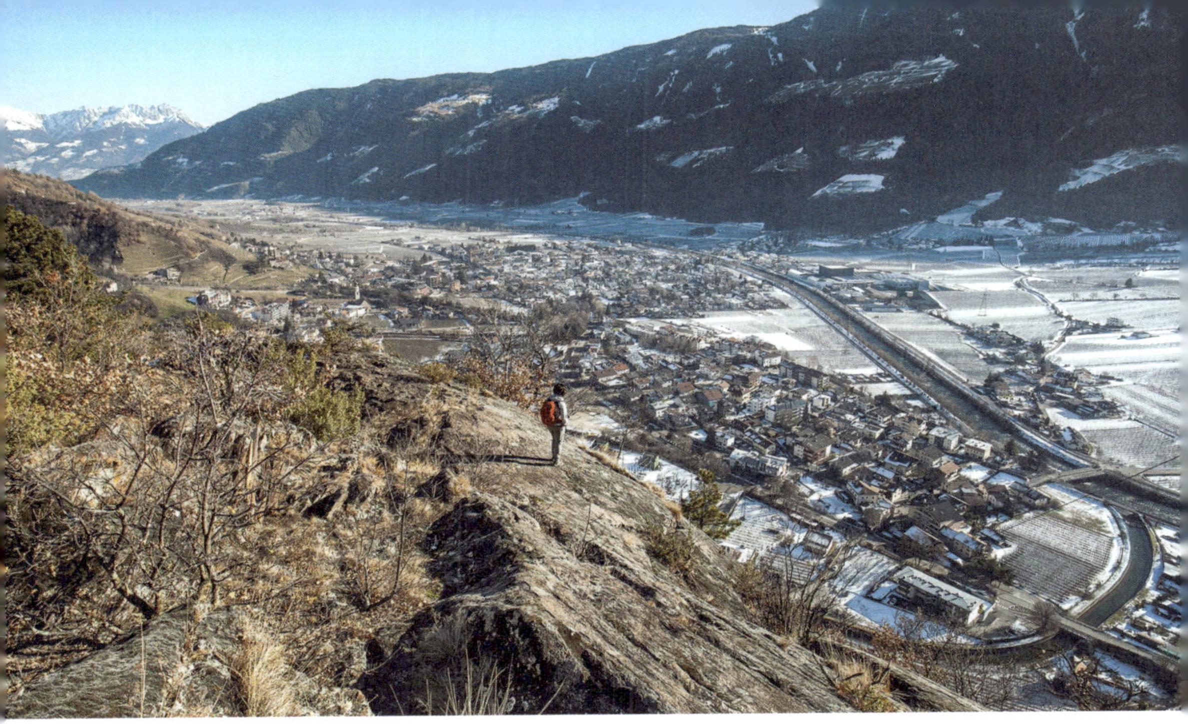

Parallel zum Schlossweg wandert man den Kirchbach entlang. Im Bild sieht man die Pfarrkirche von Naturns.

Auf dem Weg zum Wallburgboden gibt es immer wieder tolle Aussichtspunkte {Canon EOS 5D Mark II | 17–40 mm @ 17 mm | f/8 | 1/250 s} {GPS: 46.652510, 10.988532}

boden. In mäßiger Steigung zieht sich der Pfad durch einen Flaumeichenwald, der immer wieder herrliche Ausblicke freigibt. Nach insgesamt etwa 1 Stunde hat man schließlich den Aussichtspunkt Wallburgboden (792 m) erreicht. Ein idealer Ort, um bei einer kurzen Rast die Sonne und das Panorama auf Schloss Juval, den Vinschgau und hinein ins Schnalstal zu genießen, und ein wahrer Kraftplatz, an dem man neue Energie tanken kann.

Der Weg endet beim Wallburgboden, daher führt der Rückweg ein Stück über die bereits begangene Strecke zurück. Bei den nächsten beiden Abzweigungen hält man sich links, um der Markierung Meraner Waalrunde zu folgen. Nun geht es auf dem ebenen Waalweg gemütlich dahin. Dabei überquert man das große Stahlrohr, das das Wasser vom Vernagt-Stausee im Schnalstal in das Kraftwerk in Naturns leitet, kommt an der alten Waalerhütte vorbei und erblickt im Tal zwischen den Apfelwiesen das St.-Prokulus-Kirchlein. Nach einem Abstieg von ca. 3 km erreicht man nach etwa 1:15 Stunde ab dem Wallburgboden das Restaurant Wiedenplatzerkeller (637 m).

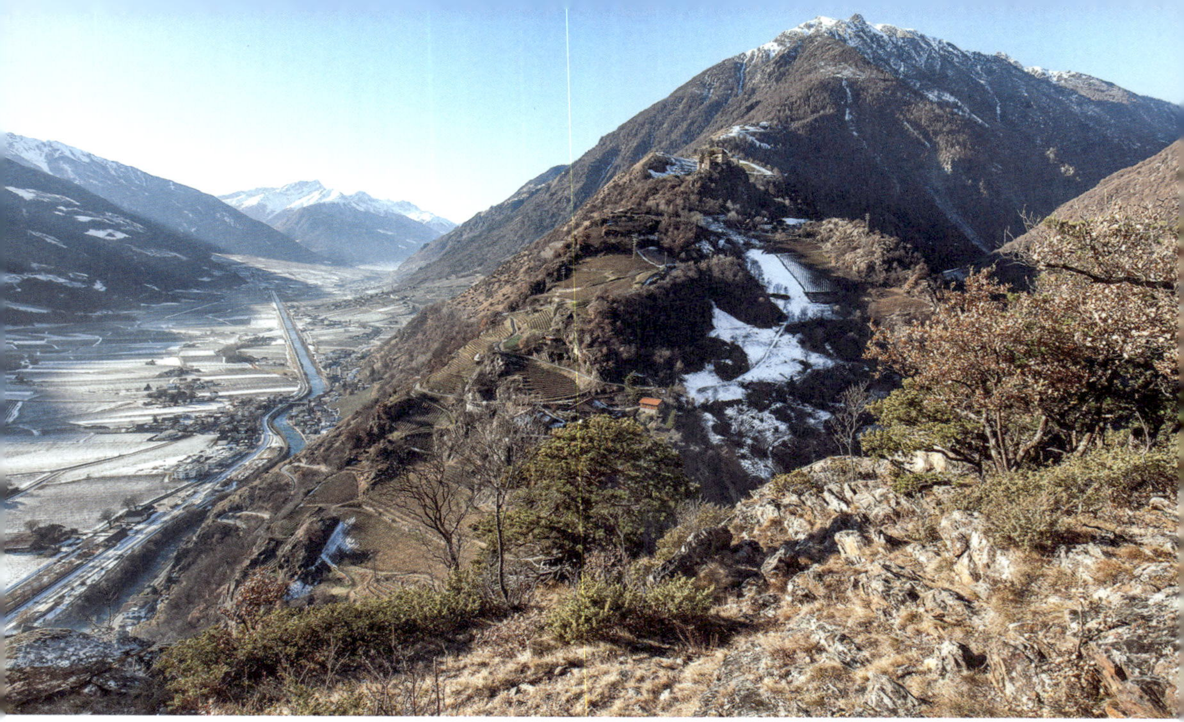

Beim Wallburgboden, mit Blick auf Schloss Juval und den Vinschgau {Canon EOS 5D Mark II | 17–40 mm @ 17 mm | f/9 | 1/125 s} {GPS: 46.650657, 10.979448}

Von dort geht es auf der Asphaltstraße noch ein Stück abwärts, bis man auf den Sonnenberger Panoramaweg Nr. 91 trifft. Diesen begeht man nun in Richtung Naturns, folgt dann aber den Schildern zur Vogeltenn-Promenade. Über die Promenade gelangt man schließlich wieder zum Schlossweg und auf diesem zum Ausgangspunkt zurück.

Tipp: Da sich in den Wintermonaten die Sonne in Naturns recht spät blicken lässt, beginnt man die Tour am besten erst gegen 11 Uhr vormittags. Auch angesichts der kurzen Dauer wäre diese Wanderung also ein echter Geheimtipp für Langschläfer.

Eine einfache Wanderung mit schönen Aussichten über Naturns, die für die ganze Familie lohnend ist.

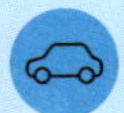 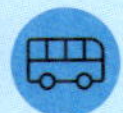

Von Meran ins Zentrum von Naturns zur Bushaltestelle. Bei der Bushaltestelle befindet sich auch ein gebührenpflichtiger Parkplatz.

(leicht)

- Gebiet: Meraner Land, Südtirol
- Tal: Burggrafenamt
- Start/Ziel: Bushaltestelle/ Parkplatz Naturns Zentrum (gebührenpflichtig)
- Dauer: 2:45 Std.
- Strecke: 8,3 km
- Aufstieg/Abstieg: 262 Hm
- Wann: Frühling, Sommer, Herbst, Winter

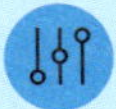

Landschaft: ●●●○○
Abwechslung: ●●●●○
Kondition: ●●○○○
Technik: ●●○○○

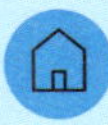

ja

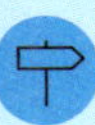

Bushaltestelle Naturns Zentrum (530 m) → ins Dorf hinein → rechts abzweigen auf den Schlossweg → bei den Tennisplätzen auf der linken Straßenseite durch einen Durchgang → Wanderweg bergauf folgen → Wallburgweg Nr. 10 bis zur Jausenstation Schwalbennest (658 m) → weiter zum Wallburgboden (792 m) → den Weg wieder ein Stück zurück → Markierung Meraner Waalrunde folgen → nach Restaurant Wiedenplatzerkeller auf den Sonnenberger Panoramaweg Nr. 91 → Vogeltenn-Promenade → Schlossweg zurück zur Bushaltestelle

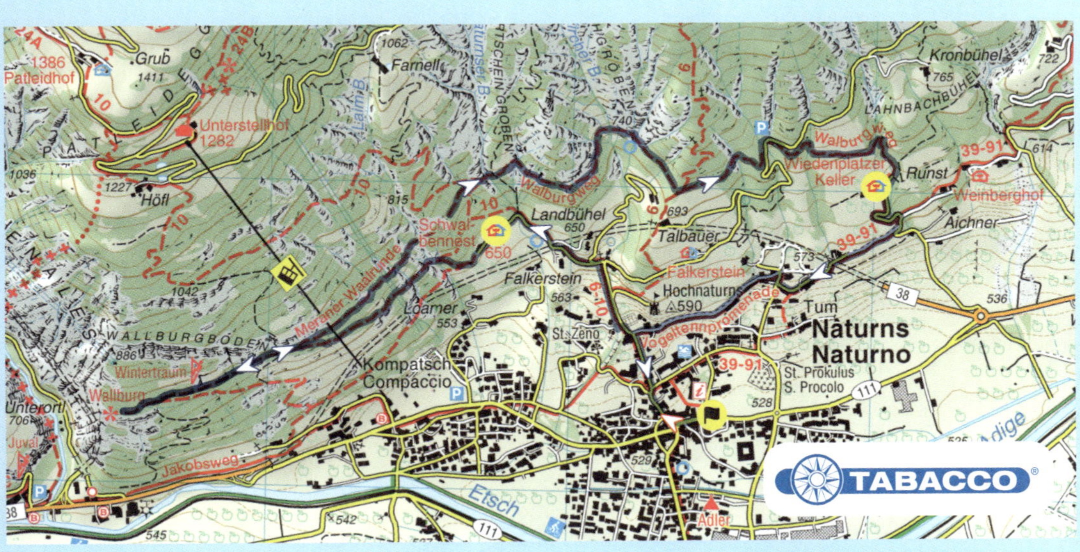

TOP FOTOSPOT

Kirchlein Maria Schnee, Aschbach

Auf einem Geländevorsprung unterhalb des Weilers Aschbach steht einsam das Kirchlein Maria Schnee. Erbaut wurde es 1695 im neugotischen Stil und wacht seitdem über den Vinschgauer Nörderberg. Da Aschbach eigentlich zur Gemeinde Algund gehört, aber abgetrennt zwischen den Gemeinden Partschins und Plaus liegt, bildet es eine Enklave. Erreichbar ist dieses Kleinod entweder gemütlich mit der Seilbahn oder mit dem Auto.

Koordinaten: 46.643968, 11.072637
Wie kommt man hin: Am einfachsten erreicht man Aschbach mit der Seilbahn. Die Talstation befindet sich beim Bahnhof in Rabland. Alternativ kann man mit dem Auto von Meran in Richtung Vinschgau fahren und bei der Kreuzung in Töll links auf die Straße nach Aschbach abbiegen.
Exif-Daten: Canon EOS 5D Mark II | 24–70 mm @ 28 mm | f/3,5 | 1/5000 s
Aufnahmedatum: 12.06. – 19:47 Uhr

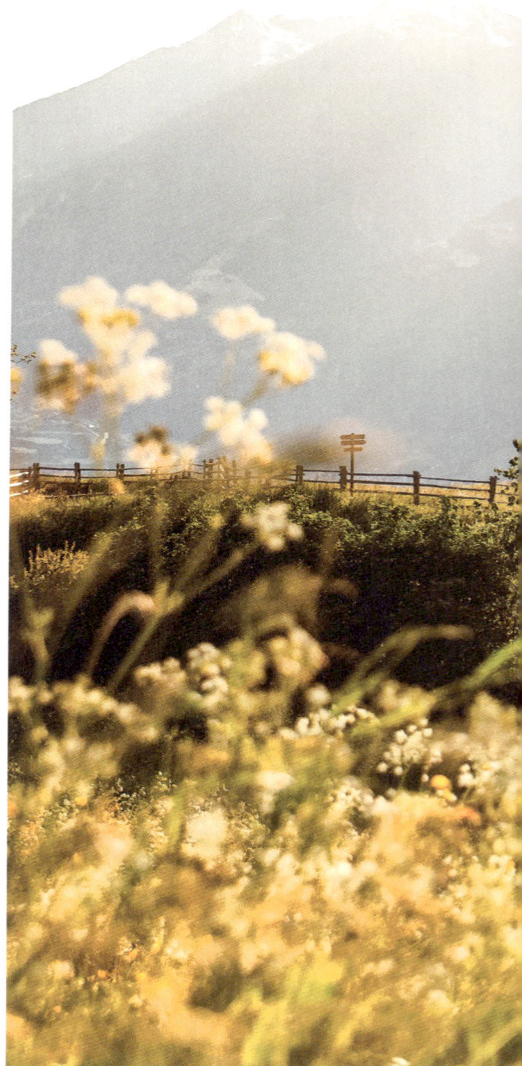

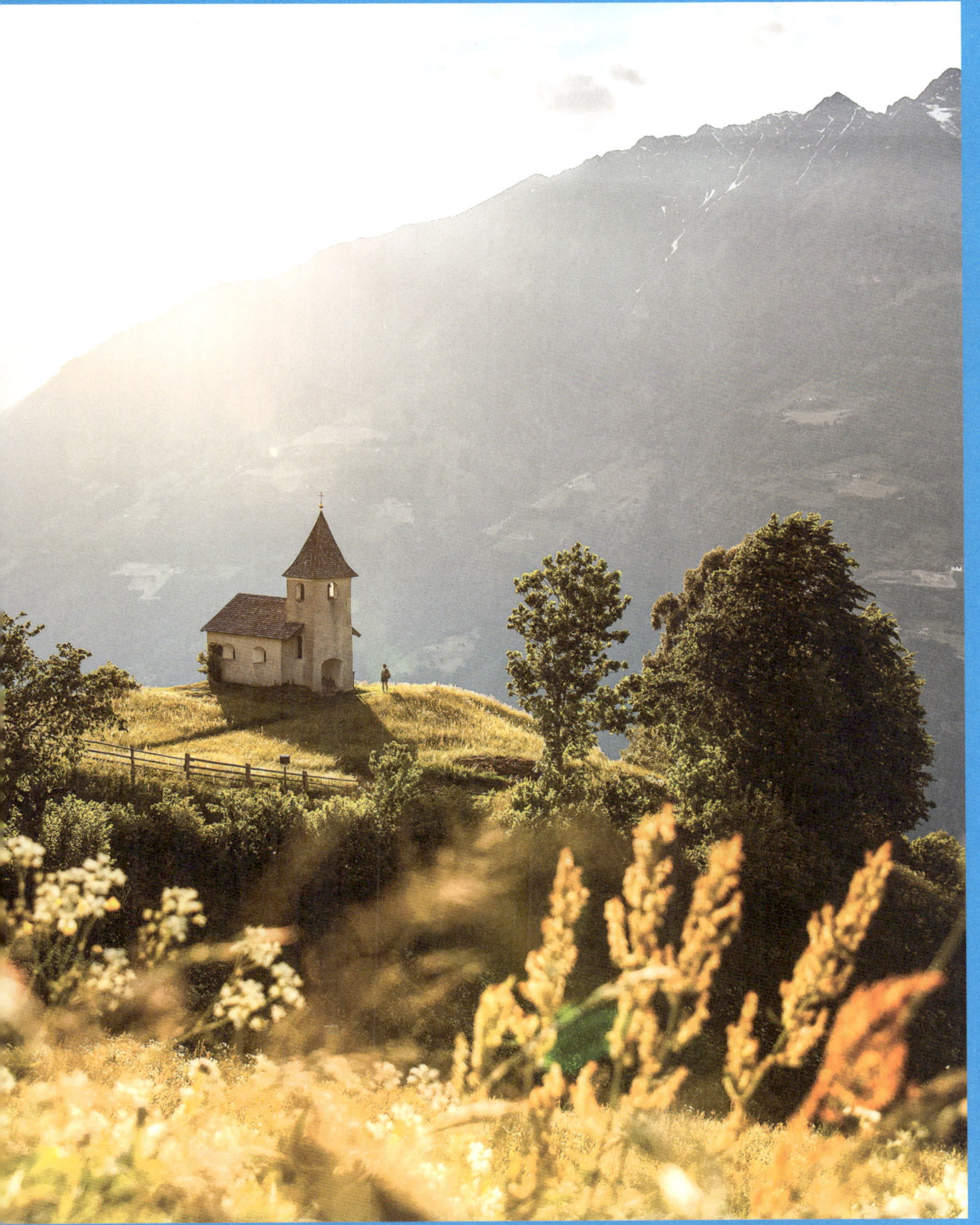

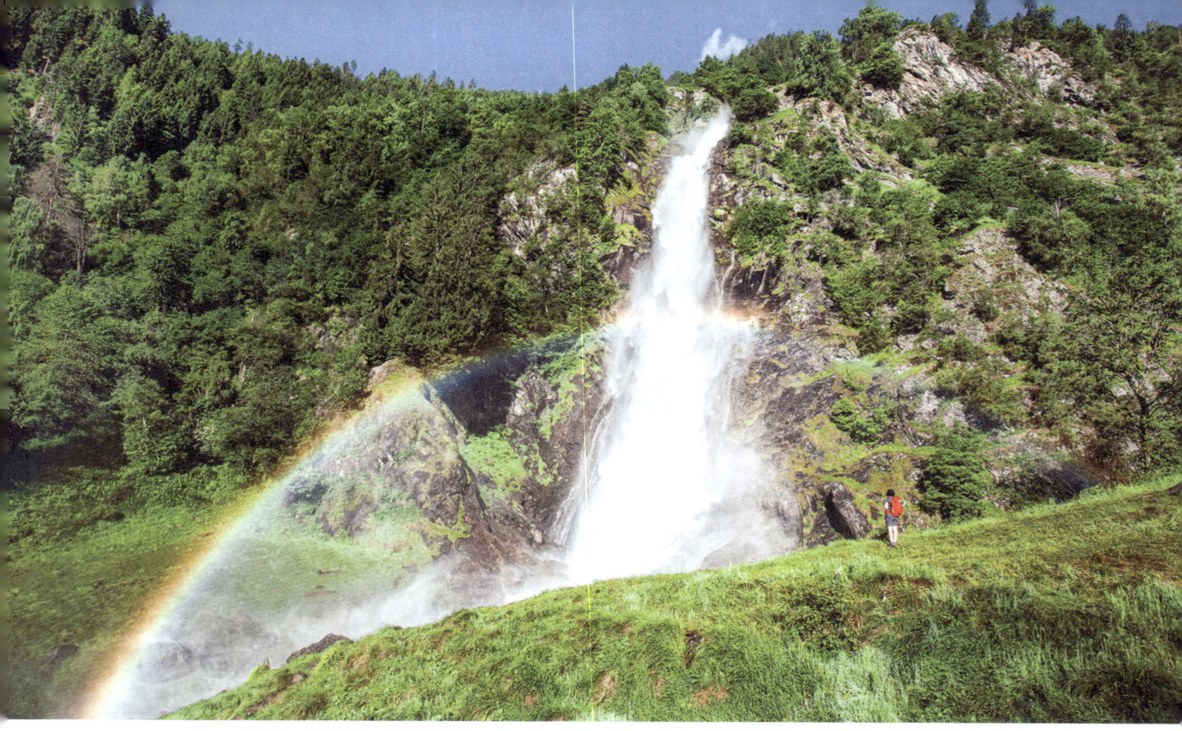

⑩ Im Naturpark Texelgruppe

Vom Partschinser Wasserfall zum Hochganghaus

Abwechslungs- und aussichtsreich präsentiert sich diese wunderbare Tour im Naturpark Texelgruppe, wobei man allerdings für die anstehenden über 14 km etwas an Kondition parat haben sollte. Den Weg entlang laden einige Einkehrmöglichkeiten zur Stärkung ein.

Ausgangspunkt dieser herrlichen Rundwanderung ist der Parkplatz bzw. die Bushaltestelle etwas oberhalb vom Gasthaus Birkenwald (958 m) in Partschins. Gerade einmal 15 Minuten braucht man von hier bis zum ersten Highlight der Tour, dem wohl imposantesten Wasserfall Südtirols. Dazu geht es auf der Asphaltstraße wieder ein Stück abwärts, bevor man rechts auf die Markierung 8B abzweigt, der Straße noch etwas folgt, um dann rechts den Steig hinauf zum Partschinser Wasserfall zu nehmen. Mit einer Fallhöhe von 97 m stürzen die gewaltigen Wassermassen in die Tiefe und an besonders heißen Tagen sorgt die Gischt für eine angenehme Abkühlung.
Der Weg führt weiter aufwärts zum Gasthaus Wasserfall (1.070 m), wo sich eventuell ein kurzer Abstecher zum oberen Teil des Wasserfalls anbietet. Weiter auf dem Weg 8B und

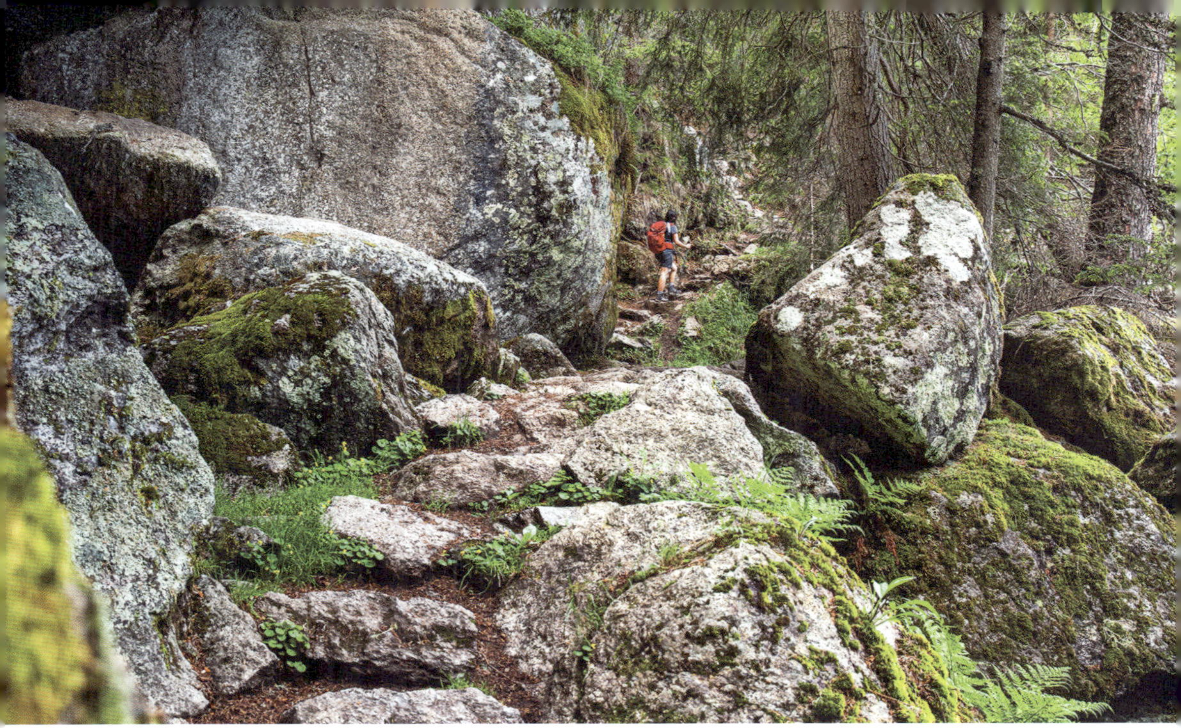

Die ersten Sonnenstrahlen lassen die Gischt des Wasserfalls in den Regenbogenfarben glitzern {Canon EOS 5D Mark II | 17–40 mm @ 17 mm | f/9 | 1/200 s} {GPS: 46.693769, 11.050998}

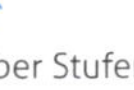

Über Stufen und zwischen großen Felsbrocken führen Teile des Meraner Höhenweges zum Hochganghaus

über einige Stufen geht es nun in insgesamt etwa 1:30 Stunde durch den Wald bergauf zur Nasereithütte (1.523 m). Über den bekannten Meraner Höhenweg (Nr. 24) wandert man ab hier bis zum 2:30 Stunden entfernten Hochganghaus. Dabei führt der Weg in leichter Steigung durch wunderschöne Waldabschnitte, vorbei an der Tablander Alm (1.788 m) und bietet immer wieder traumhafte Ausblicke ins Tal. Vor allem die Bänke beim Wetterkreuz Hohe Wiege (1.809 m) laden zum Verweilen ein. Ein paar Passagen sind mit einer Eisenkette gesichert, jedoch wenig schwierig.

Beim Hochganghaus (1.839 m) angelangt, kann eine Pause nicht schaden, bevor es an den rund 2:15 Stunden langen Rückweg geht. Ab der Schutzhütte nimmt man zunächst den Pfad Nr. 7 abwärts bis zur Markierung Nr. 26 zum Wasserfall. Der Weg führt zum Teil recht steil durch einen wunderschönen, teils dicht mit Moos bewachsenen Wald. Kurz vor dem Greiterhof (1.360 m) erreicht man eine Lichtung und hat abermals eine beeindruckende Aussicht auf den Meraner Talkessel. Nun wandert man, großteils über eine Asphaltstraße und weiterhin der Markierung Wasserfall folgend, zurück zum Ausgangspunkt. Nach

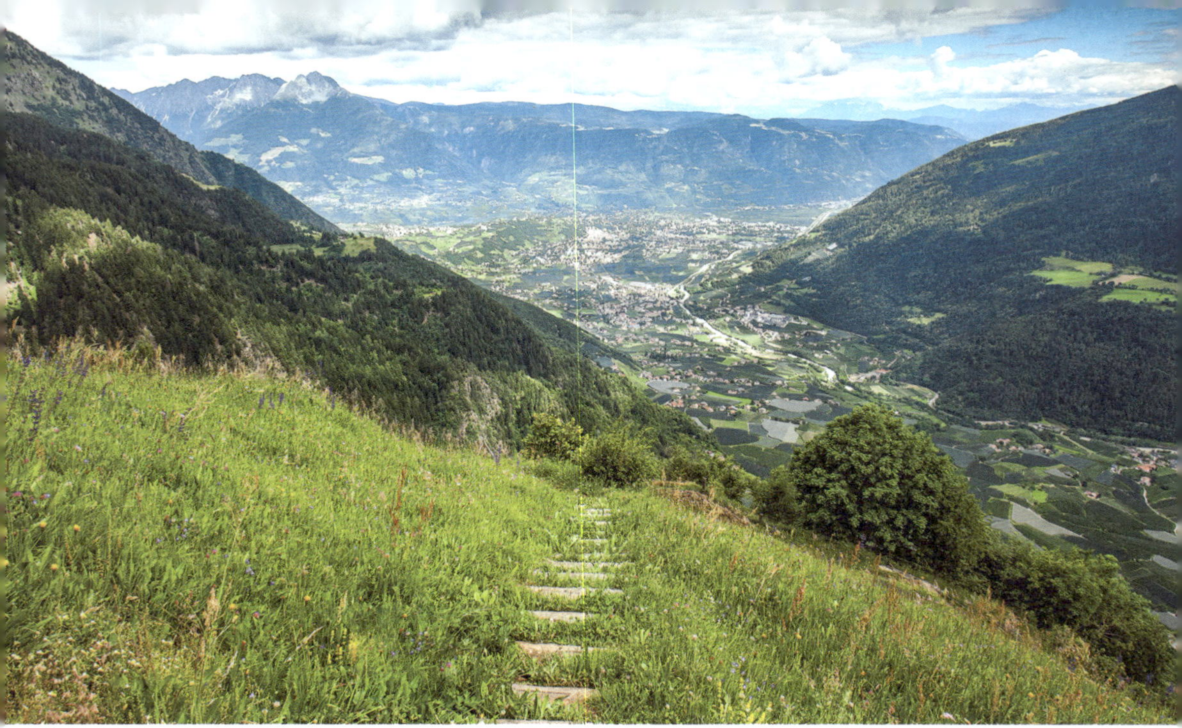

Kurz vor dem Greiterhof führt der Weg Nr. 26 durch eine Blumenwiese {GPS: 46.698033, 11.075445}

ca. 35 Minuten ab dem Greiterhof kommt man am Gasthaus Prünster (1.196 m) vorbei. Unweit davon gelangt man an einen lauschigen Aussichtspunkt, an dem man wieder die tosenden Wassermassen des Partschinser Wasserfalls beobachten kann. Danach hält man sich immer links und steigt im Zickzack über einen Pfad abwärts. Am Ende kommt man über die Fahrbahn wieder beim Parkplatz an.

Die Tour sollte wegen ihrer Länge und der Höhenmeter nicht unterschätzt werden. Kondition und etwas Trittsicherheit sind also gefordert. Gleich zu Beginn geht es zu einem der schönsten Naturdenkmäler Südtirols, dem Partschinser Wasserfall.

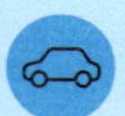 

Von Meran auf die Töll und bei der Kreuzung rechts nach Partschins abzweigen. Im Dorf der Beschilderung zum Wasserfall folgen. Parkplatz bzw. Bushaltestelle oberhalb vom Gasthaus Birkenwald.

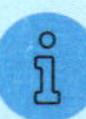

(schwer)

- Gebiet: Meraner Land, Südtirol
- Tal: Burggrafenamt
- Start/Ziel: Parkplatz/Bushaltestelle oberhalb vom Gasthaus Birkenwald in Partschins
- Dauer: 6:15 Std.
- Strecke: 14,4 km
- Aufstieg/Abstieg: 1.031 Hm
- Wann: Sommer, Herbst

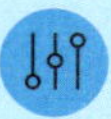

Landschaft: ●●●●○
Abwechslung: ●●●●○
Kondition: ●●●●●
Technik: ●●●○○

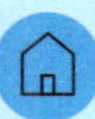

ja

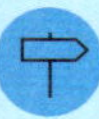

Parkplatz/Bushaltestelle oberhalb vom Gasthaus Birkenwald (958 m) → Asphaltstraße ein Stück bergab → rechts auf den Weg Nr. 8B zum Wasserfall abzweigen → Weg Nr. 8B Nasereithütte (1.523 m) → Weg Nr. 24 Hochganghaus (1.839 m) → Weg Nr. 7, später 26 zum Wasserfall und zurück zum Ausgangspunkt

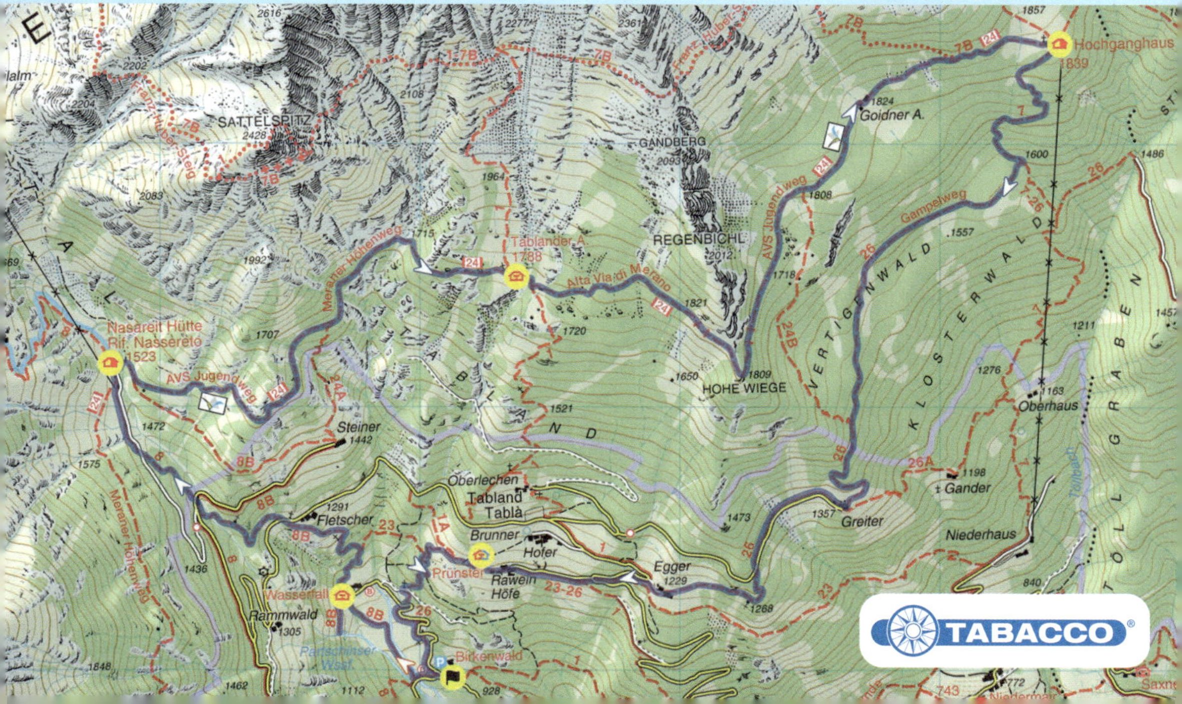

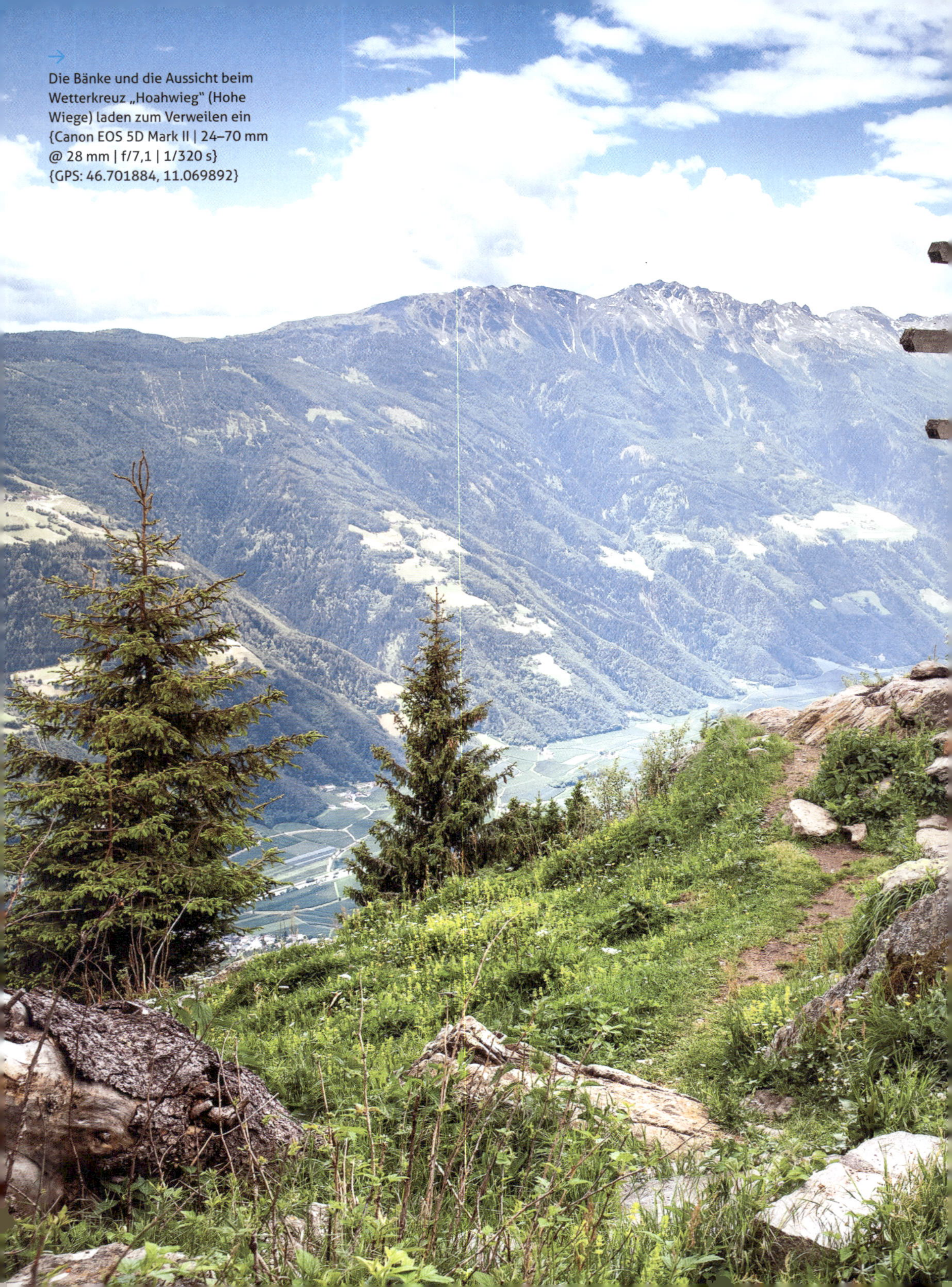

→ Die Bänke und die Aussicht beim Wetterkreuz „Hoahwieg" (Hohe Wiege) laden zum Verweilen ein {Canon EOS 5D Mark II | 24–70 mm @ 28 mm | f/7,1 | 1/320 s} {GPS: 46.701884, 11.069892}

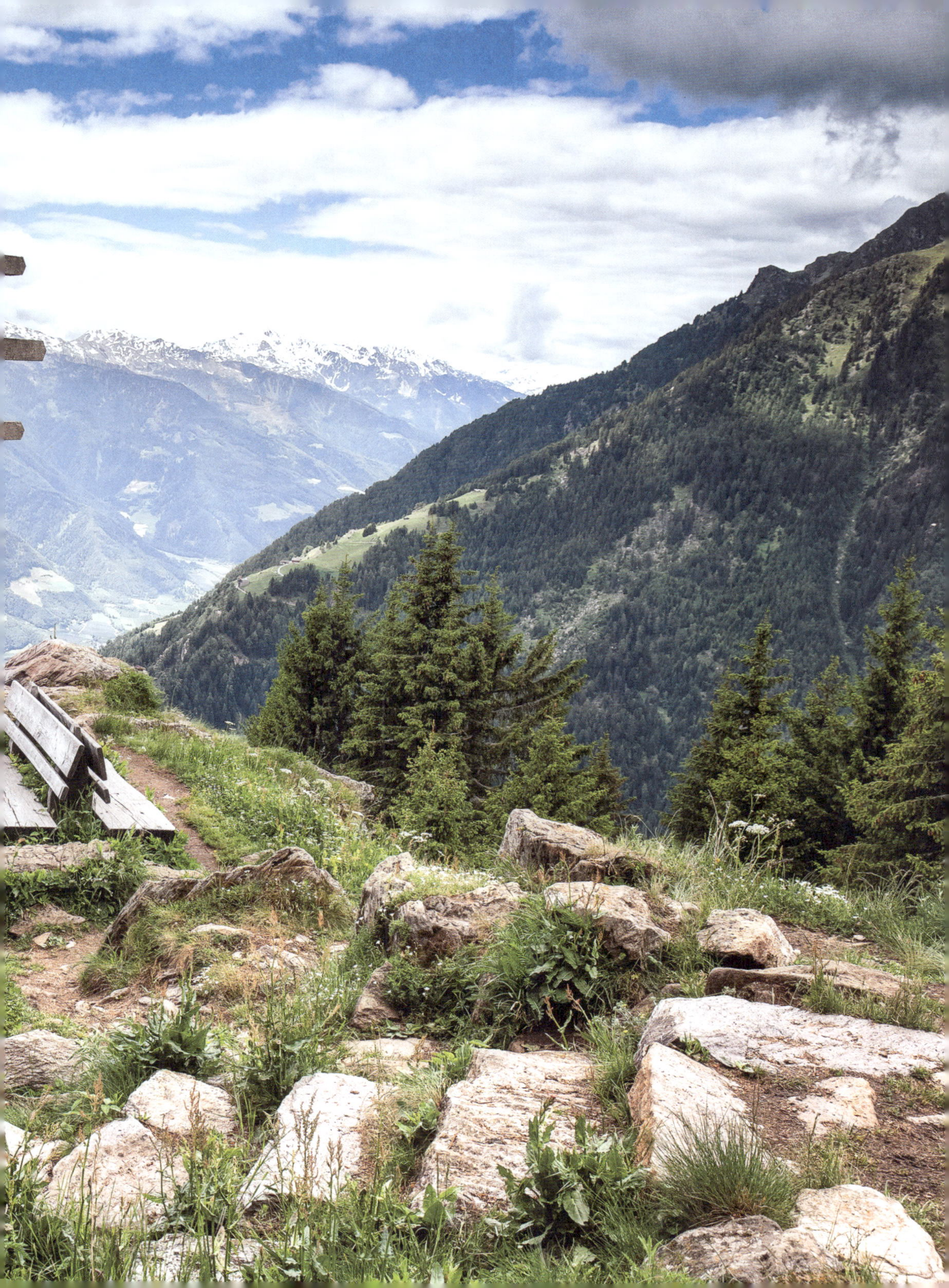

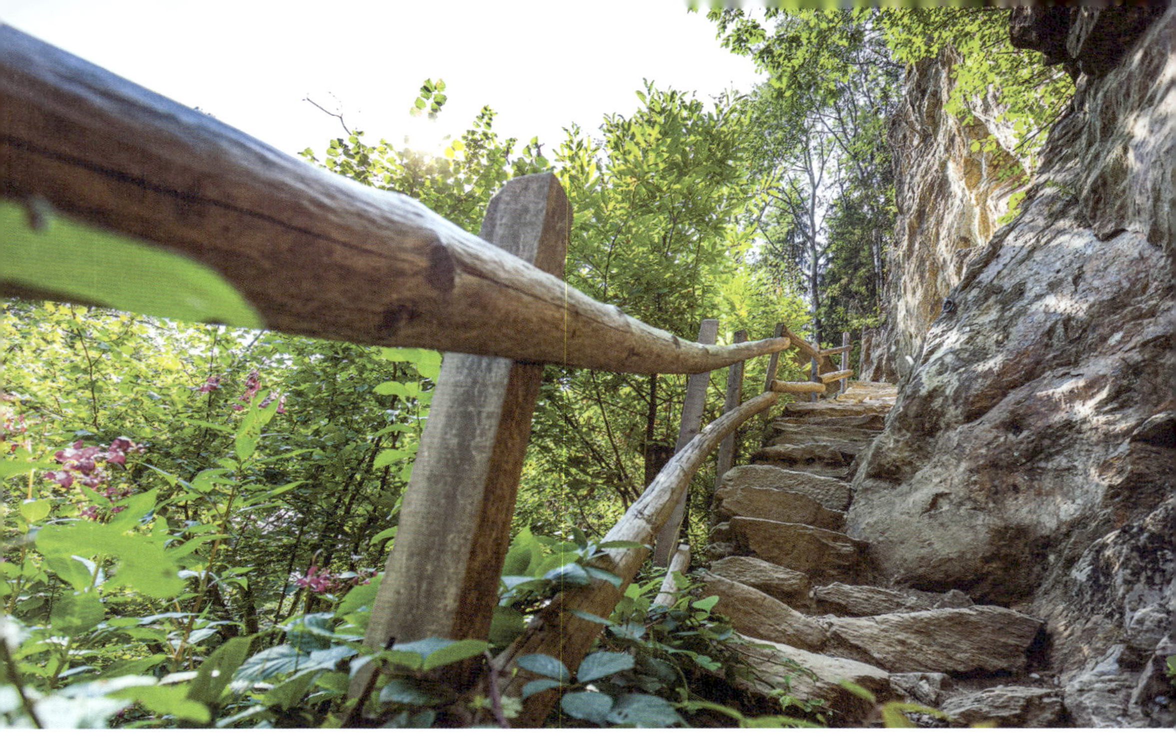

11 Der Schenner Waalweg

Entlang der uralten Bewässerungskanäle

Diese beliebte und recht kurze Rundwanderung schlängelt sich durch eine wunderschöne Landschaft zwischen den Obstwiesen. Den Weg entlang eröffnen sich immer wieder bezaubernde Blicke auf den Meraner Talkessel. Eine ideale Wanderung für die ganze Familie.

Ausgangspunkt dieser Wanderung ist der Parkplatz bzw. die Bushaltestelle bei der Talstation der Seilbahn Taser (822 m) oberhalb von Schenna. Von hier geht man auf der Fahrbahn ein Stück abwärts, biegt dann links auf den Wanderweg ab und folgt der Markierung Schenner Waalweg. Gleich darauf trifft man auch schon auf den Wasserlauf, der zuerst ruhig dahinplätschert, bevor er sich tosend über einen Wasserfall und eine Holzkonstruktion einige Meter nach unten ergießt. Seinen Weg nach unten kann man auf der daneben angelegten Steintreppe verfolgen. Danach wird der Weg neben dem Waal wieder eben, gemütlich wandert man nun durch die abwechslungsreiche Landschaft mit ihren Waldstücken und Apfelwiesen weiter und genießt immer wieder reizvolle Ausblicke auf Schenna, Dorf Tirol und Meran. Eine Kneippstation am Wegesrand sorgt an heißen Tagen

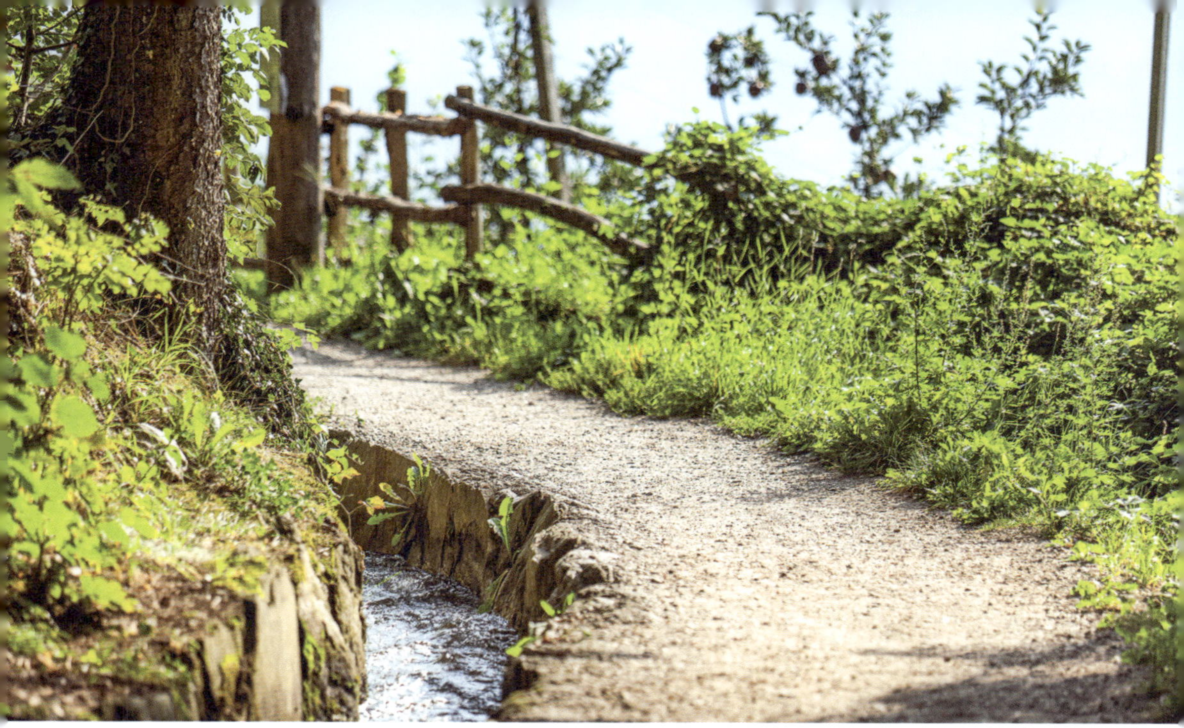

Der Weg beginnt mit einem kurzen Abstieg über ein paar Steinstufen

Wunderbar schmiegt sich der Weg an den Waal an

für eine willkommene Abkühlung. Nach rund 30 Minuten kommt man an der Jausenstation Café Am Waal (779 m) vorbei, das zu einer Einkehr einlädt.
Wenig später überquert man eine Asphaltstraße, folgt weiterhin dem Waalweg und steht schließlich oberhalb von St. Georg, einem kleinen Ortsteil von Schenna. Von hier hat man eine wunderbare Aussicht auf die malerisch gelegene St.-Georgs-Kirche, die als Rundbau mit Kegeldach ein architektonisches Kleinod darstellt.
Elegant schmiegt sich der Weg nun weiterhin an die Windungen des Waals, bis man nach insgesamt ca. 1 Stunde auf die Markierung des Höfewegs wechselt.
Durch die Apfelwiesen geht es nun leicht bergauf bis in den Wald und danach noch ein Stück über eine Asphaltstraße. Man folgt dem Höfeweg immer weiter, bis man auf die Beschilderung Talstation Taser trifft und teils auf einer Schotterstraße, teils auf einem Waldpfad zum Ausgangspunkt zurückkehrt.

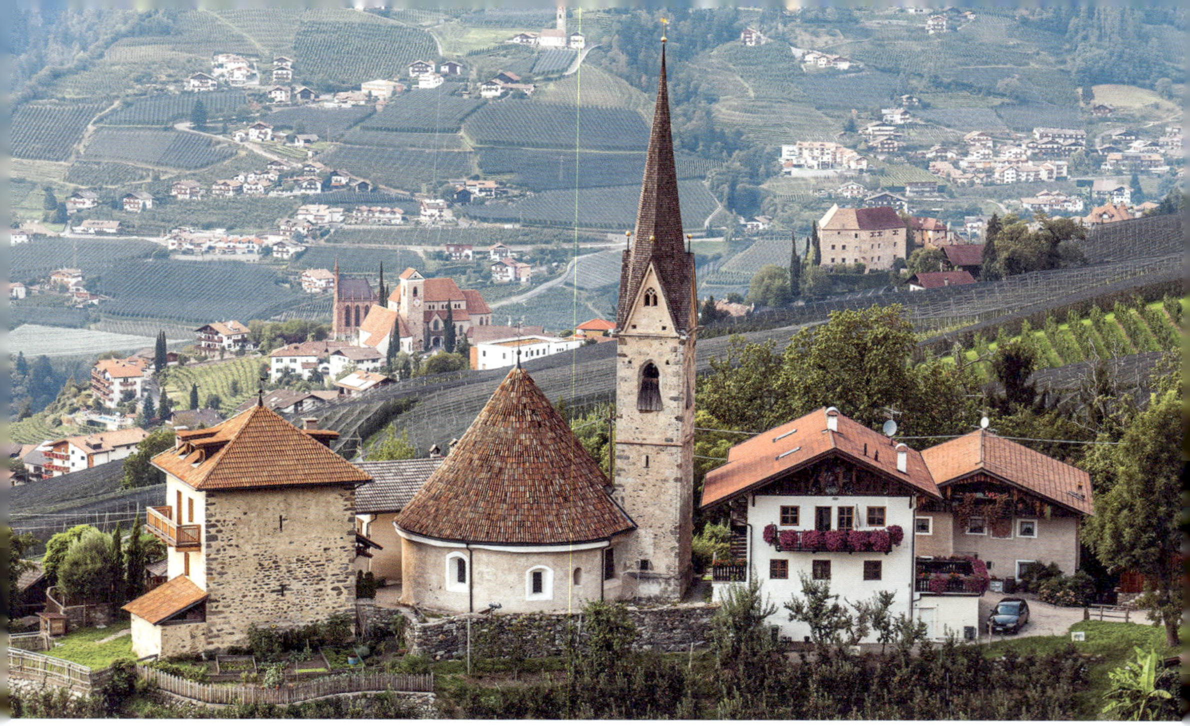

↑ Die Rundkirche von St. Georgen oberhalb von Schenna (GPS: 46.682173, 11.199541)

↓ Immer wieder laden Bänke zu einer kurzen Rast ein

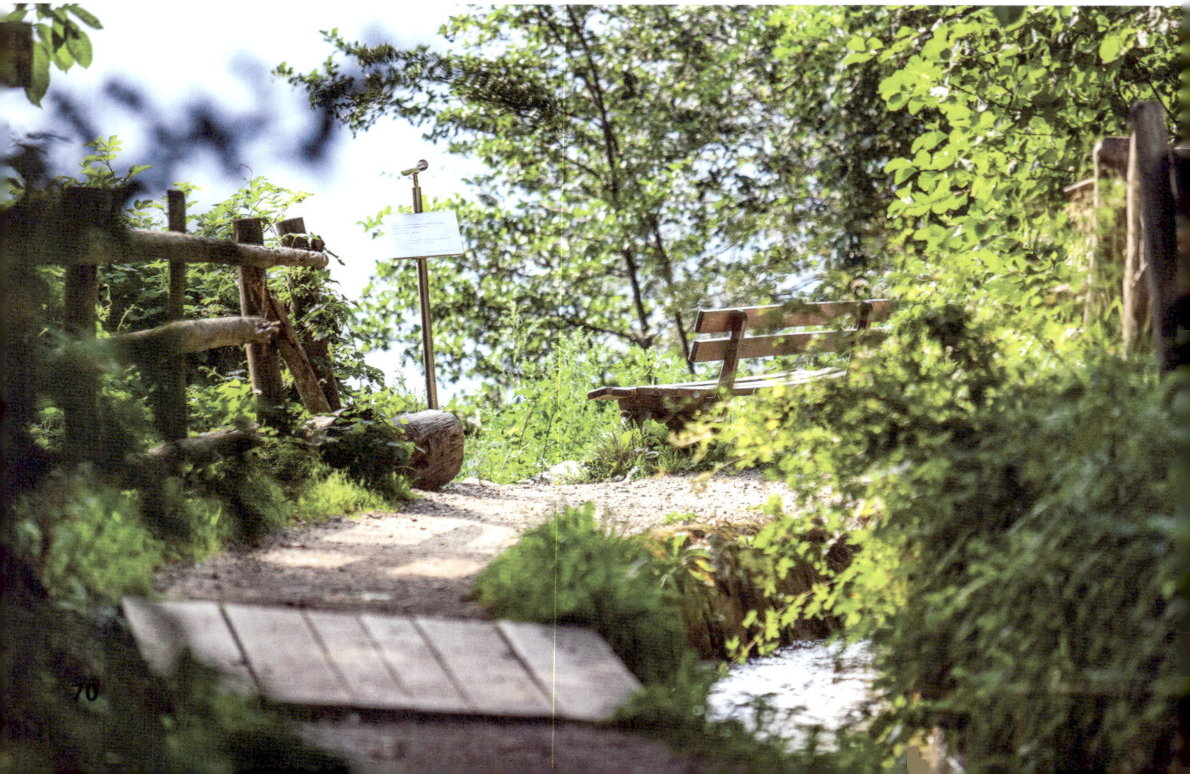

Eine einfache Wanderung für die ganze Familie, mit bezaubernder Aussicht auf Meran und Umgebung, die besonders im Frühling und im Herbst zu empfehlen ist.

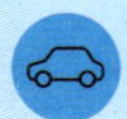 

Von Meran nach Schenna und dort der Beschilderung hinauf zur Seilbahn Taser folgen.

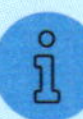

(leicht)

- Gebiet: Meraner Land, Südtirol
- Tal: Burggrafenamt
- Start/Ziel: Seilbahn Taser Talstation
- Dauer: 2:15 Std.
- Strecke: 6,1 km
- Aufstieg/Abstieg: 231 Hm
- Wann: Frühling, Sommer, Herbst

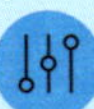

Landschaft: ●●●○○
Abwechslung: ●●●●○
Kondition: ●●○○○
Technik: ●●○○○

ja

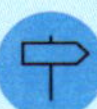

Parkplatz/Bushaltestelle bei der Talstation der Seilbahn Taser (822 m) → Schenner Waalweg → Abzweigen auf den Höfeweg → über Markierung Talstation Taser zurück zum Ausgangspunkt

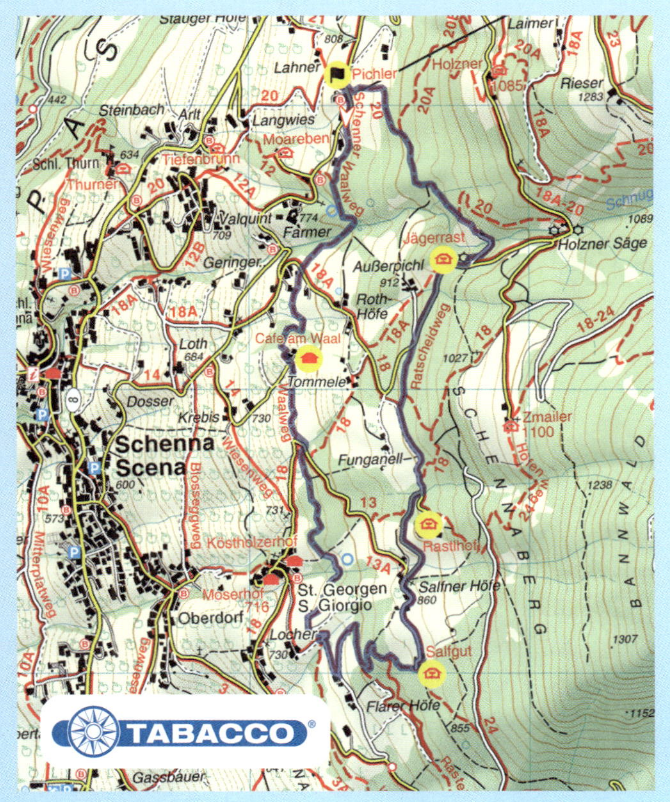

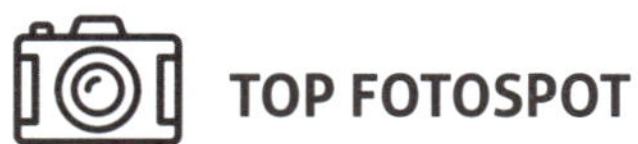

TOP FOTOSPOT

Kirchenhügel Schenna

Eines der beliebtesten und oft fotografierten Motive in Schenna ist der Kirchenhügel mit der Pfarrkirche Maria Himmelfahrt und dem Mausoleum von Erzherzog Johann. Vom Dorfzentrum aus hat man einen faszinierenden Blick auf die neugotische Kirche mit dem dahinter liegenden Dorf Tirol und die malerisch aufragenden Bergspitzen der Texelgruppe.

Koordinaten: 46.688760, 11.187823
Wie kommt man hin: Von Meran nach Schenna, wo sich im Zentrum einige Parkplätze befinden. Mitten im Dorf gibt es eine Bushaltestelle.
Exif-Daten: Canon EOS 5D Mark II | 24–70 mm @ 28 mm | f/3,2 | 1/640 s
Aufnahmedatum: 17.10. – 17:40 Uhr

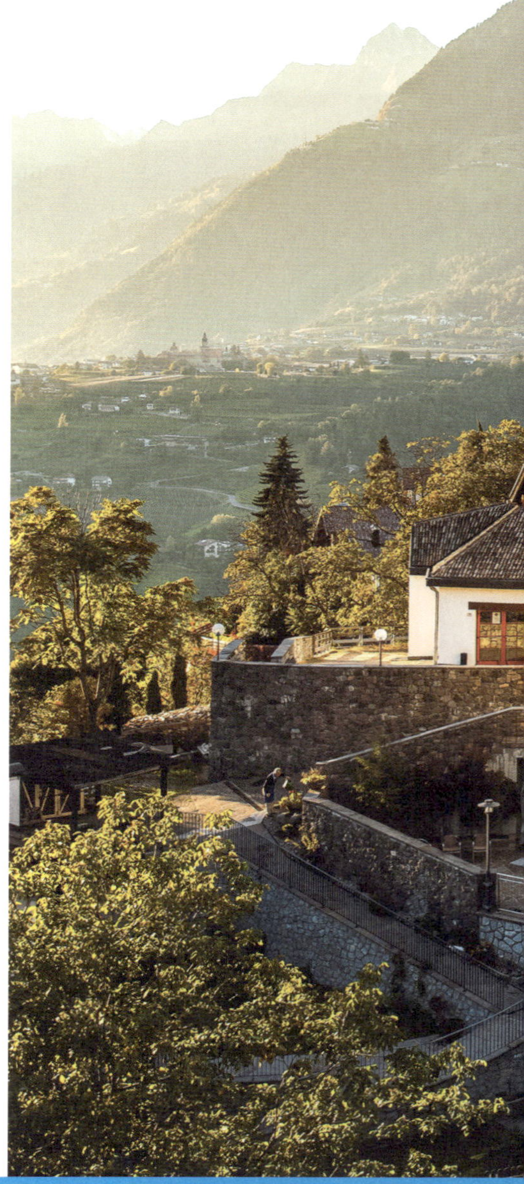

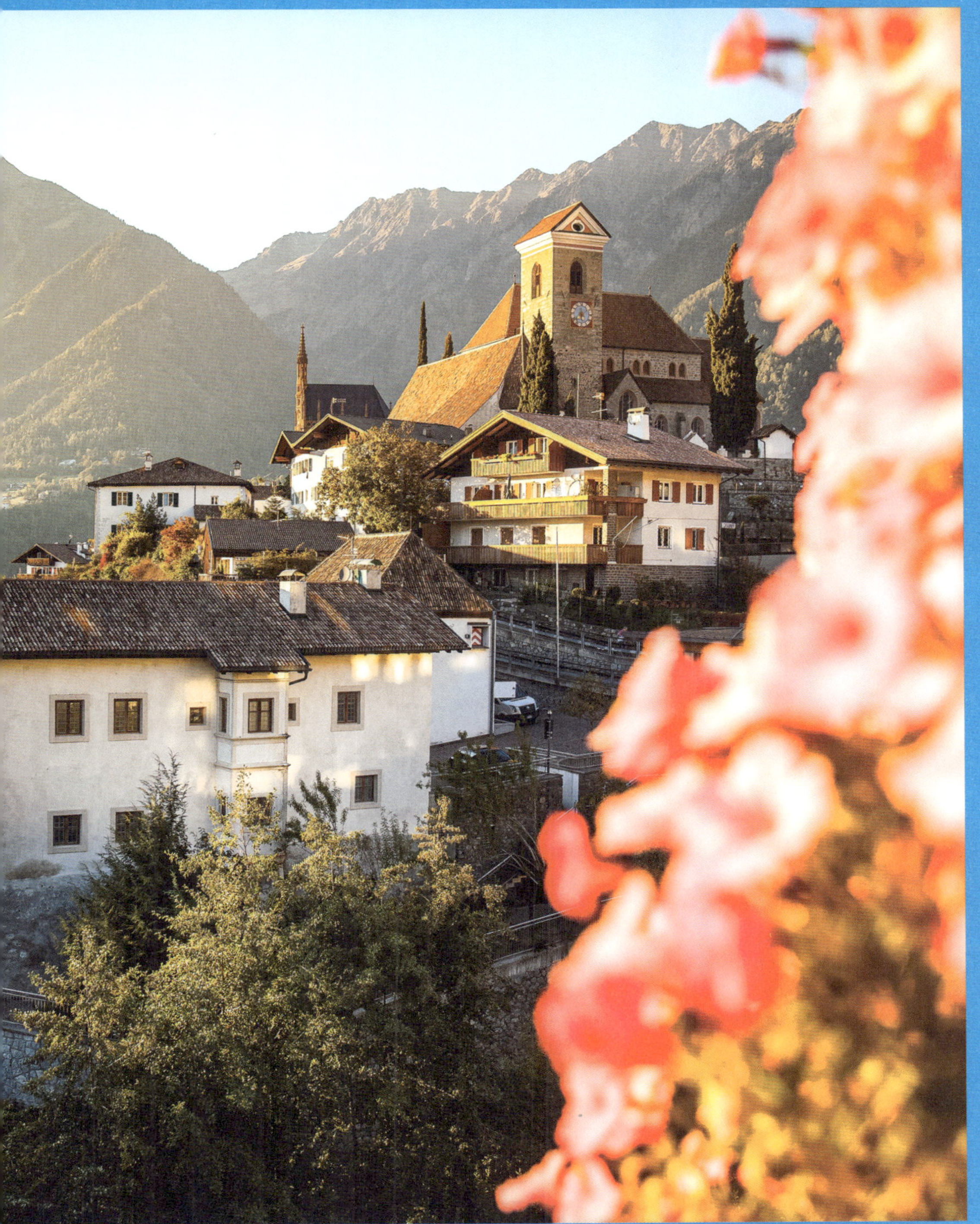

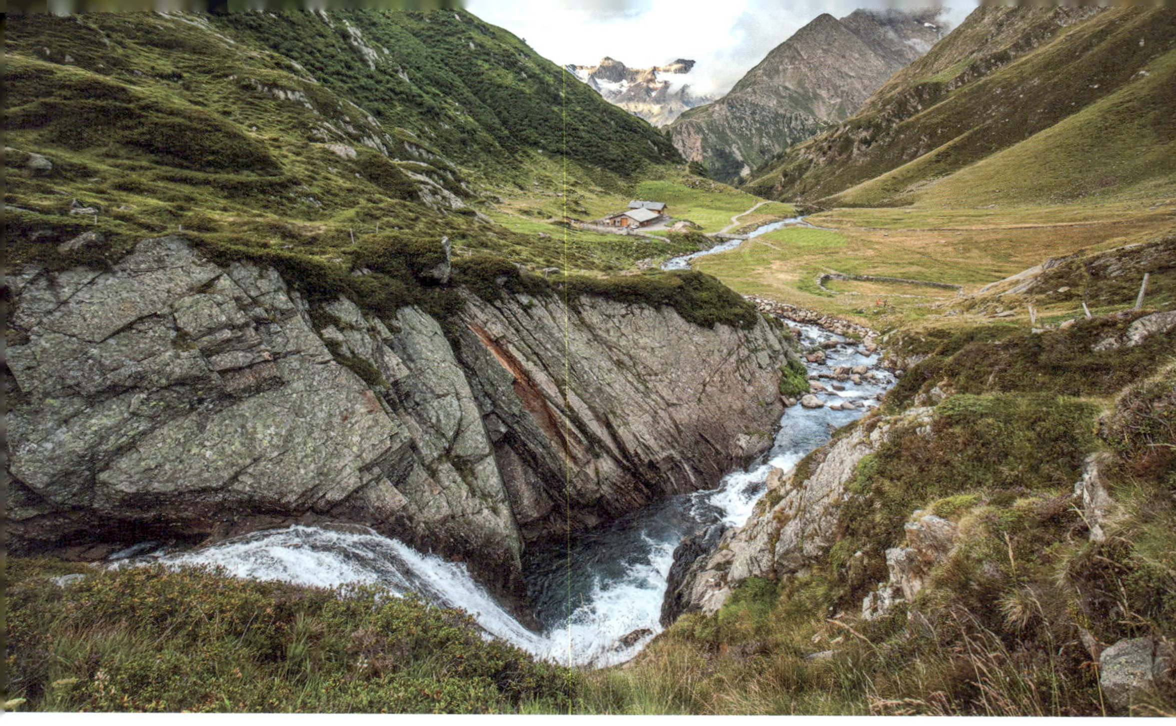

12 Die Große Schneebergrunde

Atemberaubende Wanderung im hinteren Passeiertal

Diese abwechslungsreiche Tagestour führt hinein in das hintere Passeiertal und lässt sich in zwei Teile aufteilen. Den ersten Teil bestimmen zwei Naturerlebnisse: die junge Passer, die sich hier noch in Mäandern einen Weg durch die Wiesen bahnt, und der traumhaft zwischen die Berggipfel eingebettete Große Schwarzsee. Der zweite Teil ist geprägt von der ehemaligen Knappensiedlung St. Martin am Schneeberg.

Ausgangspunkt dieser ausgedehnten Rundwanderung ist die Timmelsbrücke (1.764 m) an der Timmelsjochstraße. Von dort folgt man der Markierung Nr. 30, die gemütlich über eine Schotterstraße in etwa 45 Minuten zur Timmelsalm (1.981 m) führt. Dort überquert man eine Brücke und folgt nun durch eine wundervolle Landschaft mit wilden Bachläufen, Wasserfällen und einem herrlichen Bergpanorama dem unschwierigen Pfad bergauf bis zum Großen Schwarzsee. Je mehr man an Höhe gewinnt, umso faszinierender wird der Blick auf den jungen Fluss, der sich durch die weiten Almböden schlängelt.
Nach gut 2:30 Stunden ist man am Ufer des Großen Schwarzsees (2.505 m) angelangt und kann bei einer Rast die herrliche Umge-

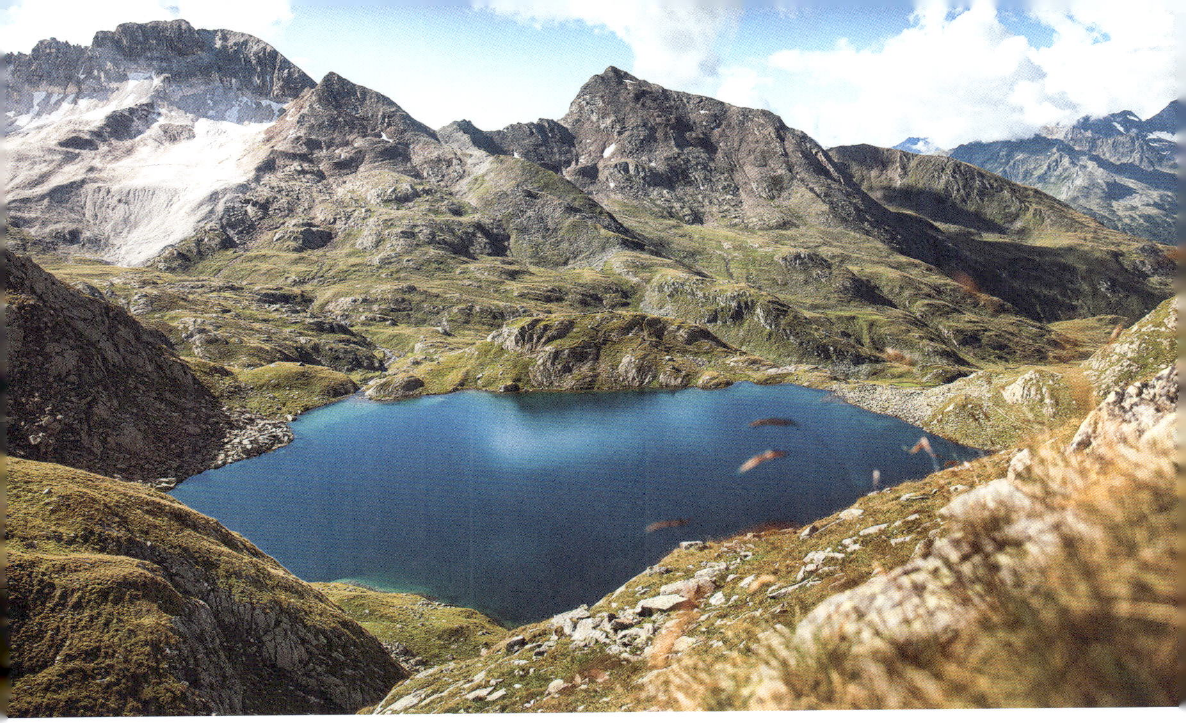

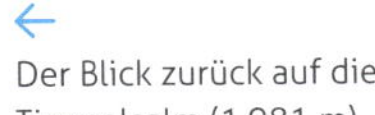

← Der Blick zurück auf die Timmelsalm (1.981 m)

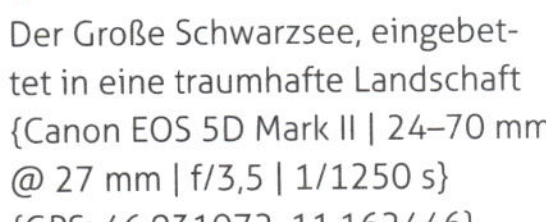

↑ Der Große Schwarzsee, eingebettet in eine traumhafte Landschaft {Canon EOS 5D Mark II | 24–70 mm @ 27 mm | f/3,5 | 1/1250 s} {GPS: 46.931072, 11.162446}

bung genießen. Wer mag, kann den See auf einem kleinen Steig in 20 Minuten fast ganz umrunden und dabei das Gewässer und die Berge ringsum aus wiederum einer anderen Perspektive auf sich wirken lassen. Weiter geht es über den Weg Nr. 29 fast eben über die Bergwiesen dahin, bevor dann der steile Anstieg durch eine Schutthalde zur Karlscharte (2.666 m) in Angriff genommen wird. Danach führt ein schmaler Pfad in leichtem Gefälle durch einen teils steilen Bergwiesenhang zur Schneeberghütte (2.354 m).

Bei der Hütte, die man nach ca. 4:45 Stunden Gehzeit erreicht hat, erfährt man einiges über die 800-jährige Bergbaugeschichte. Wer noch Lust hat, kann die Runde um weitere 2 km verlängern und so das Bergwerk über den Knappensteig erkunden.

Diese Wanderung hat aber noch ein weiteres Highlight zu bieten, den alten Seemooser-Wassertonnen-Aufzug. Über den etwas ausgesetzten Weg Nr. 31 steigt man links neben der 405 m langen Gleisanlage ab, die eine Steigung von bis zu 44 % aufzuweisen hat. Die restlichen 5 km geht es schließlich angenehm über die Markierung Nr. 29 zurück zum Ausgangspunkt an der Timmelsbrücke.

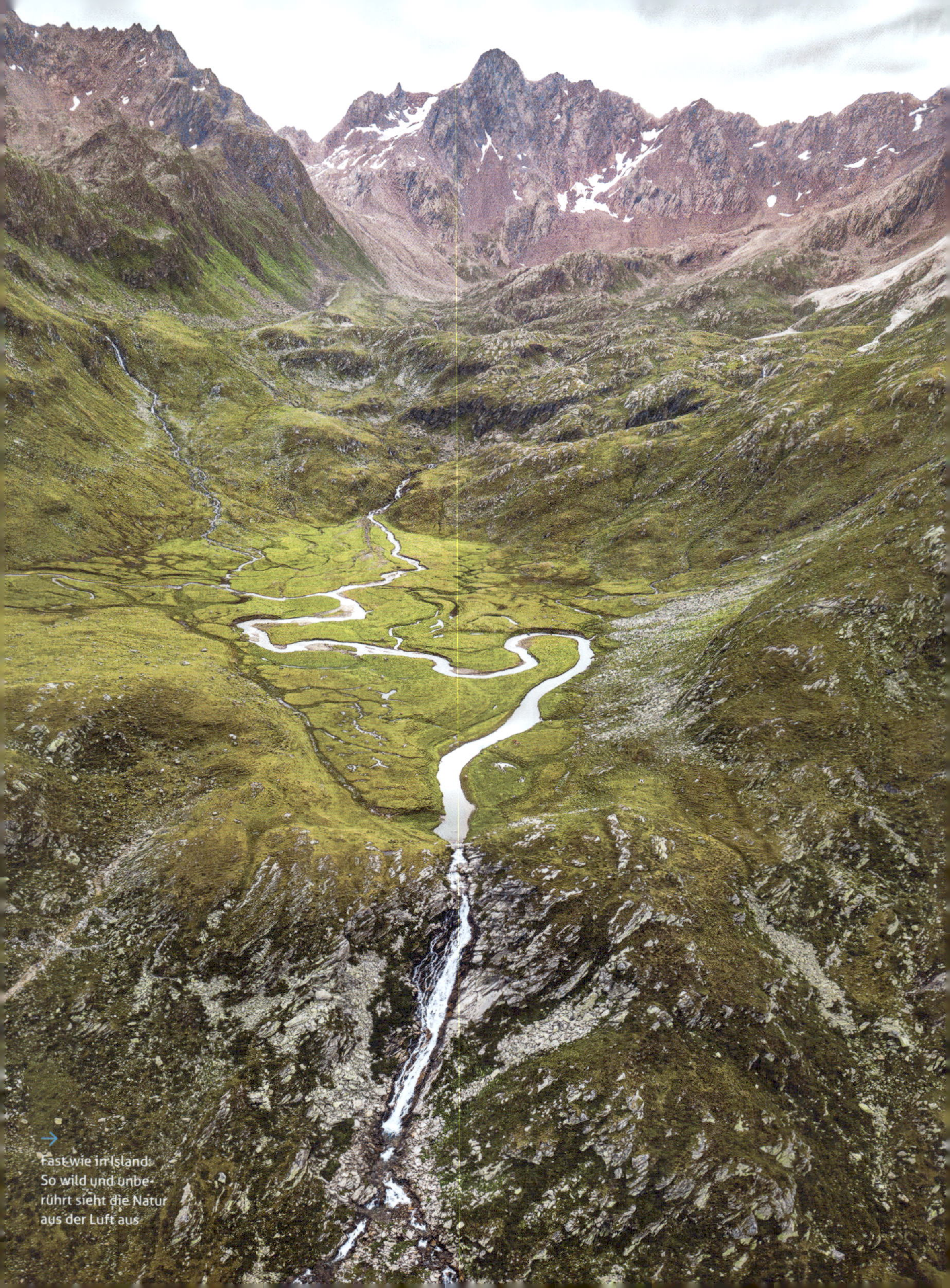

→ Fast wie in Island: So wild und unberührt sieht die Natur aus der Luft aus

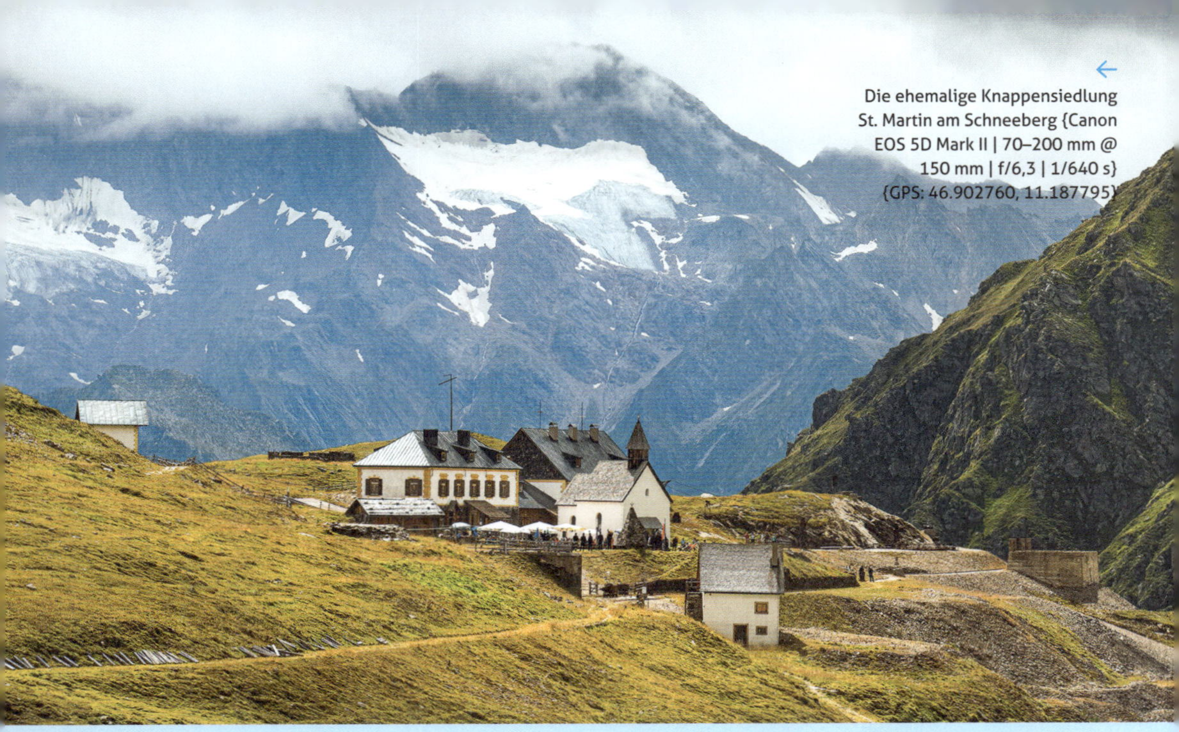

←

Die ehemalige Knappensiedlung St. Martin am Schneeberg {Canon EOS 5D Mark II | 70–200 mm @ 150 mm | f/6,3 | 1/640 s} {GPS: 46.902760, 11.187795}

Eine lange Wanderung, bei der es jede Menge zu entdecken gibt: zum einen die unglaublich schöne und fast unberührte Landschaft, zum anderen die Geschichte des Bergbaus im hinteren Passeiertal.

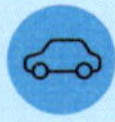 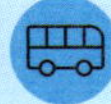

Von Meran hinein ins Passeiertal und bei St. Leonhard weiter in Richtung Timmelsjoch. Rund um die Timmelsbrücke gibt es Parkplätze und eine Bushaltestelle.

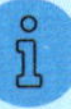

(schwer)

- Gebiet: Meraner Land, Südtirol
- Tal: Passeiertal
- Start/Ziel: Timmelsbrücke an der Timmelsjochstraße
- Dauer: 6:45 Std.
- Strecke: 17,2 km
- Aufstieg/Abstieg: 1.007 Hm
- Wann: Sommer, Herbst

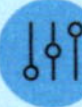

Landschaft: ●●●●●
Abwechslung: ●●●●●
Kondition: ●●●●●
Technik: ●●●●○

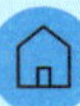

ja

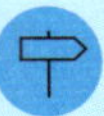

Timmelsbrücke (1.764 m) → Weg Nr. 30 zur Timmelsalm (1.981 m) und weiter zum Großen Schwarzsee (2.505 m) → Weg Nr. 29 zur Karlscharte (2.666 m) und weiter zur Schneeberghütte (2.354 m) → Weg Nr. 31, dann Nr. 29 zur Timmelsbrücke

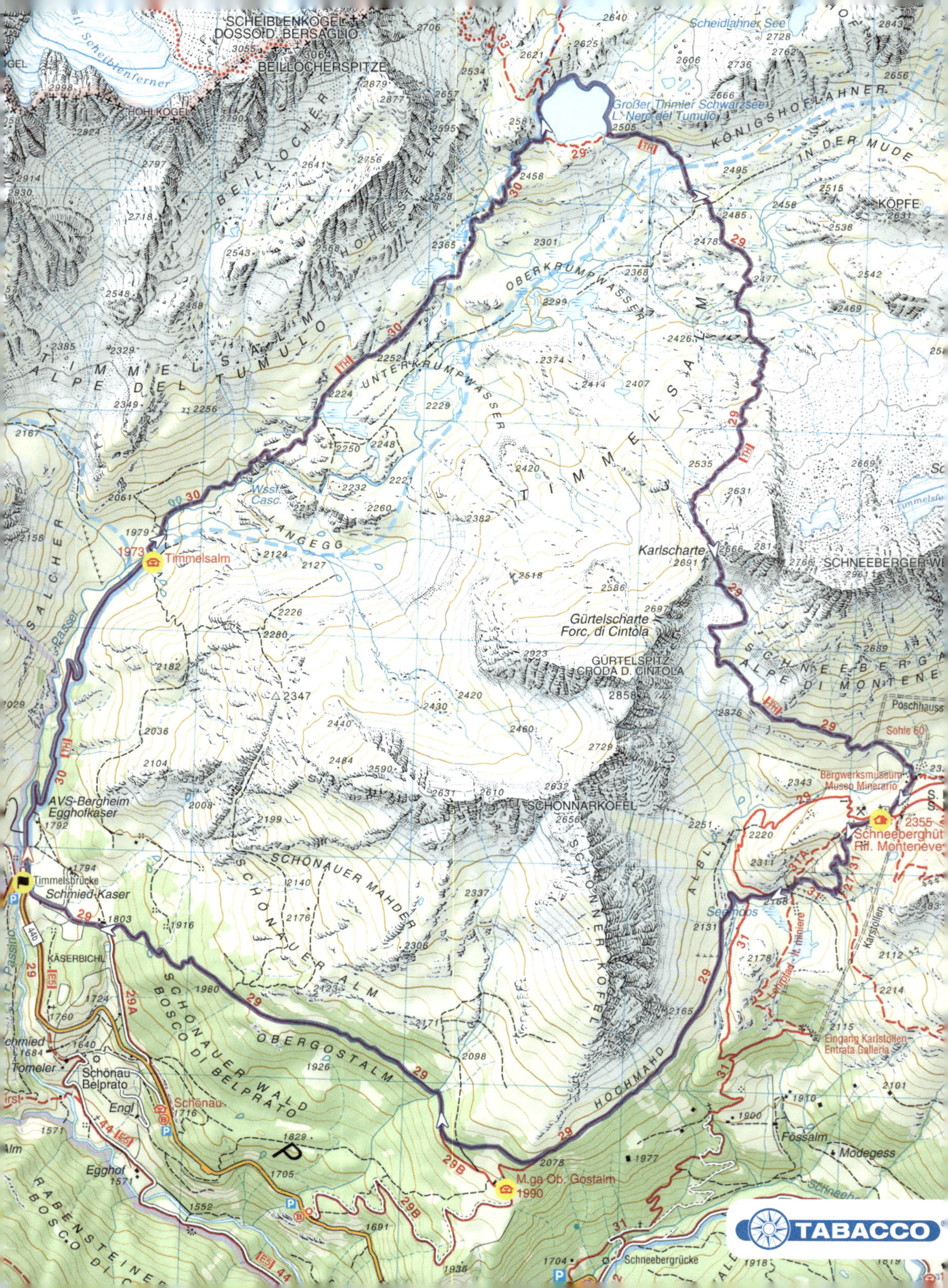
Großer Timmler Schwarzsee
L. Nero del Tumulo
Timmelsalm
Karlscharte
Gürtelscharte
Forc. di Cintola
Gürtelspitz
Croda d. Cintola
Schneeberghütte
Rif. Monteneve
Timmelsbrücke
Schmied-Kaser
M.ga Ob. Gostalm
Schönau
Belprato
TABACCO

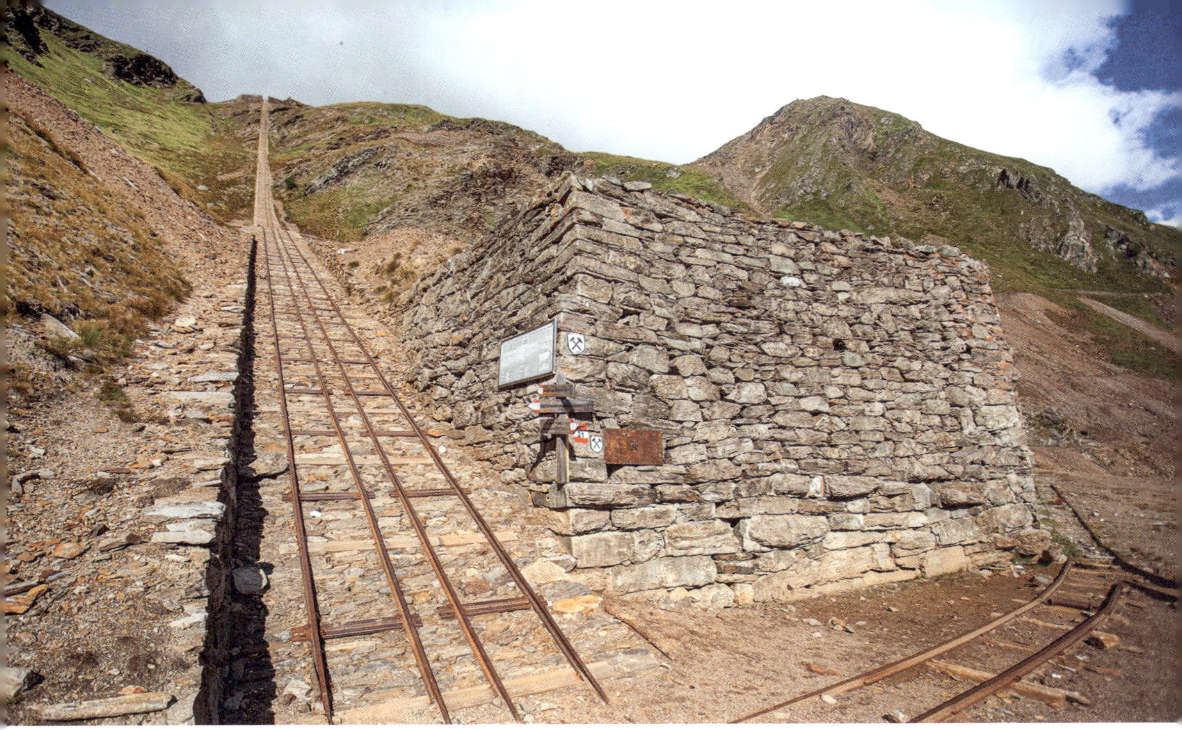

↑ Der 405 m lange Seemooser-Wassertonnen-Aufzug führt hinauf zur Schneeberghütte (GPS: 46.896256, 11.175760)

↓ Zwei neugierige Murmeltiere

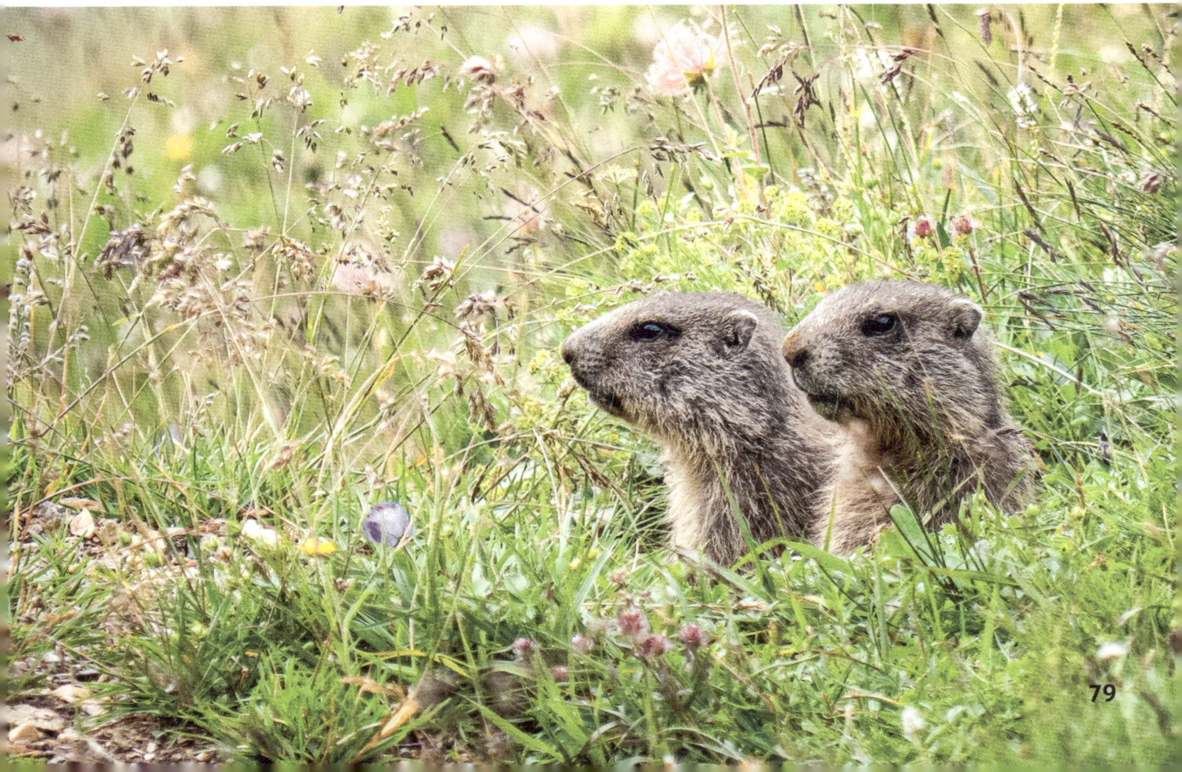

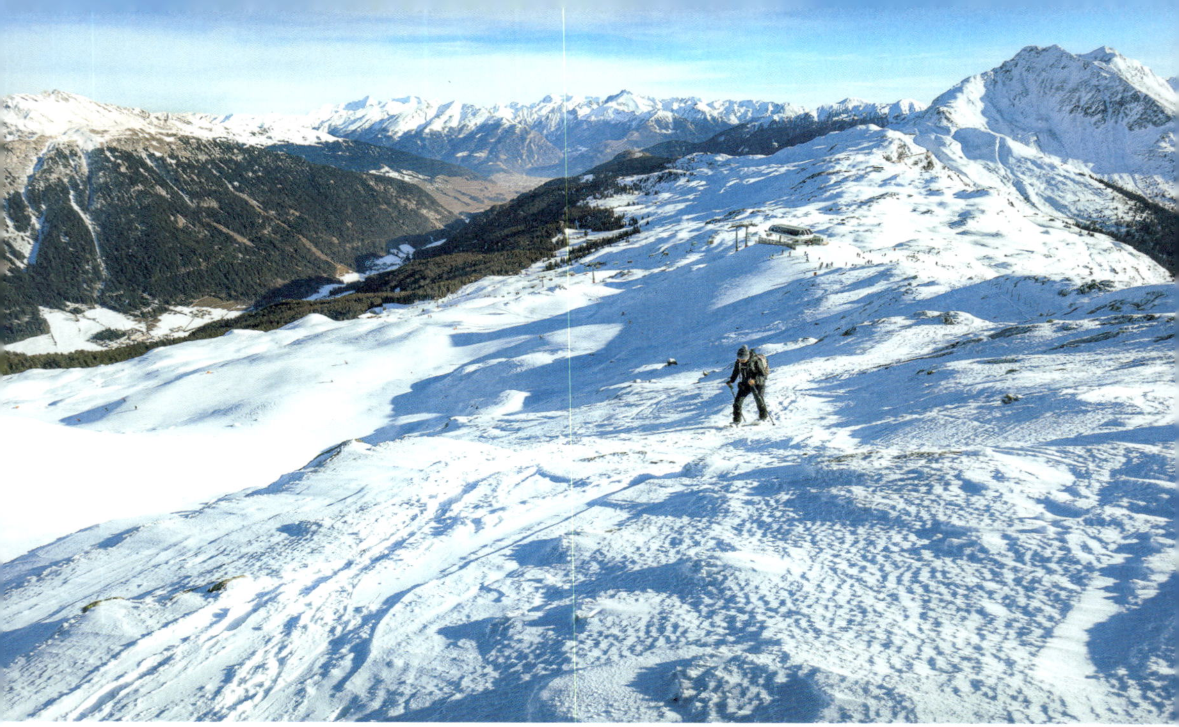

13 Sonnige Kammwanderung

Auf den Fasnachter und die Flecknerspitze

Wer eine sonnenreiche Schneeschuhwanderung mit erstklassigem Panorama sucht, der wird auf dem Jaufenpass im hinteren Passeiertal fündig. Der erste Teil der Tour auf den Fasnachter ist sehr einfach zu schaffen. Traut man sich dann noch etwas mehr zu und stimmen die Schneeverhältnisse, kann man die Wanderung auf die Besteigung der Flecknerspitze ausdehnen.

Gestartet wird bei der Römerkehre (1.966 m) etwas unterhalb der Passhöhe. Von dort steigt man dann auf der verschneiten Straße in Richtung Flecknerhütte (Nr. 12A) bis zur Abzweigung zum Rinnersattel Nr. 13B auf. Hier schnallt man sich man am besten die Schneeschuhe an, denn nun geht es abseits des präparierten Weges weiter. Hat man den Sattel erreicht, wendet man sich nach links und folgt der Markierung Nr. 12 in Richtung Übelsee, später Fleckner, die in leichter Steigung über den Jaufenkamm führt. Zur Orientierung dienen die Zaunpfähle, die fast immer den Weg säumen, und die Bergstation des Sesselliftes zum Skigebiet Ratschings-Jaufen, an der man vorbeikommt. Nach etwa 1:15 Stunde ab Start hat man schließlich das Gipfelkreuz des Fasnachter (2.268 m) erreicht

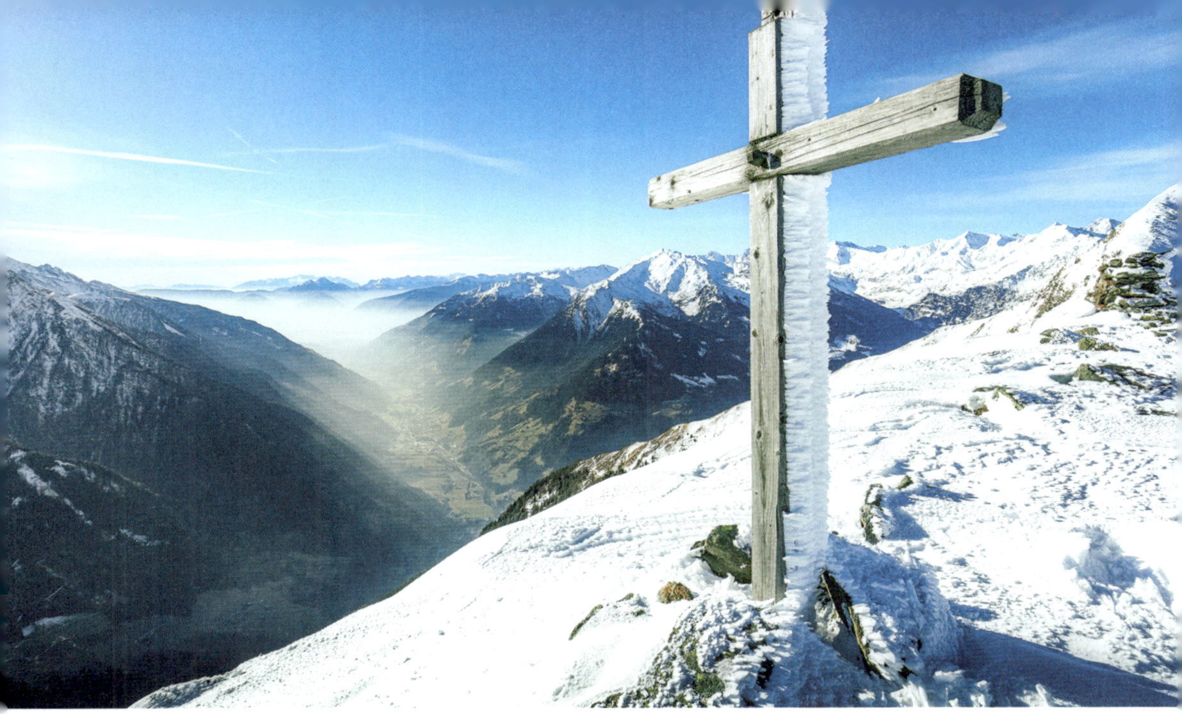

Der Weg Nr. 12 führt an der Sesselliftstation vorbei in angenehmer Steigung vom Rinnersattel hinauf zum Fasnachter

Das Kreuz auf dem Fasnachter (2.268 m) mit Blick über das Passeiertal

und kann dort einen sagenhaften Rundumblick genießen.
Um auf die Flecknerspitze zu gelangen, kehrt man vom Fasnachter wieder ein Stück auf dem bereits bekannten Weg zurück und sucht sich eine geeignete Stelle, um auf den etwas unterhalb liegenden Weg Nr. 12B zu gelangen (am einfachsten nahe der Sesselliftstation). Anfänglich geht es noch recht gemütlich dahin, dann aber wird der Aufstieg zum Gipfel steiler und je nach Schneelage auch anspruchsvoller. Nach weiteren 45 Minuten steht man auf der Flecknerspitze (2.331 m) und wird mit einer wunderbaren Aussicht auf die umliegenden Berge und auf das Passeiertal belohnt. Der Abstieg erfolgt auf dem Hinweg, wobei man sich jetzt immer an die Markierung Nr. 12B hält, die zur Flecknerhütte (2.062 m) führt. Von dort kehrt man auf dem Weg Nr. 12A zum Ausgangspunkt zurück.

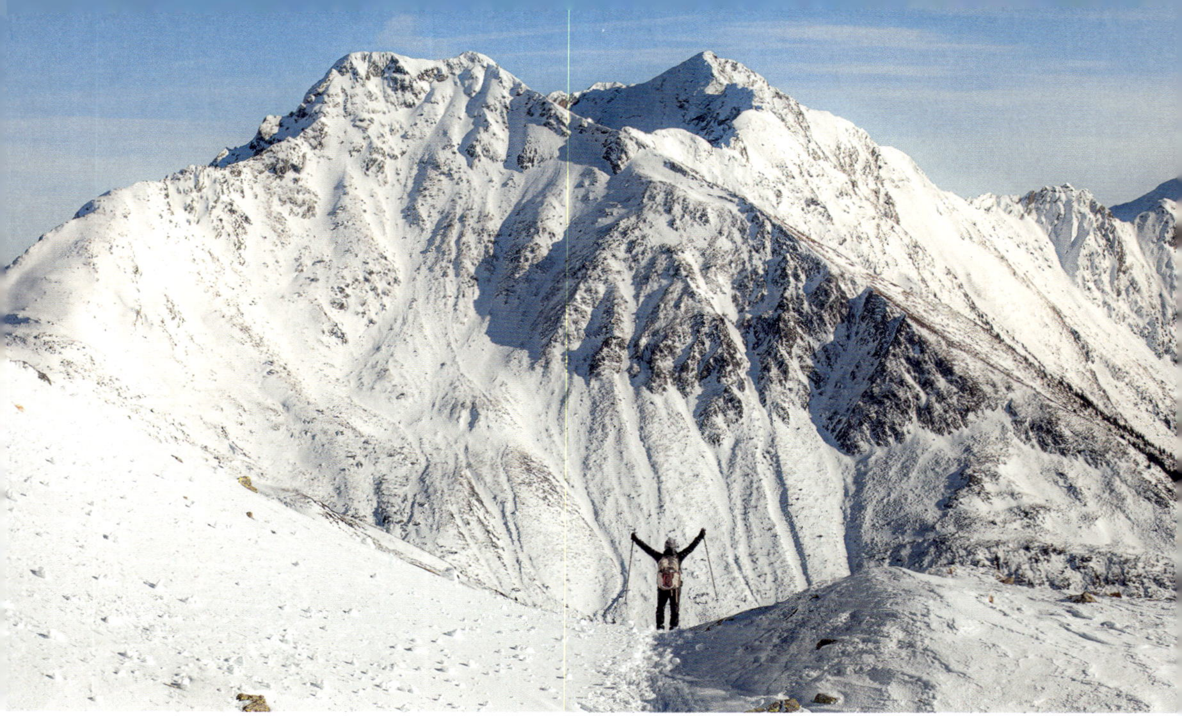

Sonne, Schnee und ein umwerfender Rundblick {Canon EOS 5D Mark II | 70–200 mm @ 110 mm | f/8 | 1/1250 s} {GPS: 46.840849, 11.277079}

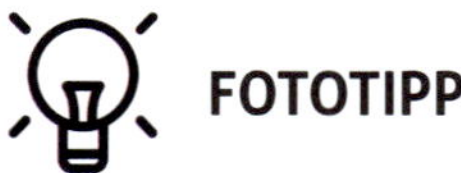

FOTOTIPP

Fotos aussortieren und eine Sicherung erstellen

Wer gerne und oft fotografiert, wird bald sehr viele Aufnahmen auf seiner Festplatte oder seinem Smartphone haben. Man sollte es sich deshalb angewöhnen, sofort nach jeder Tour nicht brauchbare oder doppelte Fotos zu löschen. Damit lässt sich viel Speicherplatz sparen.

Um einen Datenverlust zu vermeiden, etwa durch eine kaputte Festplatte oder weil man aus Versehen etwas gelöscht hat, empfiehlt es sich, seine Bilder regelmäßig zu sichern. Am einfachsten geht das mit einer externen Festplatte, auf der man seinen Fotoordner mit einer Backup-Software synchronisiert.

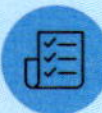

Bis zum Fasnachter einfache und sichere Schneeschuhwanderung mit fantastischen Aussichten entlang des Kamms. Wer den Aufstieg zur Flecknerspitze mitnehmen will, sollte die Verhältnisse im Auge behalten, denn dort besteht mitunter Lawinengefahr.

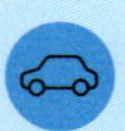 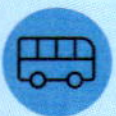

Von Meran hinein ins Passeiertal und bei St. Leonhard hinauf auf den Jaufenpass. In der Römerkehre, der letzten Kehre vor dem Jaufenpass, gibt es mehrere Parkmöglichkeiten.

(mittel)

- Gebiet: Meraner Land, Südtirol
- Tal: Passeiertal
- Start/Ziel: Römerkehre, letzte Kehre (Nr. 11) vor dem Jaufenpass
- Dauer: 3:15 Std.
- Strecke: 6,2 km
- Aufstieg/Abstieg: 432 Hm
- Wann: Sommer, Herbst, Winter

Landschaft: ●●●●○
Abwechslung: ●●●●○
Kondition: ●●●●○
Technik: ●●●●○

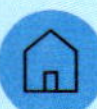

ja

Römerkehre vor dem Jaufenpass (1.966 m) → Weg Nr. 12A in Richtung Flecknerhütte → Weg Nr. 13B zum Rinnersattel → Weg Nr. 12 zum Übelsee, später Fleckner → Abstecher auf den Fasnachter (2.268 m) → Weg Nr. 12B auf die Flecknerspitze (2.331 m) → Weg Nr. 12B zur Flecknerhütte (2.062 m) → Weg Nr. 12A zurück zum Ausgangspunkt

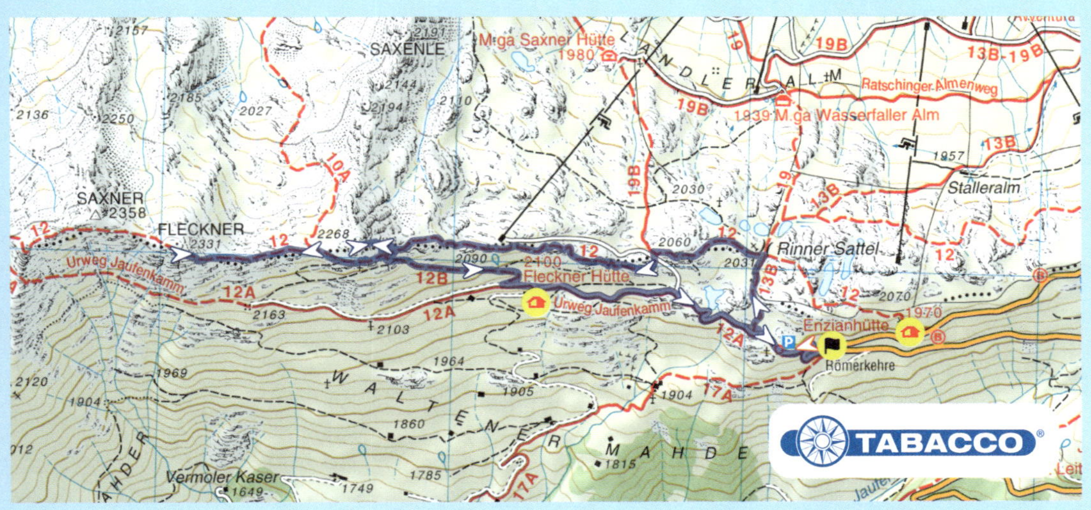

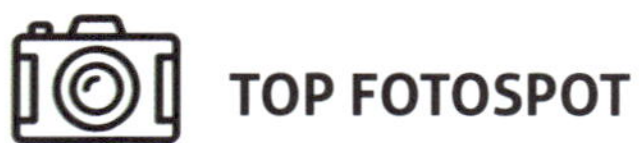

TOP FOTOSPOT

St. Hippolyt auf Glaiten, Passeiertal

Dieses Fotomotiv ist ein echter Hingucker. Auf einem grünen Hügel oberhalb von St. Leonhard in Passeier thront das kleine spätromanische Kirchlein St. Hippolyt. Das Innere kann man leider nicht besichtigen, aber einen Besuch ist es allemal wert.

Koordinaten: 46.823683, 11.245828
Wie kommt man hin: Von Meran hinein in das Passeiertal bis nach St. Leonhard, von dort weiter über die Jaufenstraße. In der 5. Kehre befinden sich eine Bushaltestelle und ein Parkplatz. Auf der gegenüberliegenden Straßenseite folgt man der Markierung Nr. 9, später 9A hinauf nach Glaiten.
Exif-Daten: Canon EOS 5D Mark II | 17–40 mm @ 19 mm | f/16 | 13 s
Aufnahmedatum: 07.09. – 19:09 Uhr

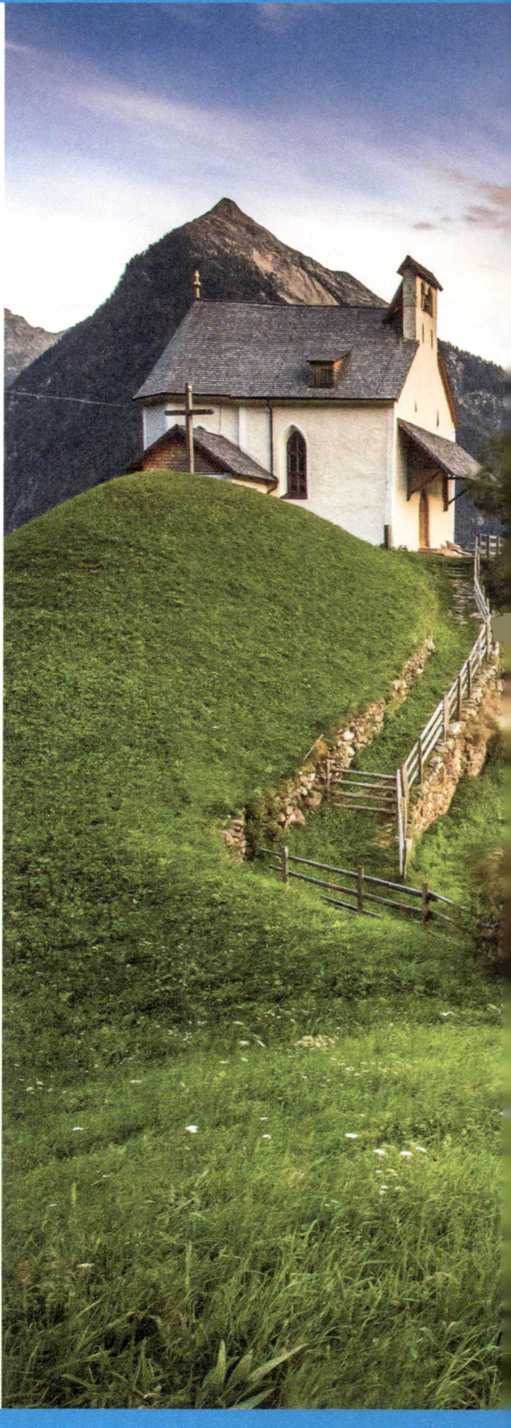

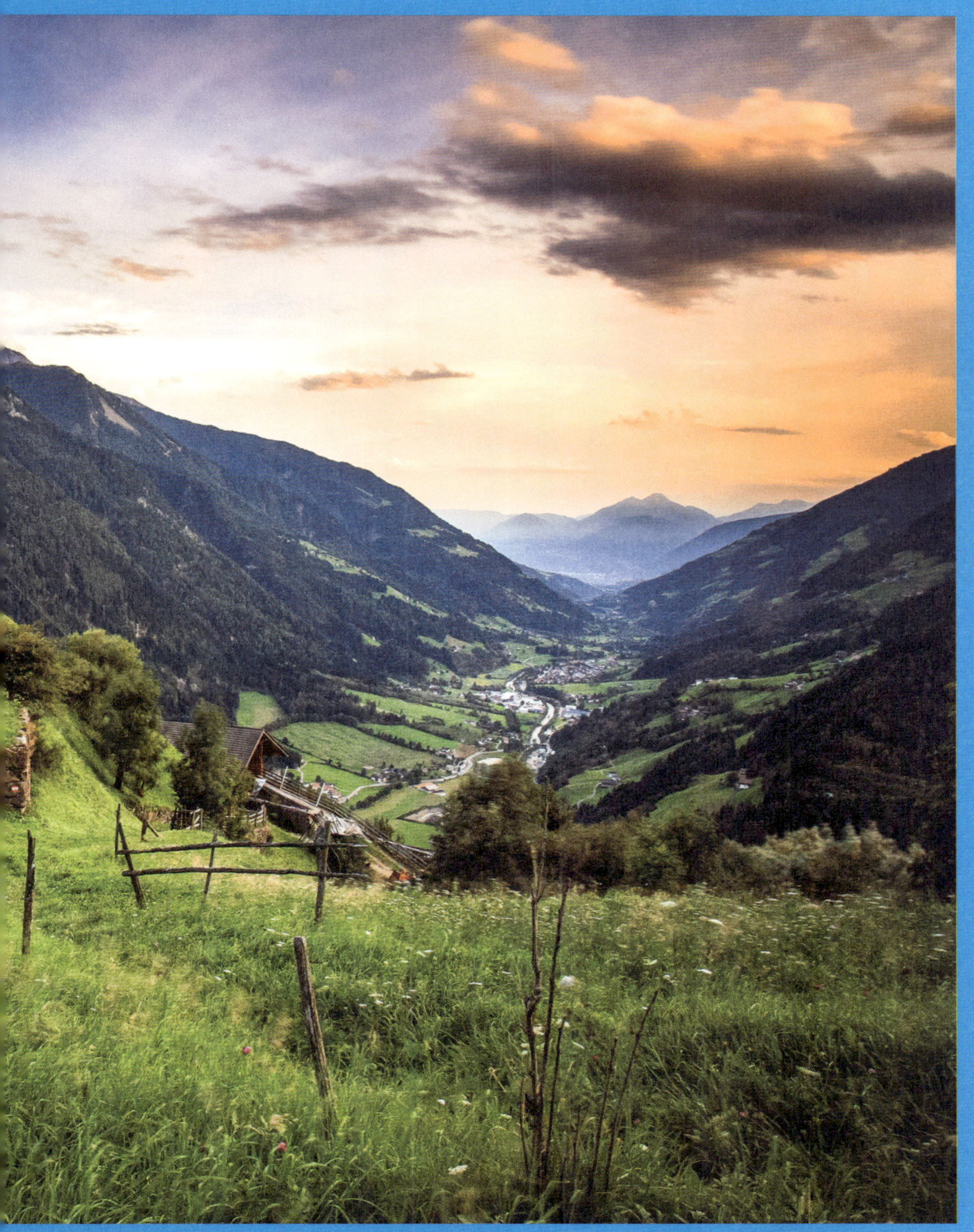

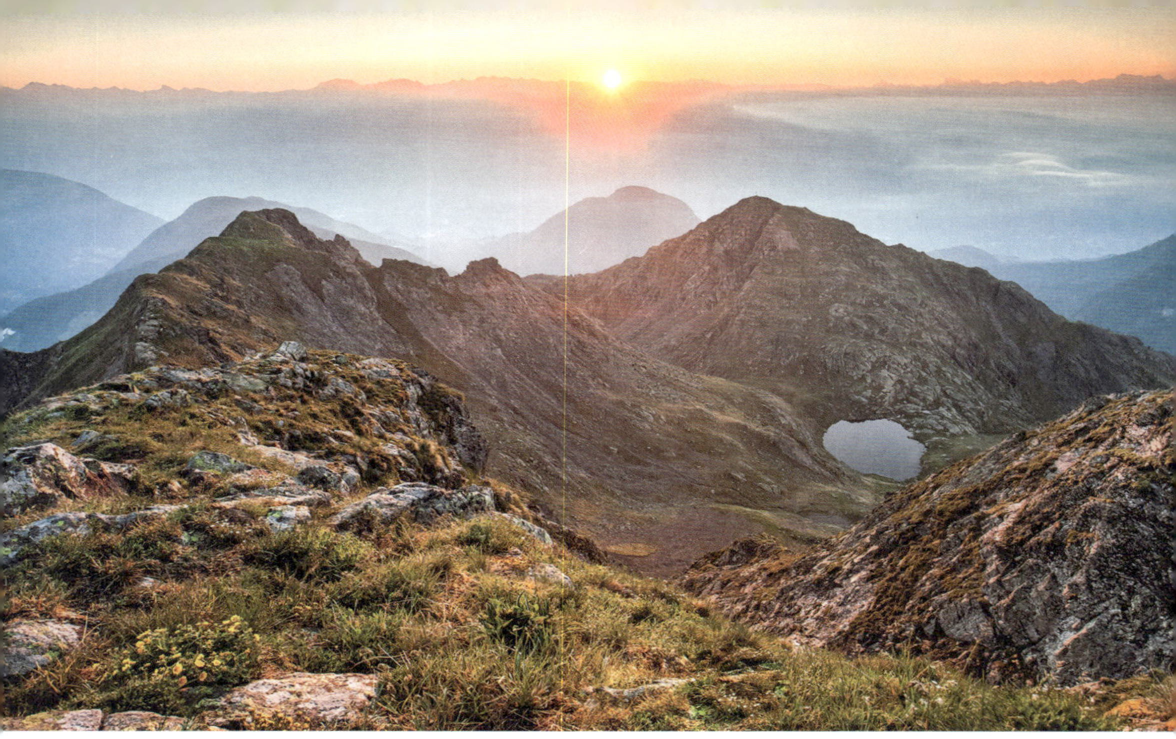

14 Zur Großen Laugenspitze

Ein Klassiker unter den Sonnenaufgangstouren

Wer bereit ist, diesen recht steilen Aufstieg bereits im Morgengrauen in Angriff zu nehmen, wird am Gipfel mit einem unvergesslichen Sonnenaufgang und einem überwältigen Rundumblick auf die umliegende Bergwelt belohnt.

Ausgangspunkt dieser Wanderung ist der Parkplatz am Gampenpass (1.518 m) in der Nähe des gleichnamigen Gasthofes. Auf der anderen Straßenseite führt der Weg Nr. 133 zuerst über eine Forststraße und zweigt dann bald rechts ab. Der Steig hinauf zur Laugenspitze hat es in sich, er ist steil, immer wieder gilt es, Stufen zu überwinden und darauf zu achten, dass man nicht über eine der zahlreichen Wurzeln stolpert. Wer also noch vor Tagesanbruch unterwegs ist, sollte unbedingt eine Stirnlampe dabeihaben.
Nach etwa 1 Stunde ist die Baumgrenze erreicht, wo es kurz etwas flacher dahingeht, bevor der Weg felsiger wird. Immer den Gipfel im Blick, hat man jetzt bis zum Gipfelkreuz noch 1 weitere Stunde Aufstieg vor sich, der am Laugensee (2.182 m) vorbei über weitere steile Abschnitte und teilweise auch Stufen führt. Ein paar Stellen sind mit Seilen gesichert, aber wenig schwierig.

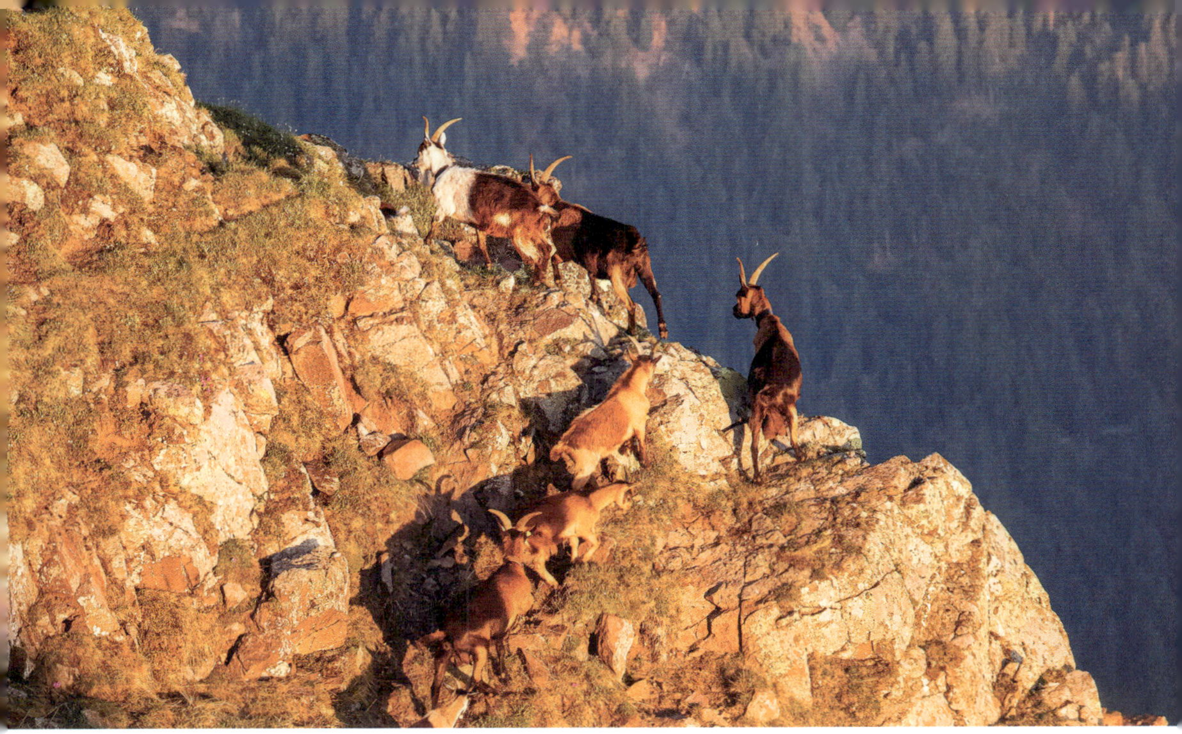

Zum Sonnenaufgang auf der Großen Laugenspitze (2.434 m). Unten der Laugensee und dahinter der Kleine Laugen. {Canon EOS 5D Mark II | 17–40 mm @ 17 mm | f/11 | 1/100 s} {GPS: 46.534740, 11.085814}

Auch die Ziegen drehen schon frühmorgens ihre Runden

Nach etwas mehr als 2 Stunden steht man schließlich auf der Großen Laugenspitze (2.434 m) und genießt das herrliche Panorama und die ersten Strahlen der aufgehenden Sonne.
Hinab geht es wesentlich entspannter über die Markierung Nr. 10A. Der Pfad führt zunächst über die Wiesen des Bergrückens, hinein in den Wald und in gut 1:15 Stunde bis zur Laugenalm (1.835 m). Von dort erreicht man teils über einen Forstweg, teils über den Steig Nr. 10, später 10A wieder den Ausgangspunkt am Gampenpass.

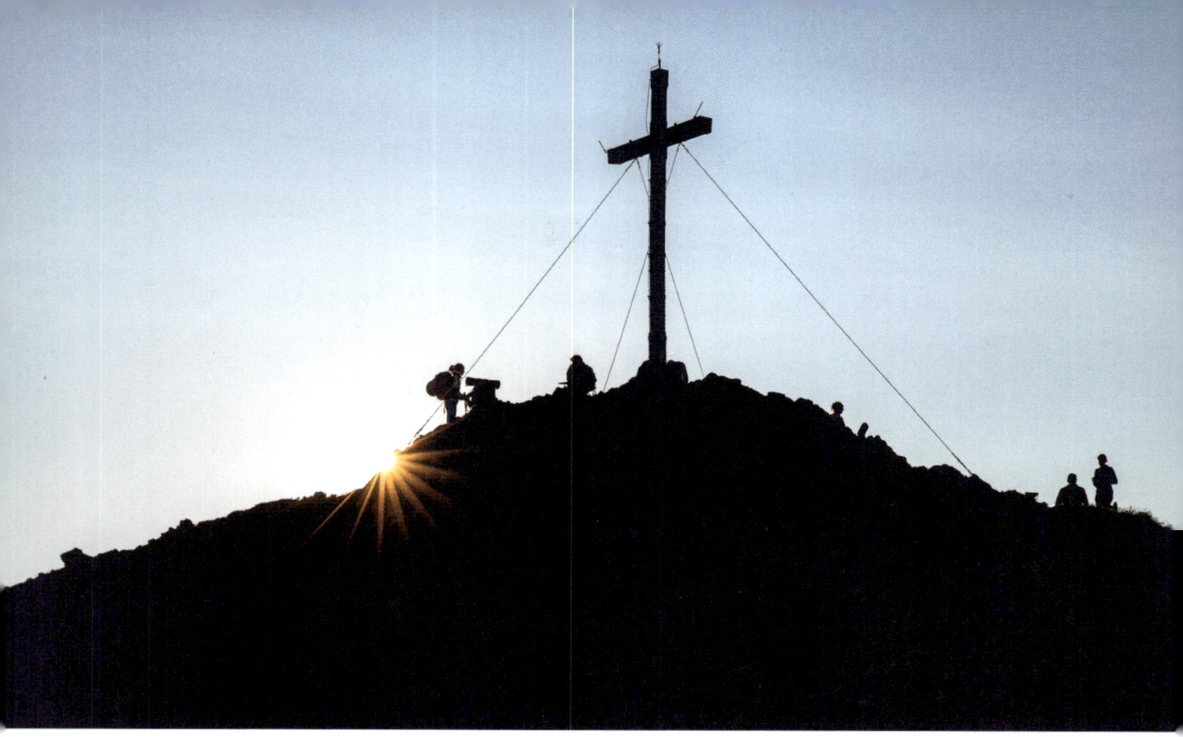

Das Gipfelkreuz und die Wanderer als Silhouette dargestellt {Canon EOS 5D Mark II | 24–70 mm @ 70 mm | f/9 | 1/500 s}

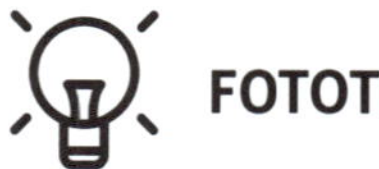

FOTOTIPP

Eine Silhouette schaffen
Dazu benötigt man lediglich eine Lichtquelle im Hintergrund und ein starkes Motiv im Vordergrund. Eine besonders geeignete Lichtquelle ist die Sonne, und je intensiver der Sonnenauf- oder -untergang ist, desto schwärzer wird die Silhouette. Wichtig ist es auch, ein passendes Motiv zu finden, das unverkennbar in seinem Umriss ist. Ein Beispiel in der Landschaftsfotografie wäre etwa ein Bergrücken mit seinen verschieden hohen Zacken und einem Gipfelkreuz. Belebter wird das Bild noch, wenn auch Bergsteiger zu sehen sind.

Ein Klassiker unter den Sonnenaufgangstouren im Meraner Land. Für den doch recht steilen Anstieg ist etwas Kondition gefragt.

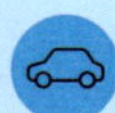 

Von Lana hinauf auf den Gampenpass. Parkplätze in der Nähe des Gasthofes Gampenpass.

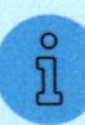

(mittel)

- Gebiet: Meraner Land, Südtirol
- Tal: Etschtal/Nonstal
- Start/Ziel: Parkplatz beim Gampenpass
- Dauer: 4:15 Std.
- Strecke: 9,6 km
- Aufstieg/Abstieg: 920 Hm
- Wann: Sommer, Herbst

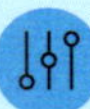

Landschaft: ●●●●○
Abwechslung: ●●●●○
Kondition: ●●●○○
Technik: ●●●○○

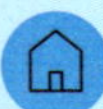

ja

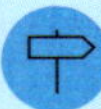

Parkplatz am Gampenpass (1.518 m) → Weg Nr. 133 zur Großen Laugenspitze (2.434 m) → Weg Nr. 10A Laugenalm → Weg Nr. 10/10A Gampenpass

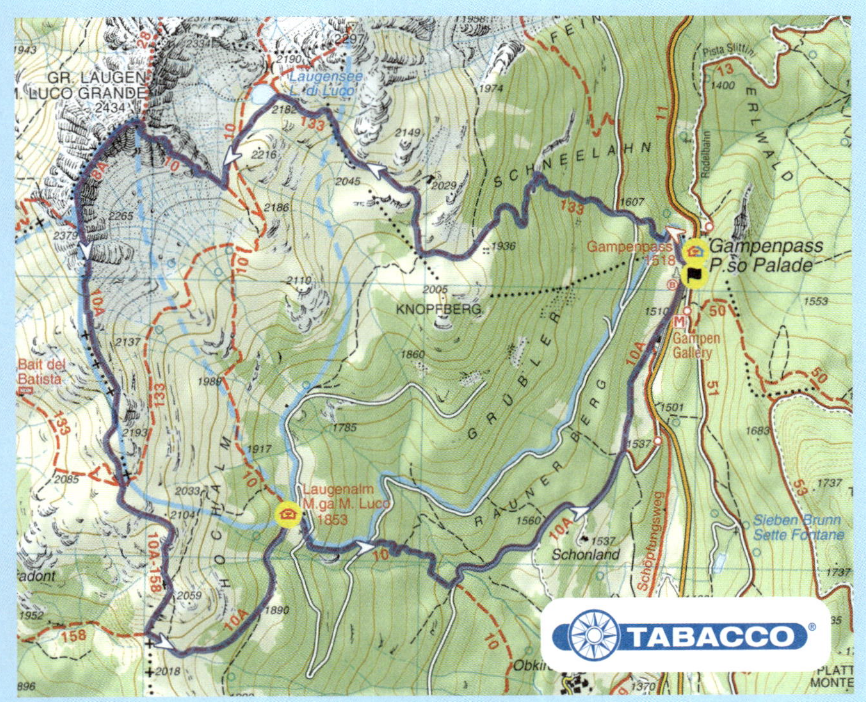

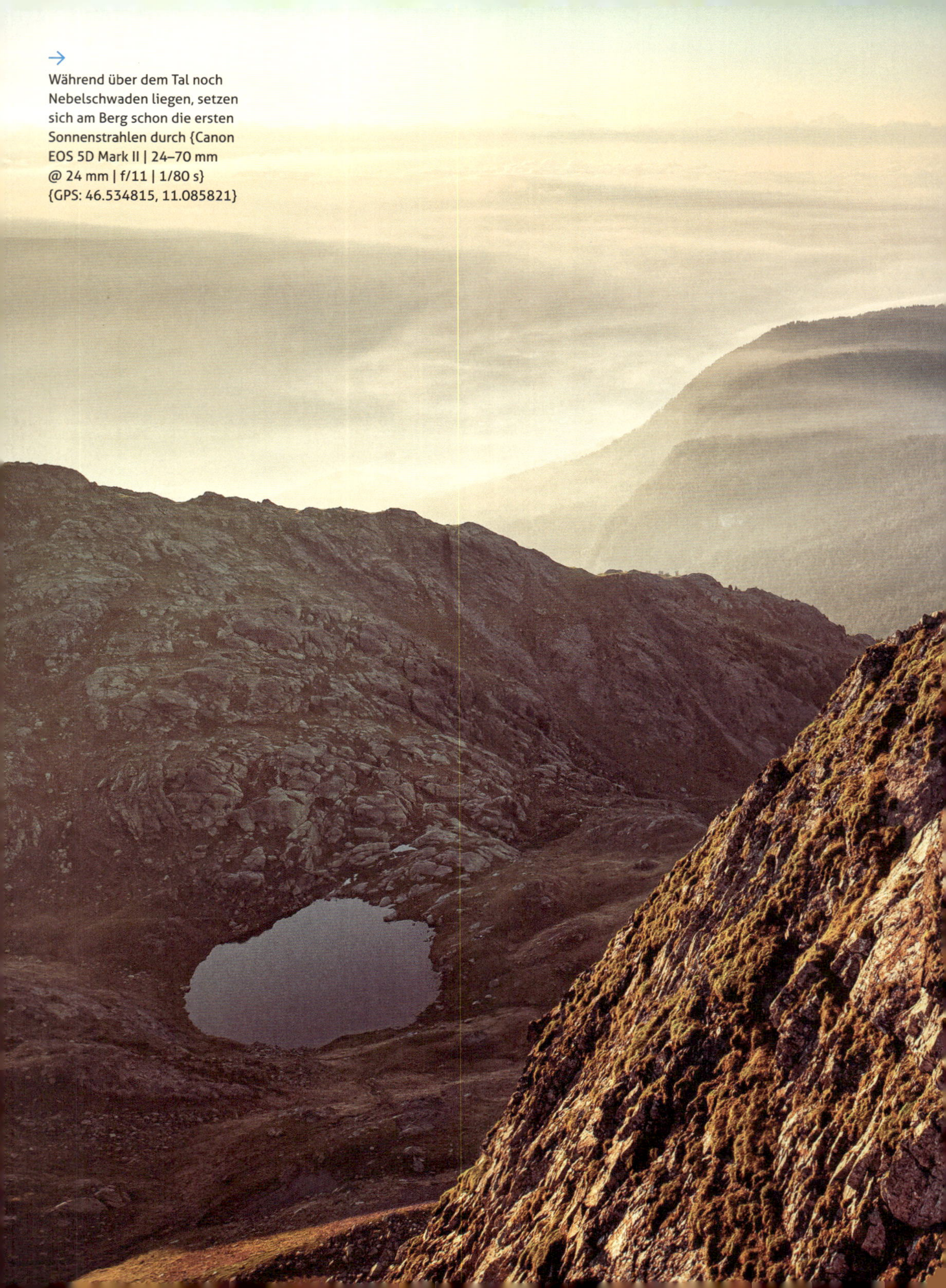

Während über dem Tal noch Nebelschwaden liegen, setzen sich am Berg schon die ersten Sonnenstrahlen durch {Canon EOS 5D Mark II | 24–70 mm @ 24 mm | f/11 | 1/80 s} {GPS: 46.534815, 11.085821}

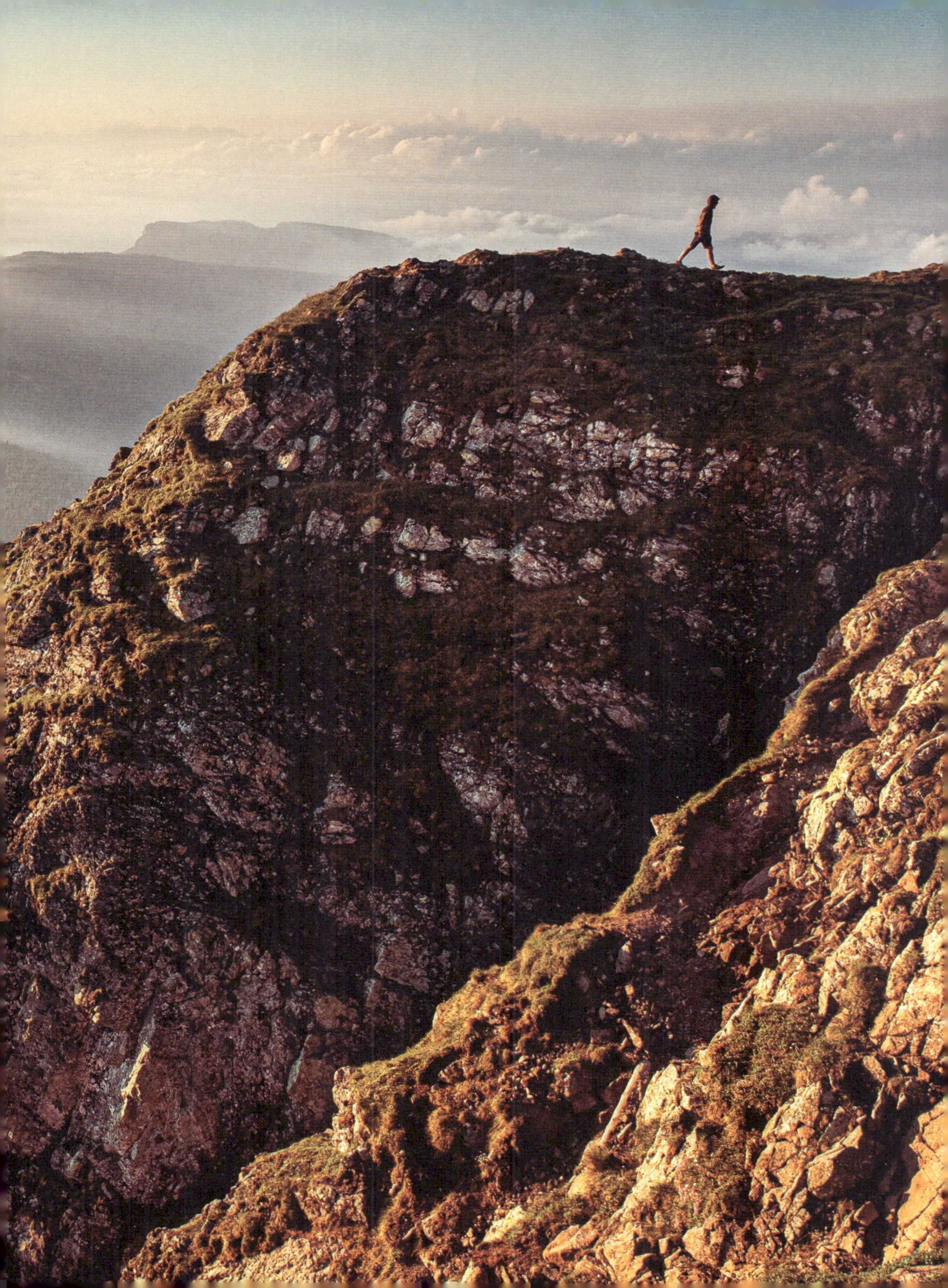

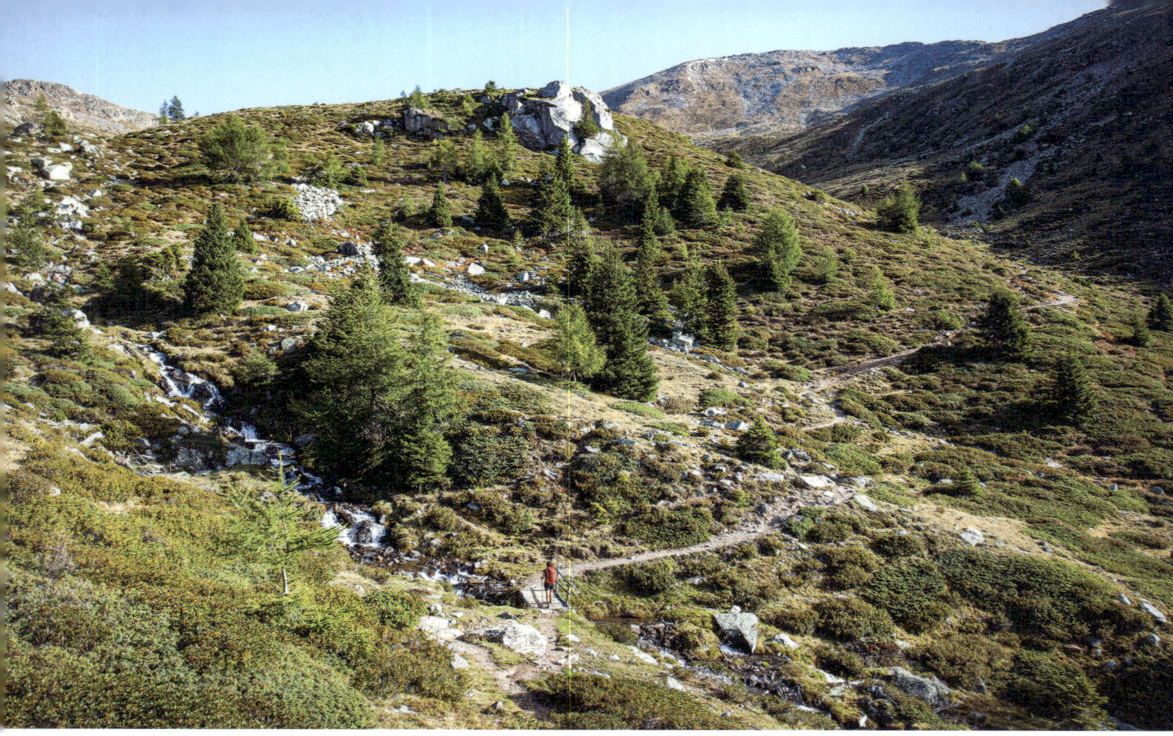

15 Auf den Hohen Dieb

Durch eine Steinlandschaft zu zwei Bergseen

Diese anstrengende, aber allemal lohnende Wanderung im Ultental führt hinauf zu einer Steinlandschaft, in die zwei traumhafte Seen eingebettet sind. Vom Hohen Dieb bieten sich fantastische Ausblicke auf der einen Seite ins Ultental und auf der anderen Seite in den Vinschgau.

Ausgangspunkt ist der Parkplatz (1.716 m) etwas unterhalb vom Bergrestaurant Steinrast bei St. Walburg im Ultental. Von dort geht es zunächst über den Pfad Nr. 4B, später 4A in mäßiger Steigung durch den Wald aufwärts und in rund 1:15 Stunde auf die Kühberg-Alm (2.060 m). Der nächste Abschnitt auf dem Weg Nr. 4A führt kurz nach der Hütte über die Baumgrenze und anschließend durch eine herrliche Landschaft mit zahlreichen Wasserläufen. Man wechselt auf die Markierung Nr. 4 und kommt dabei an der Kofelraster Alm (2.313 m) und einer Hirtenhütte vorbei.
Nach insgesamt ca. 2:15 Stunden ist der untere Kofelraster See (2.403 m) erreicht, der wunderbar in die karge Bergwelt eingebettet ist. Eine kurze Rast lohnt sich hier allemal. Gemütlich geht es nun an der linken Uferseite entlang zum oberen der beiden Kofelraster Seen (2.409 m). Dort zweigt man links

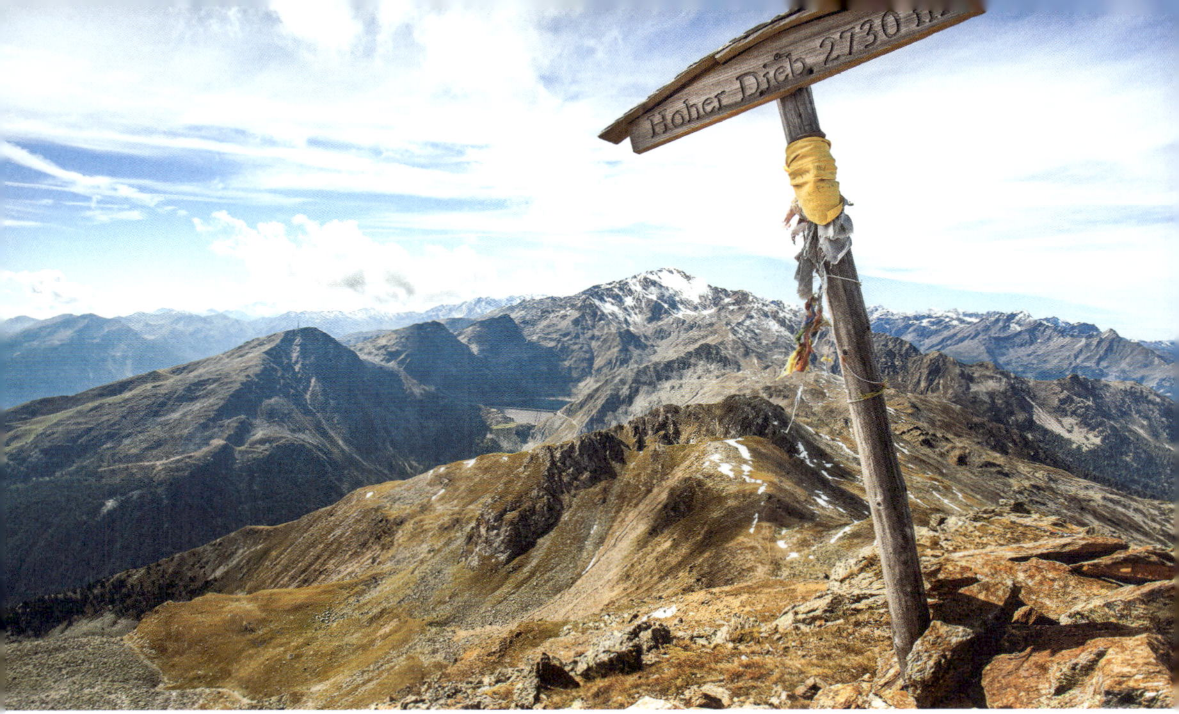

Die Wanderung auf den Hohen Dieb führt durch eine bezaubernde Landschaft

Auf dem Hohen Dieb (2.730 m) mit Blick auf das Hasenöhrl (3.257 m) und den Arzkarsee {Canon EOS 5D Mark II | 17–40 mm @ 17 mm | f/9 | 1/500 s} {GPS: 46.572023, 10.930468}

auf den steilen Pfad Nr. 15 ab, auf dem man schließlich nach etwa 50 Minuten zum Gipfel des Hohen Dieb (2.730 m) gelangt. Hier wird man mit einem überwältigenden Blick auf die die umliegenden Berge und hinab auf den Vinschgau belohnt. Das Gipfelkreuz selbst steht etwas vorgelagert auf dem zweiten Gipfel des Hohen Dieb und ist in knapp 5 Minuten zu erreichen.
Über den Weg Nr. 4 geht es schließlich in 30 Minuten abwärts zum unteren Kofelraster See und von hier auf der bereits bekannten Route zum Parkplatz zurück.

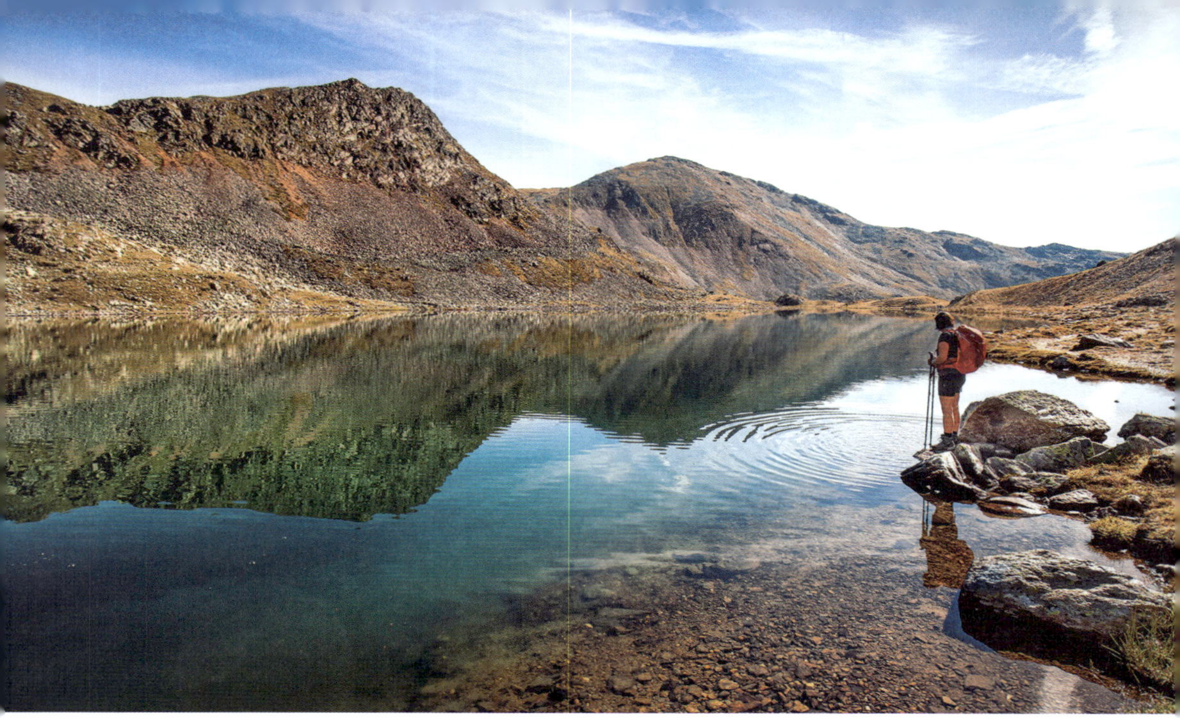

↑ Die Landschaft im Wasserspiegel des unteren Kofelraster Sees (GPS: 46.576415, 10.937295)

↓ Das Kreuz befindet sich auf dem zweiten Gipfel des Hohen Dieb

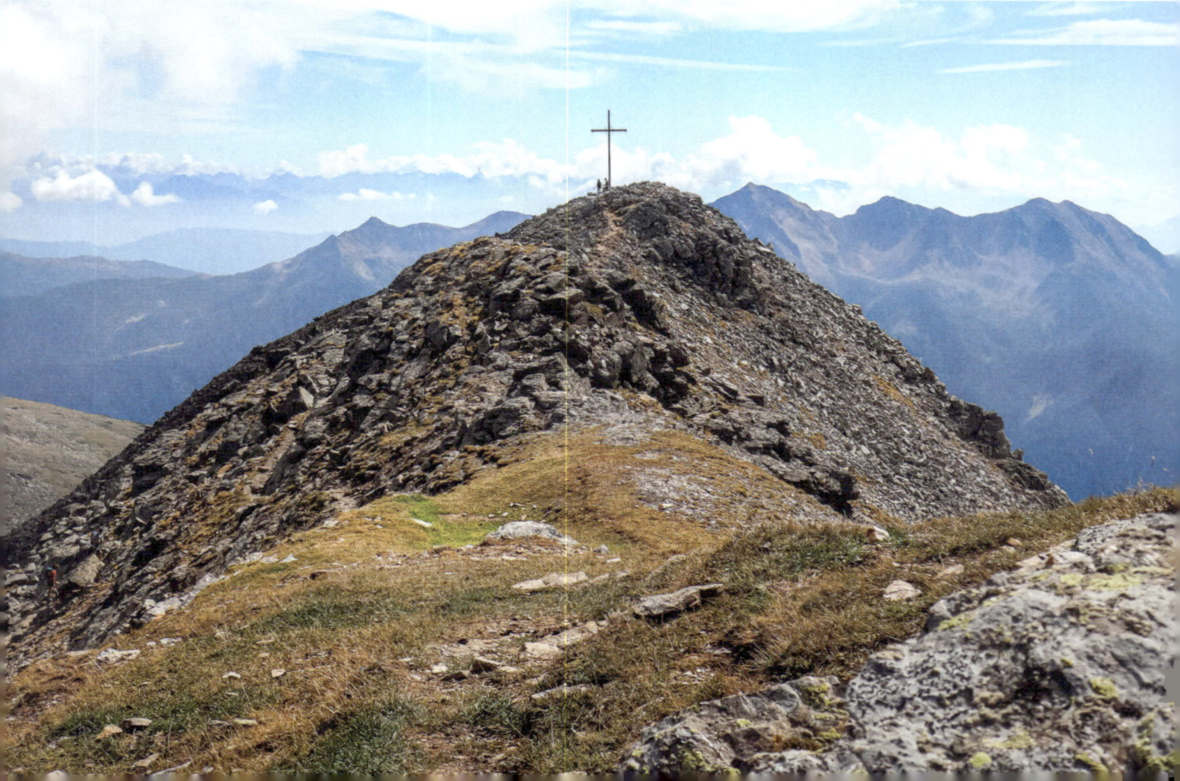

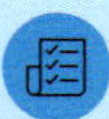

Wunderschöne und bis zu den Kofelraster Seen auch nicht besonders schwierige Tour, die allerdings Kondition erfordert. Den Hohen Dieb selbst aber sollten nur Trittsichere in Angriff nehmen.

Von Lana ins Ultental hinein, am oberen Ende des Zoggler Stausees gleich nach der Bushaltestelle rechts abbiegen und der Beschilderung zum Bergrestaurant Steinrast folgen. Kurz vor dem Restaurant befindet sich auf der linken Straßenseite der Parkplatz.

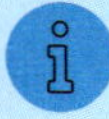

(schwer)

- Gebiet: Meraner Land, Südtirol
- Tal: Ultental
- Start/Ziel: Parkplatz kurz vor dem Bergrestaurant Steinrast, St. Walburg
- Dauer: 5:15 Std.
- Strecke: 12,6 km
- Aufstieg/Abstieg: 1.013 Hm
- Wann: Sommer, Herbst

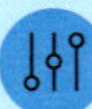

Landschaft: ●●●●●
Abwechslung: ●●●●●
Kondition: ●●●●●
Technik: ●●●●○

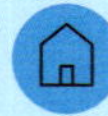

ja

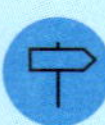

Parkplatz (1.716 m) etwas unterhalb vom Bergrestaurant Steinrast bei St. Walburg → Pfad Nr. 4B, später 4A zur Kühberg-Alm (2.060 m) → Weg Nr. 4A, später 4 zu den Kofelraster Seen (2.403 m) → Pfad Nr. 15 zum Hohen Dieb (2.730 m) → Weg Nr. 4 hinab zum unteren Kofelraster See → Rückweg wie Hinweg

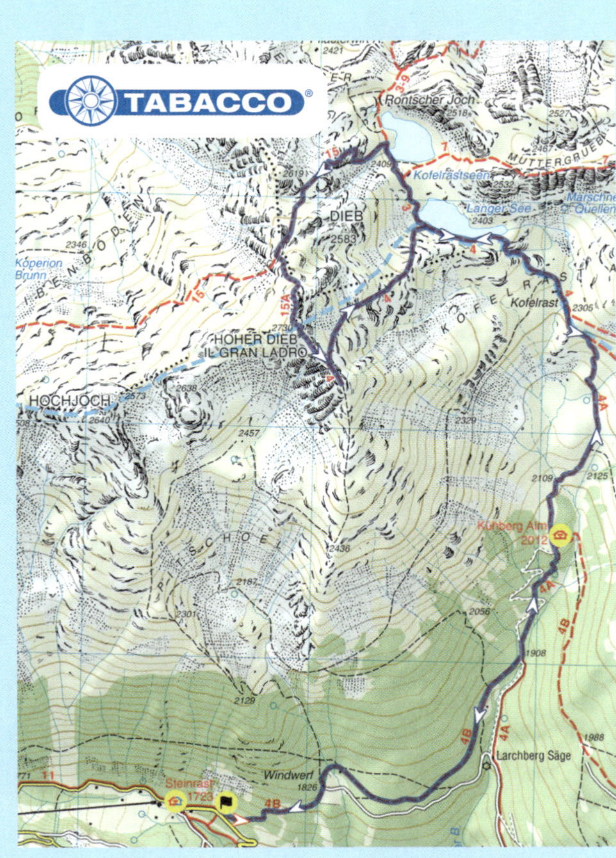

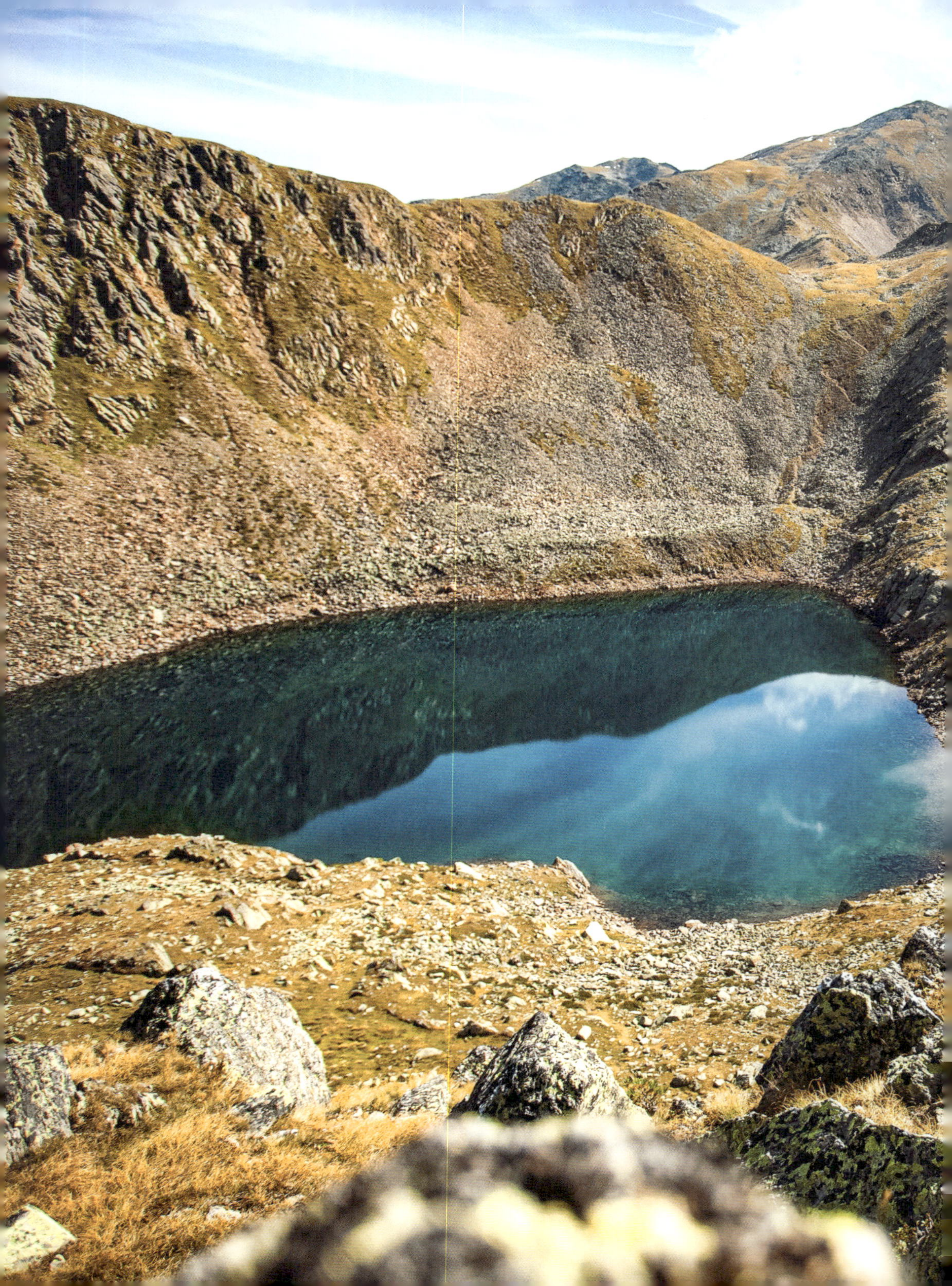

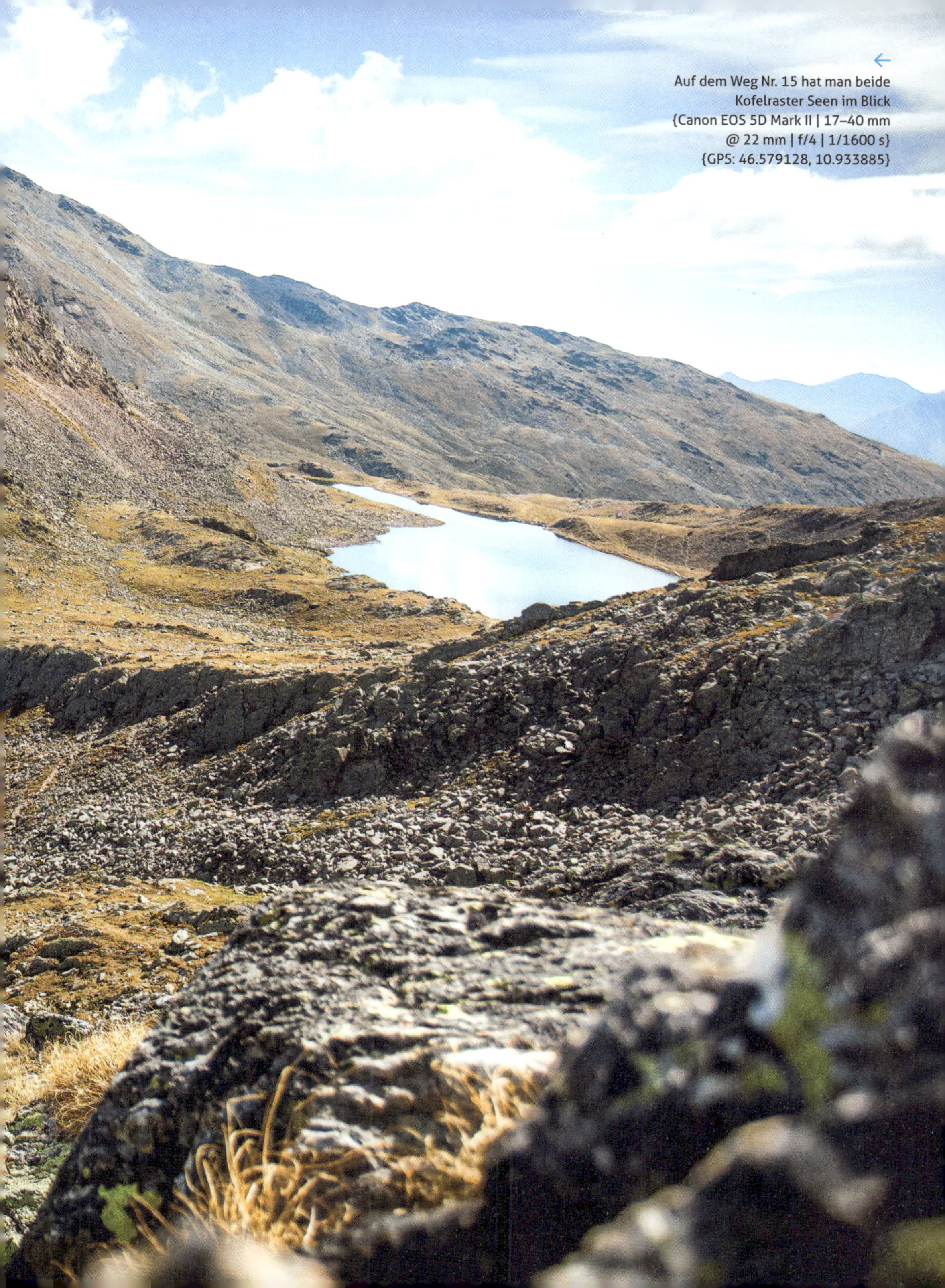

←
Auf dem Weg Nr. 15 hat man beide Kofelraster Seen im Blick
{Canon EOS 5D Mark II | 17–40 mm @ 22 mm | f/4 | 1/1600 s}
{GPS: 46.579128, 10.933885}

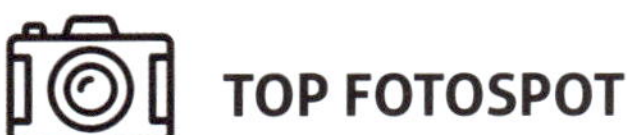

TOP FOTOSPOT

Schloss Tirol

Ein beliebtes Fotomotiv ist Schloss Tirol oberhalb von Meran. Der imposante Bau aus dem 12. Jh. hat dem Land seinen Namen gegeben. Bereits auf dem Weg vom Zentrum in Dorf Tirol zum Schloss ergeben sich immer wieder lohnende Blickwinkel. Oben angekommen, genießt man noch dazu eine fantastische Aussicht auf das weite Etschtal.

Koordinaten: 46.696803, 11.144642
Wie kommt man hin: Von Meran nach Dorf Tirol hinauf, wo es im Zentrum beim Tourismusverein eine Bushaltestelle und mehrere Parkplätze gibt. Vom Tourismusverein ist es nicht weit bis zur Kirche, wo man der Beschilderung zum Schloss Tirol folgt. Beim kleinen Kiosk neben dem Schloss zweigt man rechts auf einen holprigen Weg ab, der leicht abwärts führt. An der darauffolgenden Gabelung hält man sich abermals rechts und gelangt so über einen Steig hinauf zum Aussichtspunkt.
Exif-Daten: Canon EOS 5D Mark II | 17–40 mm @ 39 mm | f/4 | 1/1000 s
Aufnahmedatum: 13.04. – 09:40 Uhr

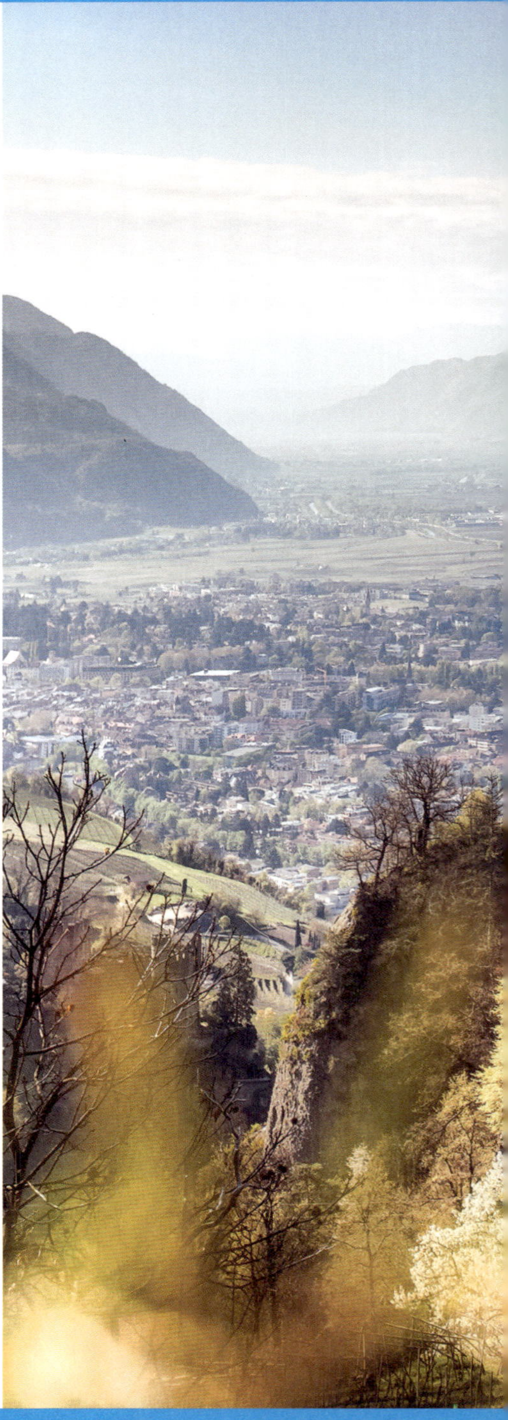

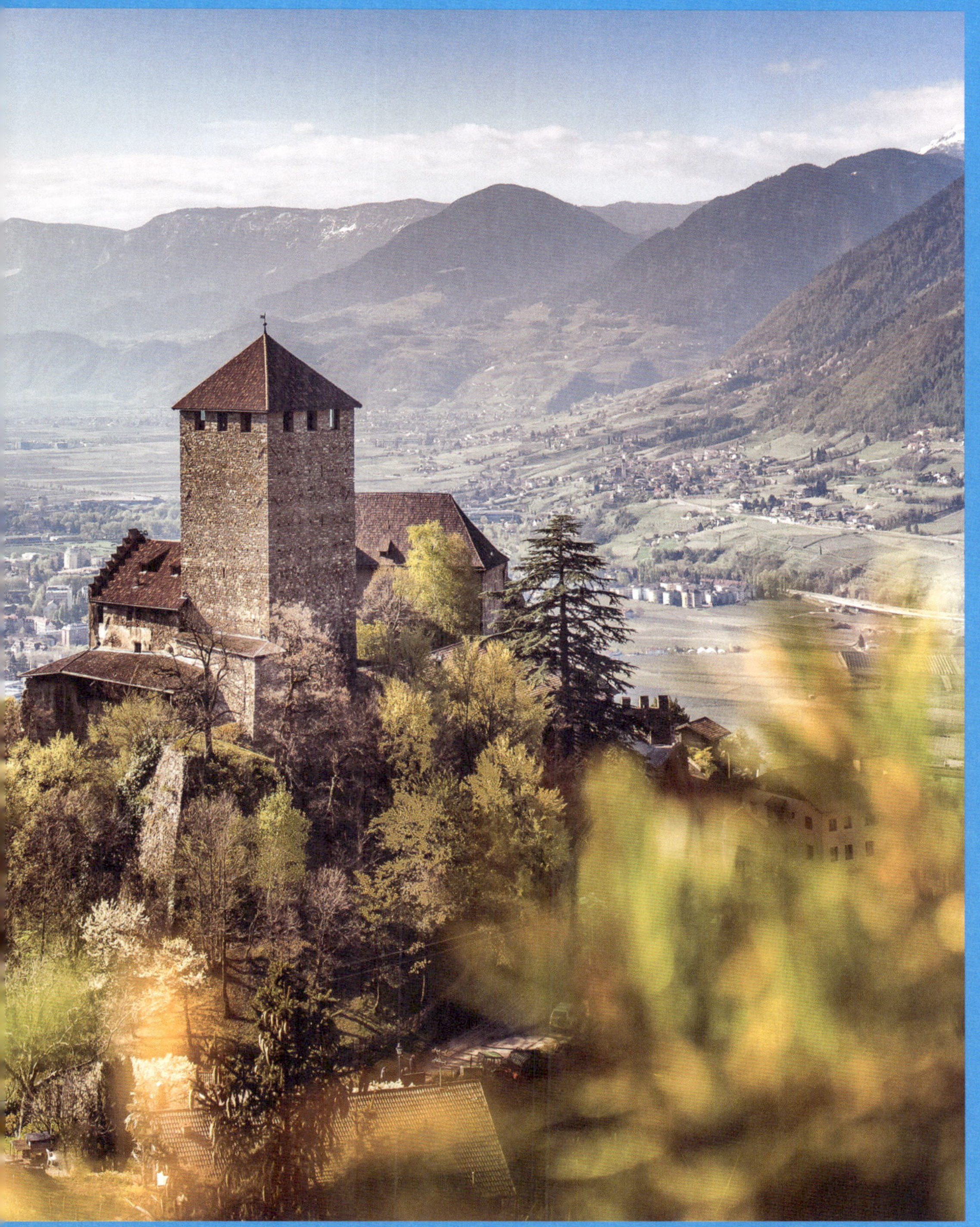

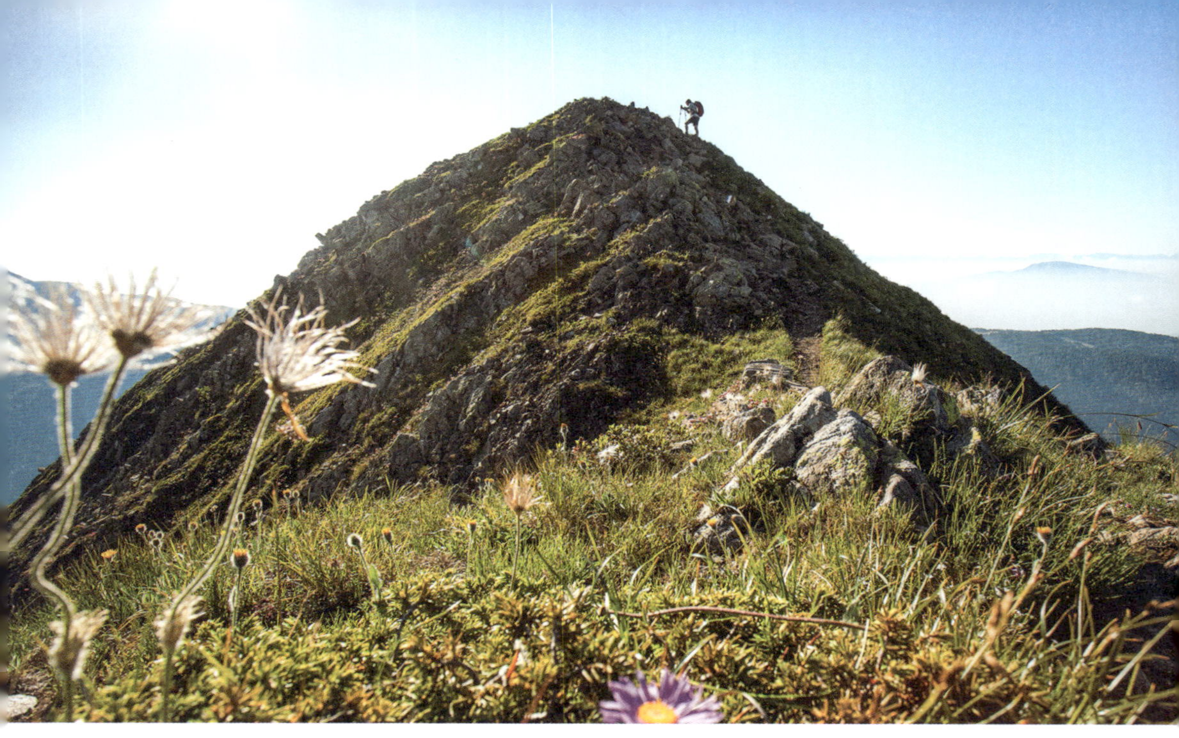

16 Auf den Kleinen Kornigl

Ein botanisches Highlight

Eine sehr abwechslungsreiche Rundwanderung zwischen dem Ultental und dem Deutschnonsberg. Der anfangs knackige Anstieg und die Wanderung über den schmalen Grat entschädigen mit einem fantastischen Ausblick auf die Dolomiten und die Ötztaler Alpen. Wer für diese Wanderung einen Tag im Frühsommer wählt, erlebt dabei einen Teppich blühender Alpenrosen.

Ausgangspunkt dieser Panoramawanderung ist der Parkplatz (1.688 m) beim Tunnel des Hofmahdjochs, das das Ultental mit dem Deutschnonsberg verbindet. Von dort führt zunächst eine breite Schotterstraße in rund 15 Minuten zur Clozner Alm (1.732 m) hinauf. Kurz nach der Hütte gelangt man an einen Holzzaun und setzt den Weg dann rechts über die Wiesen in leichter Steigung fort. Der Weg Nr. 7 ist hier leider nicht gut beschildert, was die Orientierung aber nicht wirklich erschwert, denn den Gipfel des Kleinen Kornigl hat man stets im Blick und der Pfad ist gut erkennbar. Vor der Scharte zwischen Kleinem und Großem Kornigl wird der Weg dann allerdings steiler und erfordert nun Trittsicherheit. Von der Scharte geht es in 10 Minuten über einen wunderschönen Grat hinüber zum Gipfel-

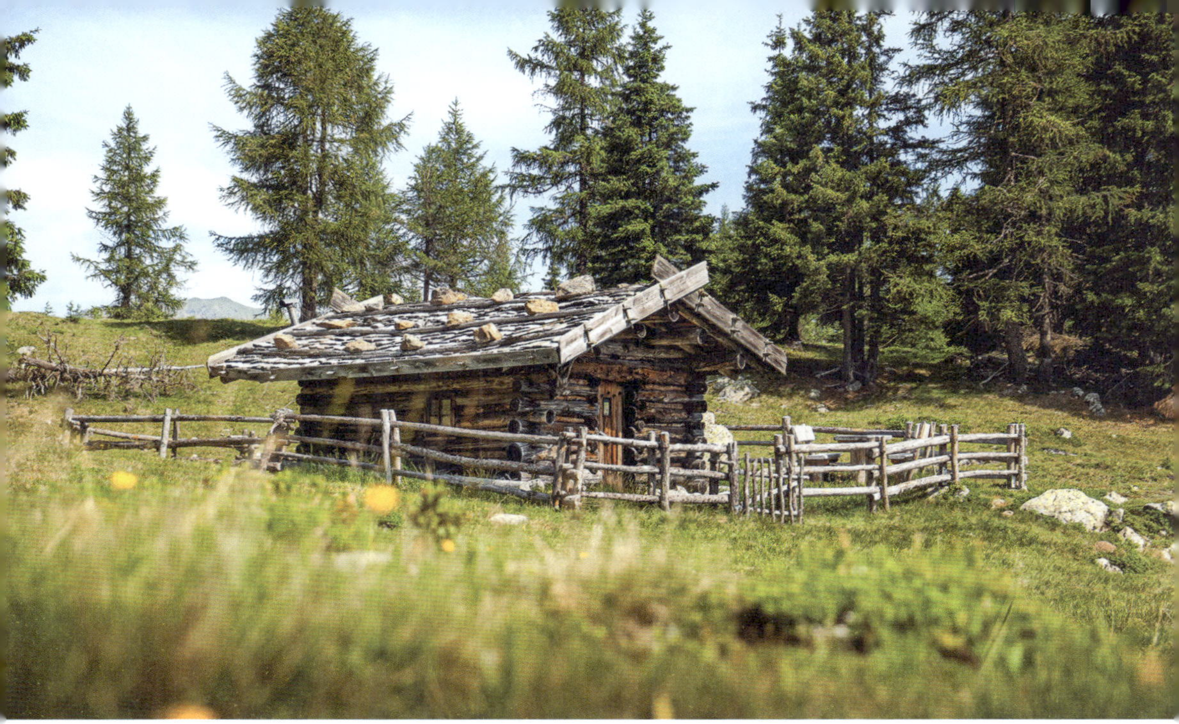

Ungewöhnliche Perspektiven lassen den Betrachter staunen {Canon EOS 5D Mark II | 17–40 mm @ 17 mm | f/11 | 1/160 s} {GPS: 46.514306, 11.032005}

Auf dem Weg vom Wetterkreuz „Bei der Stange" zur Gampen-Alm kommt man an dieser urigen Hirtenhütte vorbei {GPS: 46.532172, 11.036273}

kreuz. Nach insgesamt 1:45 Stunde genießt man schließlich auf dem 2.311 m hohen Berg eine einmalige Aussicht hinüber zum Großen Laugen, der Brentagruppe, den Dolomiten, den Ötztaler Alpen und zahlreichen anderen Gipfeln. Nach der aussichtsreichen Rast geht es über den Grat wieder zurück zur Scharte, wo der schmale Steig Nr. 29 nun gemächlich an zwei malerisch gelegenen Weihern vorbei zum Wetterkreuz „Bei der Stange" (2.105 m) hinunterführt. Dort lädt die großartige Aussicht noch einmal zu einer kurzen Pause ein. Immer auf dem Weg Nr. 29 gelangt man nun zur Gampen Alm (auch Gamper Alm genannt) (1.860 m) und von dort über die Markierung Nr. 24 in 50 Minuten zum Hofmahdjoch (1.785 m). Nun folgt man schließlich der Markierung Nr. 133 durch bunte Blumenwiesen zunächst in Richtung Obere Alm, um dann links auf den Steig Nr. 8 abzuzweigen und durch den Wald hinunter zum Ausgangspunkt zurückzukehren.

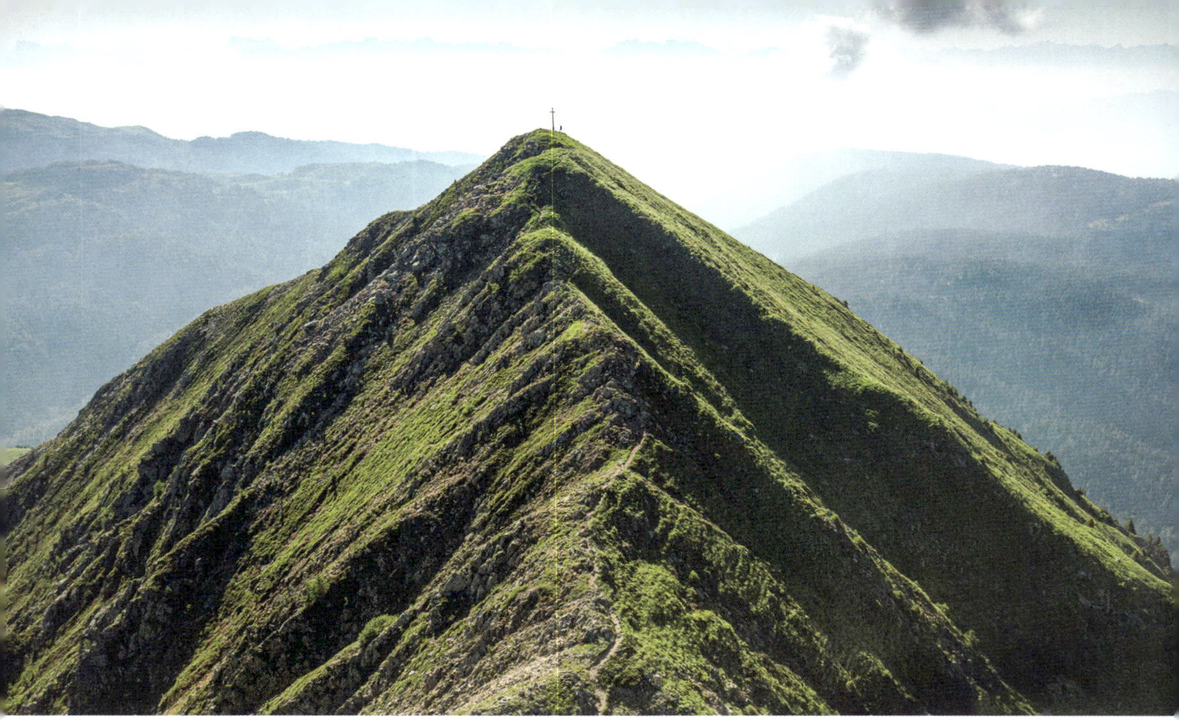

↑ Über einen Grat geht es hin zum Kleinen Kornigl mit Blick in Richtung Dolomiten

↓ Zwei kleine Tümpel schmiegen sich in die Landschaft

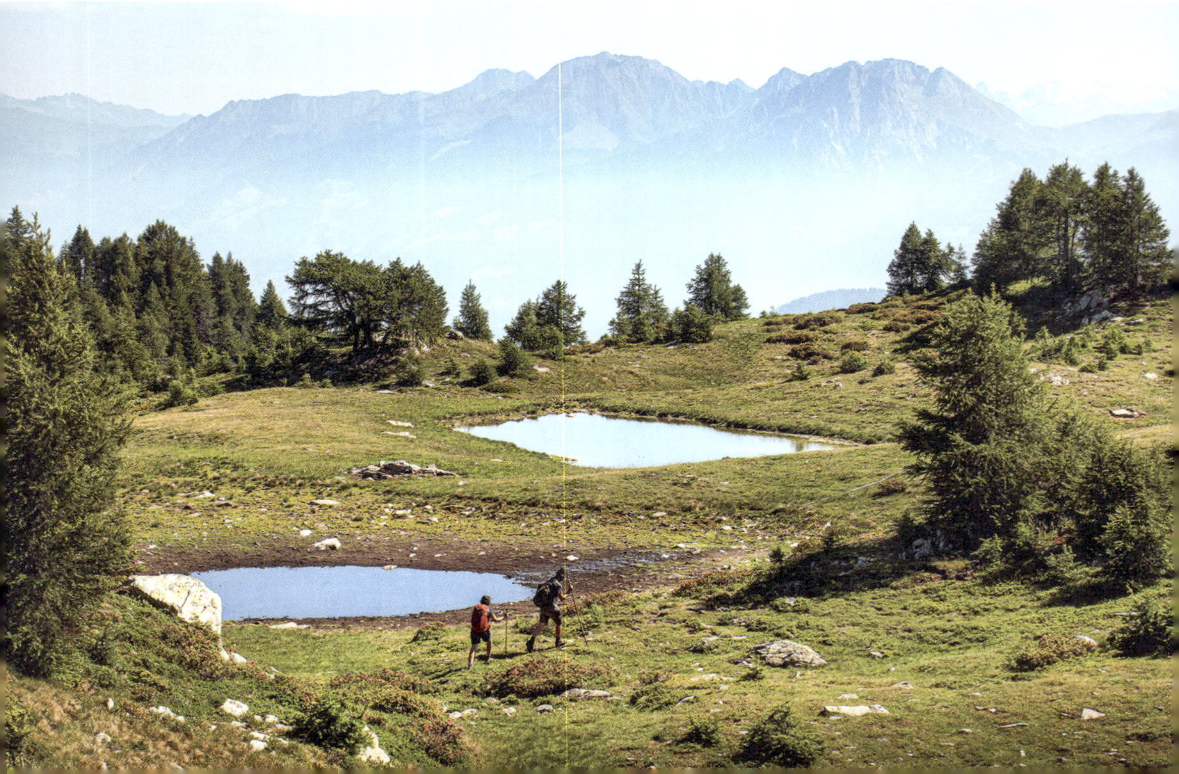

Wanderung auf einen einsamen Gipfel zwischen dem Ultental und dem Nonstal, mit faszinierenden Ausblicken auf die Südtiroler und die Brentadolomiten.

Von Lana hinein ins Ultental und vor St. Walburg links ins Nonstal abzweigen. Am Ende des Tunnels gibt es auf der linken Seite beim Hofmahdjoch einen Parkplatz.

(mittel)

- Gebiet: Meraner Land, Südtirol
- Tal: Ultental
- Start/Ziel: Parkplatz hinter dem Hofmahdjoch-Tunnel
- Dauer: 5:00 Std.
- Strecke: 12,6 km
- Aufstieg/Abstieg: 714 Hm
- Wann: Sommer, Herbst

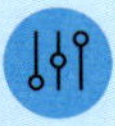

Landschaft: ●●●○○
Abwechslung: ●●●●○
Kondition: ●●●●○
Technik: ●●●○○

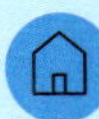

ja

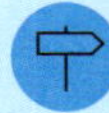

Parkplatz (1.688 m) beim Tunnel des Hofmahdjochs → Schotterstraße zur Clozner Alm (1.732 m) → Weg Nr. 7 auf den Kleinen Kornigl → Weg Nr. 7 wieder ein Stück zurück → Steig Nr. 29 zum Wetterkreuz „Bei der Stange" (2.105 m) → Weg Nr. 29 zur Gampen Alm (1.860 m) → Weg Nr. 24 zum Hofmahdjoch (1.785 m) → Weg Nr. 133 in Richtung Obere Alm → Steig Nr. 8 hinunter zum Parkplatz

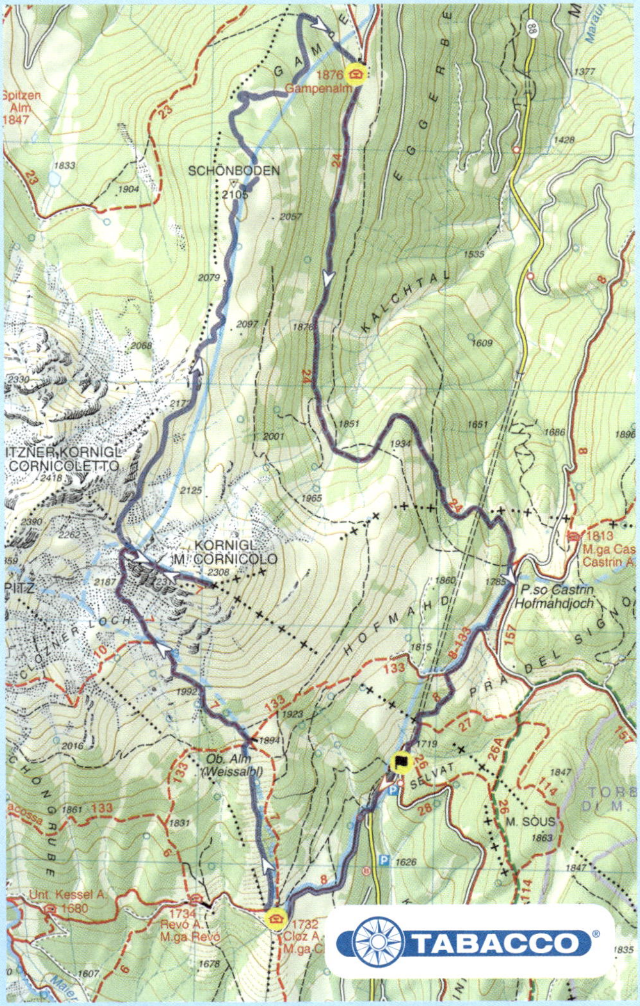

Mediterran zeigt sich die Landschaft rund um Tramin {Canon EOS 5D Mark II | 24–70 mm @ 33 mm | f/8 | 1/250 s} {GPS: 46.343178, 11.234038}

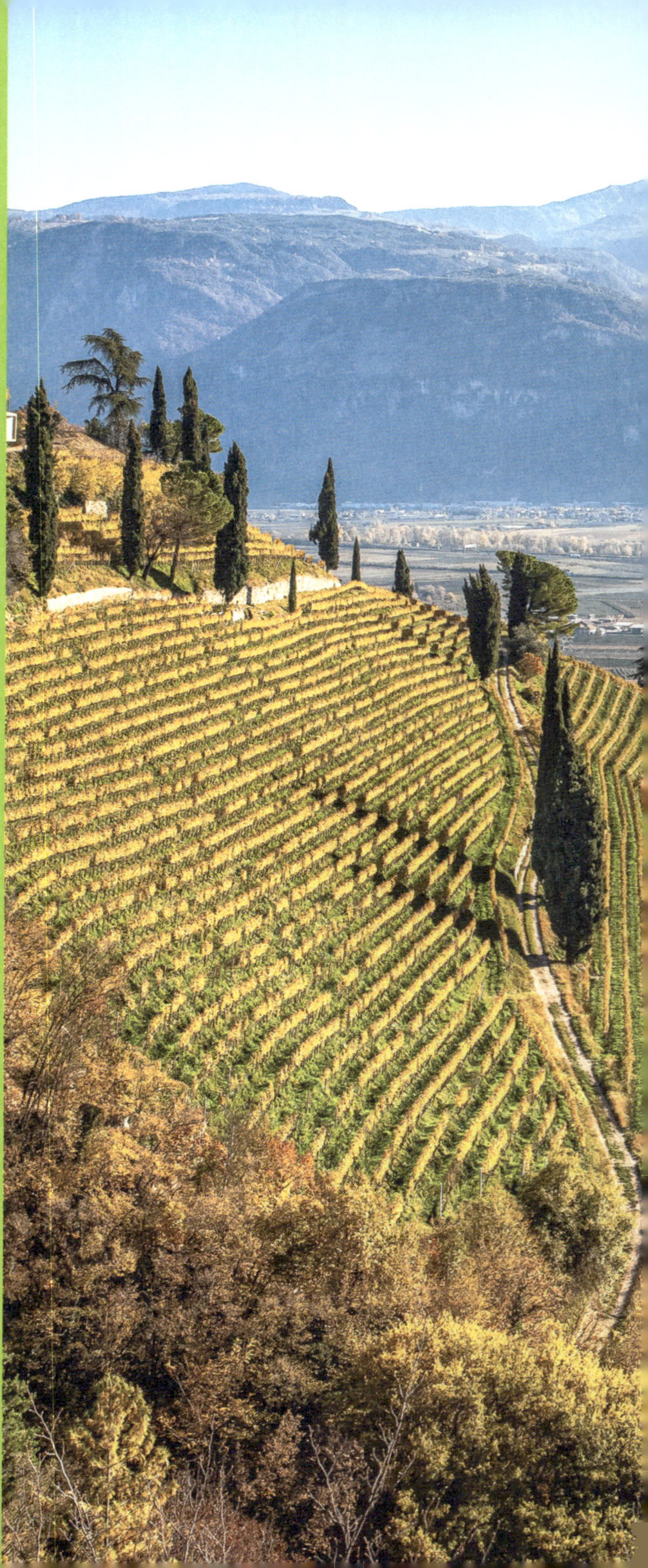

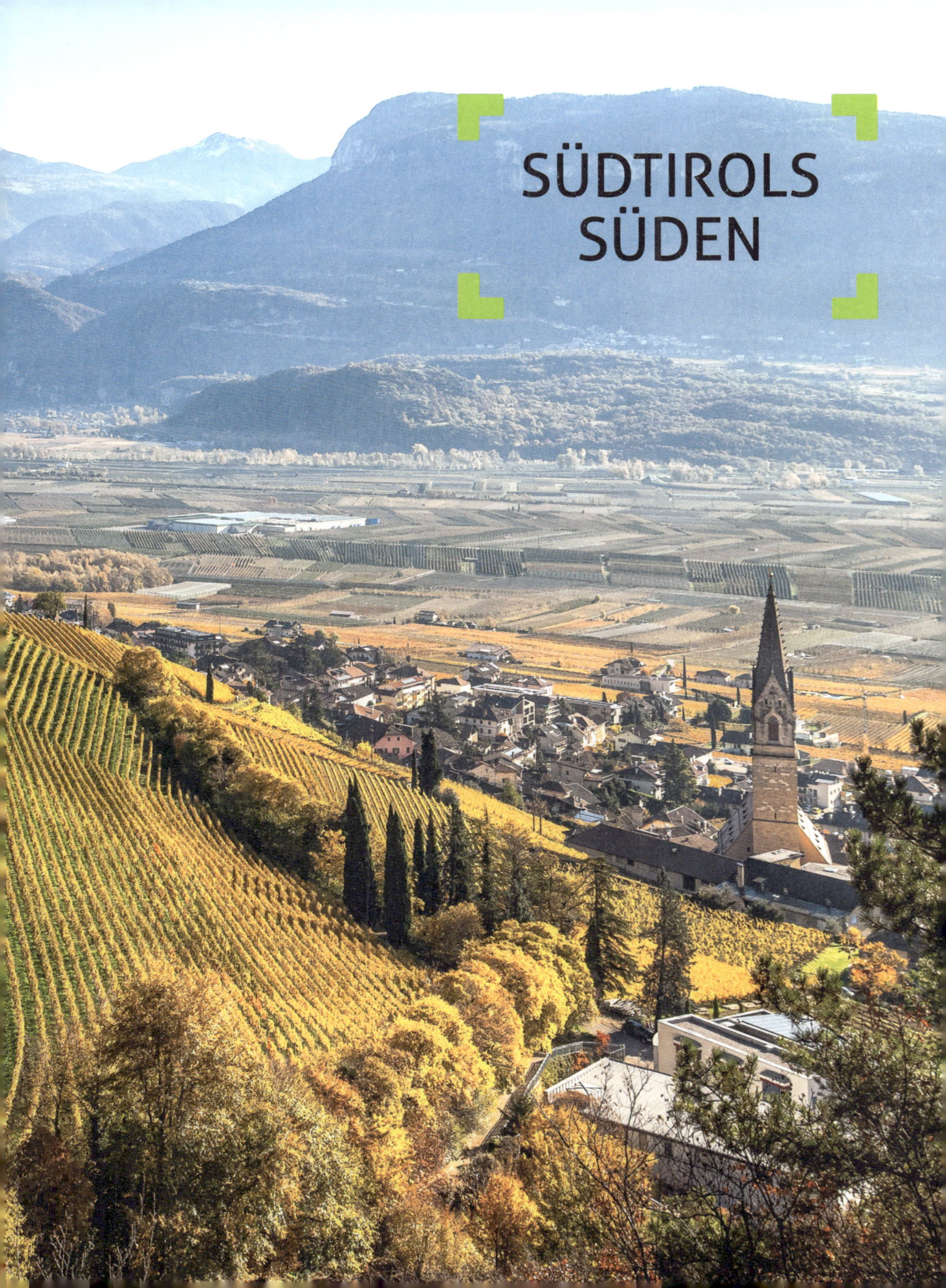

SÜDTIROLS SÜDEN

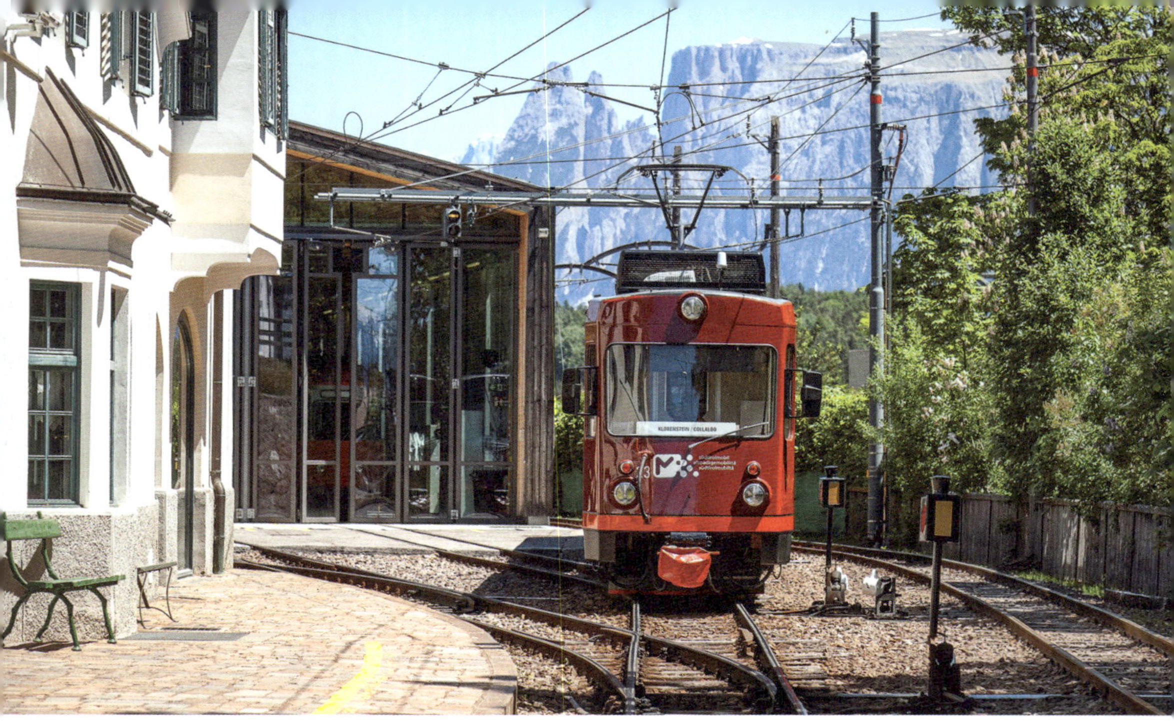

17 Die Freudpromenade am Ritten

Wandern auf dem Hausberg der Bozner

Bei dieser gemütlichen und vor allem abwechslungsreichen Wanderung kommen Natur- und Kulturbegeisterte voll auf ihre Kosten. Der Ritten wartet nicht nur mit Südtirols höchsten Erdpyramiden und einem herrlichen Panoramablick auf die Dolomiten auf, sondern hier kann man sich auch auf die Spuren von Sigmund Freud begeben, der im Sommer 1911 als Sommerfrischler auf dem Ritten zu Gast war.

Ausgangspunkt dieser aussichtsreichen, gemütlichen Wanderung ist der Bahnhof in Oberbozen am Ritten (1.227 m). Von dort folgt man der Markierung Nr. 6 in Richtung Bozen und verlässt zunächst auf der Straße das Dorf leicht abwärts, bis man an die Abzweigung zur St.-Jakobs-Kirche kommt. Der Weg führt durch den Wald auf eine Straße hinab, überquert diese und endet schließlich nach ca. 30 Minuten bei der St.-Jakobs-Kirche (1.113 m), die erstmals im Jahre 1289 urkundlich erwähnt wurde.
Nun kehrt man wieder auf die Straße zurück, wendet sich dort nach rechts und setzt die Wanderung in Richtung Moarhof (1.009 m) bis zur Beschilderung zu den Erdpyramiden fort. Von dort ist es nicht mehr weit bis zu

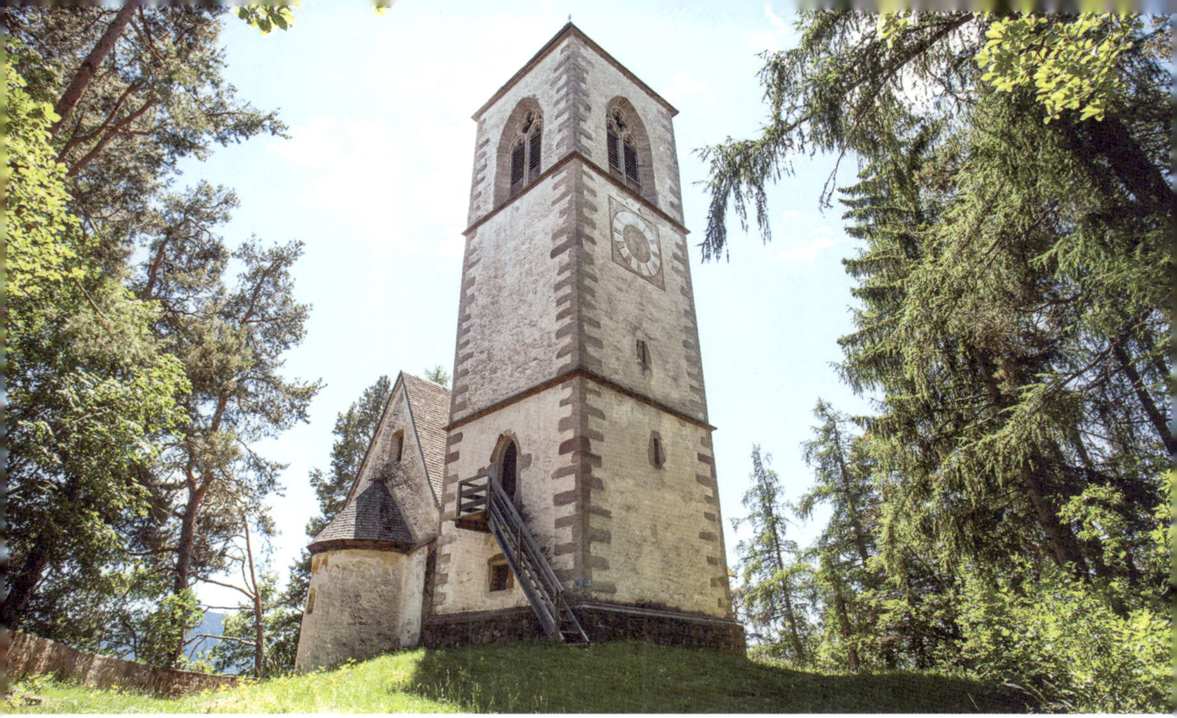

Ein tolles Fotomotiv: die Rittner Bahn beim Bahnhof in Oberbozen mit dem Schlern im Hintergrund {Canon EOS 5D Mark II | 70–200 mm @ 105 mm | f/4,5 | 1/1000 s} {GPS: 46.528506, 11.404779}

Von Oberbozen geht es zunächst zur St.-Jakobs-Kirche

einem Picknickplatz, wo der eingezäunte Weg zu den Erdpyramiden abzweigt. Auf diesem erreicht man dann nach insgesamt 1:15 Stunde zwei Aussichtspunkte, von denen man die ungewöhnlichen Erdformationen bestaunen kann. Die Erdpyramiden in Oberbozen (1.028 m) gehören zu den schönsten und höchsten in ganz Europa.
Zurück beim Picknickplatz folgt man nun dem leicht ansteigenden Waldweg bis zur Beschilderung Nr. 26 nach Signat, wo man rechts abbiegt. Auf der Asphaltstraße angelangt, folgt man nicht mehr der Markierung, sondern geht links der Fahrbahn entlang aufwärts und trifft so auf die Hauptstraße, biegt rechts in diese ein und überquert sie beim nächsten Zebrastreifen. Danach geht es links auf der Straße Am Kaseracker hinauf, dann über die Bahngleise und wenig später ist die Freudpromenade (1.242 m, auch Nr. 35 Klobenstein) auch schon erreicht.
Dieser breite Spazierweg führt nun gemütlich durch lichte Wälder und Wiesen und bietet dabei traumhafte Ausblicke auf die Dolomiten. Unterwegs ergeben sich immer wieder Sitzgelegenheiten, bei denen Zitate von Sigmund Freud zu lesen sind. Die Promenade wurde 2006 zum 150. Geburtstag des Vaters

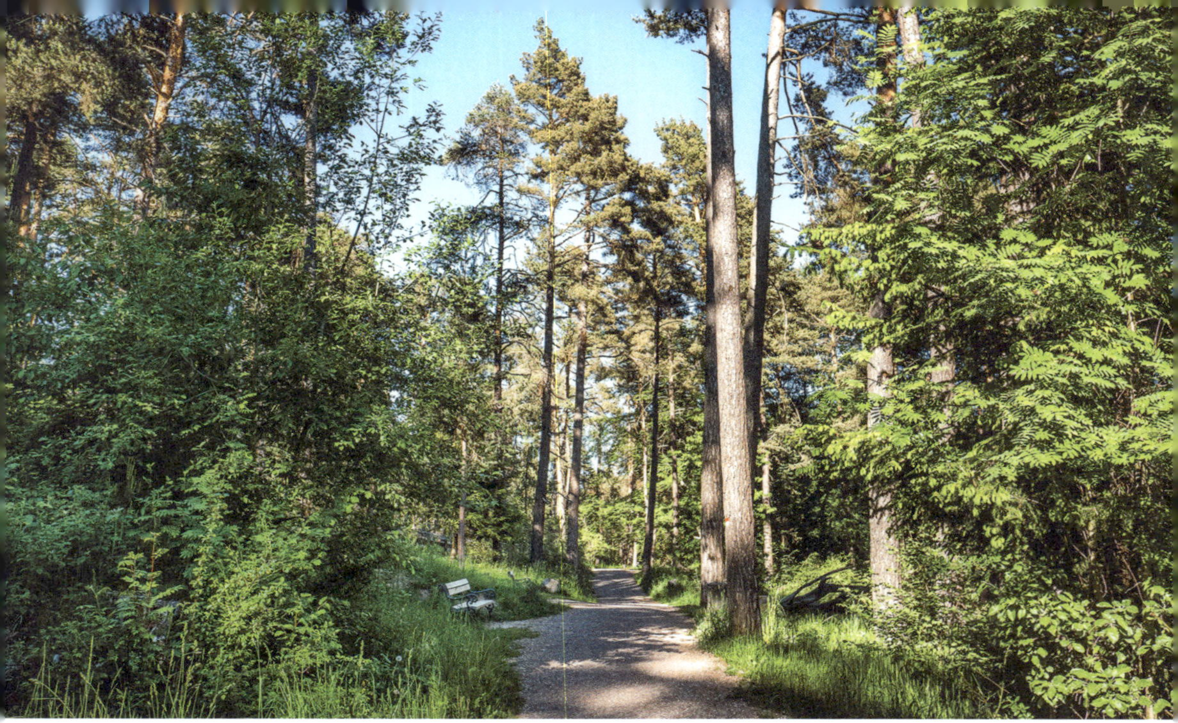

↑
Das Ende der Freudpromenade führt durch einen wunderschönen Waldabschnitt

der Psychoanalyse saniert, der 1911 seinen Sommerurlaub am Ritten verbracht und im selben Jahr auch seine Silberhochzeit gefeiert hatte.
Nach ungefähr 1 Stunde hat man Klobenstein (1.226 m) erreicht. Die Markierung Nr. 35 führt schließlich durch das Dorf zum Bahnhof (1.191 m) und damit zum letzten Highlight der Wanderung: die wohl schönste Eisenbahnfahrt, die Südtirol zu bieten hat. Während der Fahrt kann man das wunderbare Bergpanorama noch einmal richtig genießen und ist nach etwa 15 Minuten wieder am Ausgangspunkt in Oberbozen angelangt.

Tipp: Den Ausgangspunkt der Wanderung kann man ideal ohne Auto erreichen. Die Talstation der Rittner Seilbahn nach Oberbozen ist wenige Gehminuten vom Bahnhof Bozen entfernt.

Einfache Wanderung mit mehreren Highlights, wie den höchsten Erdpyramiden Europas und Südtirols eindrucksvollster Panorama-Zugfahrt.

Am besten mit dem Zug bis nach Bozen, von dort zu Fuß zur 5 Minuten entfernten Talstation der Rittner Seilbahn. Mit der Bahn hinauf nach Oberbozen zum Ausgangspunkt. Alternativ gibt es, von Bozen kommend, kurz vor dem Bahnhof in Oberbozen auf der rechten Seite einen Parkplatz.

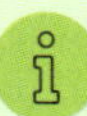

(mittel)

- Gebiet: Südtirols Süden, Südtirol
- Tal: Ritten
- Start/Ziel: Bahnhof Oberbozen am Ritten
- Dauer: 3:00 Std.
- Strecke: 9,6 km
- Aufstieg: 293 Hm
- Abstieg: 322 Hm
- Wann: Frühling, Sommer, Herbst, Winter

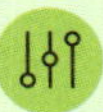

Landschaft: ●●●●○
Abwechslung: ●●●●○
Kondition: ●●●○○
Technik: ●●○○○

ja

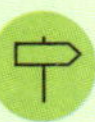

Bahnhof in Oberbozen am Ritten (1.227 m) → Weg Nr. 6 in Richtung Bozen → Markierung St. Jakob → St.-Jakobs-Kirche (1.113 m) → Straße in Richtung Moarhof (1.009 m) → Markierung zu den Erdpyramiden (1.028 m) → Waldweg hinauf in Richtung Oberbozen → Weg Nr. 26 nach Signat → bei der Asphaltstraße links hinauf → bei der Hauptstraße rechts abzweigen → beim Zebrastreifen die Fahrbahn überqueren → die Straße Am Kaseracker hinauf → Freudpromenade (1.242 m) bis Klobenstein → Weg Nr. 35 zum Bahnhof → mit der Rittner Bahn zurück nach Oberbozen

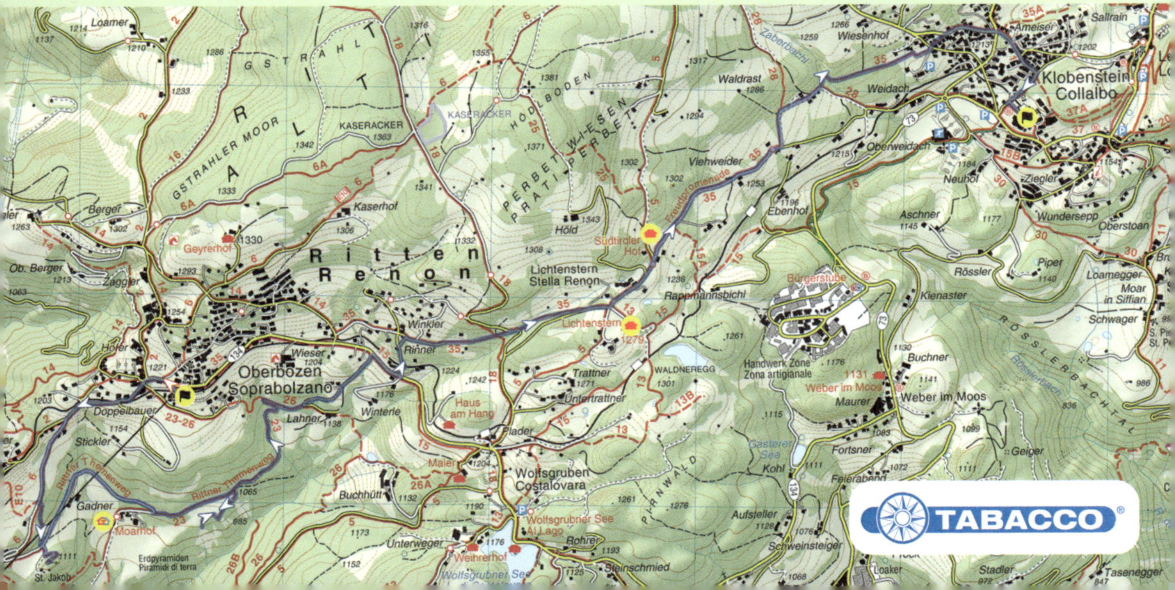

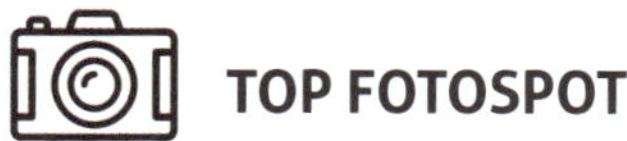

TOP FOTOSPOT

Erdpyramiden in Oberbozen, Ritten

Die Erdpyramiden in Oberbozen am Ritten gehören zu den formschönsten und höchsten in Europa. Erdpyramiden entstehen dort, wo sich eiszeitlicher Moränenlehm der Gletscher abgelagert hat. Durch Regen wird der Lehm breiig und fließt zu Tal. Zurück bleiben bizarre Säulen mit einem darauf liegenden Felsbrocken, der das natürliche Konstrukt vor weiterer Abtragung schützt.

Koordinaten: 46.522180, 11.406863
Wie kommt man hin: Am besten von Bozen mit der Rittner Seilbahn hinauf nach Oberbozen. Von der Bergstation führt der Pyramidenweg in rund 30 Minuten durch den Wald hinab zum Aussichtspunkt. Alternativ kann man die Erdpyramiden auch über die Wanderung auf Seite 106 erreichen.
Exif-Daten: Canon EOS 5D Mark II | 24–70 mm @ 33 mm | f/4 | 1/640 s
Aufnahmedatum: 13.06. – 15:00 Uhr

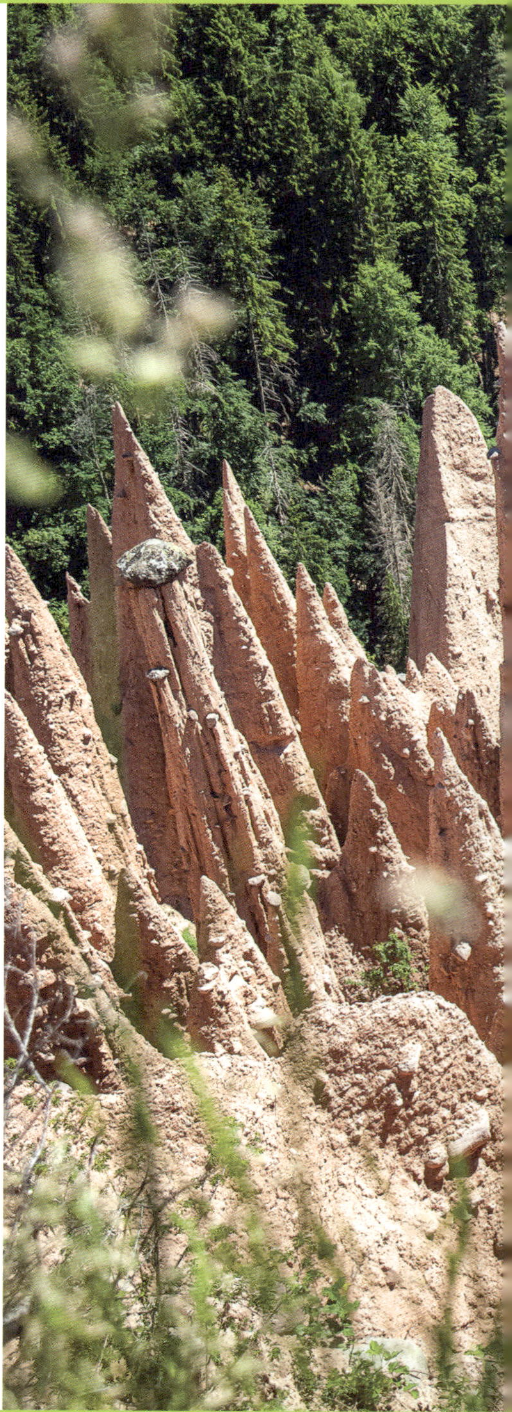

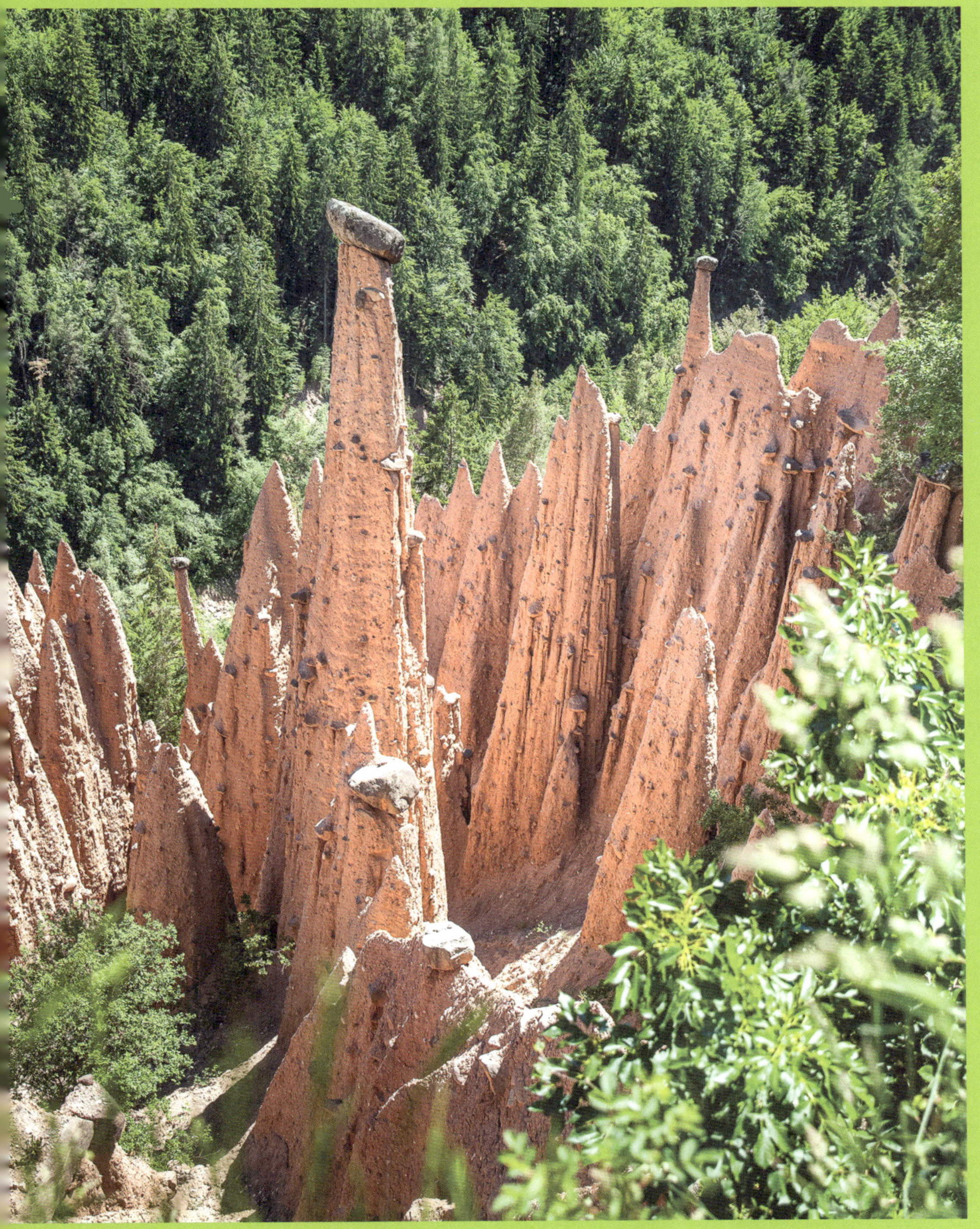

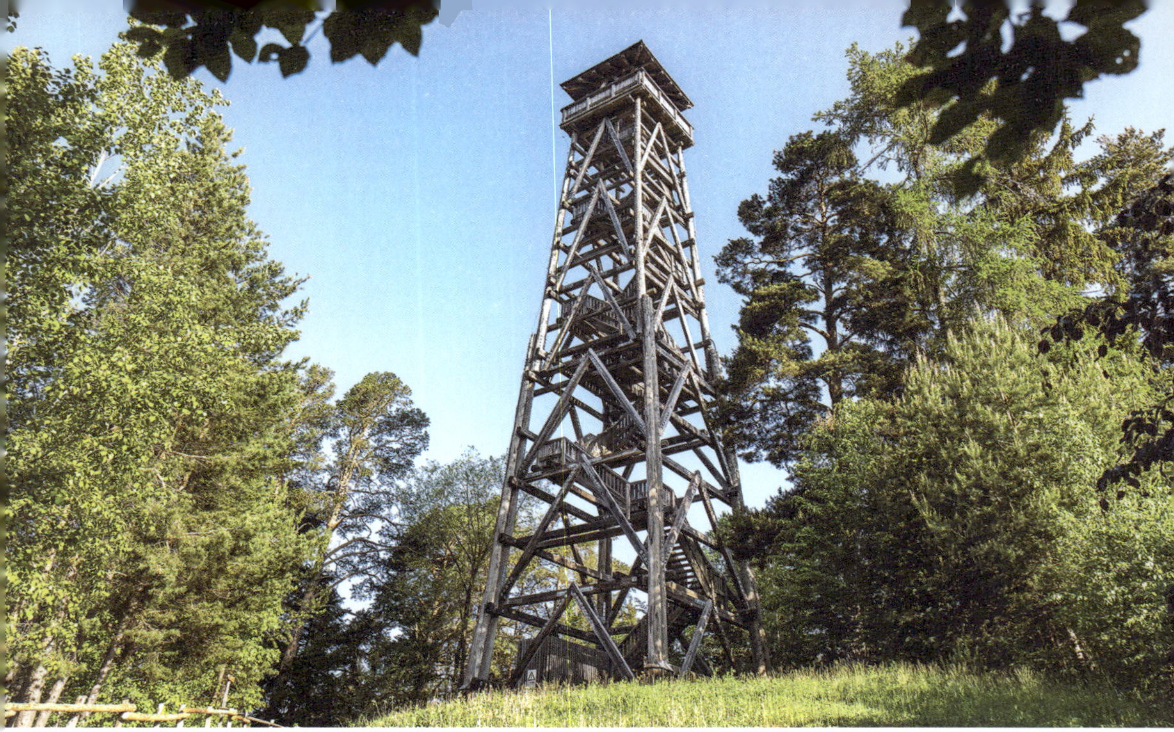

18 Von Kohlern zur Titschenwarte

Ein alter Sommerfrischeort oberhalb von Bozen

Wer der Hitze im Tal entfliehen möchte, der sollte dem alten Sommerfrischeort Kohlern oberhalb von Bozen einen Besuch abstatten. Ein beschaulicher Weiler, an dem die Zeit spurlos vorübergegangen zu sein scheint.

Ausgangspunkt dieser panoramareichen Rundwanderung ist die Bergstation der Kohlerer Bahn. Hinauf fährt man am besten mit der Seilbahn, die einen von der Talstation (267 m) im Bozner Stadtteil Kampill in wenigen Minuten auf 1.110 m bringt. Die Bahn war übrigens die erste alpine Luftseilbahn, die Personen transportiert hat. An der Bergstation folgt man der Straße links, die in nur 5 Minuten zum 36 m hohen Aussichtsturm hinunterführt. Vom Turm hat man einen überwältigenden Blick auf Bozen und seine Umgebung, hin zu den Dolomiten und hinüber ins verträumte Kohlern. Nach diesem ersten Highlight folgt man der Straße nun weiter und hält sich an die Markierung Nr. 5 zur Titschenwarte. Dabei schlendert man durch die kleine Häusergruppe von Bauernkohlern und vorbei an der wunderschönen Villa Bittner (auch Villa Degischer, erbaut 1896). Sie war das Sommerfrischehaus des Bozner Stadtbaumeisters Johann Bittner.

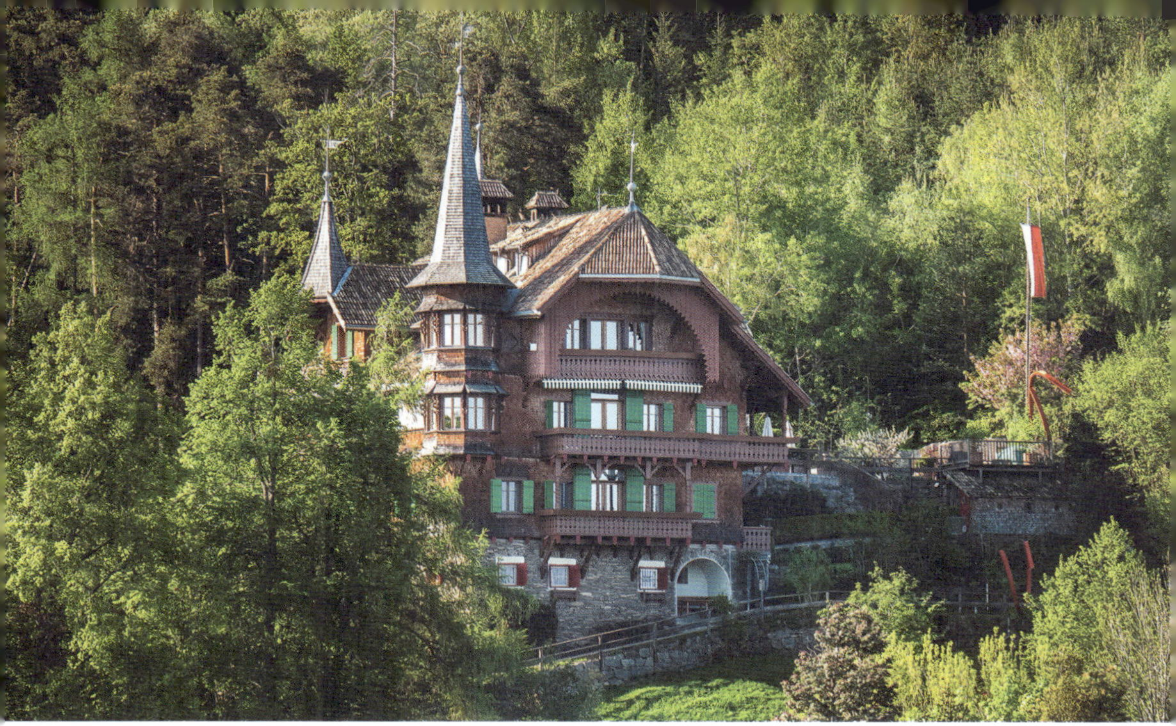

Die Wanderung beginnt beim 36 m hohen Aussichtsturm

Die wunderschöne Villa Bittner (erbaut 1896) war das Sommerfrischehaus des Bozner Stadtbaumeisters Johann Bittner

Die Route führt nun durch einen stellenweise dichten, schattenspendenden Wald und vorwiegend auf einem angenehm ansteigenden Pfad in knapp 1:15 Stunde bis zur Titschenwarte (1.539 m). Hier lädt eine große Bank mit Tisch zu einer Rast ein, bei der man das großartige Panorama in aller Ruhe auf sich wirken lassen kann.

Nun nimmt man den Weg Nr. 5A in Richtung Schneiderwiesen, wechselt nach ca. 300 m bei der nächsten Gabelung auf die Markierung Nr. 5B in Richtung Biotop Totes Moos und gelangt so zuerst auf den Titschen (1.616 m), eine recht unscheinbare Erhebung mitten im Wald mit einer Steinpyramide und einem Kreuz darauf. Danach kommt man an einigen alten Flakstellungen aus dem Zweiten Weltkrieg vorbei, orientiert sich dann an der Beschilderung Nr. 1 zum Toten Moos, das man über eine Forststraße nach insgesamt 2:30 Stunden erreicht.

Hat man sich beim Biotop etwas umgeschaut, geht man auf dem bereits bekannten Weg ein kurzes Stück zurück und zweigt dann links für einen Abstecher zum 10 Minuten entfernten Rotenstein (Markierung 1A) ab, um hier noch einmal den Ausblick auf das Etschtal zu genießen. Auf dem Rückweg folgt man

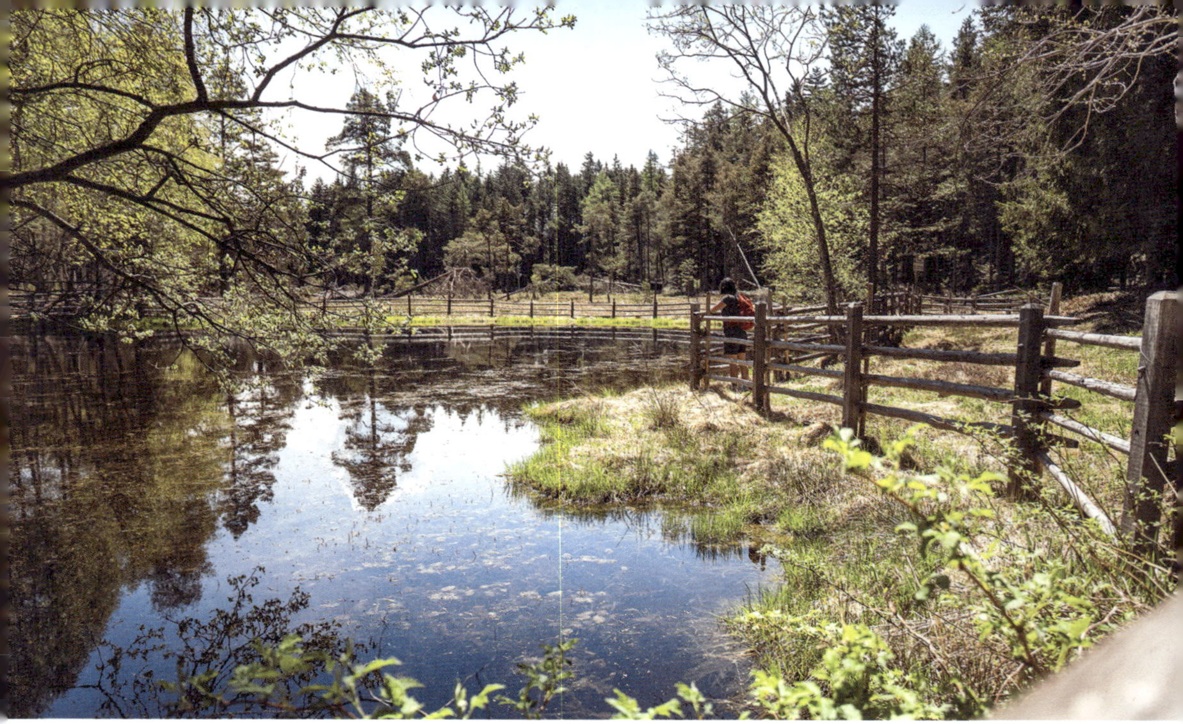

↑
Beim Biotop Totes Moos
{GPS: 46.449527, 11.380012}

der Forststraße aufwärts, von der man wenig später links auf einen Steig zur Rotwand (1.540 m), einem weiterer Aussichtspunkt, abbiegt. Ab der Rotwand führt die Markierung 1B zur Forststraße zurück. Nun hält man sich an die Markierung Nr. 1, gelangt so zu den Schneiderwiesen (1.400 m, Einkehrmöglichkeit) und von dort hinunter nach Kohlern zur Seilbahn.

Hinweis: Das Ticket für die Fahrt wird oben an der Bergstation bezahlt. Der Turm kann täglich von 7:00 bis 20:00 Uhr kostenlos betreten werden.

Diese Rundwanderung führt hinauf zum alten Sommerfrischeort Kohlern und bietet immer wieder eindrucksvolle Ausblicke hinab auf das Etschtal und hin zu den Dolomiten.

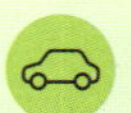 

Von Bozen zur Talstation der Seilbahn Kohlern im Stadtteil Kampill und mit der Seilbahn hinauf nach Kohlern. An der Talstation gibt es eine Bushaltestelle und einen Parkplatz.

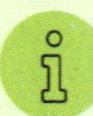

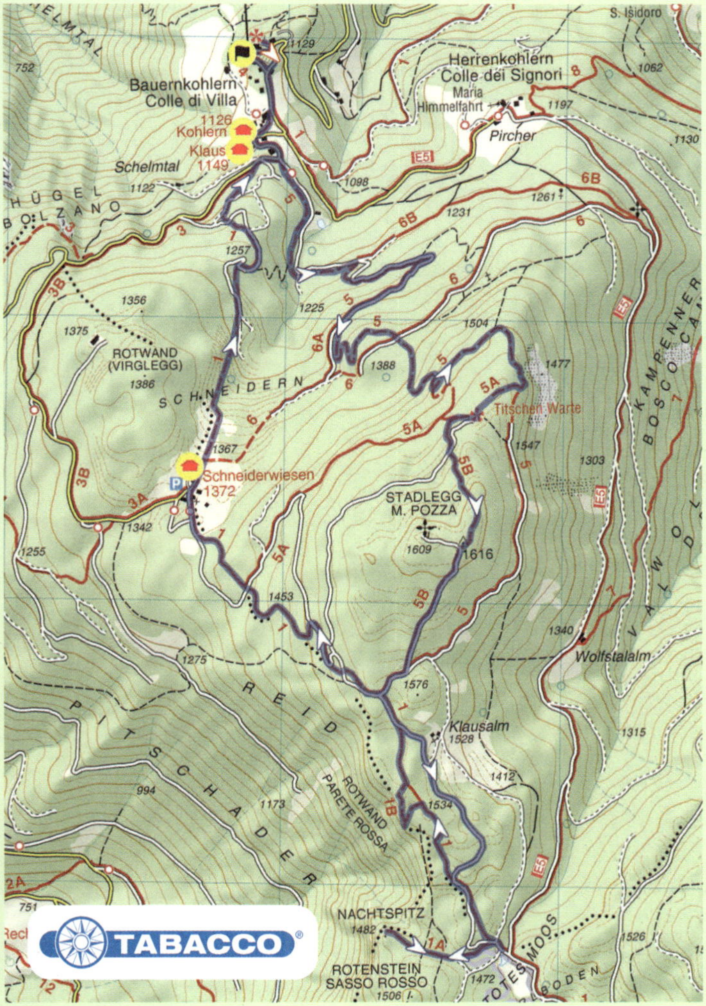

(mittel)

- Gebiet: Südtirols Süden, Südtirol
- Tal: Etschtal
- Start/Ziel: Bergstation Seilbahn Kohlern bei Bozen
- Dauer: 4:15 Std.
- Strecke: 12 km
- Aufstieg/Abstieg: 608 Hm
- Wann: Frühling, Sommer, Herbst

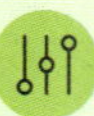

Landschaft: ●●●●○
Abwechslung: ●●●●○
Kondition: ●●●○○
Technik: ●●○○○

ja

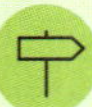

Bergstation Seilbahn Kohlern (1.110 m) → links hinunter zum Aussichtsturm → Weg Nr. 5 zur Titschenwarte (1.539 m) → Weg Nr. 5A in Richtung Schneiderwiesen → gleich darauf Nr. 5B zum Titschen → Weg Nr. 1 zum Toten Moos → Weg Nr. 1A Abstecher Rotenstein → Weg Nr. 1/1B zur Rotwand (1.540 m) → Weg Nr. 1 zu den Schneiderwiesen (1.400 m) und hinunter nach Kohlern

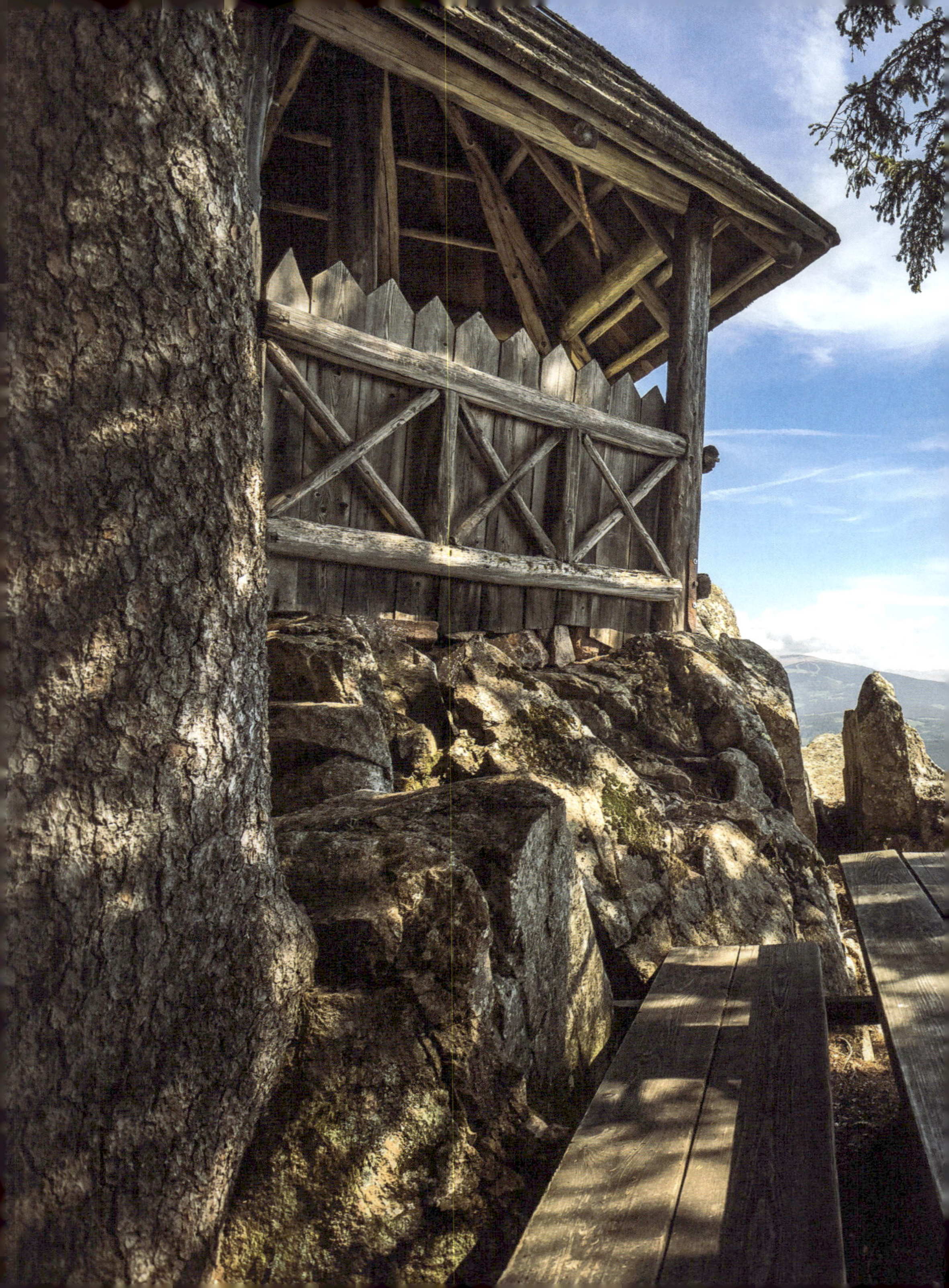

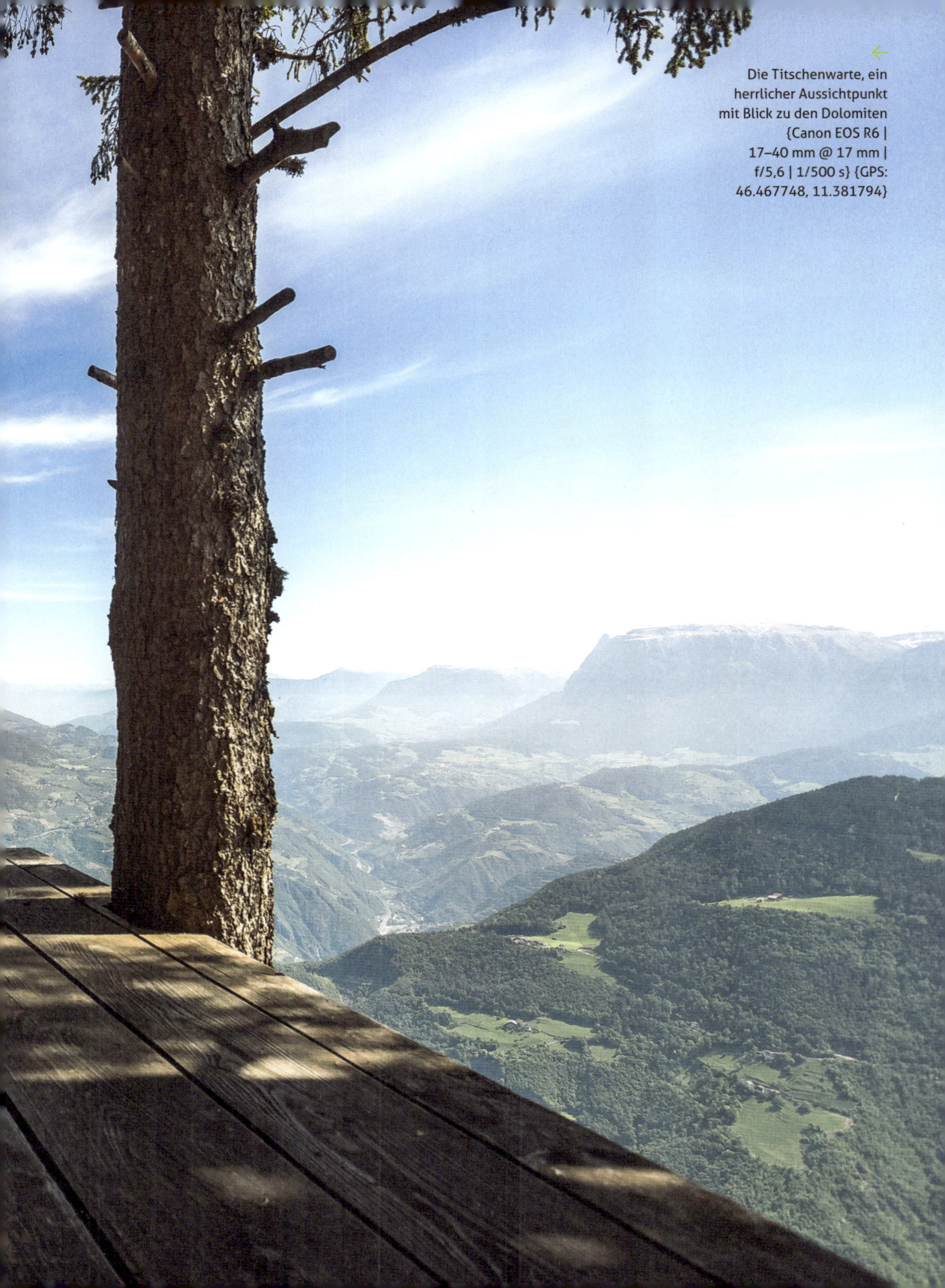

Die Titschenwarte, ein herrlicher Aussichtpunkt mit Blick zu den Dolomiten {Canon EOS R6 | 17–40 mm @ 17 mm | f/5,6 | 1/500 s} {GPS: 46.467748, 11.381794}

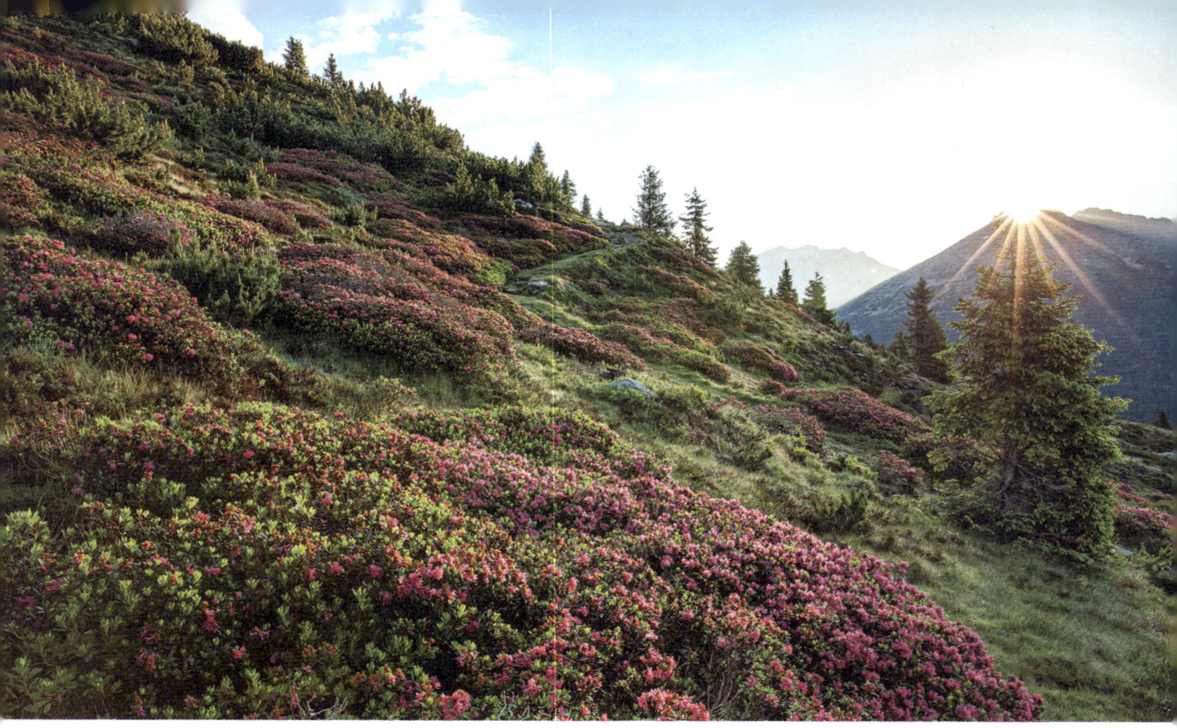

19 Über den Sarner Mittelkamm

Eine Wanderung über sechs Gipfel

Eine wunderbar ruhige und einsame Wanderung führt über den Sarner Mittelkamm. Sechs Gipfel und eine stets herrliche Aussicht sind die Belohnung für diese 18 km lange Tour. Dabei sollte man trittsicher und schwindelfrei sein und genügend Proviant dabeihaben. Die einzige Einkehrmöglichkeit kommt erst nach 13 km.

Ausgangspunkt ist der Parkplatz (1.507 m) unterhalb von Durnholz. Hier nimmt man den Weg Nr. 12 zum Durnholzer Jöchl, der zunächst durch die kleine Ortschaft und anschließend gleich steil bergauf führt. Es geht zuerst über eine Wiese, dann vorbei an ein paar Höfen, einem Wald und schließlich über ausgedehnte Latschen- und Alpenrosenhänge, bis man nach rund 2 Stunden das Durnholzer Jöchl (2.235 m) erreicht hat. Dort zweigt man auf den Pfad Nr. 17 zur Leiterspitze ab.

Diese wird allerdings erst als letzter der sechs Gipfel in Angriff genommen. Als erster kommt die 30 Minuten entfernte Karnspitze (2.320 m) mit einem eher unscheinbaren Kreuz, aber einer umso großartigeren Aussicht an die Reihe. Nun führt der Weg über den Sarner Mittelkamm im stetigen Auf und

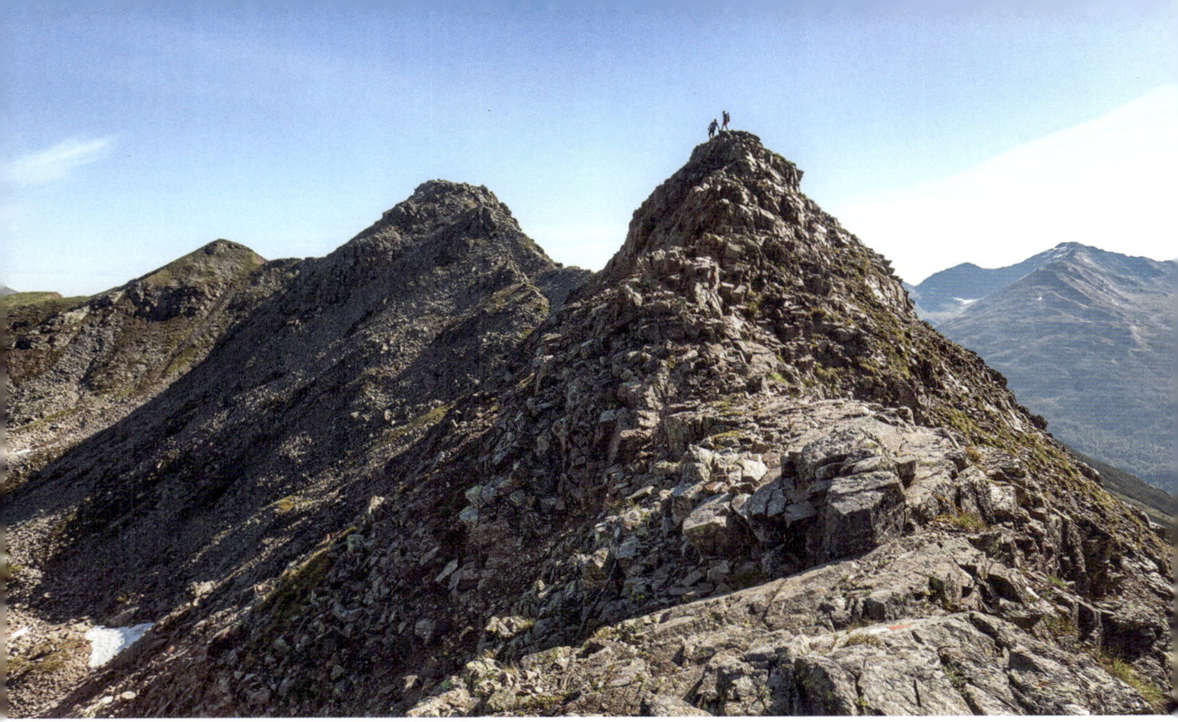

Blühende Alpenrosen auf dem Weg zum Durnholzer Jöchl {Canon EOS 5D Mark II | 24–70 mm @ 24 mm | f/10 | 1/160 s} {GPS: 46.746512, 11.429775}

Kammwanderung über teils schmale und felsige Abschnitte {Canon EOS 5D Mark II | 17–40 mm @ 19 mm | f/8 | 1/200 s} {GPS: 46.748814, 11.415968}

Ab talauswärts weiter zu den nächsten Gipfeln. Abwechslungsreich geht es bald über schmale felsige Stellen, dann wieder über breite Wiesen auf die Gentersbergspitze (2.393 m), den Hurler (2.405 m) mit großem Gipfelkreuz und die Kallmanspitze (2.398 m). Der Pfad entlang der Strecke ist nicht immer gut ausgetreten, daher empfiehlt es sich, stets die Markierung im Auge zu behalten oder den GPS-Track bei sich haben.
Von der Kallmanspitze geht es hinab zum Kollmannjöchl (2.235 m) mit dem kleinen Weiher, wo nun der anspruchsvollste Teil dieser Wanderung beginnt. Über eine kurze und steile, mit Drahtseilen gesicherte Felspassage geht es hinauf zum imposanten Gipfelkreuz der Radlspitze (2.403 m). Etwas unterhalb davon liegt der Radlsee (2.300 m).
Kurze Zeit später erreicht man schließlich die Leiterspitze (2.375 m), ehe es nun, nach knapp 11,5 km und rund 5:15 Stunden, an den Abstieg geht.
Über den breiten und wiesenbewachsenen Bergrücken (Nr. 17) steigt man unschwierig zur 40 Minuten entfernten Genterer Alm (2.024 m) ab. Bei der Alm hält man sich weiterhin an die Markierung Nr. 17 nach Astfeld. Dabei geht es teils über eine Forst-

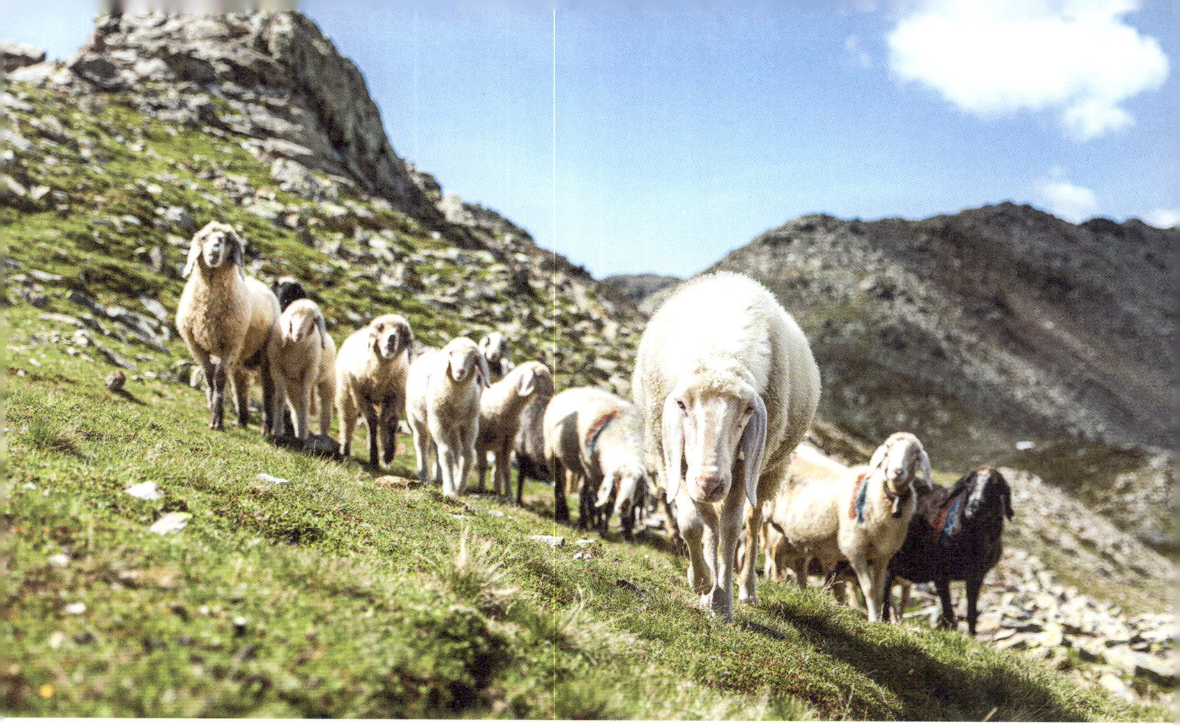

Auf Augenhöhe fotografiert, so fühlt sich der Moment mit den Schafen noch vertrauter an {Canon EOS 5D Mark II | 24–70 mm @ 47 mm | f/2,8 | 1/2500 s}

Trittsicher und schwindelfrei sollte man für die kurze, seilgesicherte Passage hinauf zur Radlspitze sein

straße, teils über einen Pfad immer weiter hinab. Man durchquert einen Wald, kommt am St.-Valentins-Kirchlein (1.256 m) und der danebenliegenden Jausenstation Mesnerhof vorbei und gelangt dann durch Wiesen und lichte Waldabschnitte in knapp 30 Minuten hinunter ins Dorf (1.012 m) und weiter zur Bushaltestelle, die sich an der Hauptstraße talauswärts befindet.
Mit dem Bus erreicht man schließlich den Ausgangspunkt in Durnholz.

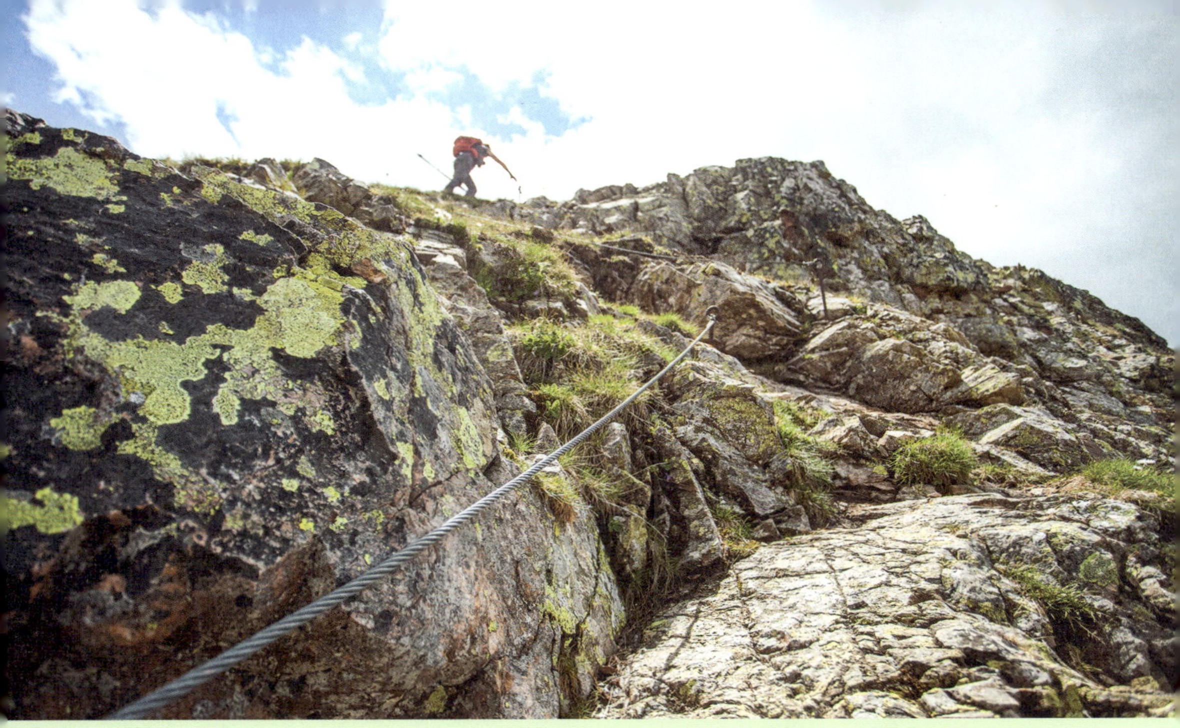

Lange, aber sehr lohnende und einsame Kammwanderung, die allerdings Kondition und Trittsicherheit erfordert.

Von Bozen ins Sarntal hinein und zum Durnholzer See. Ein Stück vor dem See befindet sich ein Parkplatz. Alternativ kann man mit dem Bus anreisen, die Haltestelle befindet sich direkt beim See.

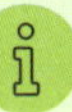

(schwer)

- Gebiet: Südtirols Süden, Südtirol
- Tal: Sarntal
- Start: Durnholz, Sarntal
- Ziel: Astfeld, Sarntal
- Dauer: 7:45 Std.
- Strecke: 18,1 km
- Aufstieg: 1.382 Hm
- Abstieg: 1.868 Hm
- Wann: Sommer, Herbst

Landschaft: ●●●●●
Abwechslung: ●●●●●
Kondition: ●●●●●
Technik: ●●●●○

ja

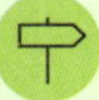

Parkplatz Durnholz (1.507 m) → Weg Nr. 12 zum Durnholzer Jöchl → Weg Nr. 17 zur Leiterspitze (2.375 m) → Weg Nr. 7 nach Astfeld → mit dem Bus zurück zum Ausgangspunkt

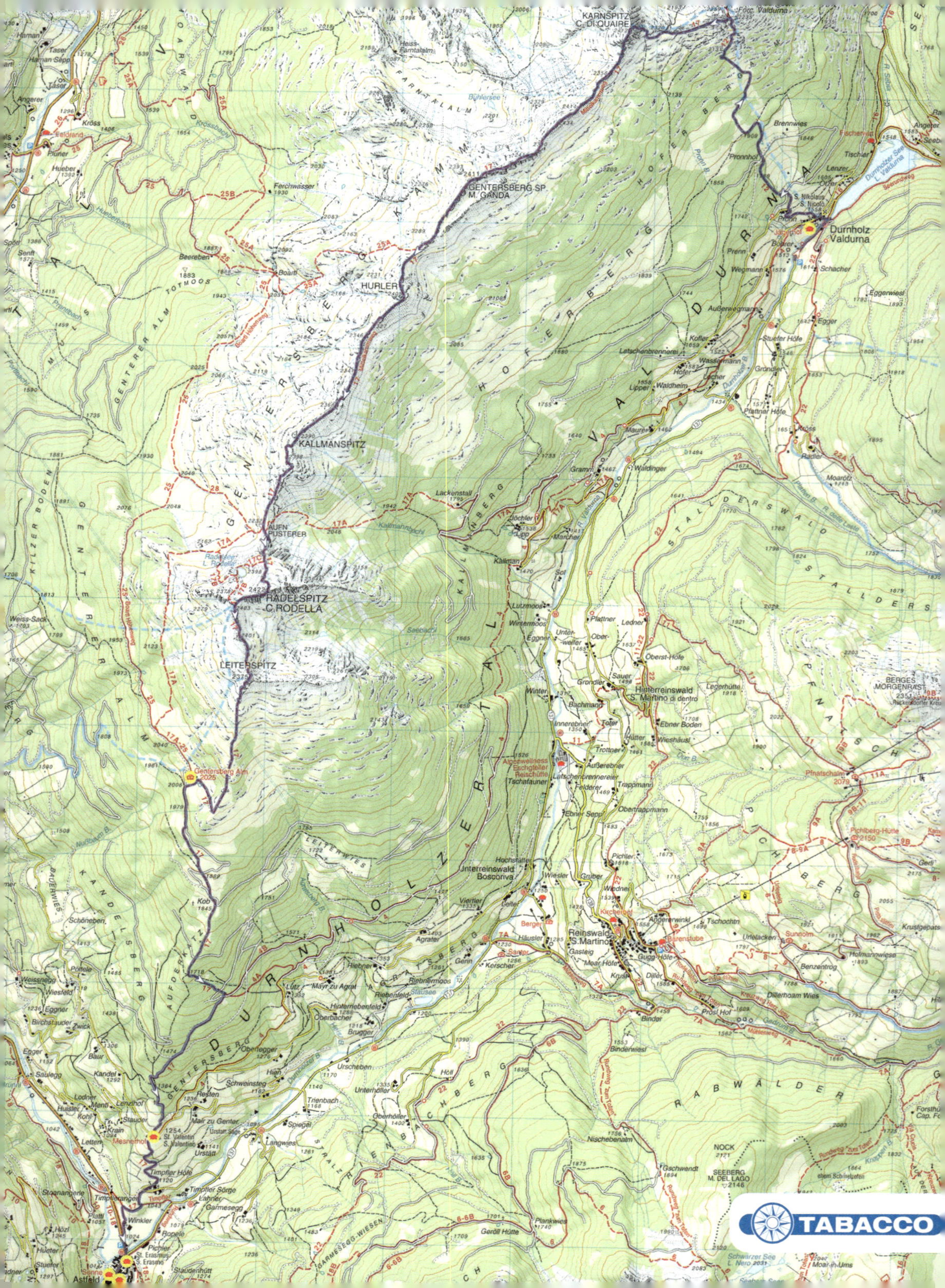

KARNSPITZ
C. DI QUAIRE
GENTERSBERG SP.
M. GANDA
HURLER
KALLMANSPITZ
AUFN PUSTERER
RADELSPITZ
C. RODELLA
LEITERSPITZ
Gentersberg Alm
2025
Durnholz
Valdurna
S. Nikolaus
S. Nicolò
Durnholzer See
L. Valdurna
Hinterreinswald
S. Martino di dentro
Unterreinswald
Boscoriva
Reinswald
S. Martino
Pfnatschalm
2079
Pichlberg-Hütte
2150
BERGES MORGENRAST
SEEBERG
M. DEL LAGO
2146
Genterer Alm
Brennwies
Farmtalalm
Ferchwasser
Beereben
Gramm
Waldinger
Lackenstall
Kalliman
Lutzmoos
Wintermoos
Plattner
Ledner
Oberst-Höfe
Legerhütte
Hochstaller
Hiebner
Agratei
Schweinsteg
Spiegel
Höll
Urscheben
Trienbach
Timpfler Höfe
Winkler
Astfeld
St. Erasmus
Stauderhütt
Nischebenalm
Gschwendt
Binderwies
Gasteig
Bärenstube
Tschochtn
Schöneben
Weissenegg
Krain
Lettern
Kross
Feldrand
Hueber
Senft
Weiss-Sack
Brugger
Mayr zu Agratl
Oberegger
Kandel
Kob
Plankwies
Geröll Hütte
Schwarzer See
L. Nero
DURNHOLZER TAL
GENTERSBERG KAMM
HOFERBERG
VALDURNA
STALLDERSWALD
PFNASCH
PICHLBERG
RABWÄLDER
AUFDERKATZ
KANDELSBERG
LEITERWIES
GARMESEGG-WIESEN
TABACCO

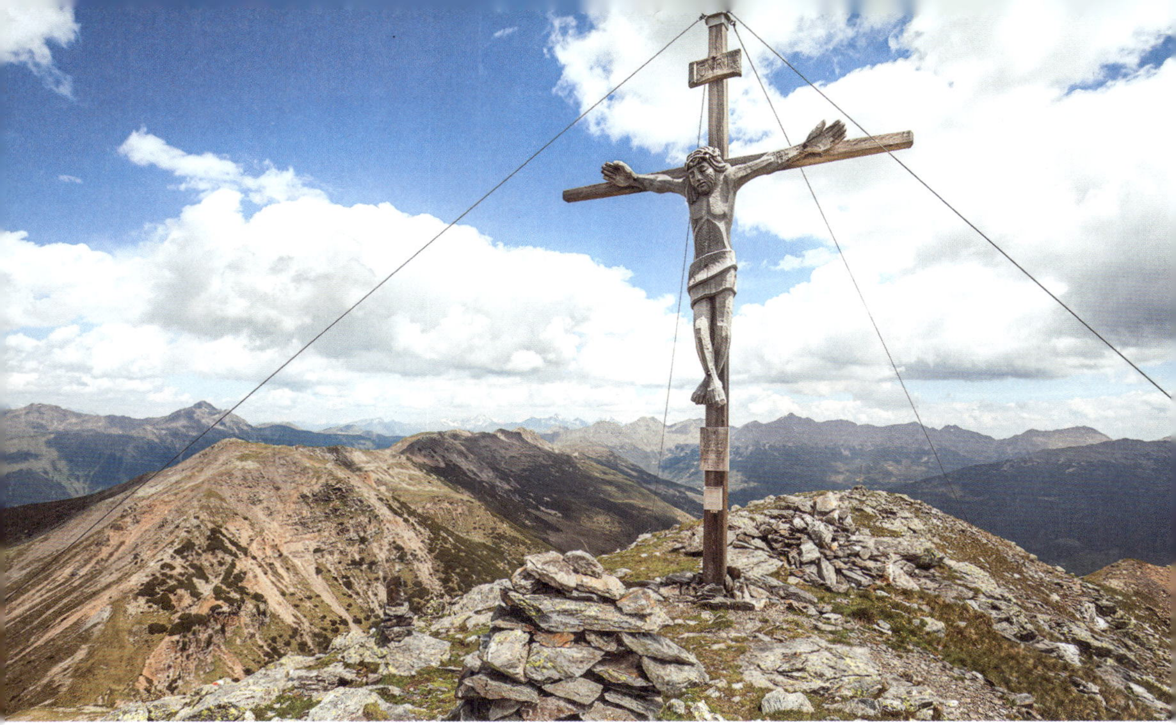

↑ Das imposante Kreuz auf der Radlspitze (2.403 m) (GPS: 46.713413, 11.381225)

↓ Von der St.-Valentins-Kirche ist es nicht mehr weit hinunter nach Astfeld

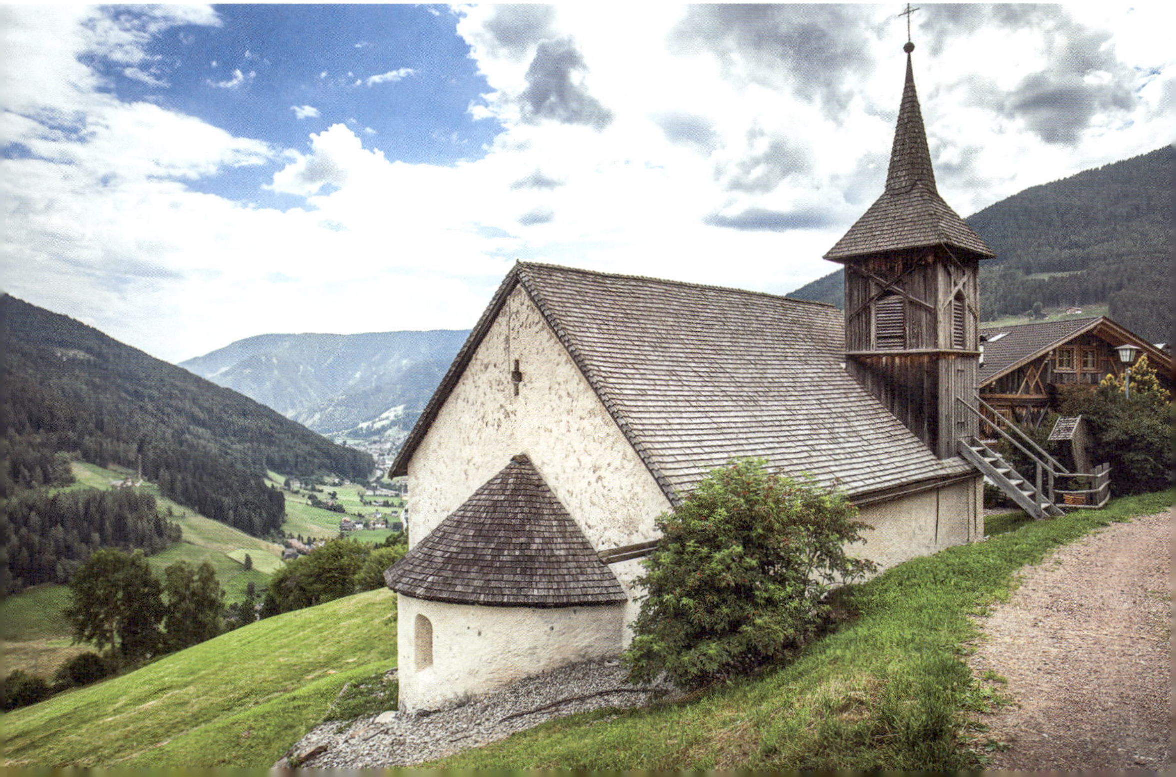

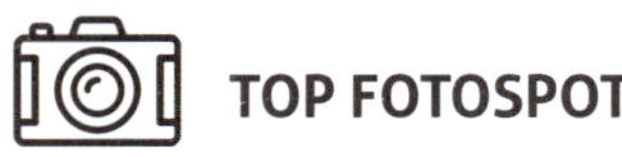

TOP FOTOSPOT

Durnholzer See, Sarntal

In einem Seitental des Sarntals liegt der verträumte Durnholzer See. In Kombination mit der Kirche St. Nikolaus und der Bergkulisse im Hintergrund ergeben sich stimmige Fotomotive. Bei Windstille kann das Spiegelbild der Landschaft auch auf der Wasserfläche eingefangen werden.

Koordinaten: 46.744837, 11.447557
Wie kommt man hin: Von Bozen hinein ins Sarntal und zum Durnholzer See. Ein Stück vor dem See befindet sich ein Parkplatz. Alternativ kann man mit dem Bus anreisen, die Haltestelle befindet sich direkt beim See. Beim See hält man sich links und nimmt die Asphaltstraße bis ans obere Ende.
Exif-Daten: Canon EOS R6 | 70–200 mm @ 85 mm | f/8 | 1/500 s
Aufnahmedatum: 17.08. – 09:13 Uhr

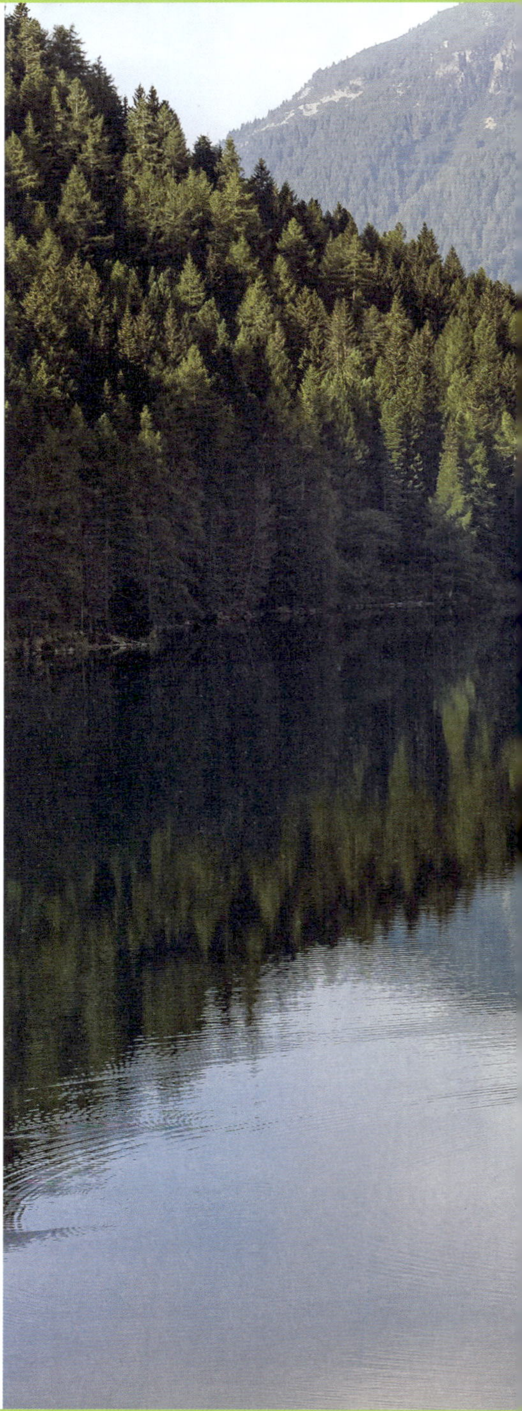

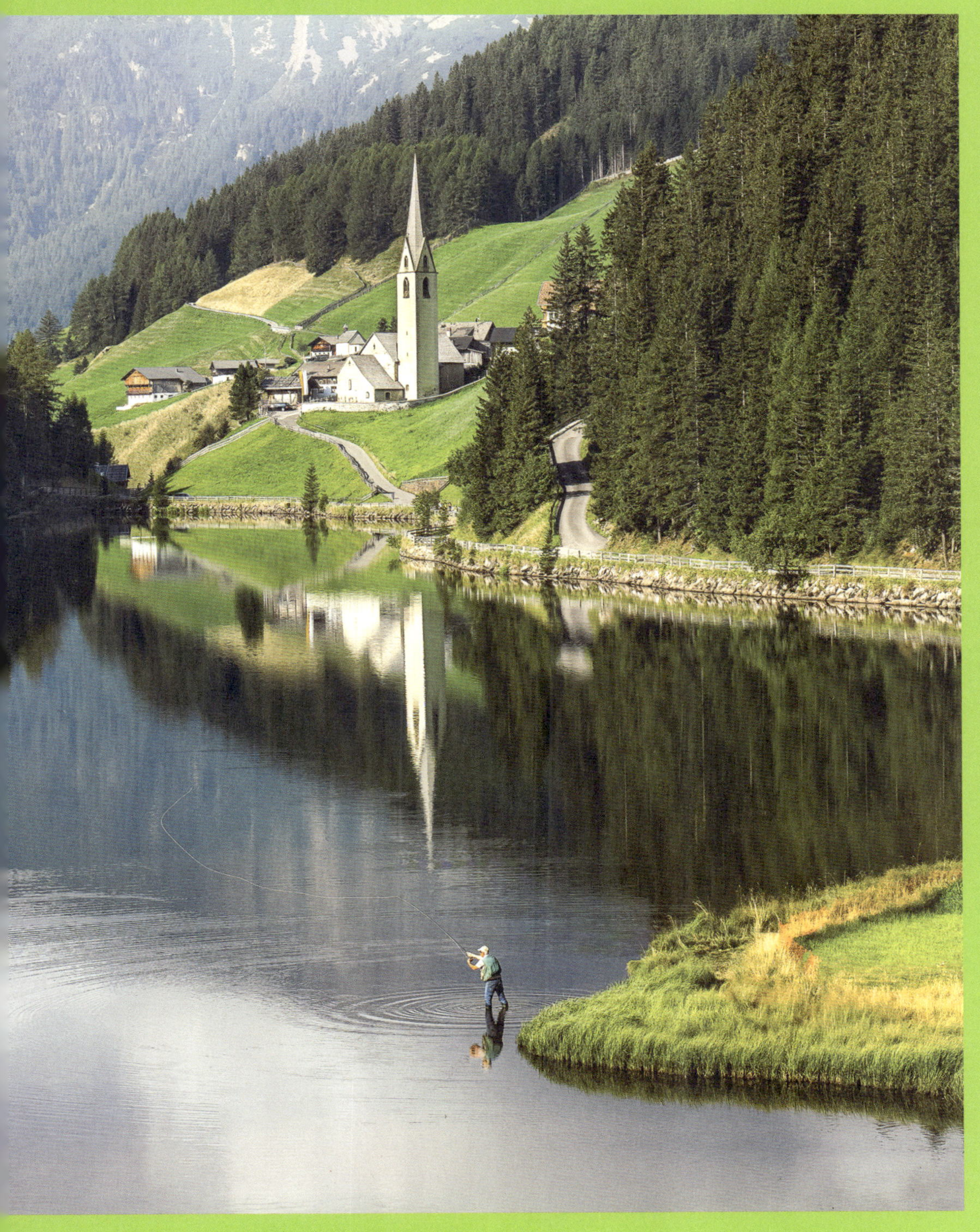

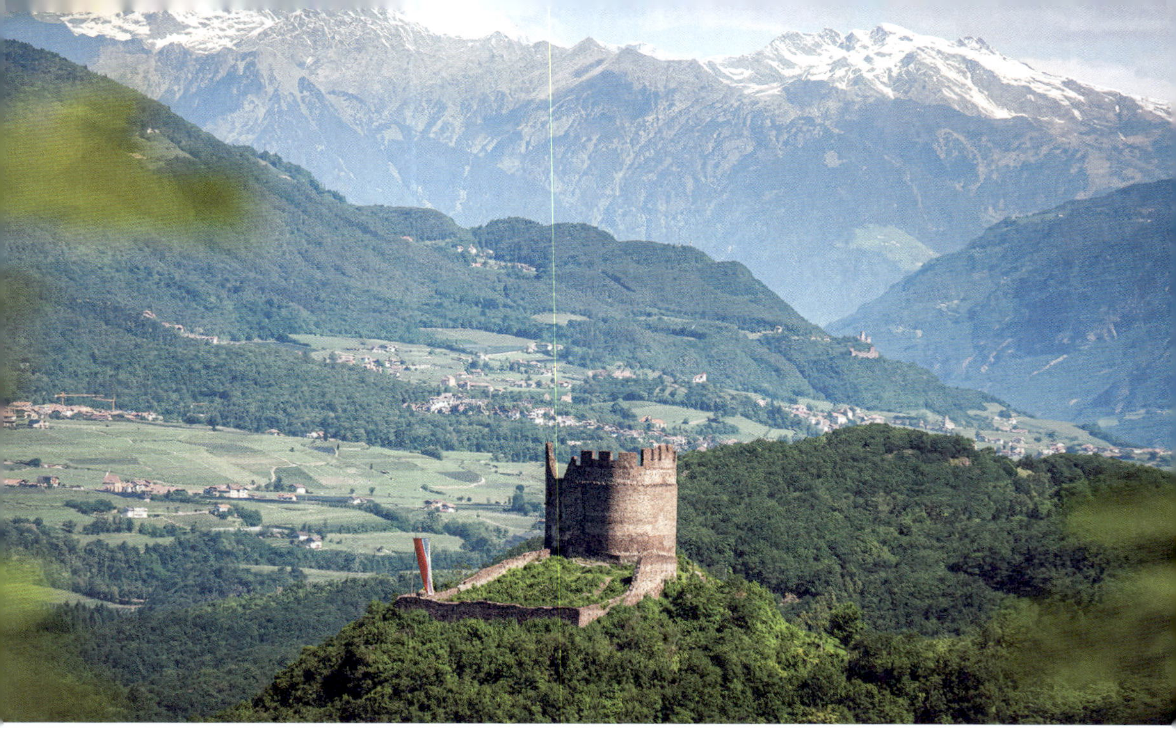

20 Zur Burgruine Leuchtenburg

Eine erlebnisreiche Familienwanderung

So facettenreich wie Südtirols Süden ist auch diese Wanderung oberhalb des Kalterer Sees. Sie führt an einem Weinberg vorbei, dann durch einen schattenspendenden Laubwald hinauf zur Burgruine Leuchtenburg, wo sich eine Traumaussicht auf den wärmsten Badesee der Alpen und hinunter auf das Etschtal eröffnet. Als Zugabe kann man noch zwei Naturdenkmäler bestaunen: die Warmlöcher und die Rosszähne.

Gestartet wird am kleinen Parkplatz (307 m) in einer Kehre unterhalb vom Kreithof. Man folgt der Markierung Nr. 18 in angenehmer Steigung und durch dichten Laubwald hinauf zur ca. 60 Minuten entfernten Burgruine Leuchtenburg (576 m). Sie wurde wahrscheinlich um 1200 erbaut und war bis 1610 bewohnt, danach verfiel sie zusehends. Wer die Ruine näher erkunden möchte, kann über eine kurze Eisenleiter in das Innere einsteigen.

Rings um das alte Gemäuer bieten sich traumhafte Ausblicke nach Westen hinunter zum Kalterer See und nach Osten über das Etschtal. Nach diesem geschichtlichen Zwischenstopp wandert man auf dem Weg wieder ein Stück zurück, hält sich an der

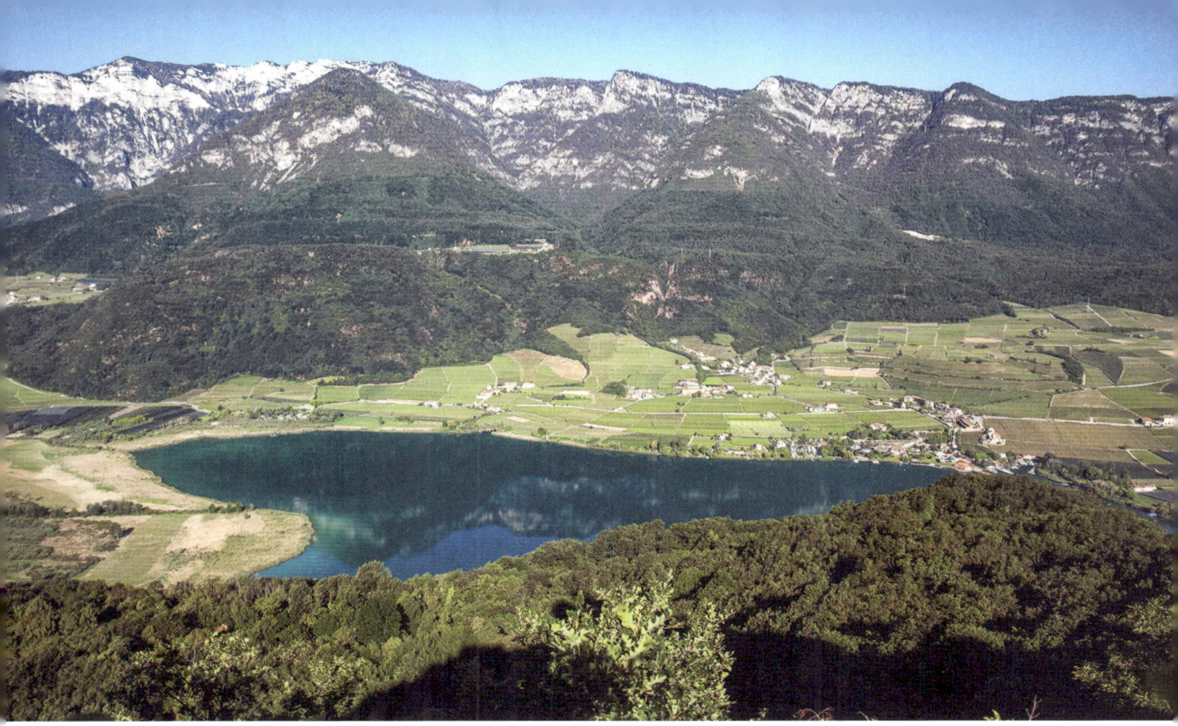

Unterwegs ergeben sich immer wieder schöne Ausblicke zurück auf die Ruine der Leuchtenburg {Panasonic LUMIX G70 | 100–300 mm @ 100 mm | f/5 | 1/800 s} {GPS: 46.369508, 11.283481}

Der Blick von der Ruine auf den Kalterer See

nächsten Gabelung links und folgt der Beschilderung Nr. 18 zu den Rosszähnen. Durch den schattigen Wald des Mitterberges geht es ohne nennenswerte Anstrengung dahin, bis man nach etwa 40 Minuten einen kurzen Abstecher zu den Warmlöchern einlegt. Aus diesen Felshöhlen strömt das ganze Jahr über 25 °C warme Luft. Am beeindruckendsten ist das Phänomen in den kalten Monaten.
Gleich darauf hat man auch schon die Felsformationen der Rosszähne vor sich. Zwischen diesen schroff aufragenden Wänden zu stehen, ist ein ganz besonderes Erlebnis. Auf einem etwas versteckten Pfad erreicht man nun ein weiteres Highlight: einen Hügel mit einer Bank, wo man eine fabelhafte Rundsicht auf sich wirken lassen kann.
Wenig später führt der Weg Nr. 18 leicht abwärts bis zu einer Forststraße, auf der man schließlich in Richtung Kreithof zum Ausgangspunkt zurückkehrt.

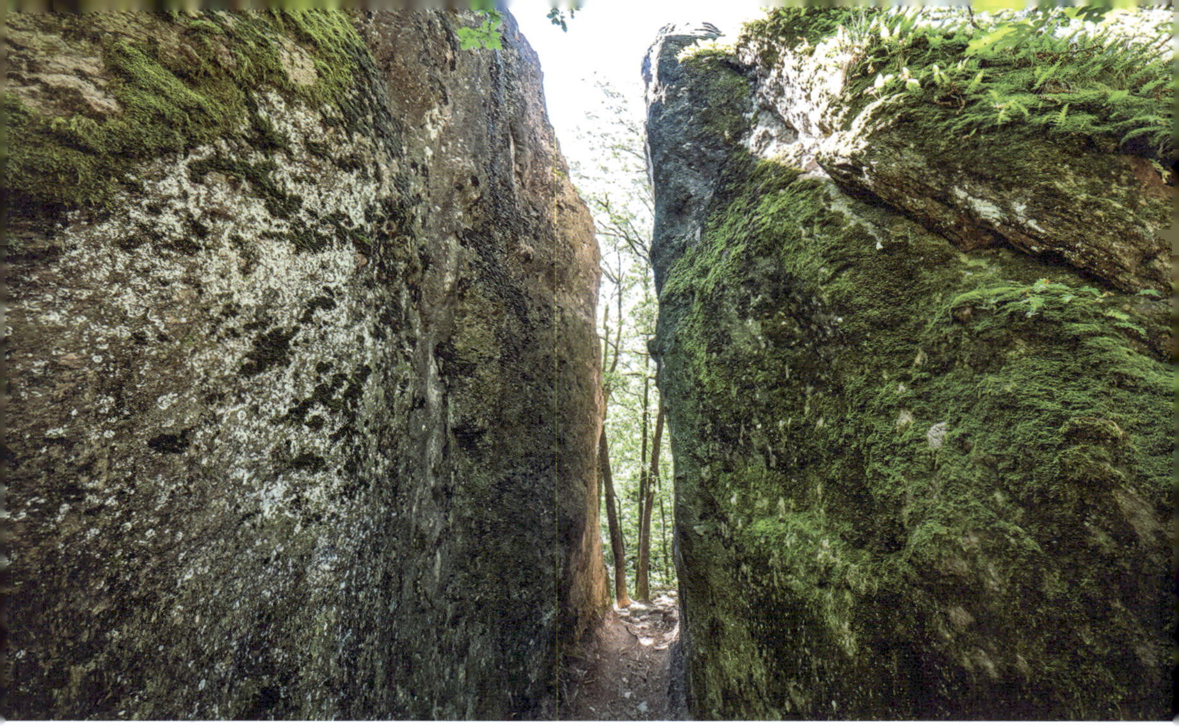

Zwischen den schroff aufragenden Wänden der Rosszähne zu stehen, ist ein ganz besonderes Erlebnis {Panasonic LUMIX G70 | 7–14 mm @ 7 mm | f/4 | 1/60 s} {GPS: 46.369107, 11.282852}

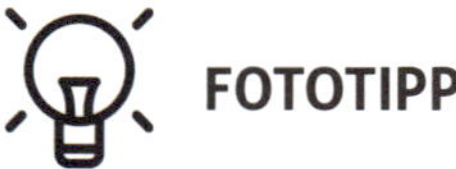

FOTOTIPP

Weitwinkel- und Teleobjektiv
Zwei Objektive, die in keinem Kamerarucksack fehlen sollten, sind das Weitwinkel- und das Teleobjektiv. Ein Weitwinkel zeichnet sich durch eine kurze Brennweite von 10 mm bis ungefähr 35 mm aus. So kann man viel von der Umgebung festhalten und speziell auf einer Wanderung die umgebende Landschaft gut einfangen. Mit dem Teleobjektiv holt man sich Dinge aus der Ferne näher heran, sei es ein entfernter Berggipfel oder ein scheues Wildtier. Während beim Weitwinkel der Vordergrund vom Hintergrund weit abgerückt wird, rückt sie das Teleobjektiv näher zusammen.

Lohnende und aussichtsreiche Wanderung für die ganze Familie, auf der sich eine Burg und ein Naturphänomen erkunden lassen.

Von Bozen nach Kaltern, weiter in Richtung zum Kalterer See und etwas vor dem See links in Richtung Laimburg weiterfahren, bis man bei der Kehre unterhalb vom Kreithof zu einem Parkplatz gelangt.

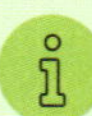

(leicht)

- Gebiet: Südtirols Süden, Südtirol
- Tal: Überetsch
- Start/Ziel: Parkplatz Kreithof
- Dauer: 2:45 Std.
- Strecke: 7,5 km
- Aufstieg/Abstieg: 392 Hm
- Wann: Frühling, Sommer, Herbst, Winter

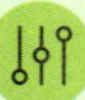

Landschaft: ●●●●○
Abwechslung: ●●●●○
Kondition: ●●○○○
Technik: ●●○○○

nein

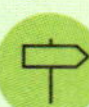

Parkplatz Kreithof (307 m) → Weg Nr. 18 Burgruine Leuchtenburg (576 m) → Weg Nr. 18 Rosszähne → Weg Nr. 18 Kreithof

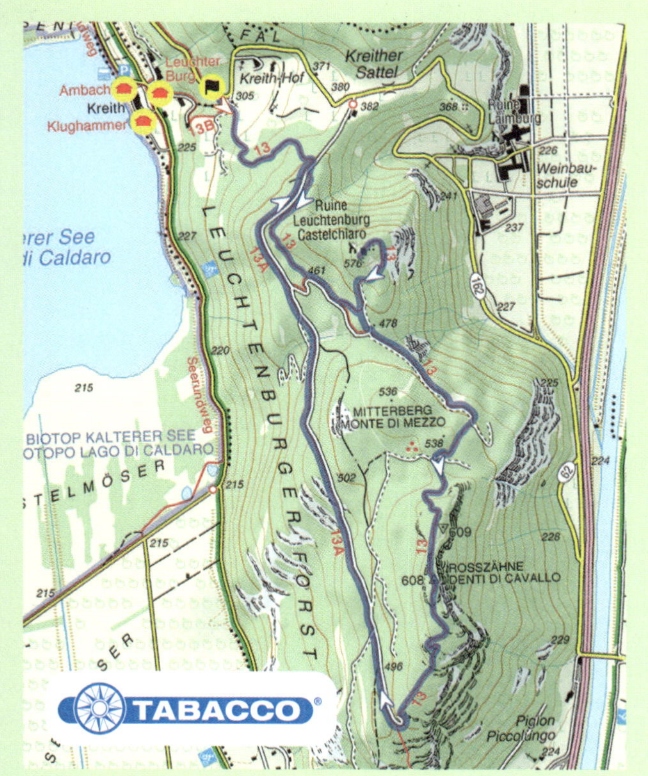

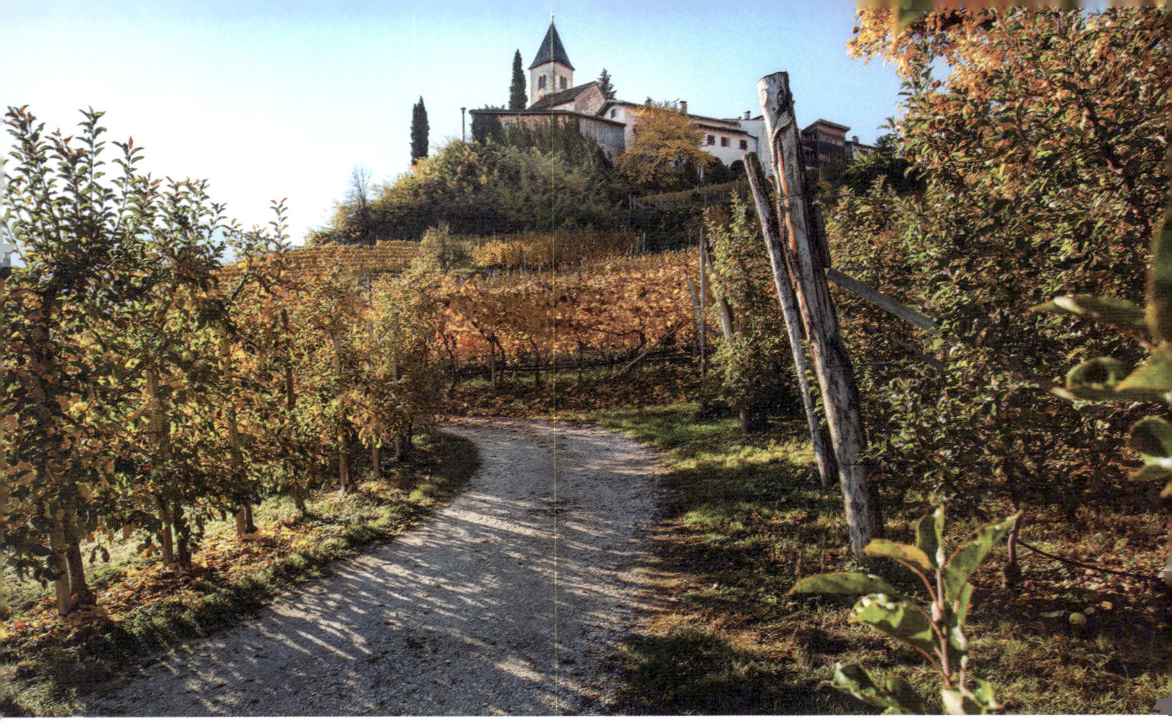

21 Die Kastelaz-Promenade

Von Tramin nach Kurtatsch

Besonders schön ist diese Familienwanderung im Spätherbst, wenn das Weinlaub in seinen schönsten Farben zu leuchten beginnt. Auf der 10 km langen Rundwanderung kommt man durch alte Weindörfer und an mehreren herrschaftlichen Ansitzen vorbei und kann immer wieder den großartigen Blick auf das Etschtal genießen.

Die abwechslungsreiche Rundtour beginnt in der Mühlgasse in Tramin (303 m). Nach einem kürzeren Aufstieg auf der Asphaltstraße zweigt man dann links auf den Kirchsteig zur Kirche St. Jakob in Kastelaz (344 m) ab. Der kurze Abstecher zur Kirche, die vermutlich aus dem 11. Jahrhundert stammt, lohnt sich schon wegen des farbenfrohen romanischen Freskenzyklus im Kircheninnern mit seinen interessanten Fabelwesen und Bestien. Ebenso beeindruckend ist aber auch der Blick über die Weinberge und hinunter auf den Kalterer See.

Zurück auf der Straße hält man sich immer rechts und folgt der Beschilderung Kastelaz-Promenade. Wenig später zweigt man von der Fahrbahn links auf einen Waldweg ab und gewinnt auf diesem leicht an Höhe, ehe man auf die Markierung Kastelazweg wech-

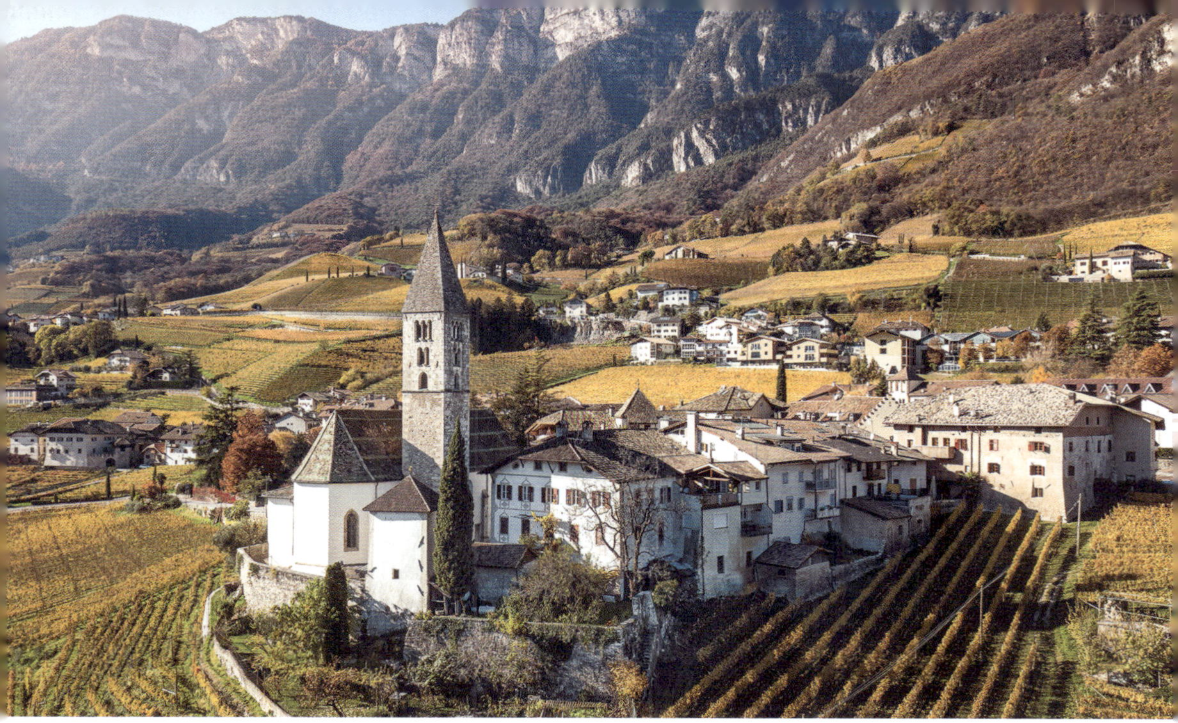

Zwischen Apfelwiesen und Weinbergen führt der Kirchsteig hinauf zur Kirche St. Jakob in Kastelaz

Ein bezauberndes Dorf, Kurtatsch an der Weinstraße

selt. Über eine breite Forststraße geht es nun gemütlich durch den Mischwald dahin, bis man nach insgesamt etwa 1:40 Stunde Kurtatsch (348 m) erreicht.
Vor dem Dorfzentrum stehen an einer Kreuzung die Hinweisschilder zum Rückweg nach Tramin. Hier lohnt es sich, einen größeren Abstecher einzulegen. Man folgt der Straße weiter abwärts in Richtung Kirche, zweigt dann links ab und geht dorfauswärts bis zum Friedhof (326 m). Von dort hat man einen wundervollen Blick durch die Weinberge auf Kurtatsch. Wieder zurück bei der Kreuzung folgt man der Markierung Nr. 8 nach Tramin und erreicht nach rund 30 Minuten die Ortschaft Rungg (317 m), wo man kurz nach der Kirche links auf den Gewürztraminer Weg abzweigt. Dieser Weg führt in ca. 25 Minuten zwischen den Weinreben bis zu den ersten Häusern von Tramin (300 m). Hier folgt man der Straße geradeaus in Richtung Zentrum und steigt auf der Schneckenthaler Straße wieder leicht auf, um dort die Aussicht auf die Kirche von Tramin und den Turm mit seinem prächtigen Glockenstubengeschoss zu genießen. An der Kirche in Kastelaz vorbei und über den Kirchsteig erreicht man schließlich wieder den Ausgangspunkt.

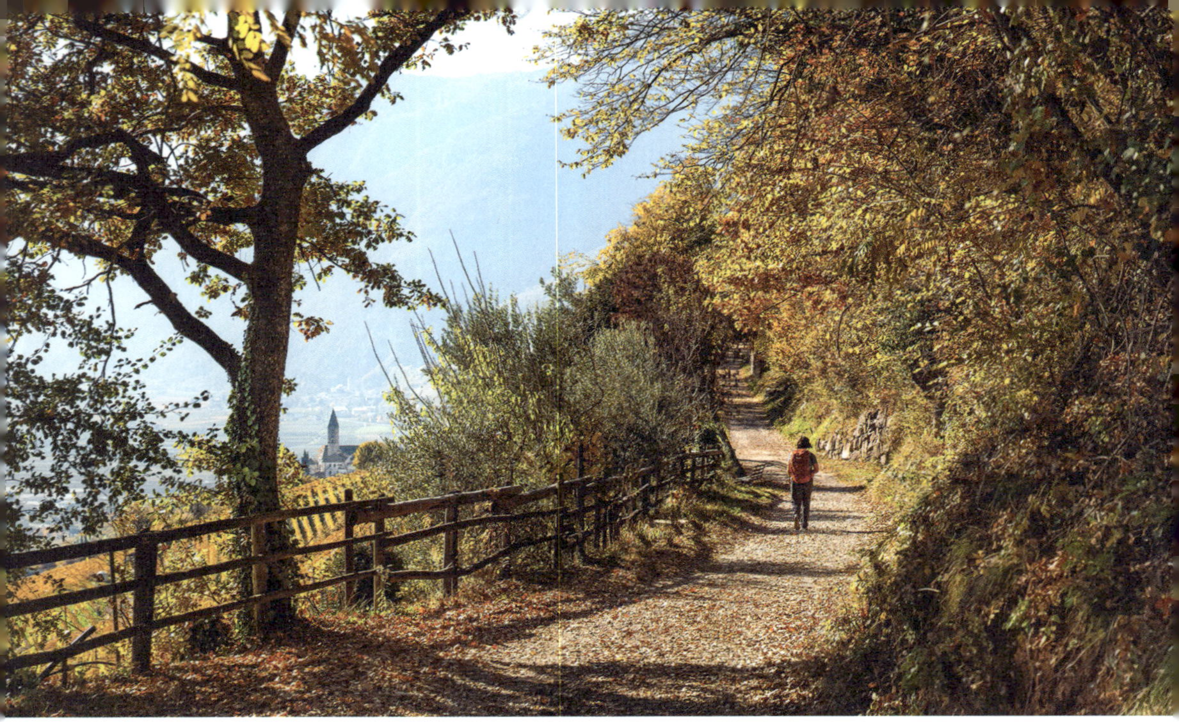

↑ Über den Kastelazweg geht es von Tramin nach Kurtatsch

↓ Mit einer Höhe von 86 m ist der Turm der Pfarrkirche von Tramin der höchste gemauerte Kirchturm Tirols

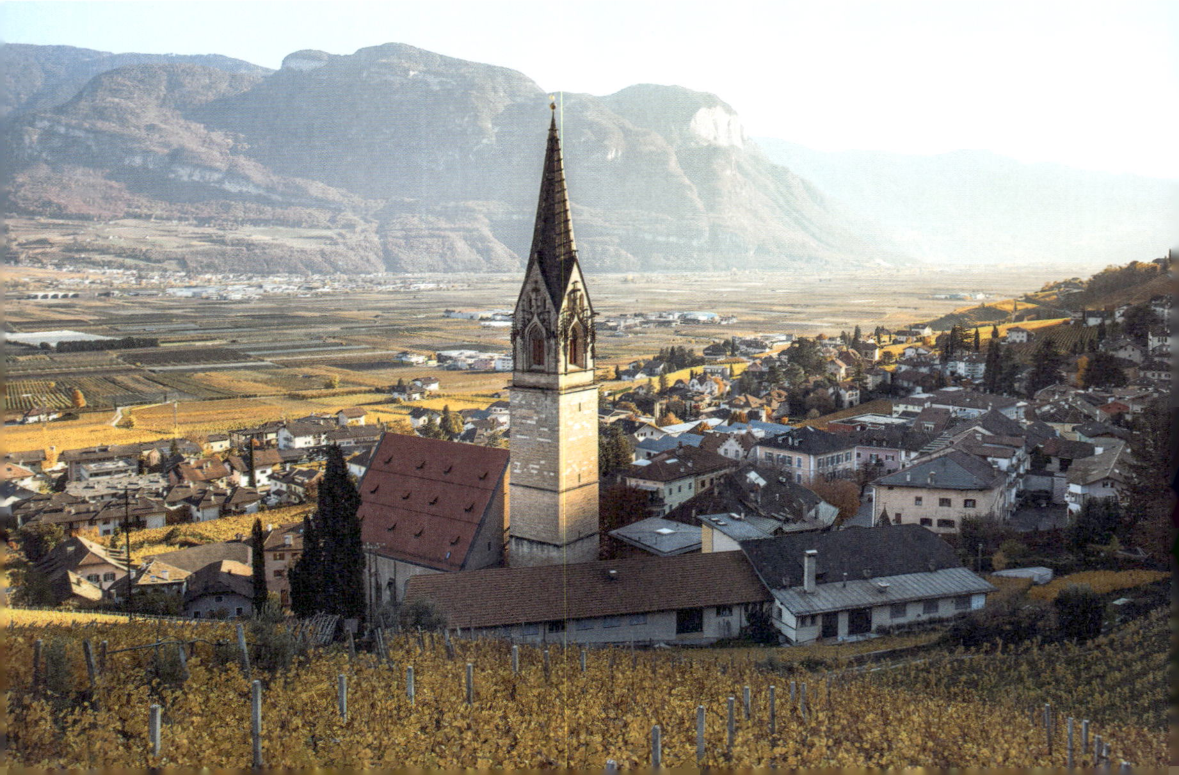

Einfache Wanderung, die auch für Familien ideal ist. Besonders schön im Spätherbst, wenn sich das Weinlaub golden verfärbt.

Von Bozen nach Tramin an der Weinstraße. In der Mühlgasse gibt es am Straßenrand Parkmöglichkeiten.

(leicht)

- Gebiet: Südtirols Süden, Südtirol
- Tal: Unterland
- Start/Ziel: Parkplatz in der Mühlgasse in Tramin
- Dauer: 3:15 Std.

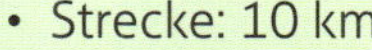

- Strecke: 10 km
- Aufstieg/Abstieg: 376 Hm
- Wann: Frühling, Sommer, Herbst, Winter

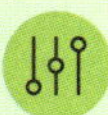

Landschaft: ●●●●○
Abwechslung: ●●●●○
Kondition: ●●○○○
Technik: ●●○○○

ja

Mühlgasse in Tramin (303 m) → Kirche St. Jakob in Kastelaz (344 m) → Kastelaz-Promenade → Kastelazweg → Weg Nr. 8 in Richtung Tramin → bei Rungg (317 m) auf den Gewürztraminer Weg → Fahrbahn in Richtung Tramin Zentrum → Schneckenthaler Straße aufwärts → Kirche St. Jakob in Kastelaz → hinunter zum Parkplatz

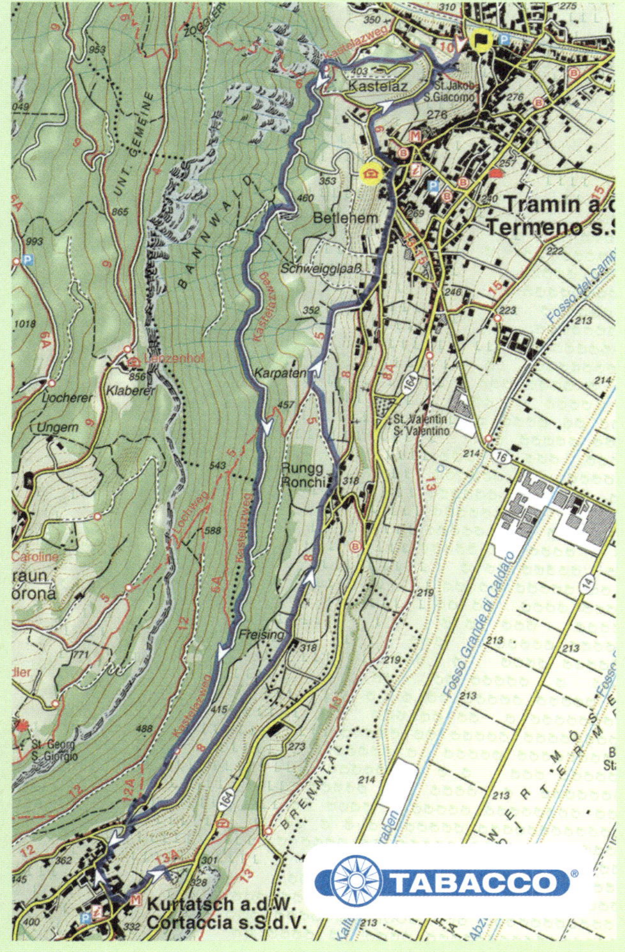

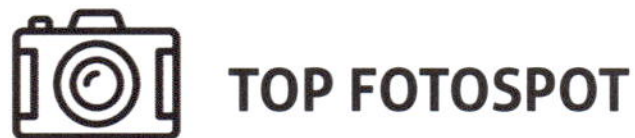

TOP FOTOSPOT

Kurtatsch an der Weinstraße

Kurtatsch ist eines der größten Weinanbaugebiete in Südtirol. Um dieses besondere landschaftliche Flair festzuhalten, bietet sich als neue Perspektive der Blick einmal zwischen die Rebzeilen an. Beim Friedhof etwas außerhalb des Dorfkerns hat man einen fantastischen Blick vom Weinberg hin zur Kirche.

Koordinaten: 46.314899, 11.226283
Wie kommt man hin: Von Bozen über Kaltern nach Kurtatsch, wo man bei der Kirche im Dorf parken kann. Von dort der Straße ein Stück aufwärts folgen, ehe man rechts zum Friedhof abzweigt.
Exif-Daten: Panasonic LUMIX G70 | 30 mm | f/7,1 | 1/500 s
Aufnahmedatum: 07.11. – 12:13 Uhr

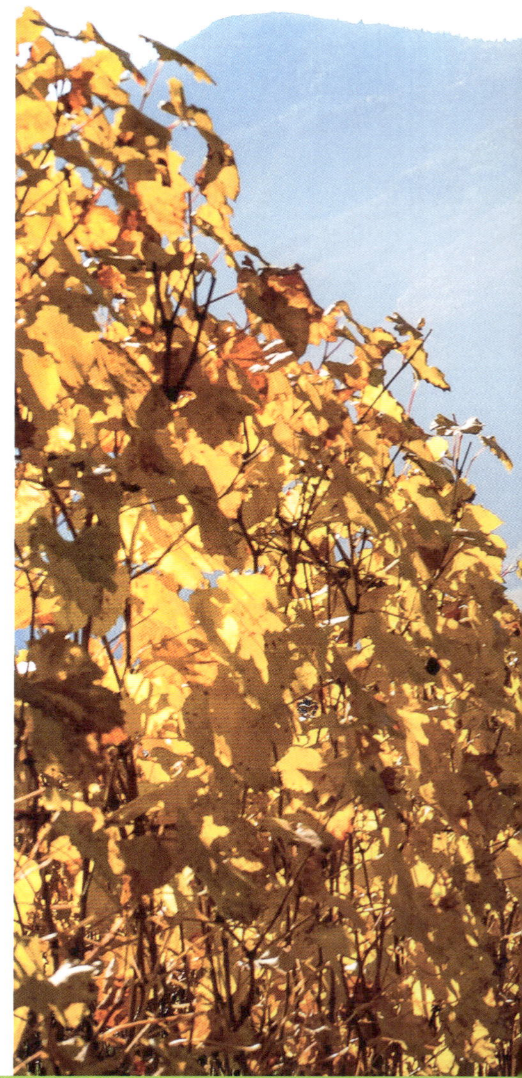

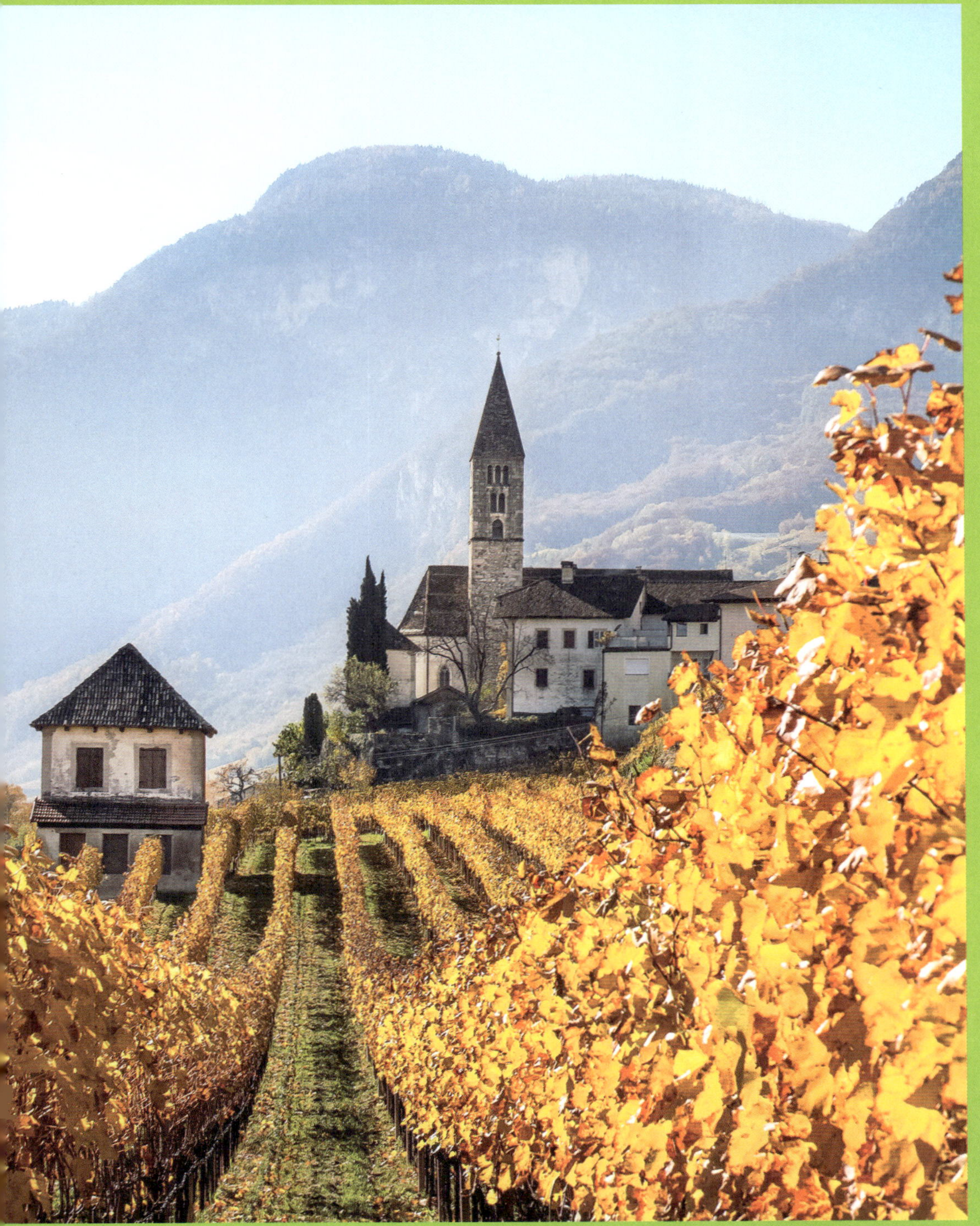

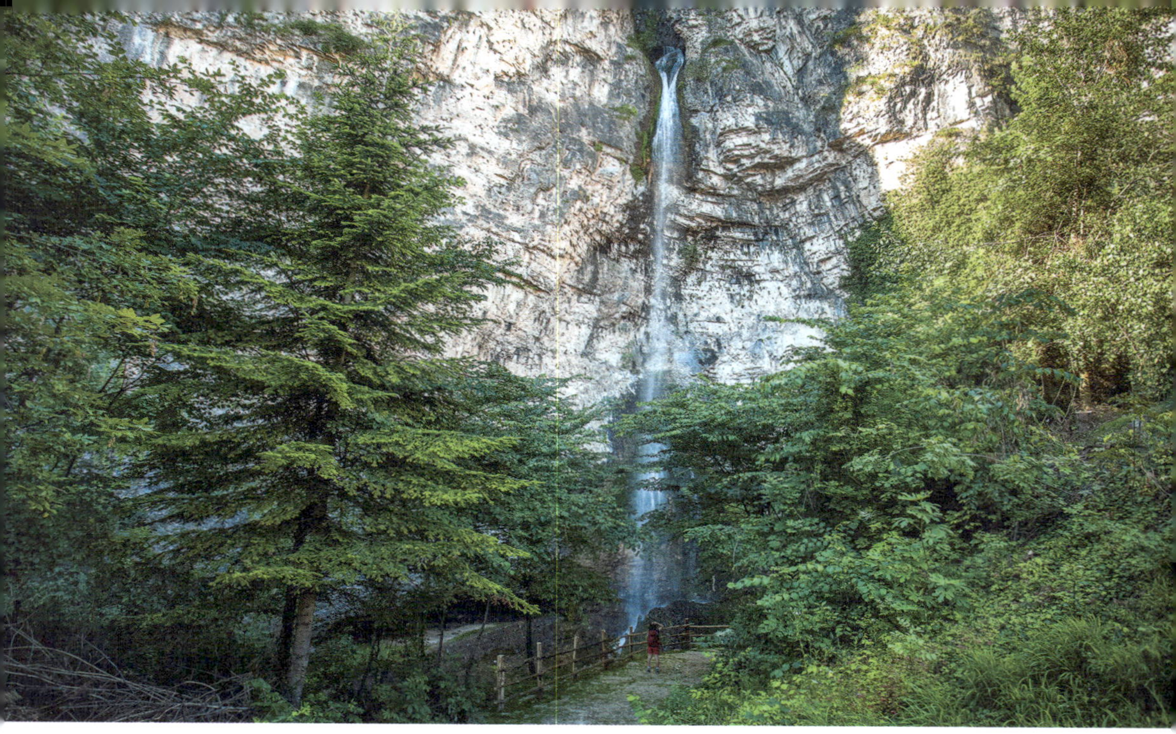

22 Zum Roccolo del Sauch

Blumenreiche Wanderung

Diese nicht allzu schwere Wanderung in der Nachbarprovinz Trient punktet mit einigen Sehenswürdigkeiten. Bald nach dem Start ist es ein bezaubernder Wasserfall, dann die üppige Blumenpracht am Wegesrand und schließlich noch eine absolute Besonderheit: eine ehemalige Vogelfangstation.

Ausgangspunkt ist der öffentliche Parkplatz (224 m) im Gartenweg in Salurn. Von dort folgt man der Straße rechts aufwärts und nimmt an der nächsten Kreuzung die Giuseppe-Verdi-Straße, bis man auf die Kaltentalstraße trifft. Hier beginnt rechts nach einem Haus der eigentliche Wanderweg. Sogleich geht es vorbei am Titschenbach Wasserfall, der hier tosend 68 m in die Tiefe stürzt. Man überquert eine Holzbrücke und folgt nun der Markierung 409B zum Rifugio Sauch. Ein Pfad führt durch dichten Laubwald und teilweise über Treppen aufwärts bis zu einer Straße. Nun gewinnt man abwechselnd auf Asphalt und über Waldpfade gemütlich an Höhe. Hier, am Rande des Naturparks Trudner Horn, entfalten am Beginn des Sommers Feuerlilien, der Perückenstrauch, wilde Orchideen und zahlreiche andere Pflanzen mehr eine schier unglaubliche Blütenpracht.

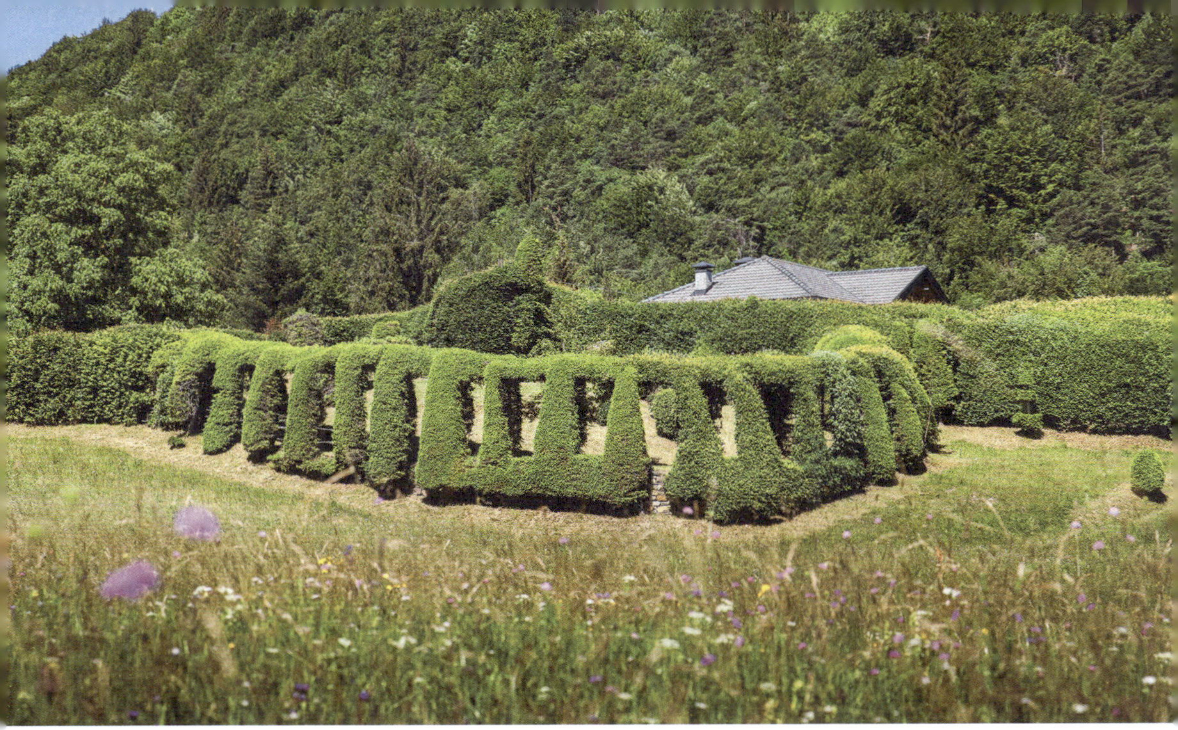

Der Titschenbach Wasserfall stürzt tosend 68 m in die Tiefe {Canon EOS 5D Mark II | 17–40 mm @ 39 mm | f/7,1 | 1/100 s} {GPS: 46.237619, 11.214406}

Das Roccolo del Sauch ist eine alte Vogelfangstation, die bis 1968 genutzt wurde {Canon EOS 5D Mark II | 24–70 mm @ 67 mm | f/4 | 1/640 s} {GPS: 46.214424, 11.193468}

Aber auch die Landschaft selbst wird immer wieder zum Blickfang: Zwischen den Obstwiesen ergeben sich immer wieder liebliche Ausblicke auf das Etschtal. Nach etwa 1:30 Stunde lässt man den letzten Bauernhof hinter sich und befindet sich nun im Mischwald. Ein schmaler Steig geht alsbald in eine Forststraße über und an den Wanderschildern kann man bereits erkennen, dass man es in die Nachbarprovinz, das Trentino, geschafft hat. Weiterhin der Markierung Nr. 409B folgend und ohne größere Anstrengung erreicht man das Rifugio Sauch (916 m). Bevor man hier, nach einer Gehzeit von etwa 2:30 Stunden, zur wohlverdienten Stärkung einkehrt, lohnt sich der 5-minütige Abstecher zum Roccolo del Sauch, einer alter Vogelfangstation, die bis 1968 genutzt wurde.

Um 1890 errichtet, diente das „Roccolo" dem Fang der hier durchziehenden Vögel. Sie wurden von Attrappen angelockt und verfingen sich dann in Netzen, die in den Öffnungen der Konstruktion aufgespannt waren. Als Delikatesse wurden sie schließlich verspeist. Seit einigen Jahren ist diese Art der Jagd verboten und die Station dient der Vogelbeobachtung.

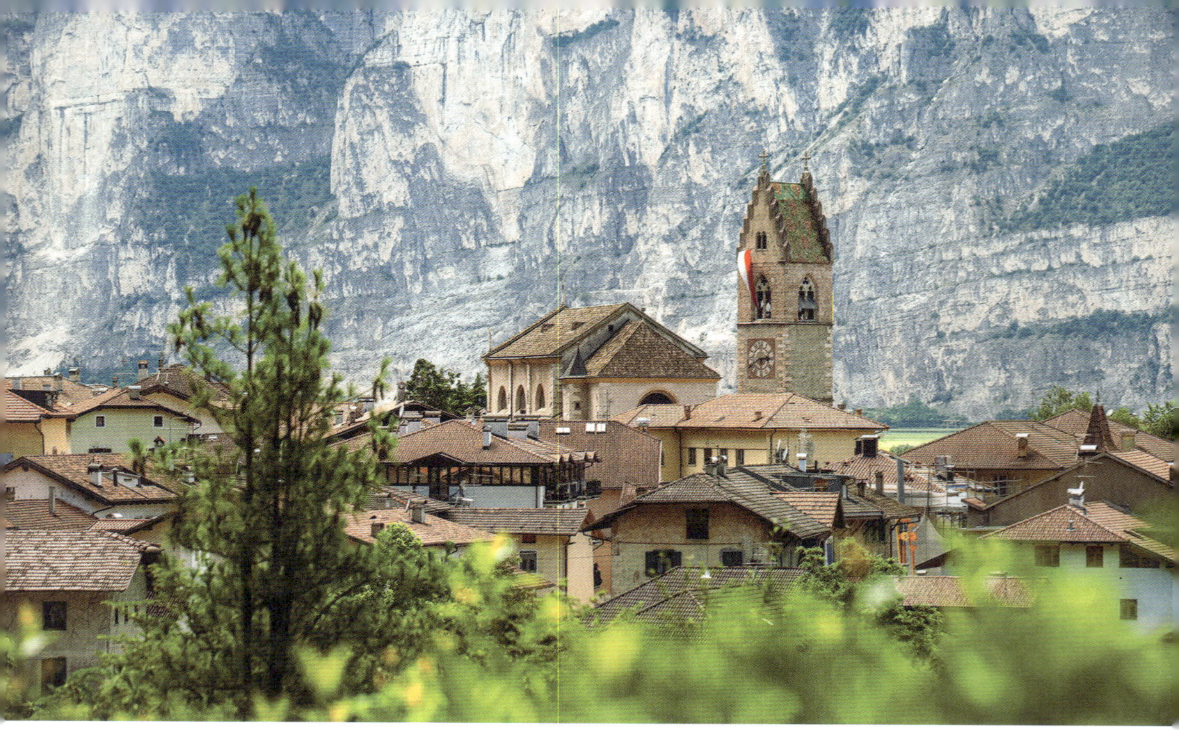

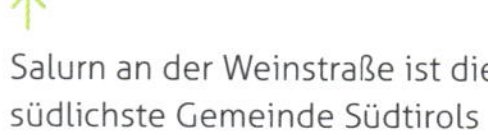

↑
Salurn an der Weinstraße ist die südlichste Gemeinde Südtirols

Zurück nach Salurn (Salorno) läuft man über den teils holprigen, aber breiten Dürerweg (Sentiero Dürer) hinab, der nach gut 1 Stunde ab dem Rifugio Sauch am Maierhof (670 m) vorbeiführt. Man durchquert eine kleine Schlucht, um anschließend mitten durch die Obstwiesen in Richtung Tal und Buchholz zu wandern. An der Gabelung bei einer Kehre hält man sich links und folgt der Straße ca. 200 m abwärts, bis ein Schotterweg nochmals links von der Straße abzweigt. Unterwegs kommt man an den Überresten eines alten Kalkofens vorbei, bevor man schließlich wieder in Salurn anlangt. Über die Kaltentalstraße und Giuseppe-Verdi-Straße kehrt man wieder zum Parkplatz zurück.

Lohnende Wanderung im Süden von Südtirol und in die Nachbarprovinz Trient, die lediglich etwas Kondition erfordert.

 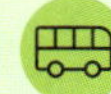

Von Bozen nach Salurn und bei der Ampel links in Richtung Zentrum abbiegen. Bei der nächsten Kreuzung rechts in die Trientstraße hinein und gleich danach links die M.-von-Gelmini Straße bis an deren Ende hinauf. Danach links auf dem Gartenweg hinauf bis zum Parkplatz auf der rechten Seite.

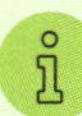

(mittel)

- Gebiet: Südtirols Süden, Südtirol
- Tal: Unterland
- Start/Ziel: Parkplatz in Salurn
- Dauer: 4:45 Std.
- Strecke: 11,8 km
- Aufstieg/Abstieg: 716 Hm
- Wann: Frühling, Sommer, Herbst, Winter

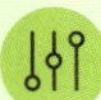

Landschaft: ●●●○○
Abwechslung: ●●●○○
Kondition: ●●●○○
Technik: ●●●○○

ja

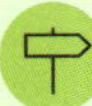

Gartenweg hinauf → Giuseppe-Verdi-Straße hinauf → Kaltentalstraße → Weg Nr. 409B zum Rifugio Sauch (916 m) → Roccolo del Sauch → Dürerweg zurück nach Salurn

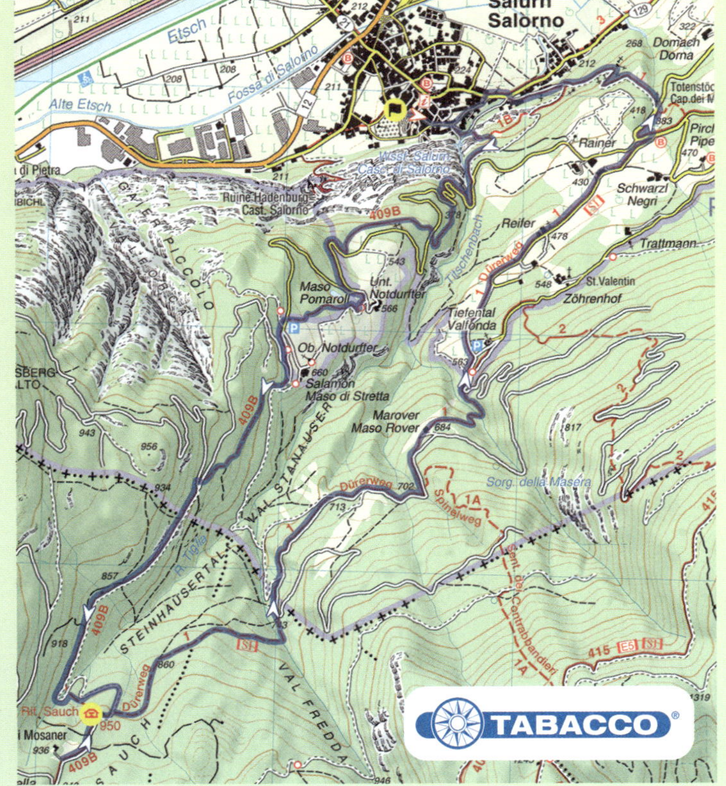

→

Durch eine traumhafte Landschaft führt der Günther Messner Steig {Canon EOS 5D Mark II | 17–40 mm @ 33 mm | f/8 | 1/250 s} {GPS: 46.648457, 11.756195}

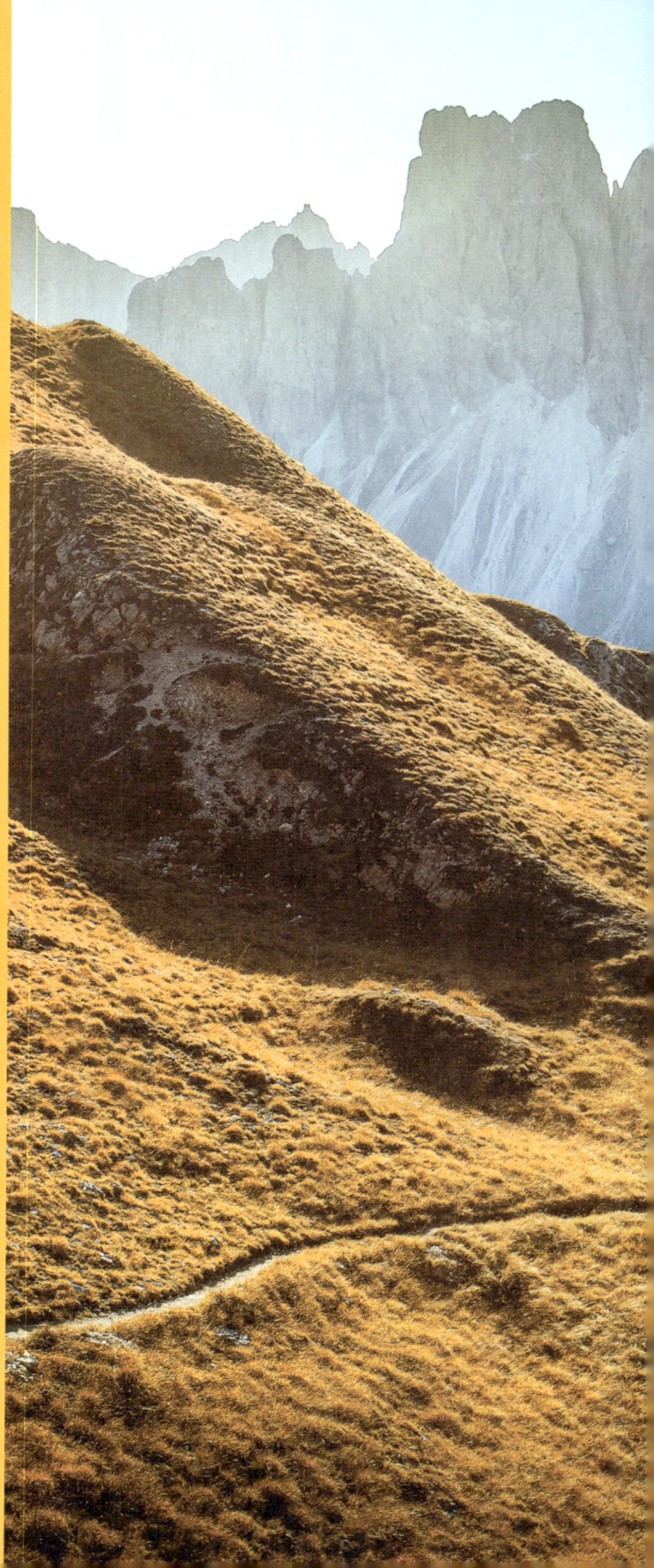

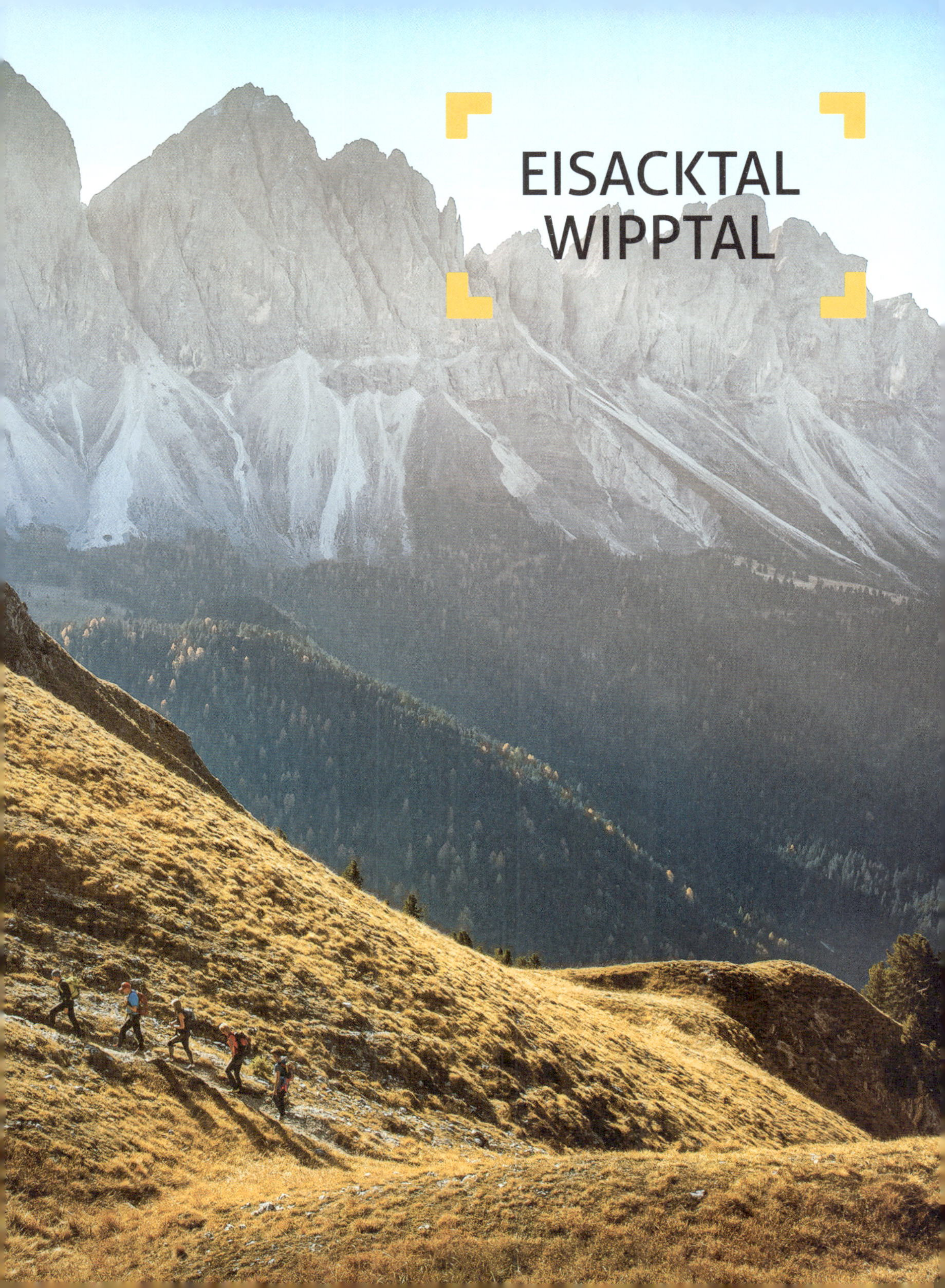

EISACKTAL WIPPTAL

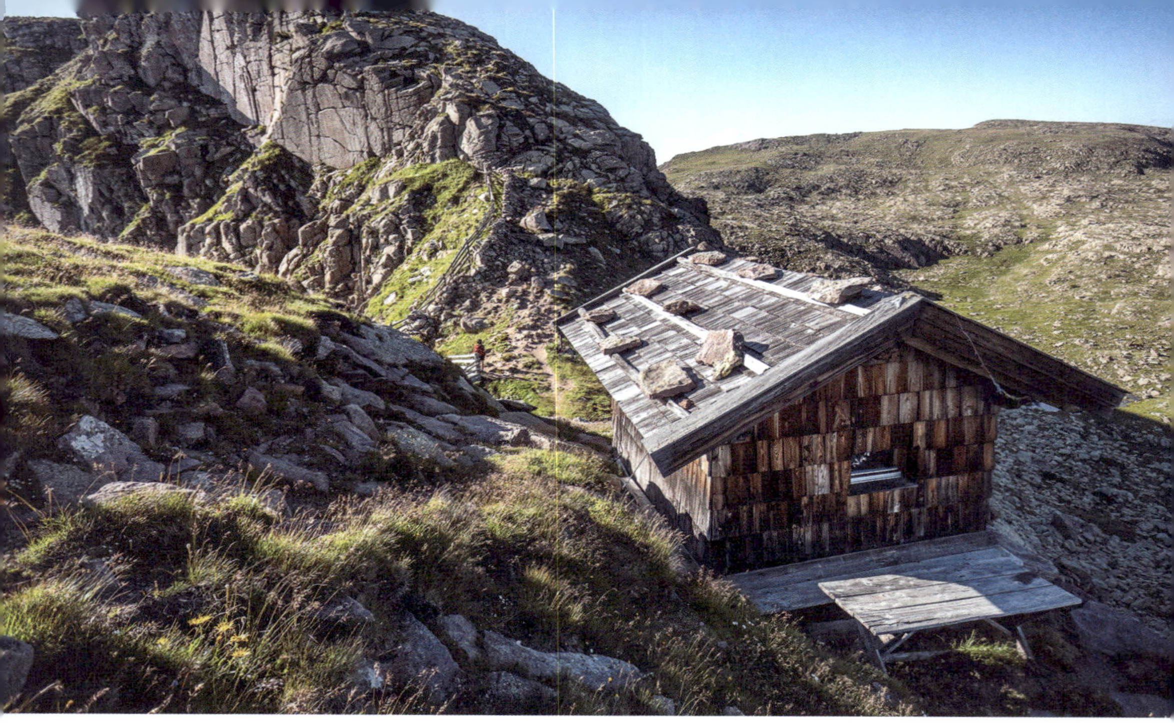

23 Zum Mittelpunkt von Südtirol

Aussicht Villanderer Alm

Das Besondere an dieser Wanderung ist nicht nur, dass man zum geografischen Mittelpunkt Südtirols gelangt, sondern auch die Schönheit der Villanderer Alm erlebt, die übrigens zu den höchsten Hochalmen Südtirols zählt.

Ausgangspunkt ist der Parkplatz Saltnerstein bei der Gasser Hütte (1.756 m) auf der Villanderer Alm. Der reizvolle Wanderweg Nr. 6 führt in gemächlicher Steigung in Richtung Villanderer Berg. Hat man nach etwa 25 Minuten die Mair in Plun Hütte (186 m) erreicht, zweigt man links auf die breite Schotterstraße ab und folgt nun der Markierung Nr. 7A zum Villanderer Berg. Ohne nennenswerte Anstrengung erreicht man so nach insgesamt ca. 1:15 Stunde den Gasteiger Sattel (2.055 m), wo es nun auf dem Weg Nr. 3 zur Sarner Scharte weitergeht. Zuerst noch ein Stück der Straße folgend, biegt man bald darauf rechts auf einen kleinen Pfad ab, der über ein liebliches Wiesengelände in einen Kessel hineinführt. Die Route wird jetzt merklich anstrengender und auf dem Weg zum Biwak am Schartl steht einem das steilste Stück bevor. In spitzen Serpentinen steigt man zur kleinen Hütte (2.380 m) auf, wendet

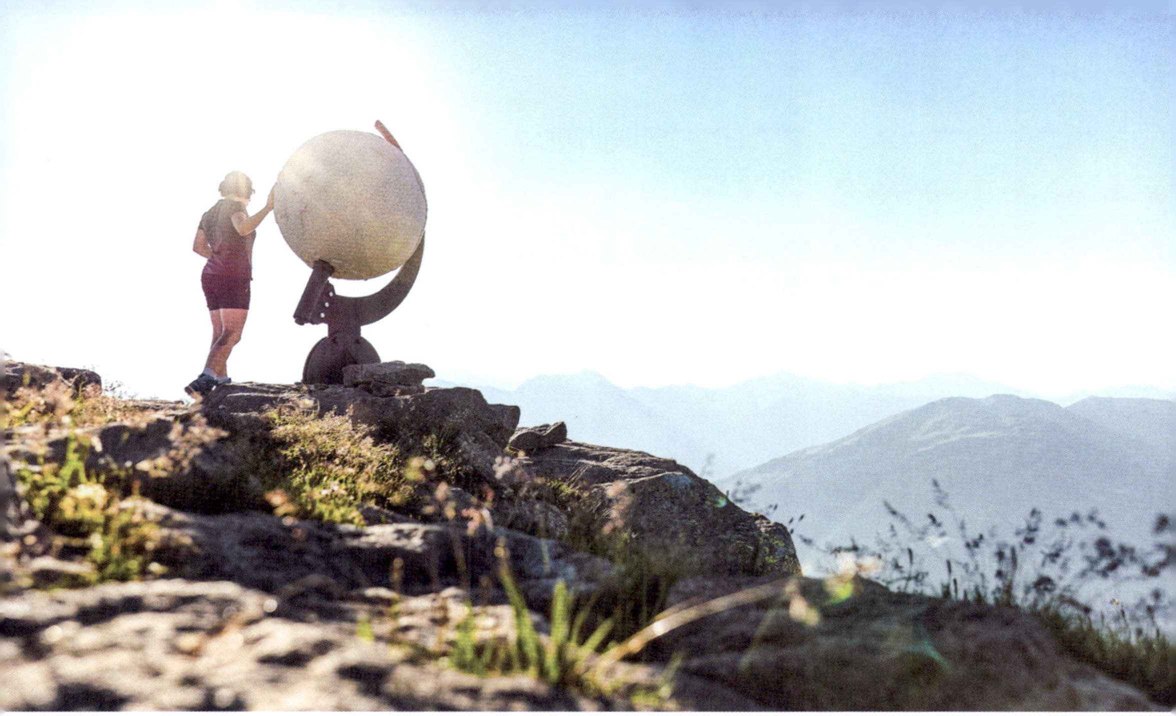

Steht man beim Biwak in der Sarner Scharte (2.380 m), hat man das steilste Stück der Wanderung hinter sich

Ein großer Globus aus Granit markiert den geografischen Mittelpunkt Südtirols {Canon EOS R6 | 17–40 mm @ 17 mm | f/4 | 1/500 s}
{GPS: 46.658605, 11.419106}

sich nach rechts und muss nochmals eine kurze felsige Passage überwinden, die mit Drahtseilen gesichert ist. Danach taucht auch schon das Gipfelkreuz der Sarner Scharte (2.460 m) auf. Nach rund 3:15 Stunden lässt sich hier ein schwindelerregender Blick hinab auf das Sarntal wagen. Der Markierung Nr. 2 nach geht es nun über den breiten Bergrücken in 30 Minuten hinüber zum Villanderer Berg (2.509 m). Zuerst leicht abwärts, dann unschwierig wieder bergauf gelangt man zu diesem geografischen Mittelpunkt Südtirols. Seinem Rang und der großartigen Rundumsicht entsprechend, hat man auf ihm neben dem Gipfelkreuz auch ein Fernrohr und einen großen Globus aus Granit aufgestellt. Hat man sich an der Aussicht sattgesehen, steigt man nun auf dem teilweise recht steilen Pfad Nr. 2, später 2A zum Totensee und weiter zum Totenkirchl (2.186 m) ab.

Über die weiten Almwiesen der Villanderer Alm geht es schließlich wieder zurück zum Ausgangspunkt, dem Parkplatz bei der Gasser Hütte. Für den Rückweg über die Forststraße mit stetem Blick auf die Dolomiten benötigt man ungefähr 1:30 Stunde.

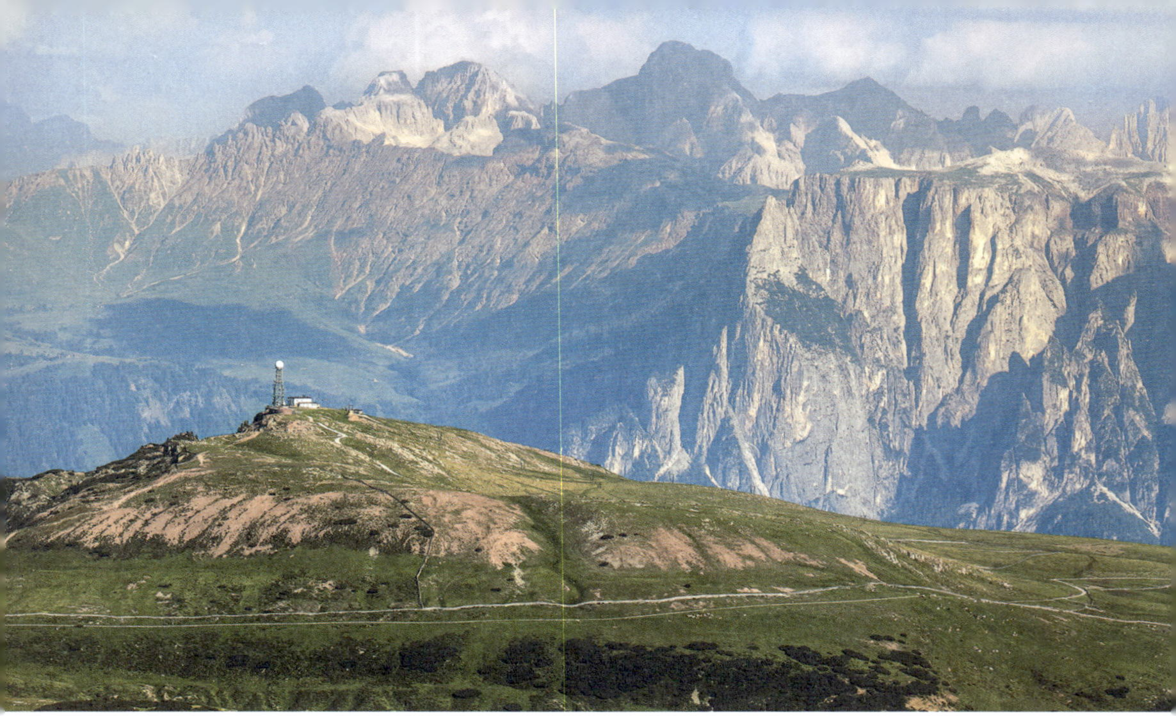

Mit einem Teleobjektiv fängt man das Rittner Horn und die mächtigen Dolomiten im Hintergrund ein {Canon EOS R6 | 70–200 mm @ 200 mm | f/4,5 | 1/1250 s} {GPS: 46.649058, 11.410245}

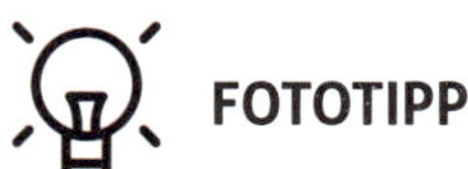

FOTOTIPP

Kamerapflege

Auch eine Kameraausrüstung sollte regelmäßig gepflegt werden. Mit einem Mikrofasertuch lassen sich z. B. Schlieren auf der Linse ganz einfach beseitigen. Zum Entfernen von Staubpartikeln empfiehlt sich ein Blasebalg. Selbst ins Innere der Linse oder auf den Sensor zu pusten, ist nicht ratsam, da sie sonst durch die Atemluft unnötig befeuchtet werden könnten. Wenn die Linse bei Regen oder zu schnellem Temperaturwechsel beschlägt, kann man sich mit Zigarettenpapier helfen. Zuerst die Klebekante abreißen und dann die Linse mit dem Papier abtupfen.

Diese aussichtsreiche Tour zum Mittelpunkt Südtirols verlangt Kondition und Trittsicherheit, kann aber dafür gleich mit mehreren Highlights aufwarten: dem grandiosen Bergpanorama und der herrlichen Villanderer Alm, dem Totensee und dem Totenkirchl.

Von Klausen hinauf nach Villanders und dort der Beschilderung zur Villanderer Alm folgen bis zum gebührenpflichtigen Parkplatz Saltnerstein bei der Gasser Hütte.

(schwer)

- Gebiet: Eisacktal und Wipptal, Südtirol
- Tal: Eisacktal
- Start/Ziel: Bushaltestelle/ Parkplatz Saltnerstein bei der Gasser Hütte (gebührenpflichtig)
- Dauer: 6:00 Std.
- Strecke: 17,3 km
- Aufstieg/Abstieg: 853 Hm
- Wann: Sommer, Herbst

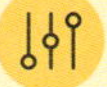

Landschaft: ●●●●○
Abwechslung: ●●●●○
Kondition: ●●●●○
Technik: ●●●○○

ja

Parkplatz Saltnerstein (1.756 m) → Weg Nr. 6, später Nr. 7A in Richtung Villanderer Berg → Gasteiger Sattel (2.055 m) → Weg Nr. 3 zur Sarner Scharte (2.460 m) → Weg Nr. 2 Villanderer Berg (2.509 m) → Weg Nr. 2, später 2A hinab zum Totensee → weiter zum Totenkirchl (2.186 m) → über die Villanderer Alm zurück zum Parkplatz

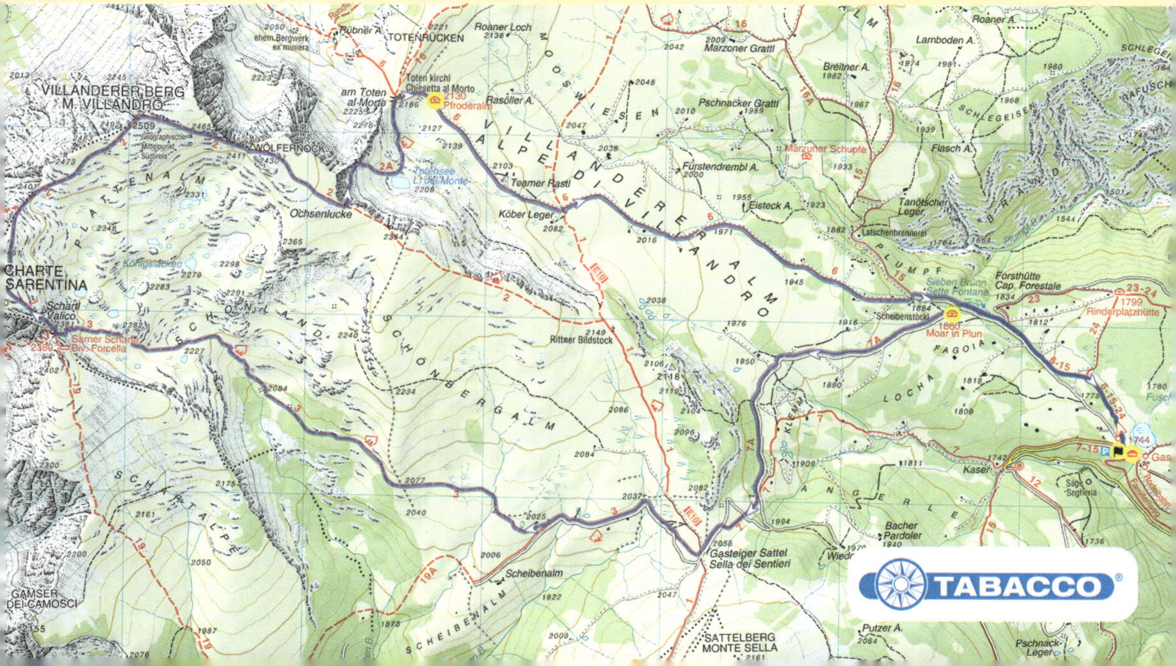

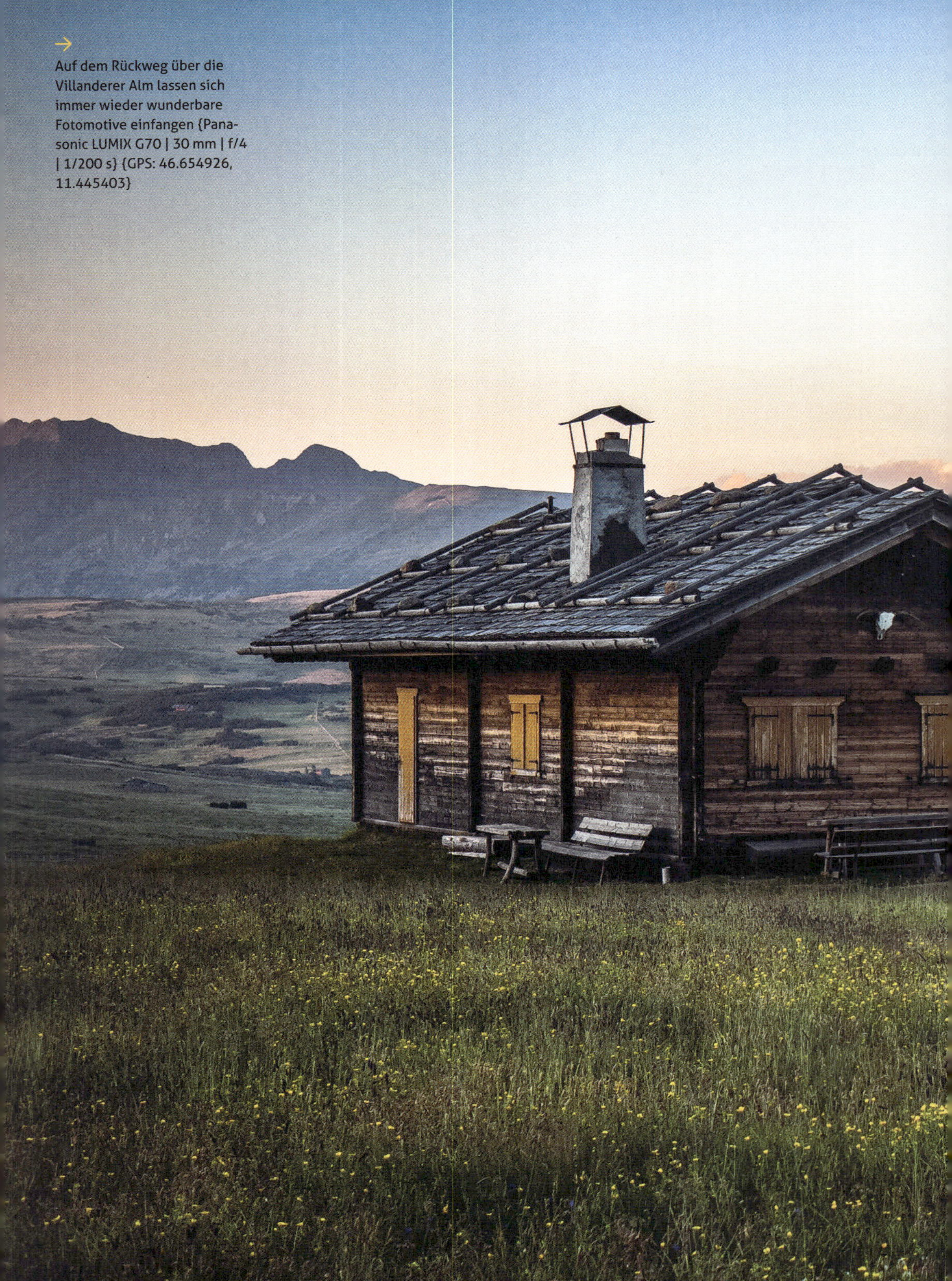

Auf dem Rückweg über die Villanderer Alm lassen sich immer wieder wunderbare Fotomotive einfangen {Panasonic LUMIX G70 | 30 mm | f/4 | 1/200 s} {GPS: 46.654926, 11.445403}

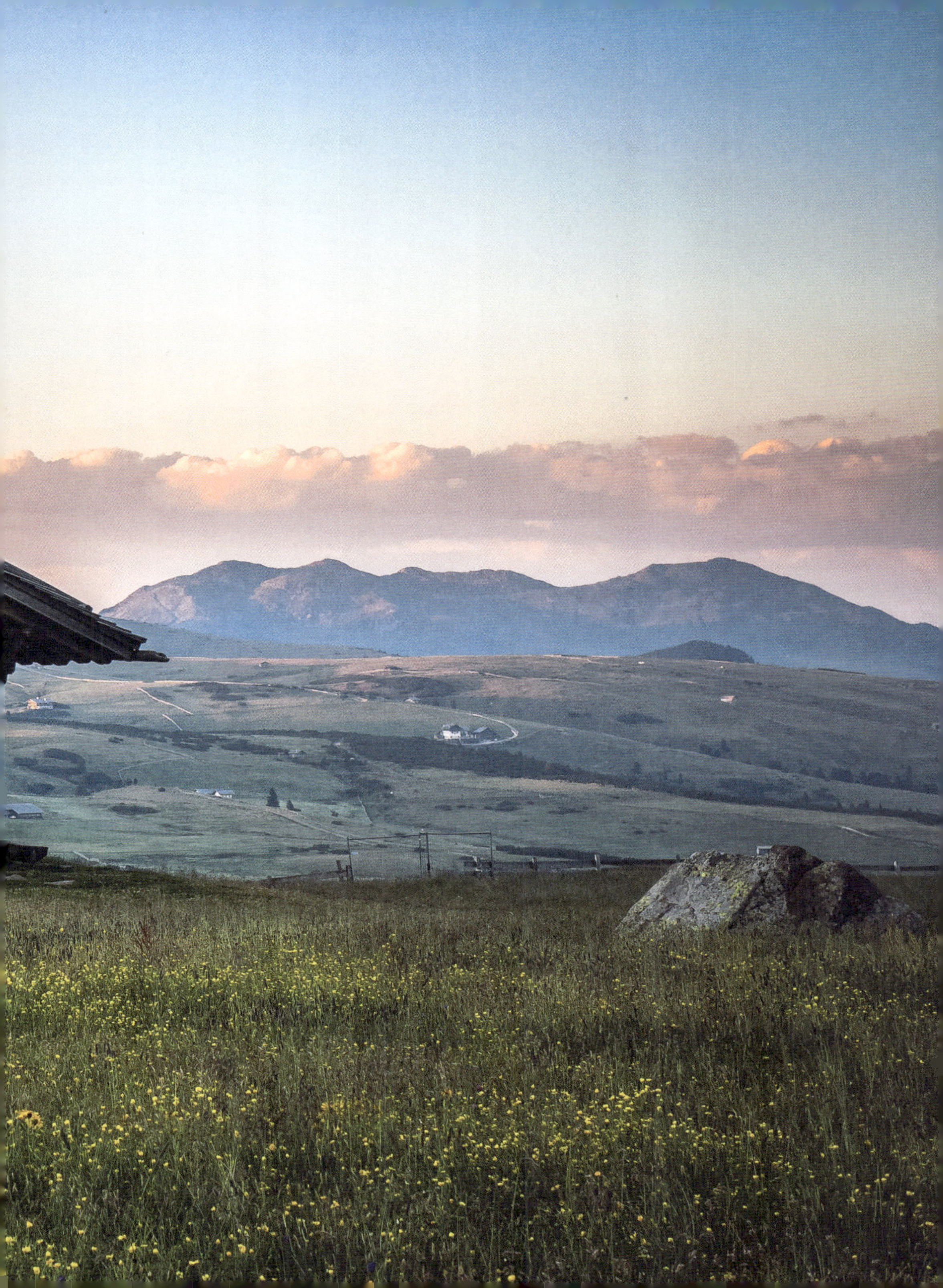

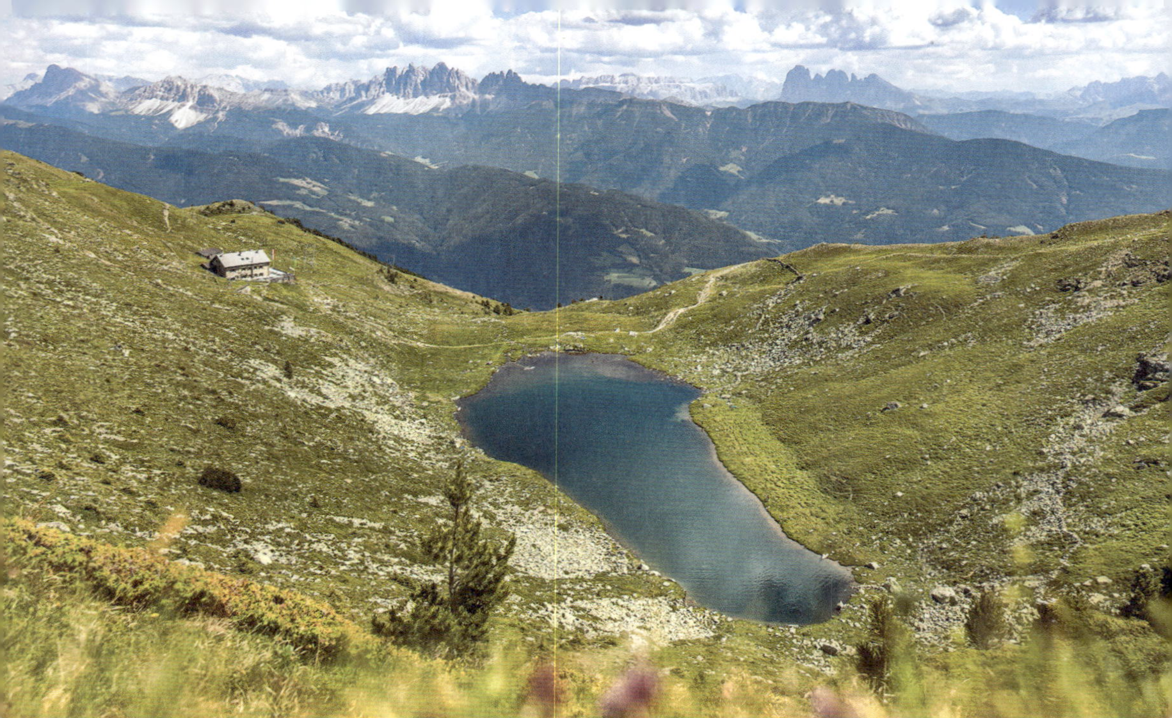

24 Auf die Königsangerspitze

Ausgedehnte Wanderung mit Panoramablick

Diese facettenreiche Wanderung im Eisacktal hat alles, was das Herz auf einer Bergtour begehrt: bezaubernde Almwiesen, einen Gipfel mit großartiger Aussicht, einen Bergsee zum Verweilen und mehrere Einkehrmöglichkeiten. Eine Tagestour für die ganze Familie.

Ausgehend vom Parkplatz Kühhof (1.580 m) geht es über eine breite Forststraße der Markierung Nr. 1 nach in mäßiger Steigung zur Klausner Hütte (1.923 m). Auf dem Weg dorthin kann man in der Höhe die Kirche beim Latzfonser Kreuz erkennen. Nach ca. 1:30 Stunde hat man die Hütte erreicht und zweigt hier rechts auf den Steig Nr. 8 zur Radlseehütte ab. Weiter ansteigend gelangt man wenig später auf eine Schotterstraße, der man geradeaus bergauf folgt. Die Straße endet in einer Bergwiese und ab hier nimmt man den Pfad über die weiten Berghänge in Richtung Königsangerspitze. An einer Gabelung wechselt zwar die Markierung auf Nr. 7, das Ziel bleibt aber dasselbe. Das Gelände wird zunehmend steiniger und etwas steiler, bleibt aber weiterhin unschwierig. Das letzte Stück führt über einen breiten Bergrücken zum Kreuz der Königsangerspitze (2.436 m).

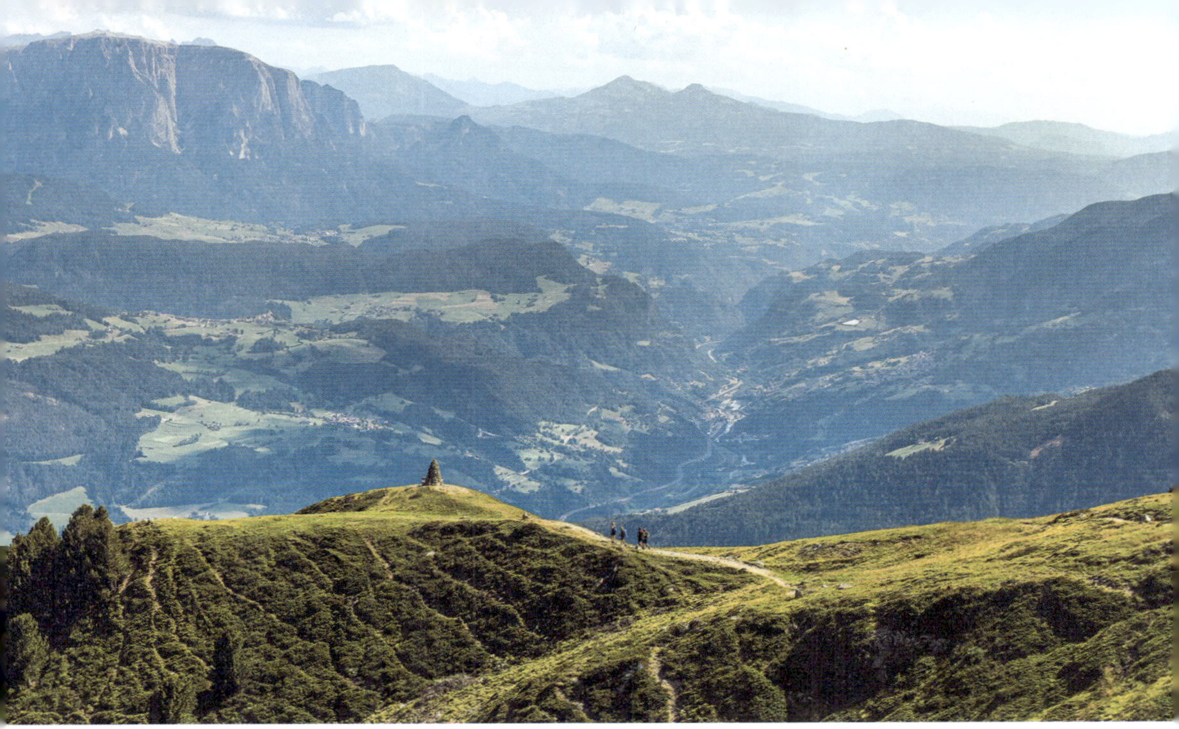

Der Radlsee mit der Radlseehütte (2.284 m) und den bekannten Dolomitengipfeln in der Ferne {Canon EOS R6 | 24–70 mm @ 24 mm | f/3,5 | 1/1600 s} {GPS: 46.709209, 11.575679}

Aussichtsreich zeigt sich der Steig Nr. 10 mit Blick auf den Muntschegg mit Steinpyramide (2.164 m) und über das Eisacktal {Canon EOS R6 | 24–70 mm @ 63 mm | f/5 | 1/800 s} {GPS: 46.700467, 11.571684}

Gute 4 Stunden hat man nun hinter sich und kann bei einer wohlverdienten Rast den bezaubernden Rundumblick bewundern. Danach kann man auf dem 20-minütigen Abstieg zur Radlseehütte (2.284 m) die Aussicht auf den Radlsee und die dahinterliegenden Dolomiten genießen. Vorbei am See und über den wunderbaren Steig Nr. 10 erfolgt nun der Abstieg: zuerst in Richtung Garn, danach mit der Markierung Nr. 14 bald über eine Forststraße, bald über einen schmalen Weg durch die Wiesen und am Ende durch den Wald wieder zurück zum Parkplatz beim Kühhof.

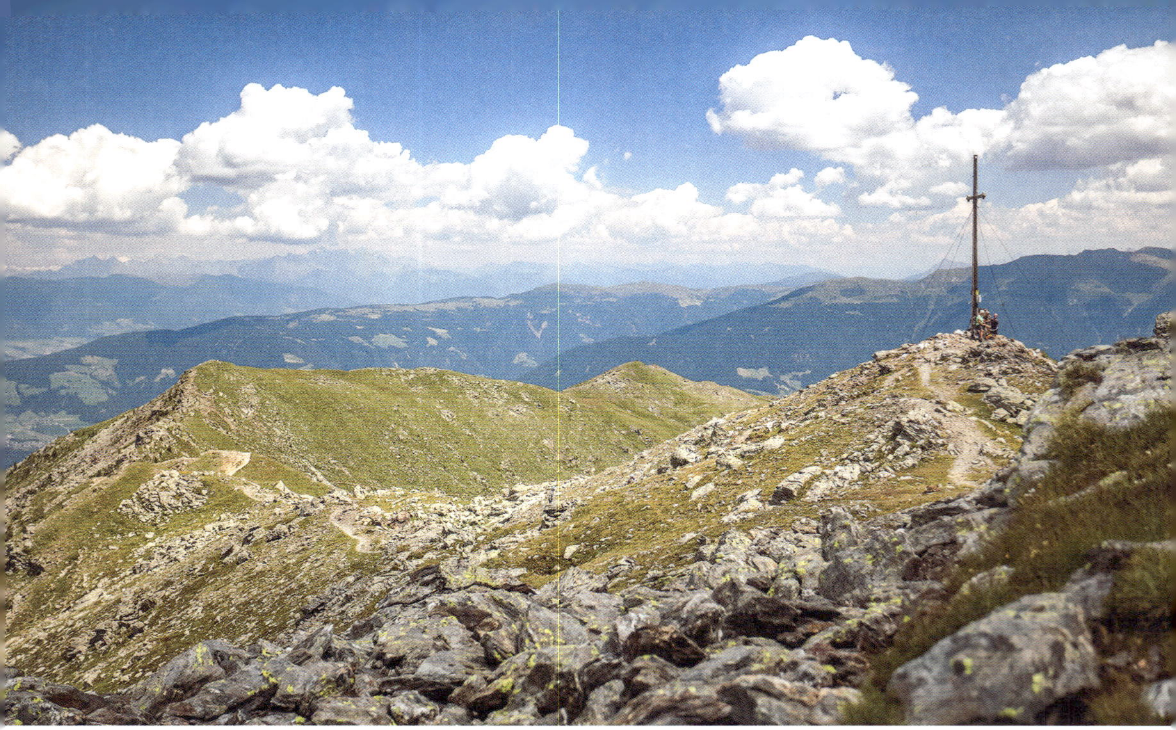

↑ Auf der Königsangerspitze (2.436 m)

↓ Durch das Teleobjektiv rücken die Objekte im Foto näher zusammen {Canon EOS R6 | 70–200 mm @ 185 mm | f/4 | 1/320 s}

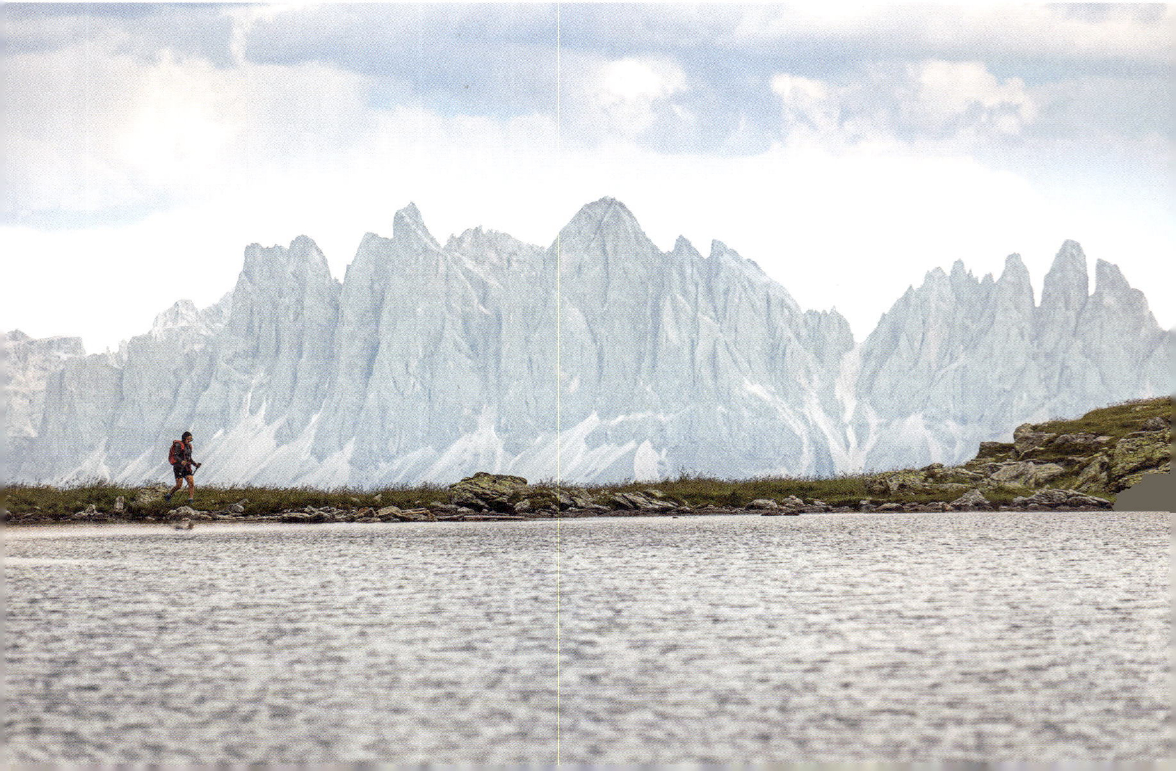

Technisch einfache Wanderung mit einem prächtigen Aussichtsgipfel und einem Bergsee mit Dolomitenblick.

Von Klausen nach Feldthurns und von dort weiter nach Latzfons. Beim Dorfausgang an der Kreuzung rechts hinauf in Richtung Sportplatz abbiegen. Der Straße bis zum Parkplatz Kühhof folgen.

(mittel)

- Gebiet: Eisacktal und Wipptal, Südtirol
- Tal: Eisacktal
- Start/Ziel: Parkplatz Kühhof oberhalb von Latzfons
- Dauer: 6:15 Std.
- Strecke: 14,1 km
- Aufstieg/Abstieg: 861 Hm
- Wann: Sommer, Herbst

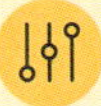

Landschaft: ●●●●○
Abwechslung: ●●●●○
Kondition: ●●●●○
Technik: ●●●○○

ja

Parkplatz Kühhof (1.580 m) → Weg Nr. 1 zur Klausner Hütte (1.923 m) → Weg Nr. 8 zur Radlseehütte → Weg Nr. 7 zur Königsangerspitze (2.436 m) → Weg Nr. 7 zur Radlseehütte (2.284 m) und zum Radlsee → Weg Nr. 10 in Richtung Garn → Weg Nr. 14 zurück zum Parkplatz

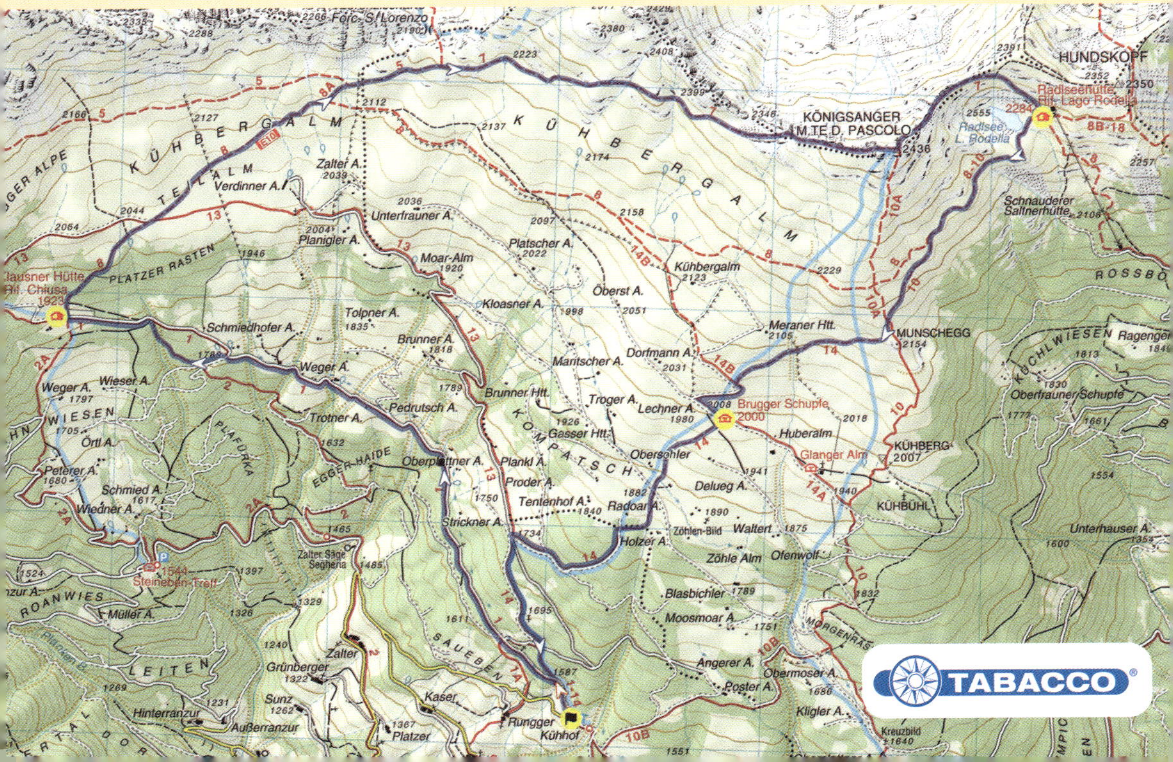

TABACCO

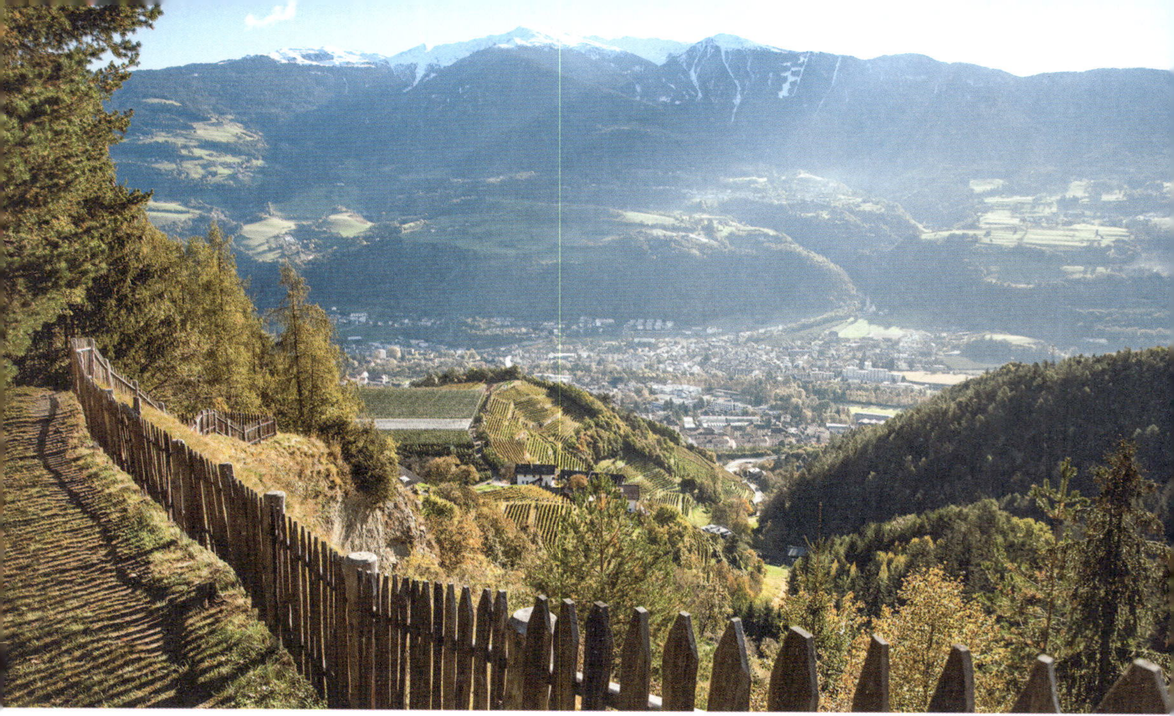

25 Herbstwanderung im Eisacktal

Über den Keschtnweg von Brixen nach Klausen

In der Törggelezeit von Anfang September bis Mitte November lassen sich hier Wandererlebnisse mit leiblichen Genüssen verbinden. Die fünfte Jahreszeit, wie sie auch genannt wird, lädt zur Einkehr in urige Weinkeller und Törggelestuben ein, um deftige Hausmannskost und den ersten Wein der Saison zu verkosten.

Startpunkt dieser herrlichen Herbstwanderung ist der Bahnhof in Brixen (571 m). Hier nimmt man links die Bahnhofstraße, dann die Dantestraße bis zu einer Kreuzung mit einem großem Parkhaus. Nun zweigt man links in die Burgfriedengasse ab und folgt der Beschilderung Cyrillusweg/Keschtnweg in leichter Steigung immer weiter bergauf. Über eine Brücke überquert man die Autobahn und kommt kurz darauf am Südtiroler Kinderdorf vorbei. Man bleibt auf der Asphaltstraße, überquert abermals eine kleine Brücke und biegt dann rechts auf einen Waldweg, den Europa-Besinnungsweg, hinauf zum St.-Cyrillus-Kirchlein (827 m) ein. Nach rund 1 Stunde ist dieses erreicht. Man kann nun den wunderbaren Ausblick ebenso genießen wie die Vorfreude auf ein lustvolles Weiterwandern. In gemütlichen Auf und Ab folgt man der Be-

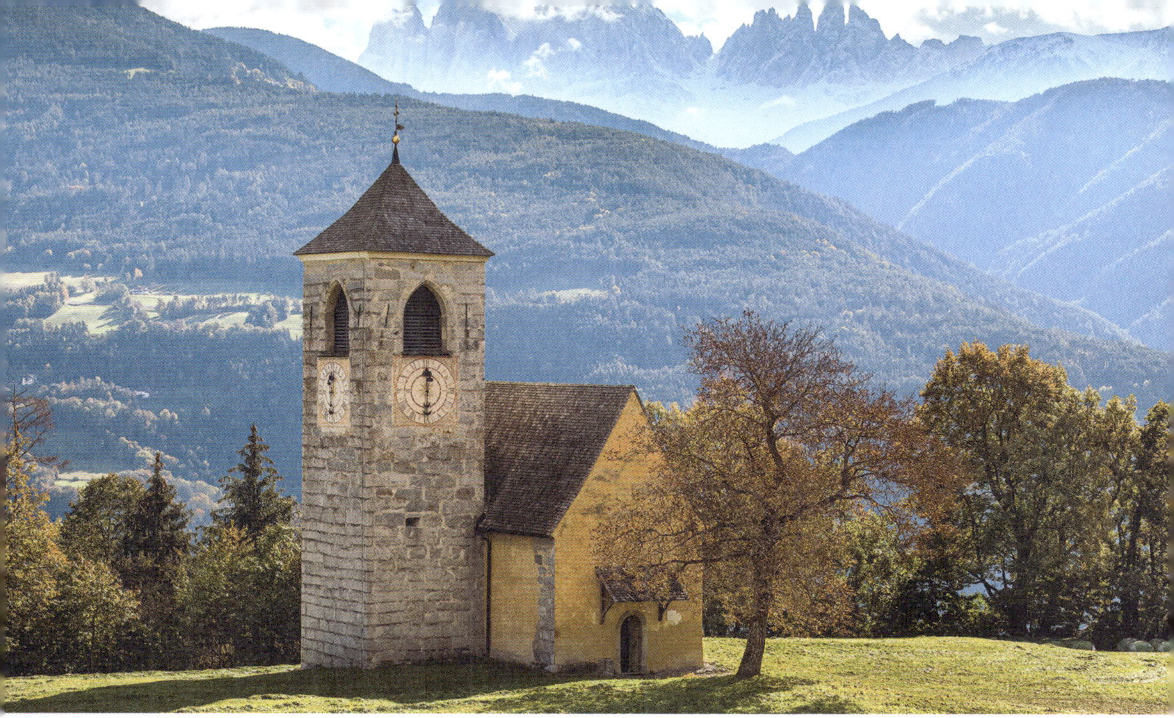

Bei der St.-Cyrillus-Kirche schaut man hinab nach Brixen und hinauf zur schneebedeckten Plose

Die Kirche St. Nikolaus in Tötschling mit den Geislerspitzen im Hintergrund {Canon EOS 5D Mark II | 70–200 mm @ 70 mm | f/8 | 1/800 s} {GPS: 46.695634, 11.624786}

schilderung Keschtnweg durch Kastanienhaine, Wälder und Weinberge. Dabei trifft man immer wieder auf reizvoll gelegene Kirchlein und erfreut sich an der großartigen Aussicht. Ein ausgesprochener Blickfang ist sicher die St.-Nikolaus-Kirche in Tötschling (912 m) mit den Geislerspitzen im Hintergrund.
Unterwegs gibt es auch jede Menge Einkehrmöglichkeiten, um sich zu stärken. Nach etwas mehr als der halben Strecke und ca. 3:30 Stunden kommt man durch den Ortskern von Feldthurns (852 m), der größten Ortschaft entlang des Weges.
Hat man fast am Ende der Tour den Weiler Pardell (776 m) erreicht, blickt man auf das imposante Kloster Säben (711 m), das von hier auch in wenigen Minuten erreichbar ist und zum Teil auch besichtigt werden kann. Vom Kloster steigt man auf dem gepflasterten Pilgerweg vorbei an der Burg Branzoll (558 m) in 30 Minuten nach Klausen (523 m) ab. Durch die mittelalterlichen Gassen schlendert man bis zur Pfarrkirche, überquert dort die Brücke, zweigt links ab und erreicht so in wenigen Minuten den Bahnhof. Mit dem Zug geht es schließlich wieder zurück zum Ausgangspunkt.

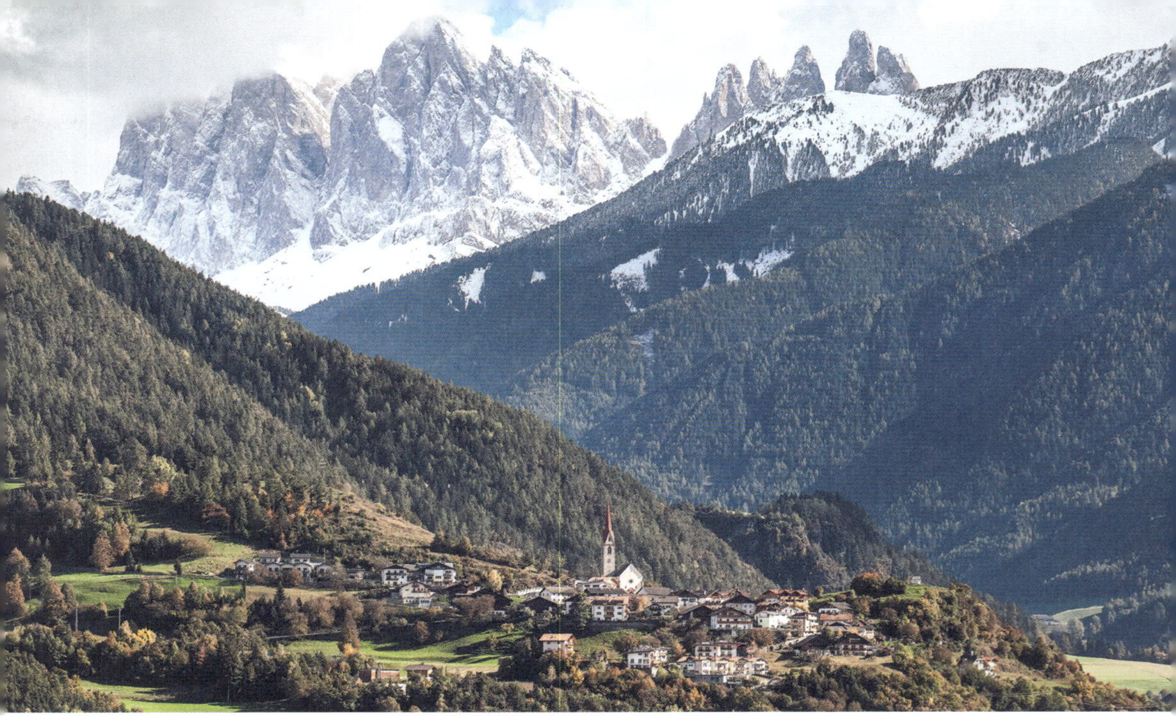

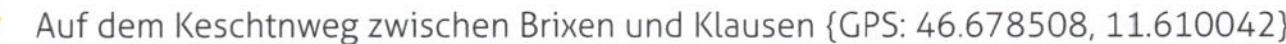

↑ Der Blick auf die andere Talseite nach Teis und auf die Geislerspitzen (GPS: 46.663096, 11.589209)

↓ Auf dem Keschtnweg zwischen Brixen und Klausen (GPS: 46.678508, 11.610042)

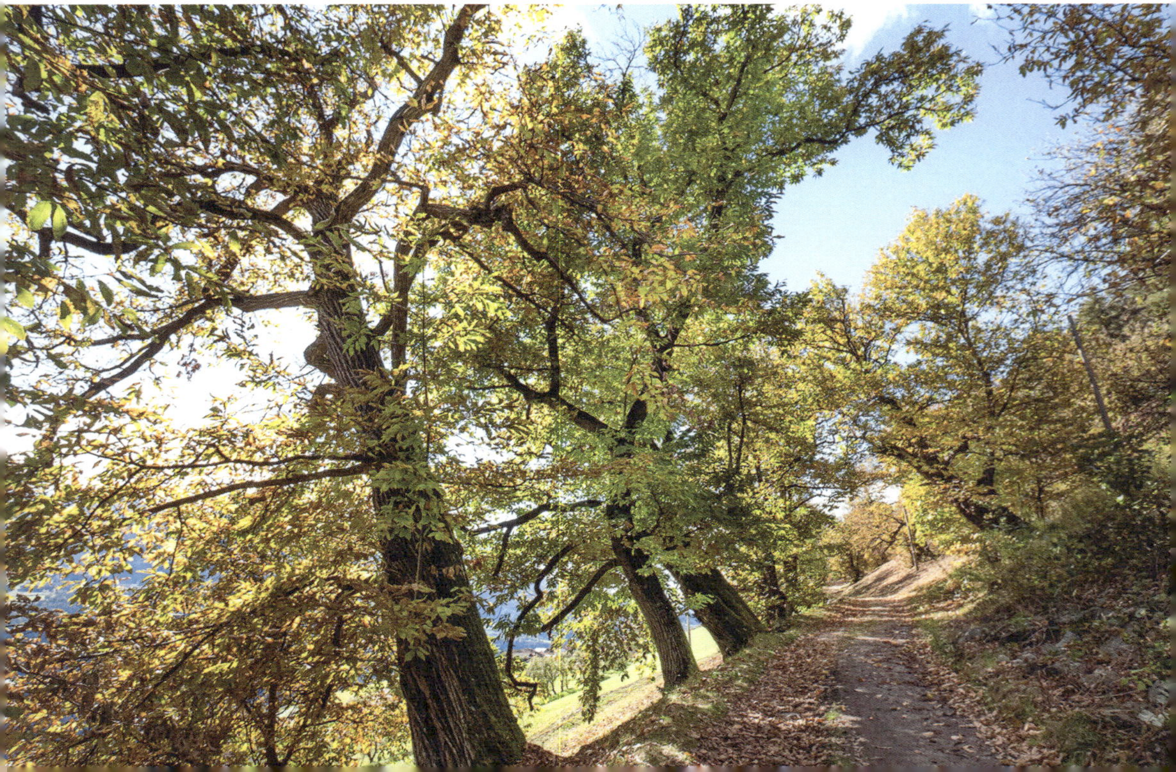

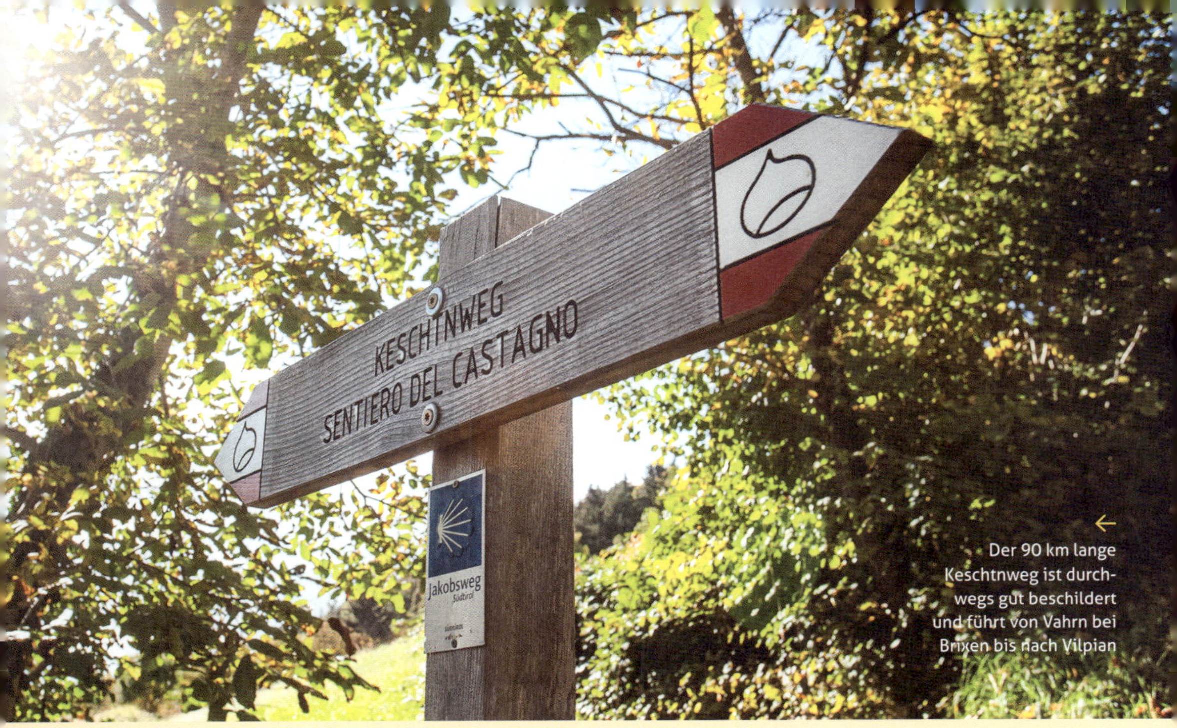

Der 90 km lange Keschtnweg ist durchwegs gut beschildert und führt von Vahrn bei Brixen bis nach Vilpian

Eine reizvolle Wanderung, die vor allem im Herbst zur reinen Genusstour wird. Mit knapp über 16 km sollte sie allerdings nicht unterschätzt werden.

Mit dem Zug zum Bahnhof Brixen. Beim Bahnhof befindet sich auch ein gebührenpflichtiger Parkplatz.

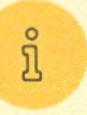

(mittel)

- Gebiet: Eisacktal und Wipptal, Südtirol
- Tal: Eisacktal
- Start: Bahnhof Brixen
- Ziel: Bahnhof Klausen
- Dauer: 5:30 Std.
- Strecke: 16,2 km
- Aufstieg: 578 Hm
- Abstieg: 623 Hm
- Wann: Frühling, Sommer, Herbst

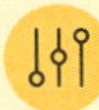

Landschaft: ●●●●●
Abwechslung: ●●●●●
Kondition: ●●●○○
Technik: ●●○○○

ja

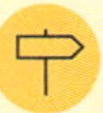

Bahnhof Brixen (571 m) → Bahnhofstraße → Dantestraße → Burgfriedengasse → Beschilderung Cyrillusweg/ Keschtnweg → Europa-Besinnungsweg → St.-Cyrillus-Kirchlein (827 m) → Keschtnweg bis Kloster Säben (711 m) → Pilgerweg nach Klausen (523 m) → Bahnhof Klausen

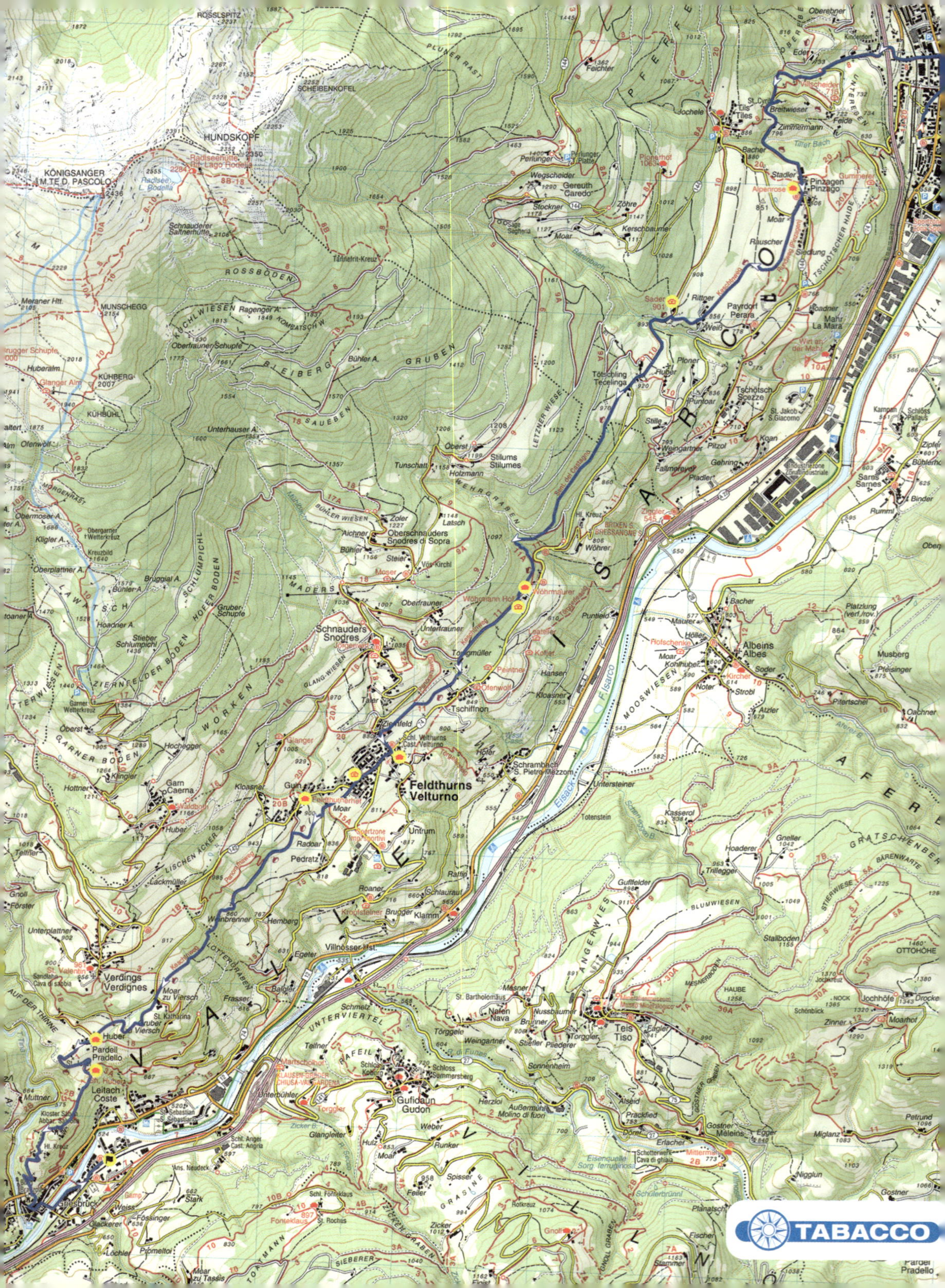

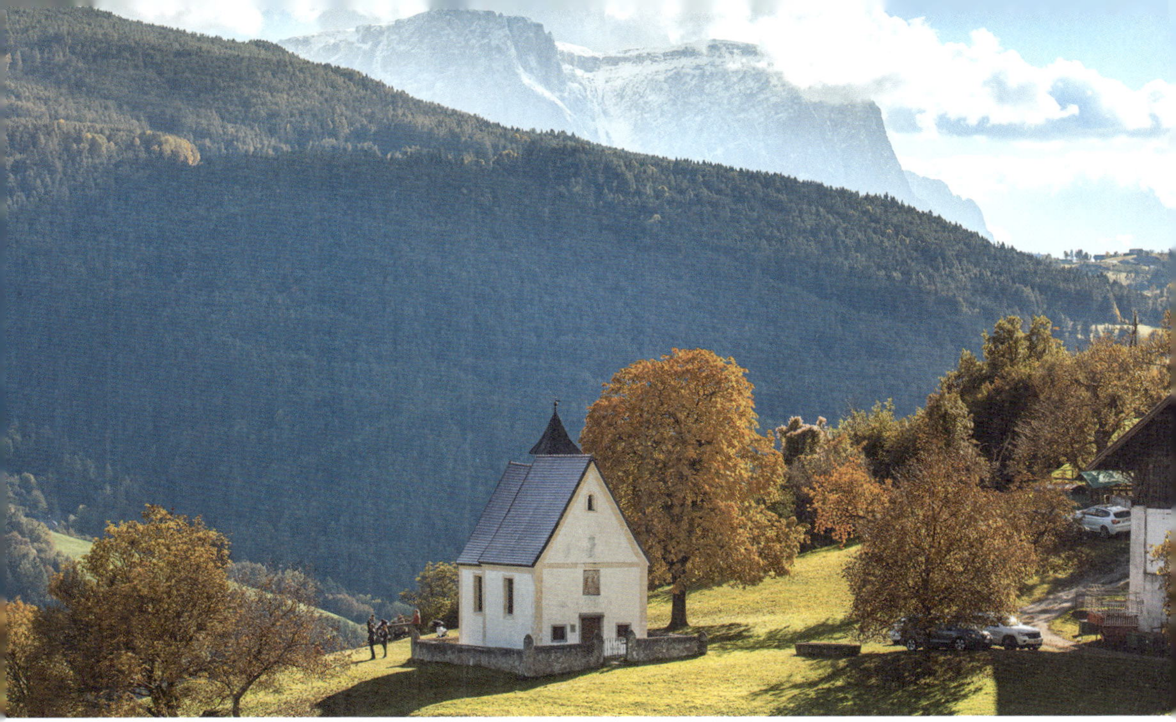

↑ Gegen Ende der Wanderung kommt man noch an der malerisch gelegenen Kirche zur hl. Katharina in Viers vorbei

↓ Die reich verzierte Kirche im Kloster Säben

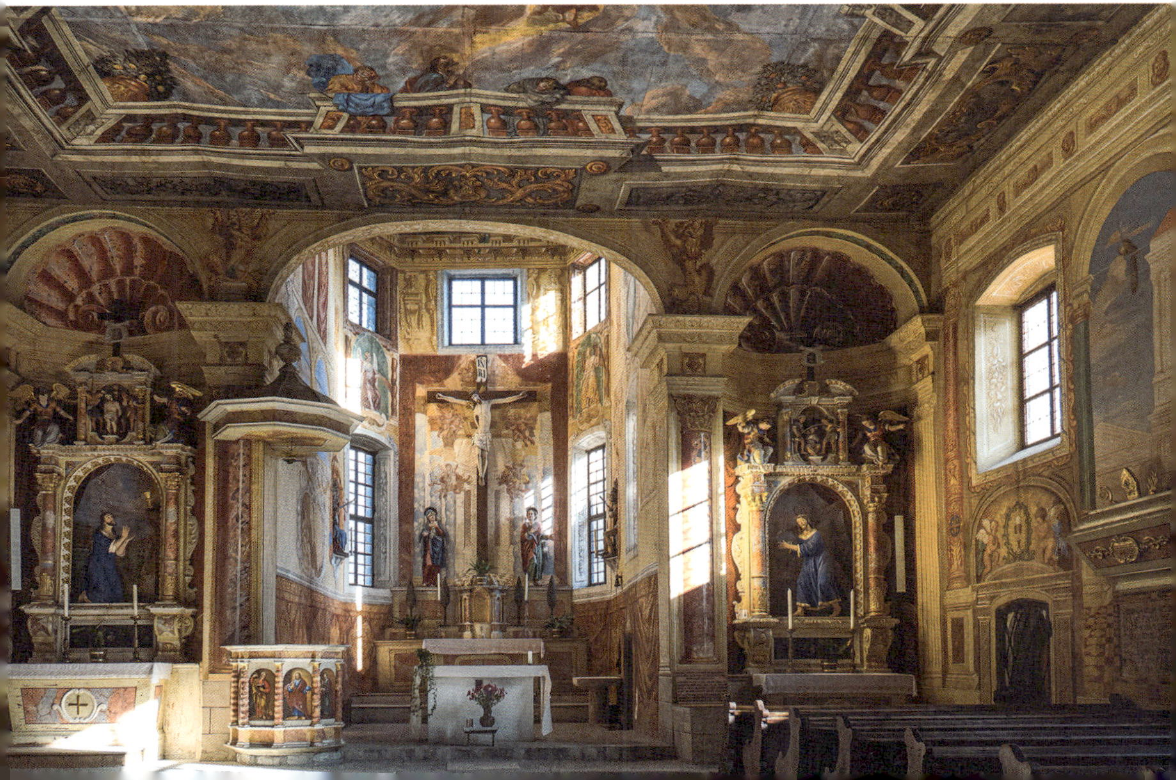

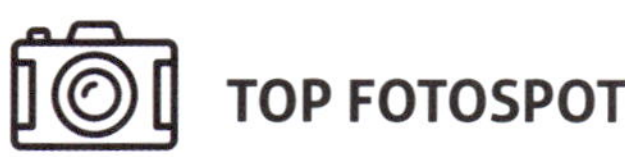

TOP FOTOSPOT

Schloss Gernstein, Klausen

Versteckt in einem kleinen Seitental bei Klausen findet man dieses wunderschöne Schloss aus dem 12. Jh. Einst wachte es über den alten Weg von Brixen nach Süden. Heute ist es im privaten Besitz und wurde Ende des 19. Jh.s im historistischen Stil der Neuromanik zu neuem Leben erweckt. Das Innere des märchenhaften Baus kann leider nicht betreten werden.

Koordinaten: 46.664764, 11.540262
Wie kommt man hin: Von Bozen nach Klausen und dort von der Hauptstraße rechts hinab in Richtung Stadtzentrum abbiegen. Bevor es über die Brücke geht, links in Richtung Latzfons abzweigen und der großteils einspurigen Straße taleinwärts folgen. Nach dem Gasthof Mühlele am Fahrbahnrand parken und das letzte Stück zu Fuß über die Gernsteinstraße hinaufgehen.
Exif-Daten: Canon EOS 5D Mark II | 24–70 mm @ 28 mm | f/5 | 1/640 s
Aufnahmedatum: 17.08. – 10:31 Uhr

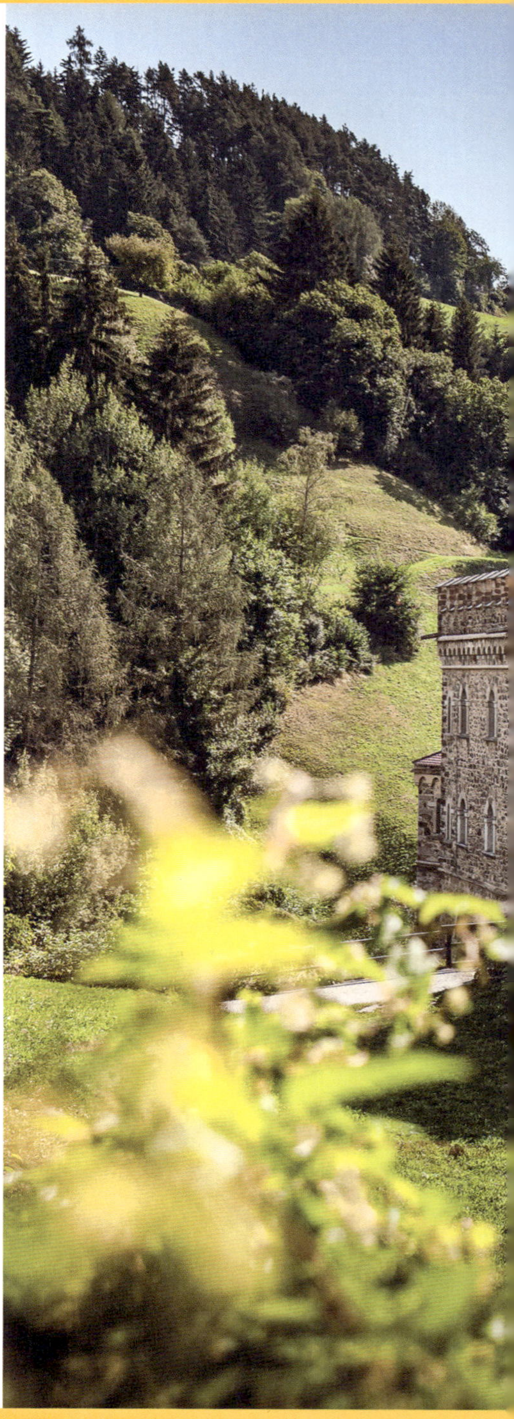

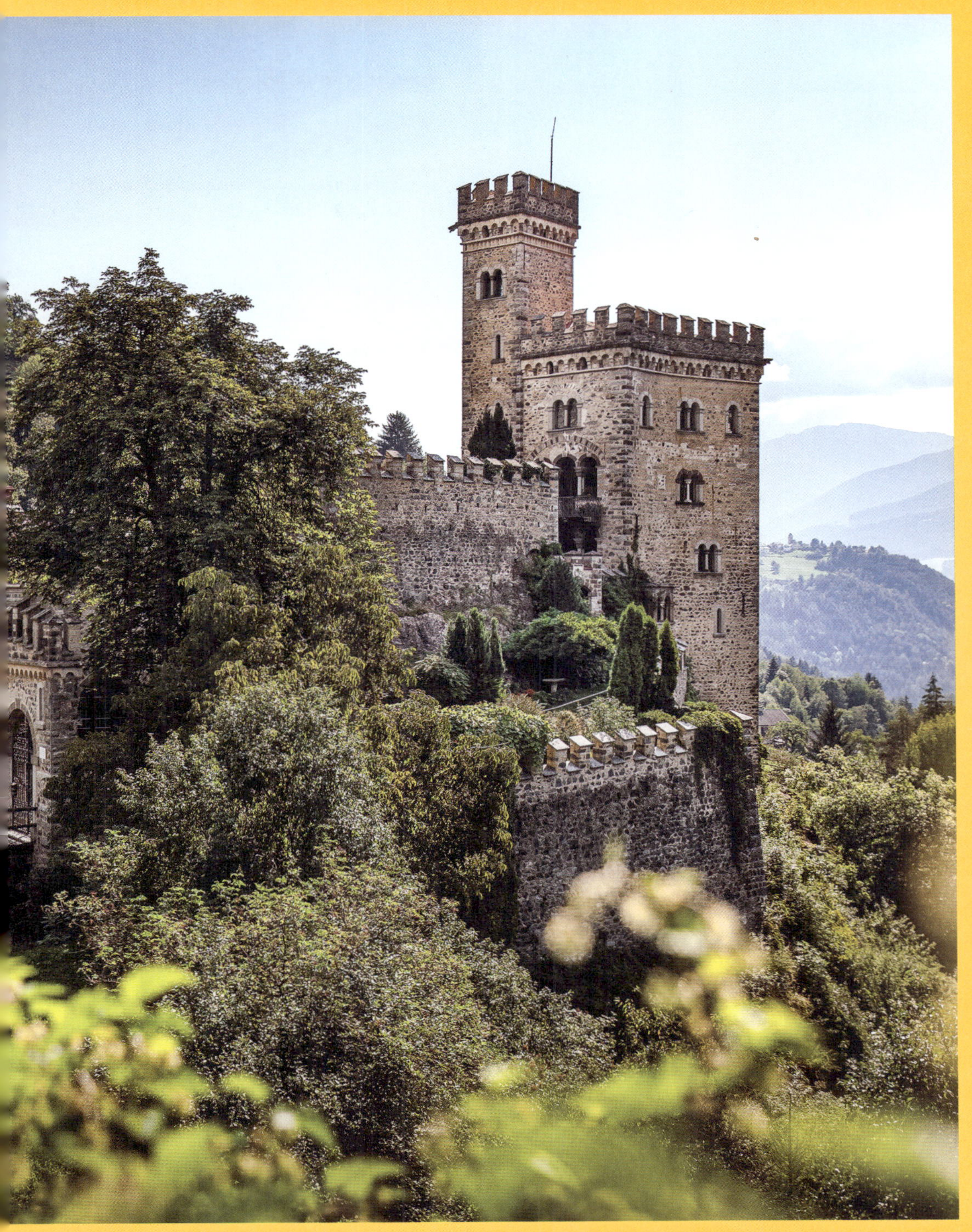

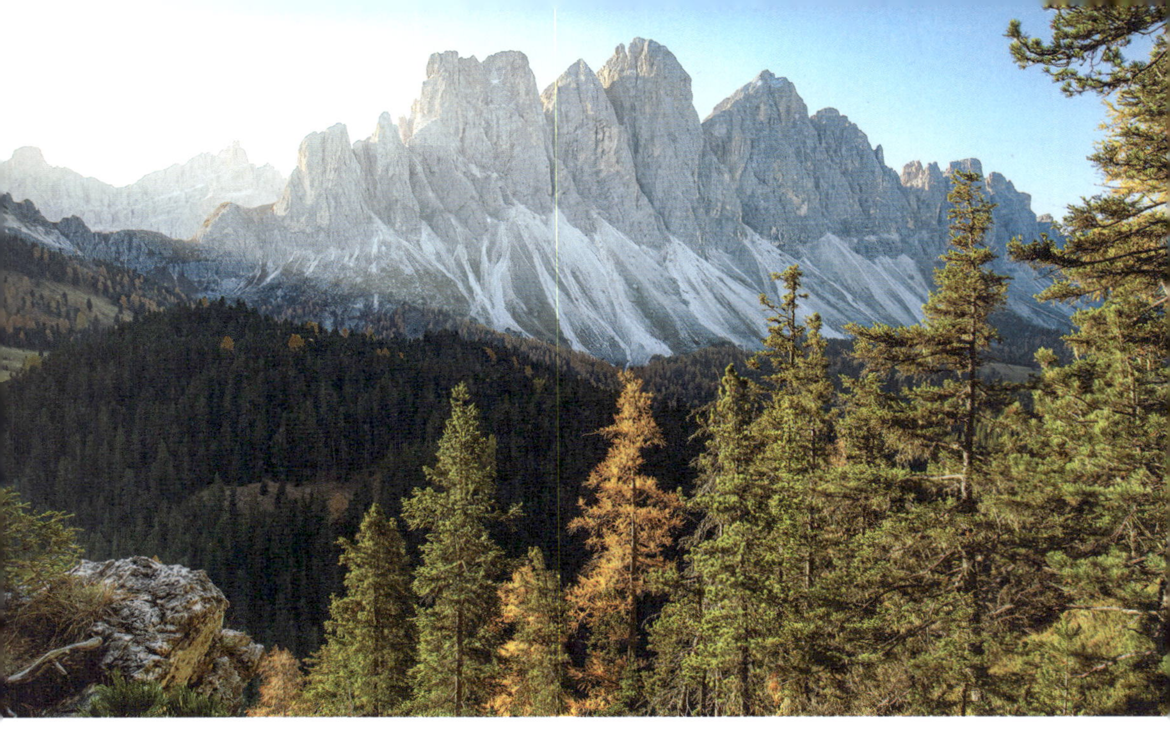

26 Der Günther Messner Steig

Spitzenwanderung mit kurzer Kletterpassage

Benannt wurde diese anspruchsvolle Tour nach dem verunglückten Bruder von Reinhold Messner. Sie erfordert einiges an Kondition, beste Wetterverhältnisse, Trittsicherheit und Schwindelfreiheit. Zur eigenen Sicherheit ist die Mitnahme eines Klettersteigsets angeraten. Als Belohnung winkt ein Bergerlebnis in grandioser Landschaft, in der man garantiert keinen Menschenmassen begegnet.

Ausgangspunkt der ausgedehnten Panoramatour ist der Parkplatz/die Bushaltestelle bei der Zanser Alm. Es geht rechts am Treffpunkt Zans (1.677 m) vorbei, wo man zunächst der Markierung Nr. 25 hinauf zum Tullen folgt. Immer mit einem großartigen Blick auf die Geislerspitzen steigt der Weg zuerst durch den Wald, dann über Wiesenhänge bald mehr, bald weniger steil an.

Nach etwa 2 Stunden wechselt man auf die Markierung GM und folgt nun rechts hinauf dem Günther Messner Steig. Zuerst wieder aufwärts, dann eben dahin führt der Weg über die Almböden bis zur Abzweigung zum Tullen. Wer genügend Ausdauer hat, kann in ca. 20 Minuten über einen teils gesicherten Pfad den 2.653 m hohen Gipfel recht einfach

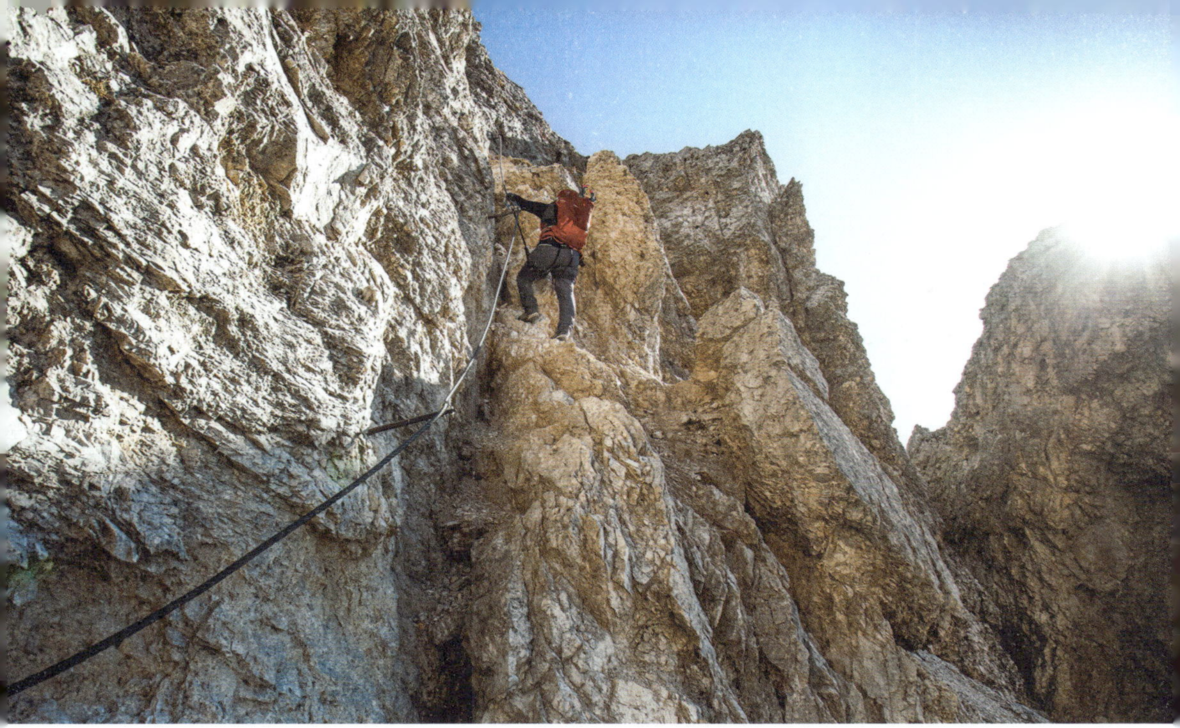

Bereits beim Aufstieg zum Günther Messner Steig hat man eine traumhafte Aussicht auf die Geislerspitzen {Canon EOS 5D Mark II | 17–40 mm @ 22 mm | f/9 | 1/125 s} {GPS: 46.641807, 11.778373}

Die Mitnahme eines Klettersteigsets ist ratsam, um einige drahtseilgesicherte Passagen in Sicherheit zu meistern

besteigen und wird oben mit einem atemberaubenden Rundumblick belohnt.
Wieder zurück an der Weggabelung geht es nun über den Günther Messner Steig weiter in eine mit Drahtseilen gesicherte Rinne (A). Ein teilweise luftiger Pfad führt jetzt im stetigen Auf und Ab weiter über den Grat der Aferer Geisler. Auf einen einfachen gesicherten Abschnitt folgt die nächste etwas schwierigere Passage, bei der man zwischen zwei Varianten wählen kann. Entweder entscheidet man sich gleich hier für die schwierigere Option (C) oder man geht ein Stück weiter hinunter zur zweiten, leichteren Aufstiegsmöglichkeit (A). Der weitere Wegverlauf ist wieder derselbe. Es kommt nun eine reine Gehstrecke, auf der man sich wieder der prächtigen Aussicht widmen kann, dann aber gelangt man wiederum in eine mit Drahtseilen gesicherte Rinne (A). Es geht wieder ein gutes Stück weiter und anschließend klettert man noch eine 15 m hohe Leiter hinauf (A/B). Nun sind alle Klettersteigpassagen überwunden, es gilt aber nochmals kurz eine mit Drahtseilen gesicherte Wegstelle zu bewältigen. Nach insgesamt rund 4:45 Stunden hat man schließlich alle Herausforderungen hinter sich gelassen und kann die reizvolle

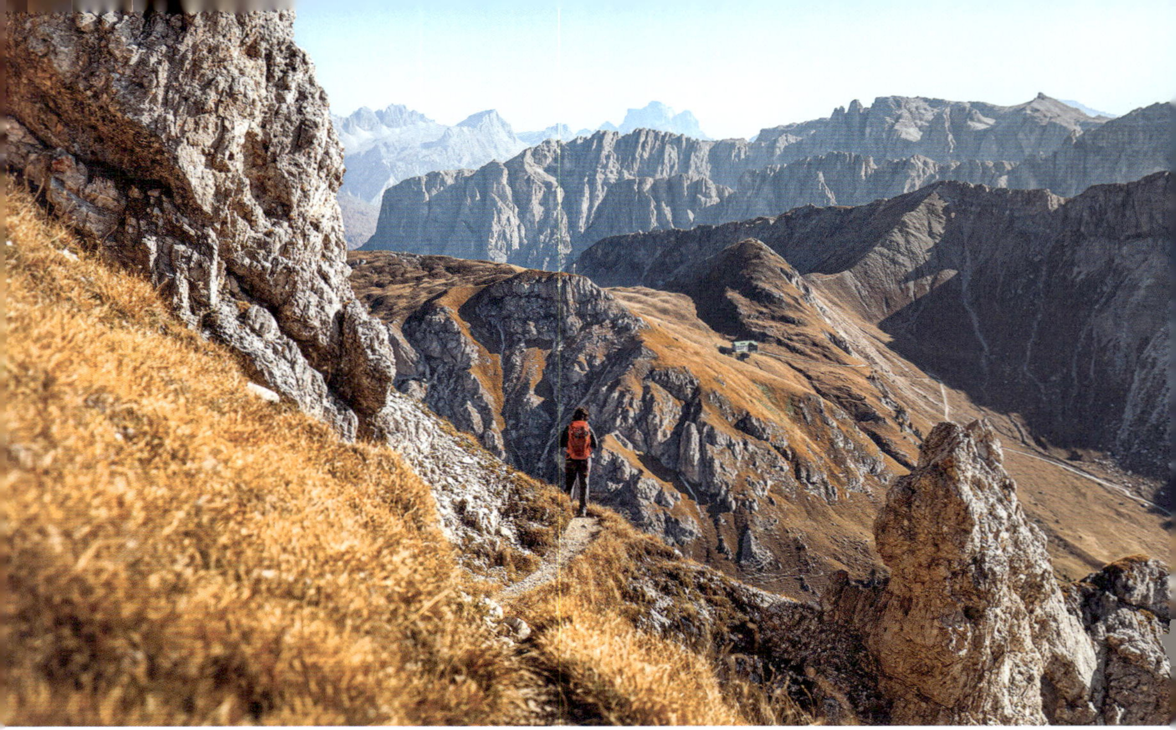

Klettersteigartige Passagen und Wandergelände wechseln sich reizvoll ab

Aussicht auf das Gadertal genießen. Danach geht es über wiesenbewachsene Berghänge unschwierig hinunter zur Schlüterhütte (2.306 m) und von dort in 30 Minuten weiter über den Weg Nr. 33 zur Gampenalm (2.062 m). Auf dem breiten Wanderweg Nr. 33 gelangt man ganz gemütlich zum Ausgangspunkt bei der Zanser Alm zurück.

Eine Bergtour der Extraklasse mit vielen landschaftlichen Highlights. Kondition und Trittsicherheit sind unbedingt notwendig. Zur Sicherheit sollte man ein Klettersteigset dabeihaben.

Nach Klausen hinein in das Villnößtal bis nach St. Magdalena und dort der Beschilderung zur Zanser Alm folgen, wo sich ein gebührenpflichtiger Parkplatz befindet.

(schwer)

- Gebiet: Eisacktal und Wipptal, Südtirol
- Tal: Villnößtal
- Start/Ziel: Parkplatz/Bushaltestelle bei der Zanser Alm (gebührenpflichtig)
- Dauer: 6:45 Std.
- Strecke: 15,6 km
- Aufstieg/Abstieg: 1.297 Hm
- Wann: Sommer, Herbst

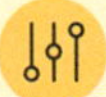

Landschaft: ●●●●●
Abwechslung: ●●●●●
Kondition: ●●●●●
Technik: ●●●●●

ja

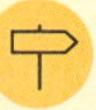

Parkplatz Zanser Alm (1.677 m) → Weg Nr. 25, später Markierung GM zum Tullen (2.653 m) → unterhalb vom Tullen auf den Günther Messner Steig → Markierung GM, später Nr. 35 zur Schlüterhütte (2.306 m) → Weg Nr. 33 zur Gampenalm (2.062 m) → Weg Nr. 33 zurück nach Zans

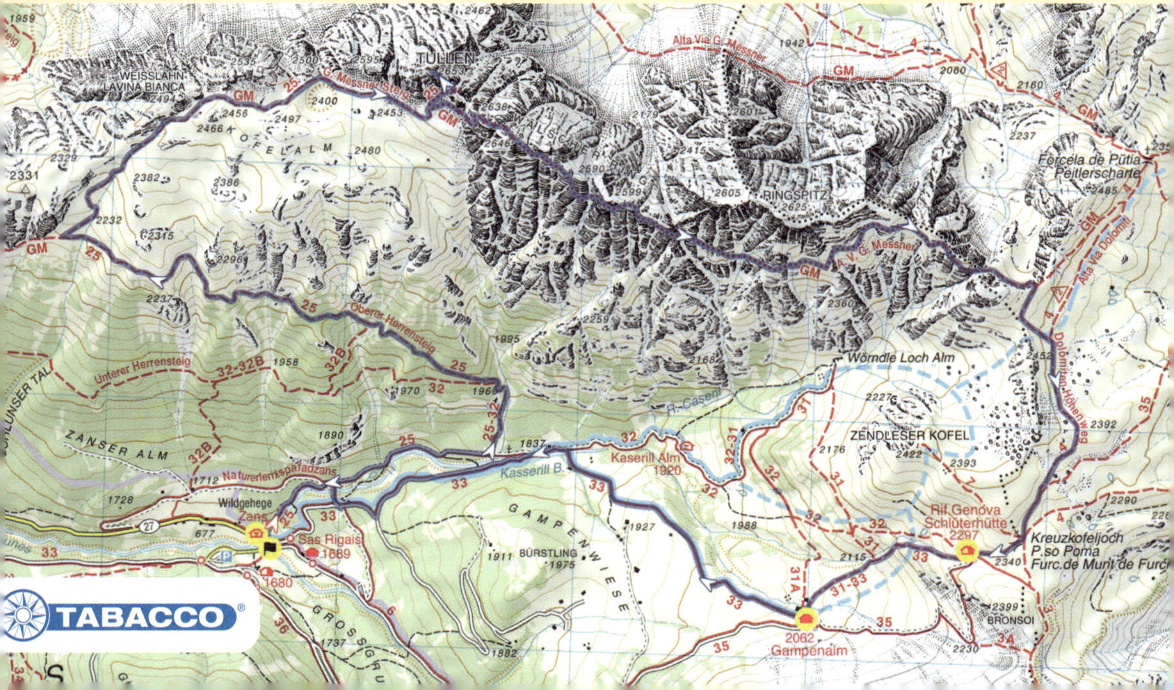

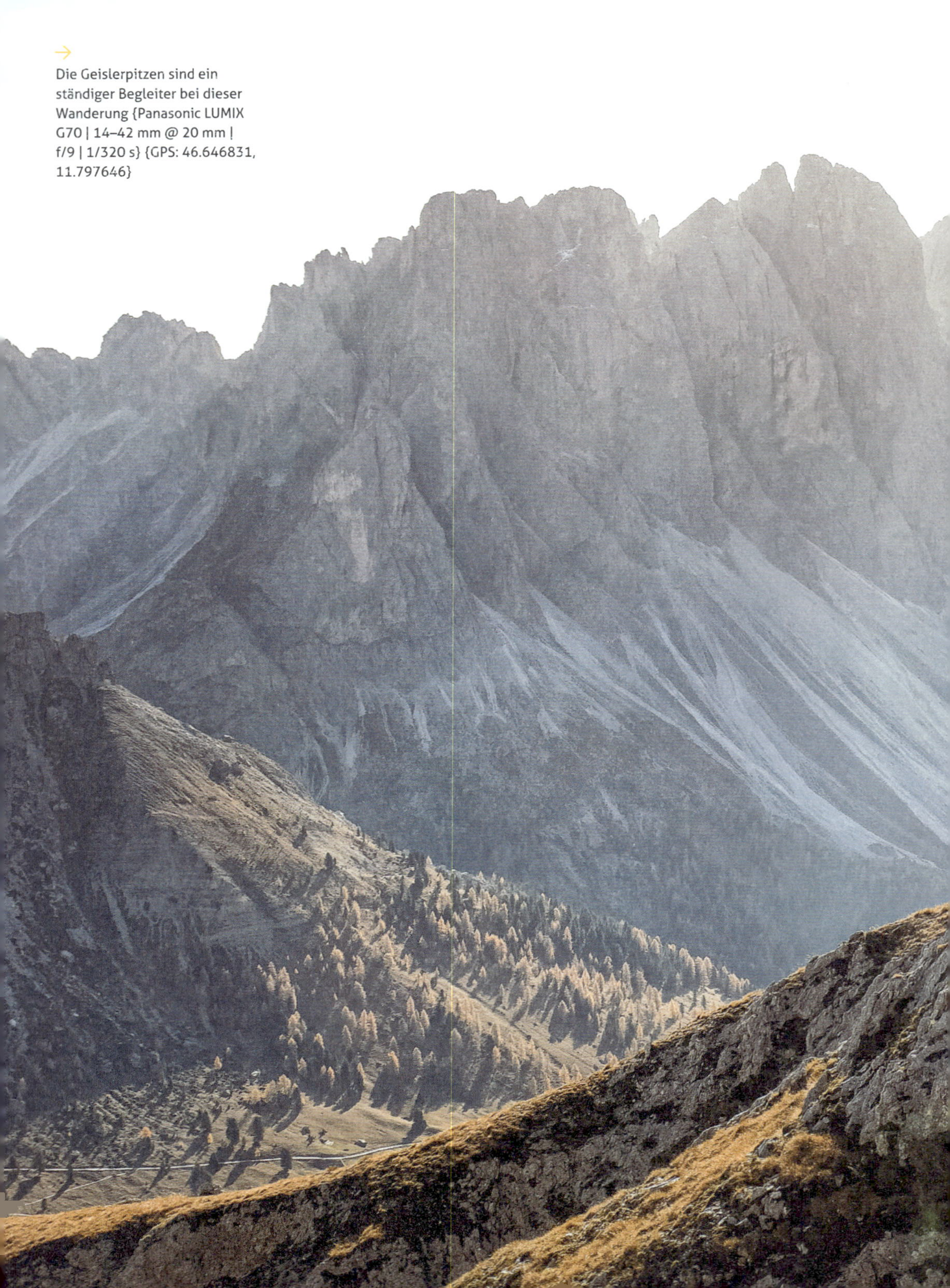

→
Die Geislerpitzen sind ein ständiger Begleiter bei dieser Wanderung {Panasonic LUMIX G70 | 14–42 mm @ 20 mm | f/9 | 1/320 s} {GPS: 46.646831, 11.797646}

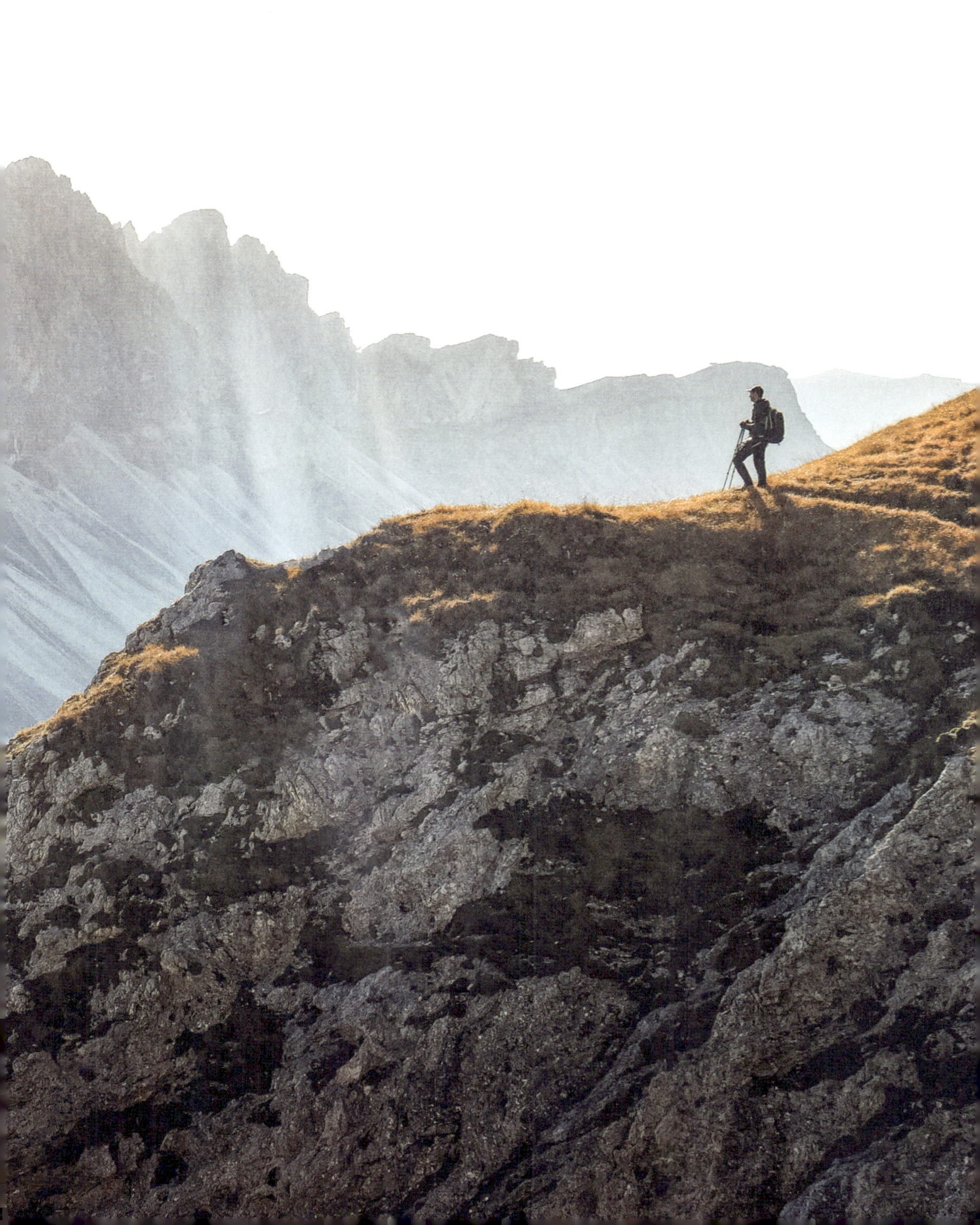

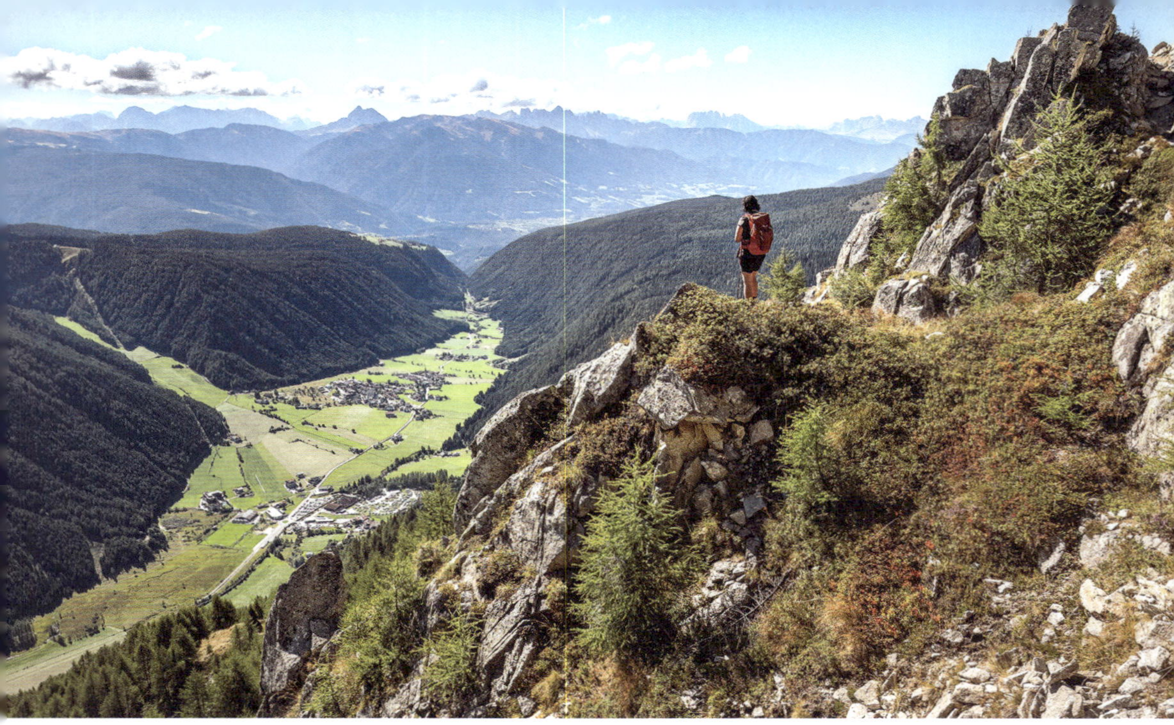

27 Zur Fane Alm

Über den Rotensteiner Höhenweg

Eine ausgedehnte und an einigen Stellen sehr abschüssige Wanderung findet sich hier in den Pfunderer Bergen. Am höchsten Punkt lädt der Marblsee zum Verweilen ein, bevor man sich beim Abstieg in einer der bewirtschafteten Hütten auf der urigen Fane Alm eine wohlverdiente Stärkung gönnt.

Den ersten Aufstieg dieser Tour bewältigt man ohne Muskelkraft mit der Bergbahn Jochtal. An der Bergstation (2.007 m) wendet man sich nach rechts und steigt über die Markierung Nr. 9 leicht zum Valler Jöchl (1.932 m) ab. Mäßig ansteigend quert man nun auf dem Rotensteiner Höhenweg die steilen Bergwiesenhänge. Mag der Wegverlauf anfangs nicht sonderlich aufregend erscheinen, ändert sich das mit jedem zurückgelegten Meter. Nach zwei Geröllfeldern heißt es auch einige Passagen überwinden, die mit einer Kette gesichert sind. Dabei weitet sich der Blick auf das Valser Tal zunehmend. Nach rund 3,5 km geht es wieder leicht bergab, vorbei am Peachenjöchl (2.201 m) bis zur darauffolgenden Gabelung. Man zweigt links auf den Steig Nr. 18A ab, der zur Ochsenalm (2.155 m) und anschließend

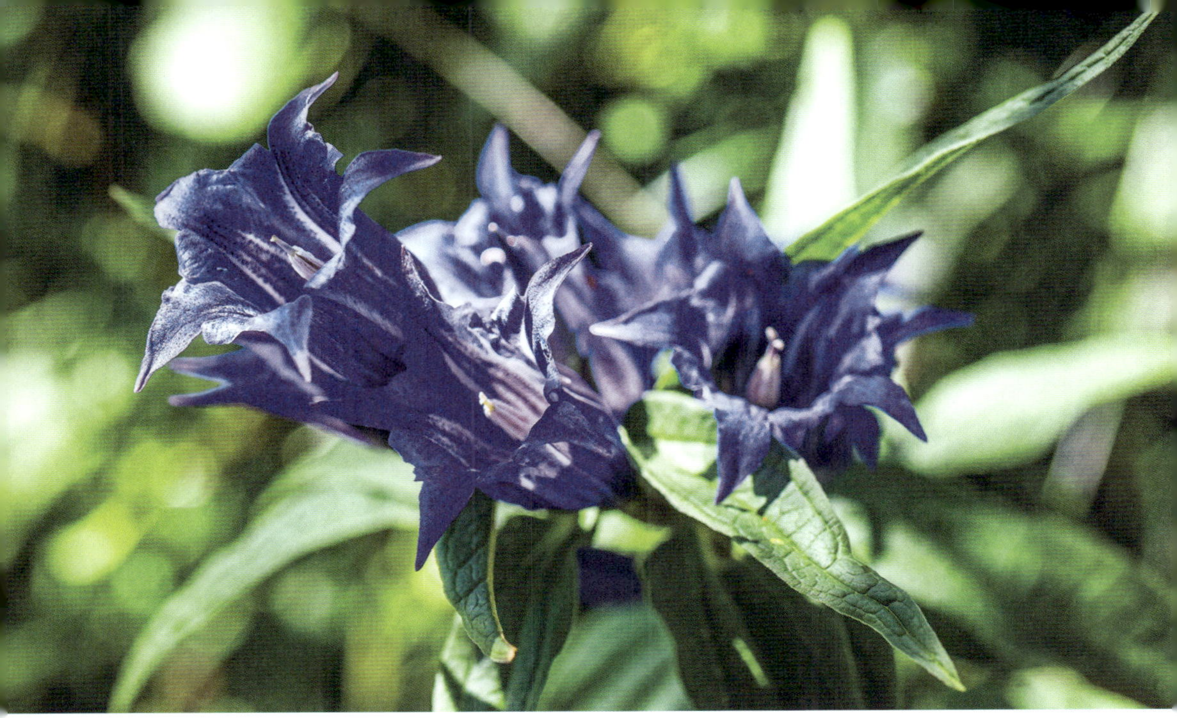

Der Blick entlang des Rotensteiner Höhenwegs hinab auf das Valser Tal {Canon EOS R6 | 24–70 mm @ 24 mm | f/8 | 1/250 s} {GPS: 46.864320, 11.603902}

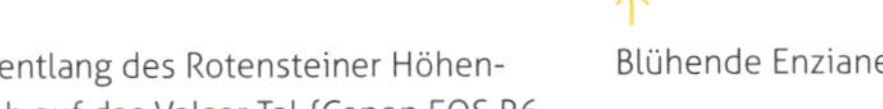

↑ Blühende Enziane

zur Aschila Alm führt. Das Hinweisschild „Trittsicherheit erforderlich" sollte unbedingt beachtet werden, denn der ausgesprochen schmale Pfad führt durch einen extrem abschüssigen Hang. Wer keine Probleme mit solchen Wegverhältnissen hat, kann sich auf eine wunderschöne Passage freuen. Bei der Aschila Alm (2.255 m) wird es nun etwas anstrengend, denn über einen knackigen Steig (18A) geht es steil aufwärts zum Marblsee (2.397 m). Nach insgesamt knapp 3 Stunden hat man schließlich diesen höchsten Punkt der Wanderung erreicht. Am Seeufer lohnt sich eine Rast, bevor man zur Aschila Alm und dann auf dem Weg Nr. 9A in 50 Minuten noch weiter bis zu Fane Alm (1.739 m) absteigt. Die Entstehung des Almdorfs geht auf das Mittelalter zurück, wo man es als Lazarett für Pest- und Cholerakranke eingerichtet hatte. Heute finden sich hier mehrere Almhütten, die zur Stärkung einladen. Für den Rückweg folgt man der Markierung Nr. 17 in Richtung Vals und kann sich dabei an einigen Stationen über die Milchwirtschaft in Südtirol kundig machen. Das letzte Teilstück führt neben einer Asphaltstraße talauswärts zur Talstation der Bergbahn Jochtal.

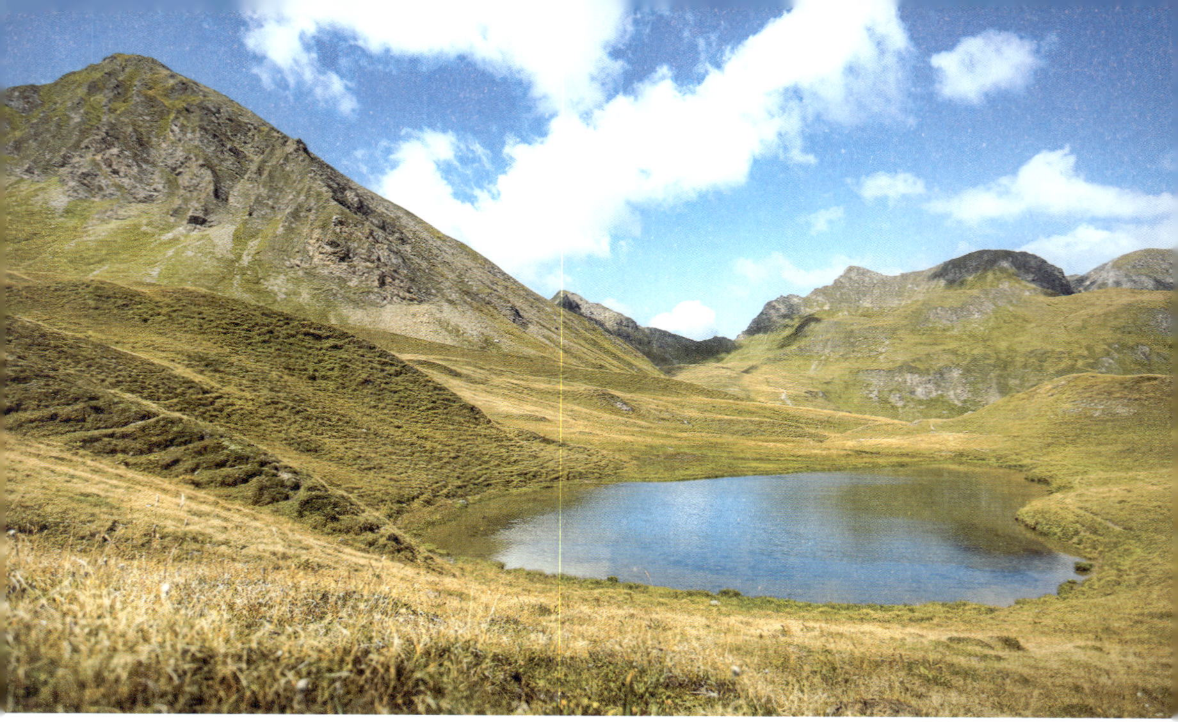

↑ Der Marblsee auf 2.397 m lädt zu einer Rast ein

↓ Die Fane Alm im Valser Tal ist das wohl schönste Almdorf Südtirols {Canon EOS R6 | 70–200 mm @ 105 mm | f/3,5 | 1/1000 s}

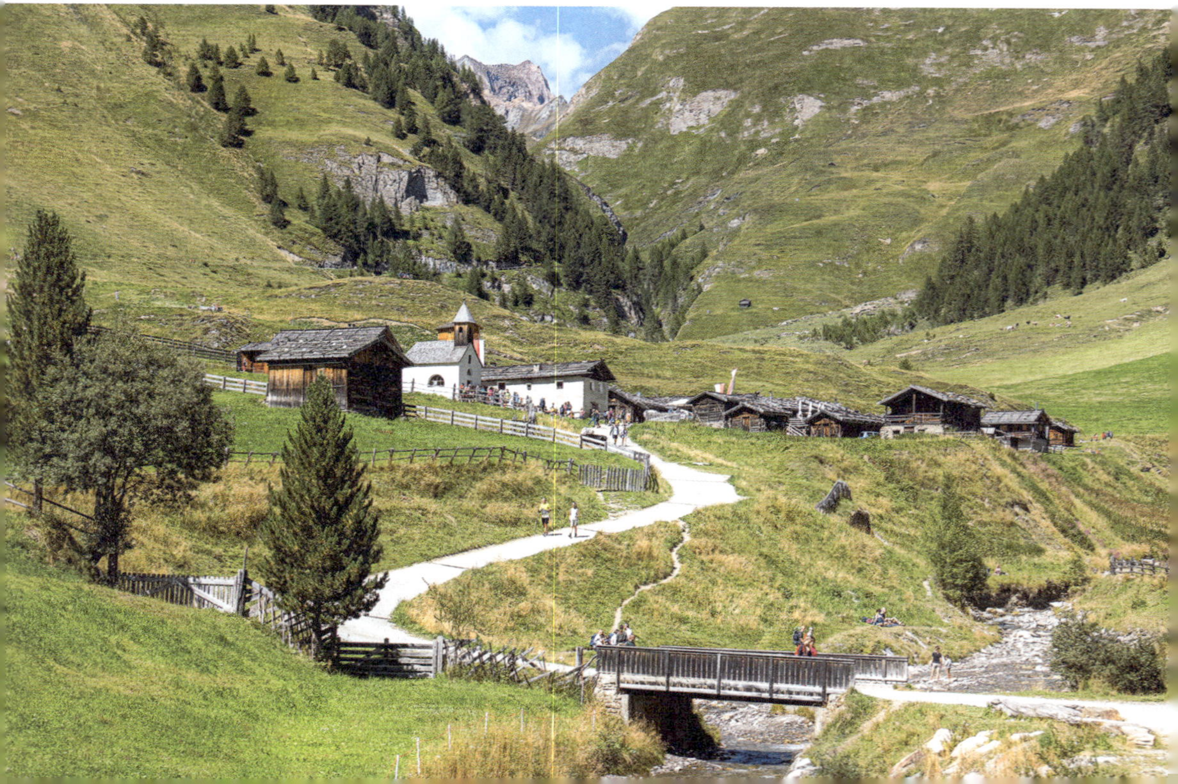

Trittsicherheit und Schwindelfreiheit sind bei dieser Tour durch die abschüssigen Wiesenhänge unabdingbar. Das anspruchsvolle Wandererlebnis punktet aber mit einer herrlichen Aussicht, einem Bergsee und dem Besuch des schönsten Almdorfes von Südtirol.

Von Brixen nach Mühlbach und dort der Beschilderung nach Vals und dem Ski- und Wandergebiet Jochtal folgen. Die Station der Bergbahn Jochtal befindet sich auf der linken Talseite.

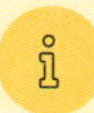

(schwer)

- Gebiet: Eisacktal und Wipptal, Südtirol
- Tal: Valser Tal
- Start/Ziel: Talstation Bergbahn Jochtal
- Dauer: 5:15 Std.
- Strecke: 14,1 km
- Aufstieg: 629 Hm
- Abstieg: 1.260 Hm
- Wann: Sommer, Herbst

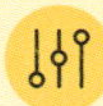

Landschaft: ●●●●○
Abwechslung: ●●●●○
Kondition: ●●●●○
Technik: ●●●●○

ja

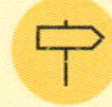

Talstation Bergbahn Jochtal (1.374 m) → Bergstation (2.007 m) → Weg Nr. 9 Valler Jöchl (1.932 m) → Rotensteiner Höhenweg → Weg Nr. 18A Aschila Alm (2.255 m) → Weg Nr. 18A Marblsee (2.397 m) → Weg Nr. 18A Aschila Alm → Weg Nr. 9A Fane Alm (1.739 m) → Weg Nr. 17 Vals und Talstation Bergbahn Jochtal

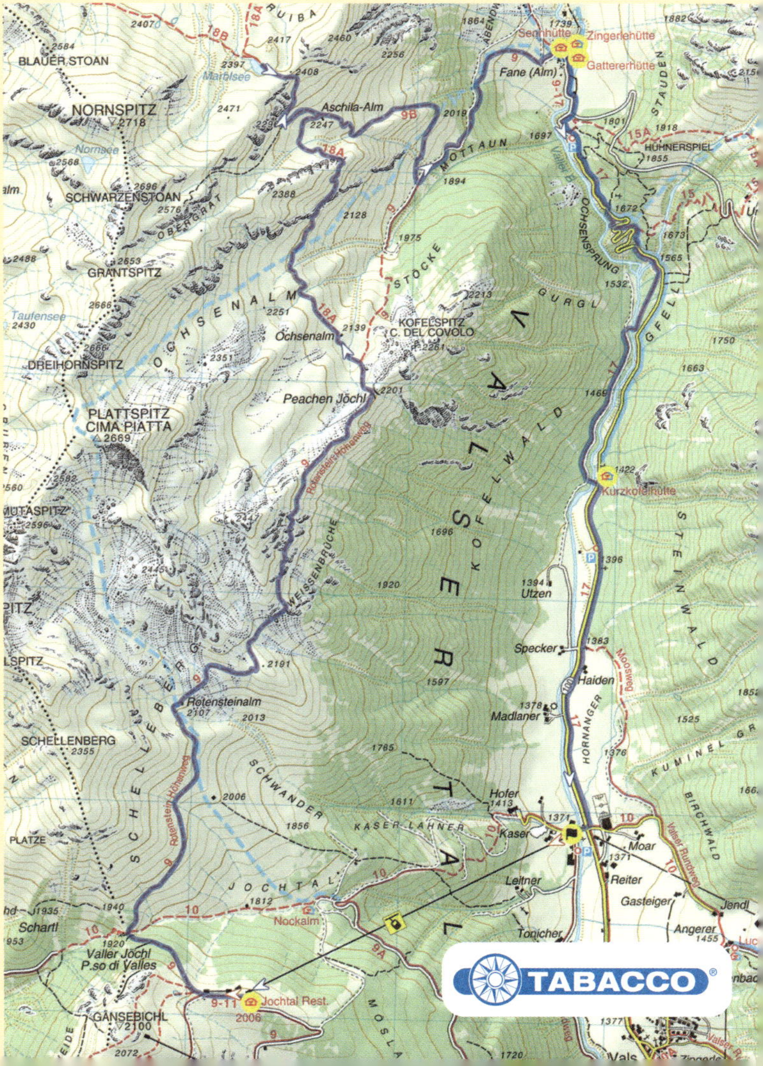

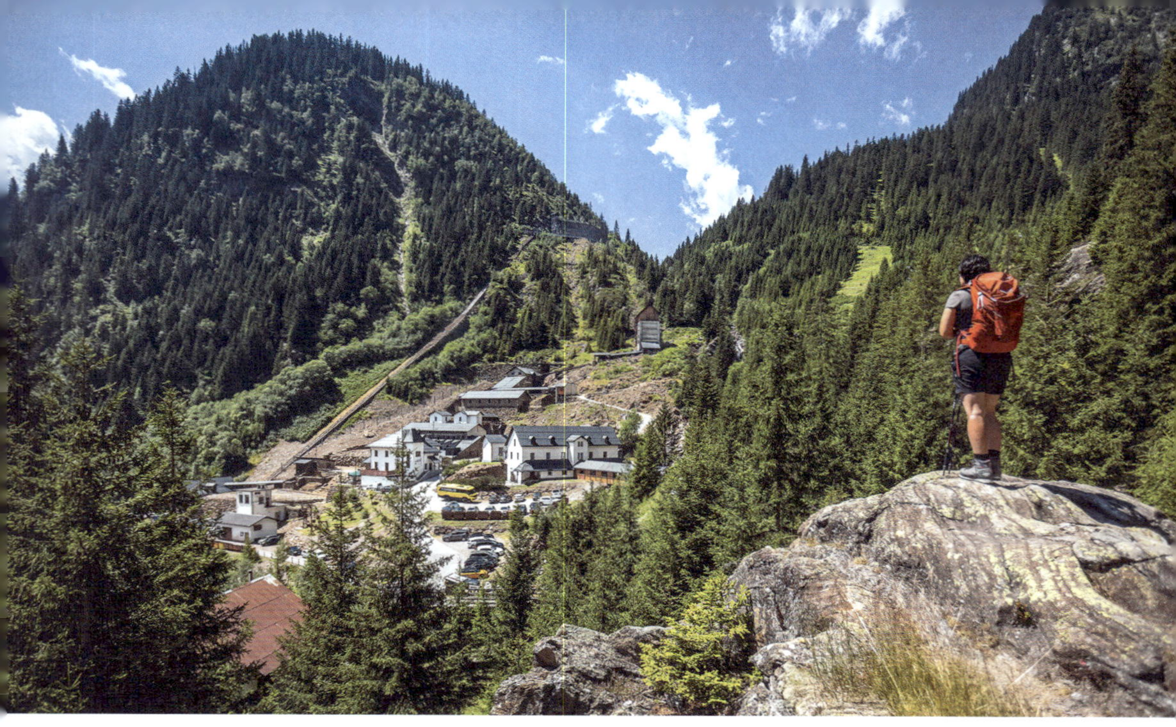

28 Durch die Burkhardklamm

Imposante Schluchtenwanderung zur Aglsbodenalm

Am Talschluss des Ridnauntals befindet sich die wildromantische Burkhardklamm. Wegen ihrer zwei Wasserfälle und der leichten Erreichbarkeit ist sie zu jeder Jahreszeit ein lohnendes Ziel. Ob zu Fuß oder mit Schneeschuhen, es lassen sich sicher immer wieder neue, unvergessliche Fotomotive finden.

Ausgangspunkt dieser vielseitigen Wanderung ist der Parkplatz bei der BergbauWelt Ridnaun (1.406 m). Dort folgt man der Straße noch ein Stück taleinwärts und zweigt dann rechts auf die Markierung Nr. 9 zur Burkhardklamm ab. Recht steil geht es nun durch den Wald bergauf, anfangs mit einem faszinierenden Blick auf die europaweit einzigartige Übertage-Erztransportanlage des Bergwerks. Hier wurde das Erz aufbereitet, das am Schneeberg (Wanderung auf Seite 74) abgebaut wurde.
Nachdem man eine unschwierige, mit Drahtseil gesicherte Passage und einige Steinstufen hinter sich gelassen hat, wird der Aufstieg allmählich flacher. Bald darauf trifft man auf den tosenden Fernerbach, wandert an dessen linkem Ufer stetig weiter bis zu einer Holzbrücke, die man überquert. Nach rund 50 Minuten ist der Eingang zur Burk-

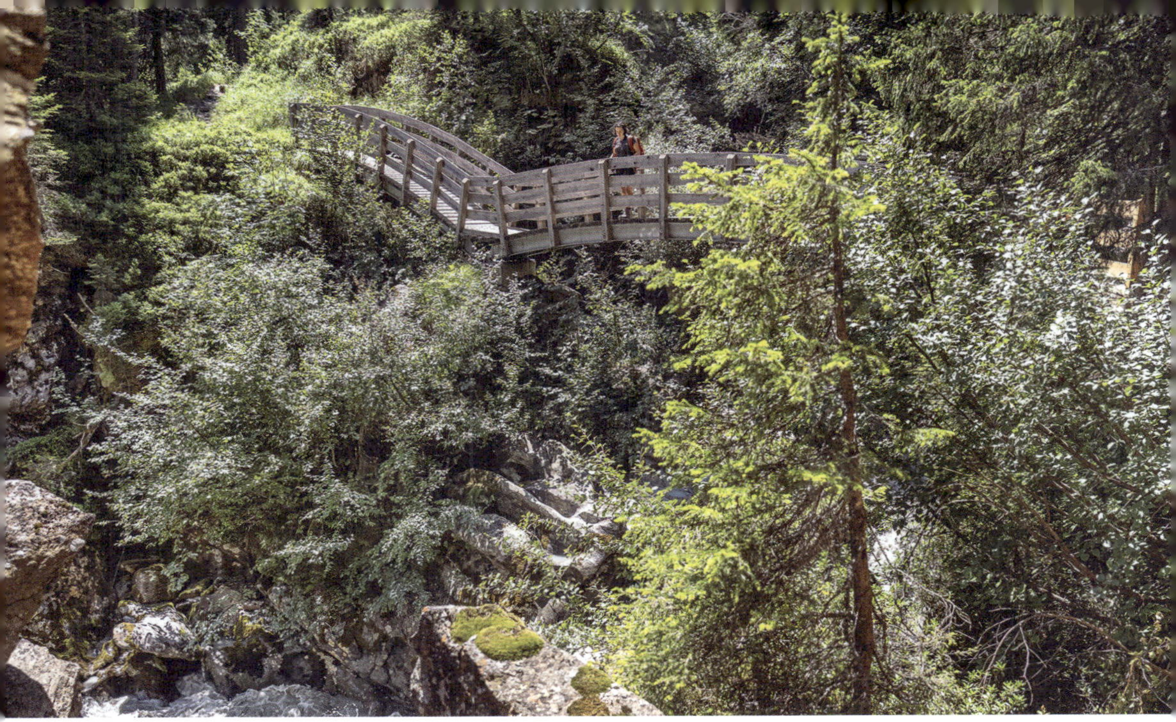

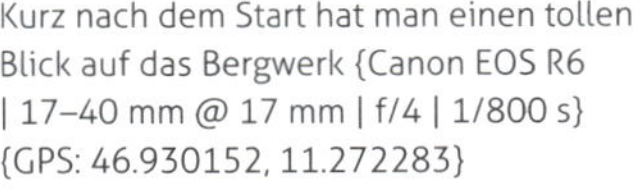

Kurz nach dem Start hat man einen tollen Blick auf das Bergwerk {Canon EOS R6 | 17–40 mm @ 17 mm | f/4 | 1/800 s} {GPS: 46.930152, 11.272283}

Die doppelbogige Brücke in der Burkhardklamm {GPS: 46.937372, 11.256698}

hardklamm (1.587 m) erreicht und nun kann es über einen gut gesicherten Pfad (8) an die Erkundung dieser beeindruckenden Schlucht gehen. Mehrere Aussichtspunkte geben den Blick auf die wilden Wassermassen frei, unterwegs überquert man zwei interessante Holzbrücken und ein paar Stege und kommt schließlich nach 30 Minuten an der Wassersperre am Aglsboden (1.702 m) an, wo die Klamm jetzt zu Ende ist. Hat man die Staumauer überquert, folgt man der Markierung Nr. 8 zur Aglsbodenalm (1.720 m), die man nach insgesamt 1:30 Stunde erreicht.
Um nicht auf demselben Weg zurückzukehren, folgt man weiterhin der Markierung Nr. 8 in Richtung Becherhaus. Gleich nach der Hütte geht es über eine abenteuerliche, tief gelegte Hängebrücke auf die andere Seite des Seezuflusses, der weiter oben als rauschender Wasserfall zwischen den Felswänden herabstürzt.
Ein schmaler Steig führt steil aufwärts und nach einigen 100 m zu einer Gabelung, an der man jetzt der Markierung Nr. 9 talauswärts in Richtung Maiern folgt. Von hier oben hat man einen schönen Blick auf den weiten Almboden und den mäandernden Bach.
Nach einem sanften Abstieg erreicht man

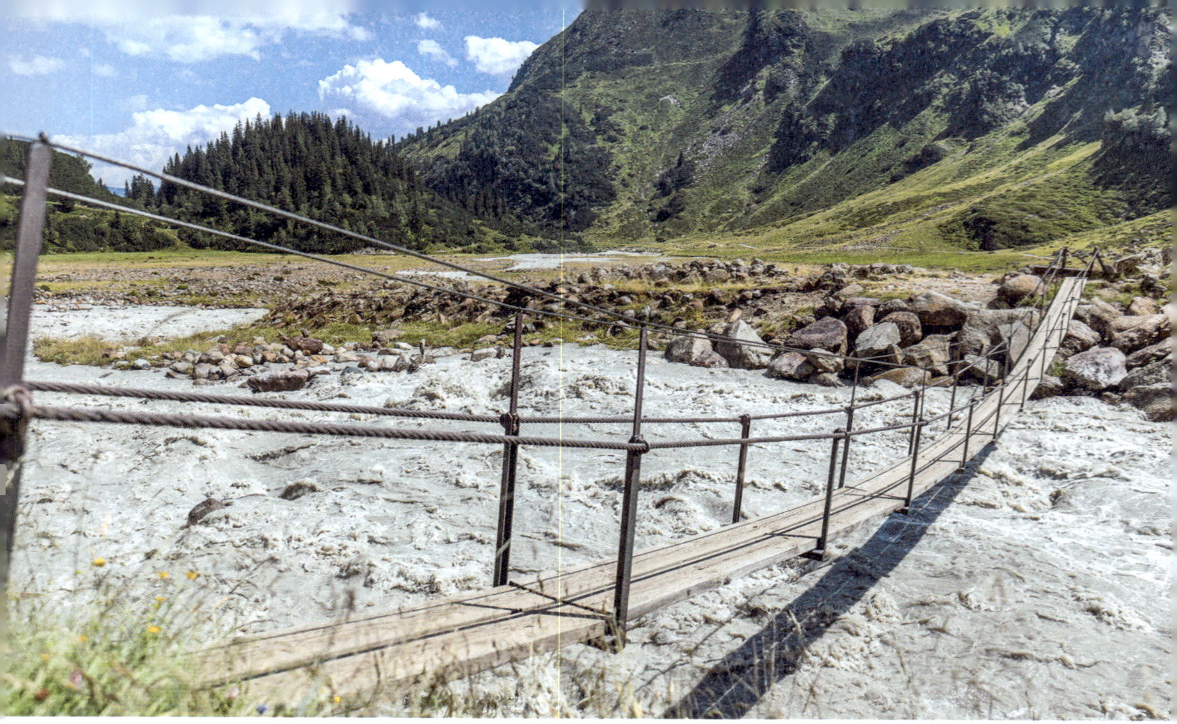

↑
Eine abenteuerliche Hängebrücke
über den Seezufluss bei der Aglsbodenalm

wieder die Staumauer, überquert sie abermals und schlägt nun die Forststraße mit der Markierung Nr. 8 ein. Auf dieser wandert man am Eingang der Burkhardklamm vorbei und gemütlich dem Ausgangspunkt entgegen. Am Ende biegt man auf den Waldsteig 8A ab und gelangt auf diesem schließlich zum Parkplatz.

Erlebnisreiche, familientaugliche Tour in den Stubaier Alpen, bei der sich immer wieder fantastische Einblicke in die Burkhardklamm ergeben.

Von Sterzing hinein in das Ridnauntal. Bushaltestelle und Parkplatz bei der BergbauWelt Ridnaun.

(leicht)

- Gebiet: Eisacktal und Wipptal, Südtirol
- Tal: Ridnauntal
- Start/Ziel: Bushaltestelle/ Parkplatz bei der Bergbau-Welt Ridnaun
- Dauer: 3:15 Std.
- Strecke: 7,5 km
- Aufstieg/Abstieg: 412 Hm
- Wann: Sommer, Herbst, Winter

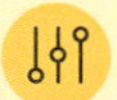

Landschaft: ●●●●○
Abwechslung: ●●●●○
Kondition: ●●●○○
Technik: ●●●○○

ja

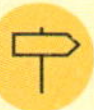

Parkplatz BergbauWelt Ridnaun (1.406 m) → Weg Nr. 9 zur Burkhardklamm → Weg Nr. 8 Aglsbodenalm (1.720 m) → Weg Nr. 8 in Richtung Becherhaus → Weg Nr. 9, später Nr. 8 in Richtung Maiern → Weg Nr. 8A BergbauWelt

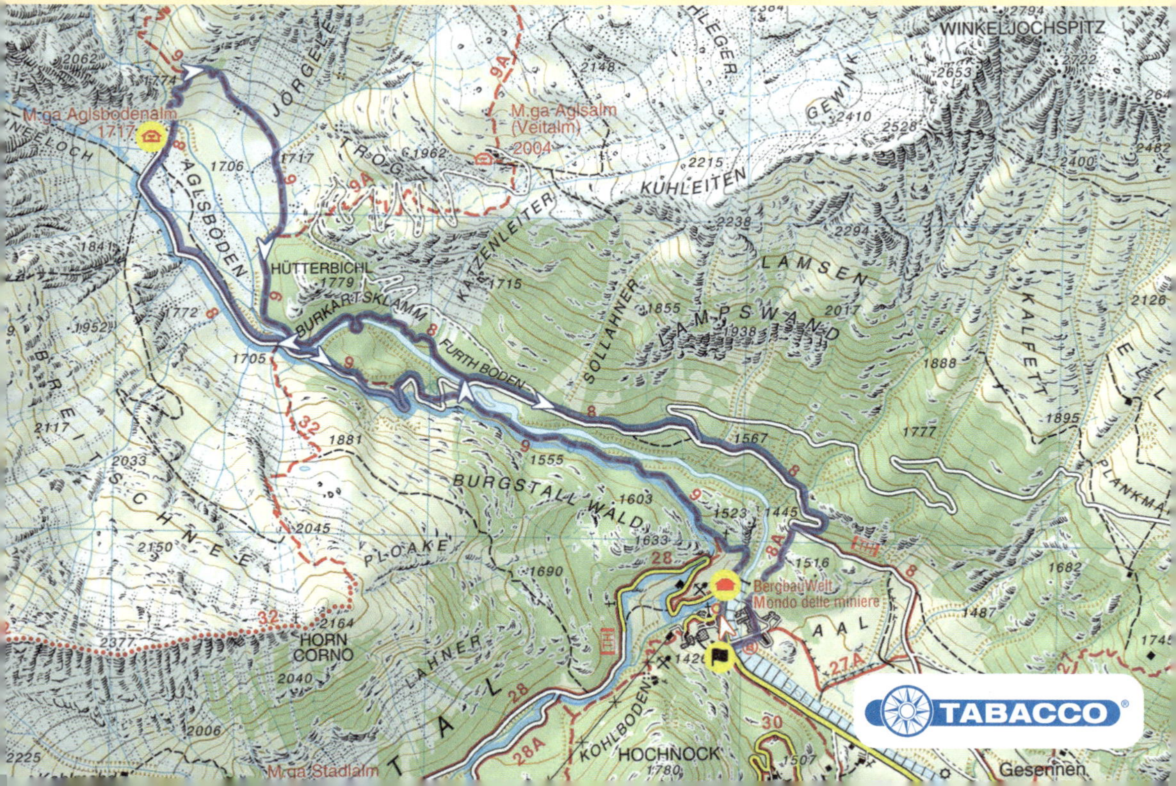

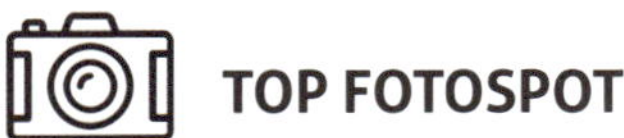

TOP FOTOSPOT

Zwölferturm, Sterzing

Sterzing ist nicht nur die nördlichste Stadt Südtirols, sondern auch die nördlichste Stadt Italiens. Ihr wohl bekanntestes Wahrzeichen ist sicherlich der Zwölferturm mitten im Zentrum. Der Turm wurde im Jahre 1470 über dem Stadttor erbaut und trennt die Altstadt von der Neustadt. Jeden Tag um 12 Uhr ruft die Glocke die Bewohner zur Mittagspause. Dies ist wahrscheinlich auch der Grund für die Namensgebung. Der Zwölferturm kann an einigen Tagen im Jahr besichtigt werden.

Koordinaten: 46.897093, 11.431919
Wie kommt man hin: In Sterzing gibt es mehrere Parkmöglichkeiten ganz in der Nähe des Zwölferturms, etwa in der Gänsbacherstraße und im Centrum Parkplatz. Vom Bahnhof aus erreicht man das Zentrum in nur 10 Gehminuten.
Exif-Daten: Canon EOS R6 | 70–200 mm @ 100 mm | f/2,8 | 1/500 s
Aufnahmedatum: 16.07. – 18:45 Uhr

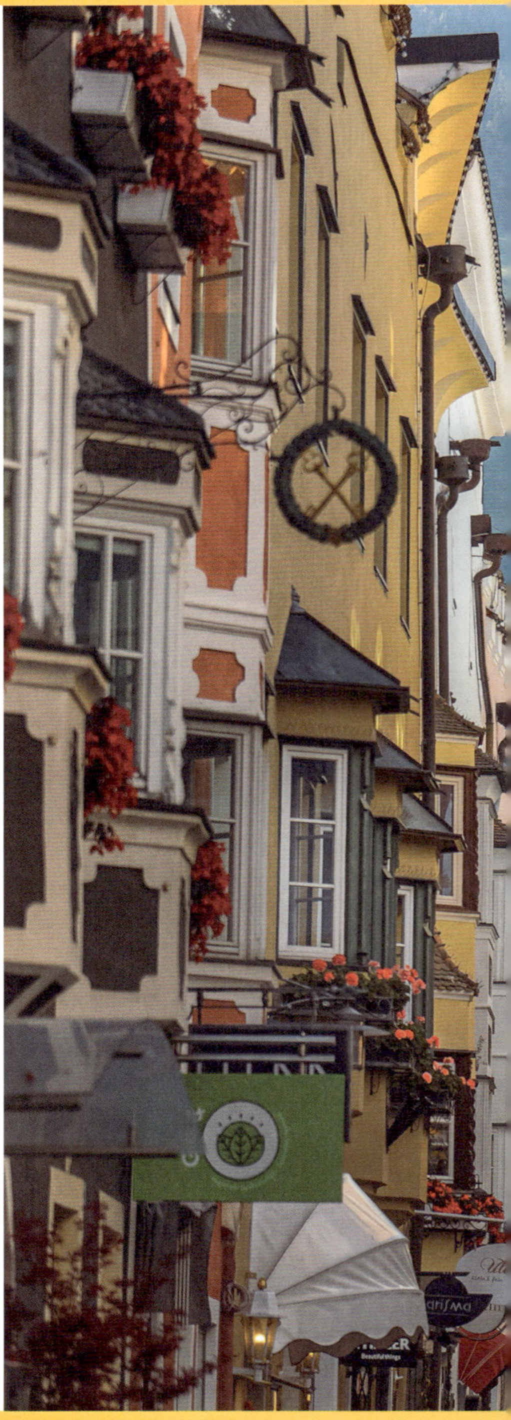

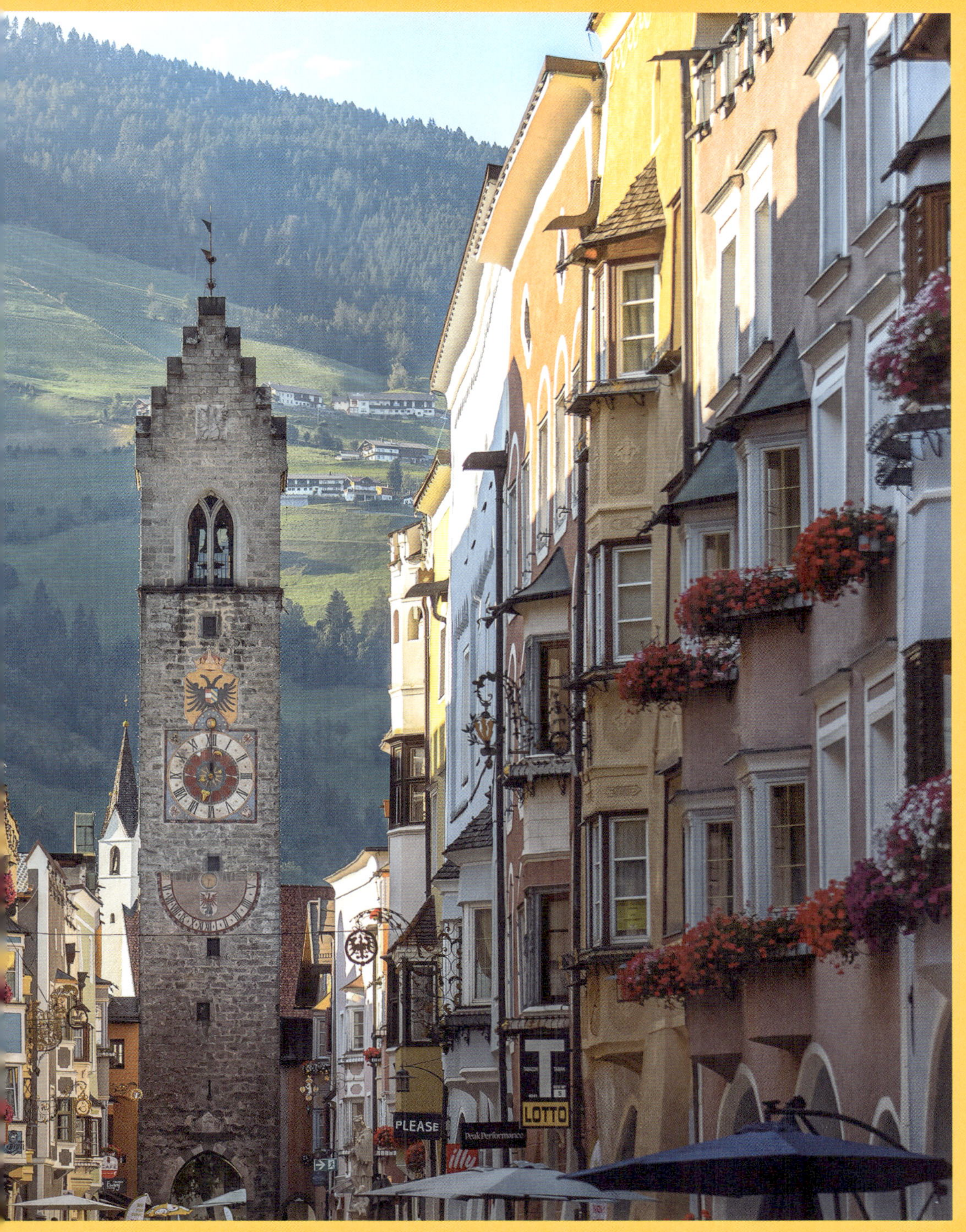
PLEASE
LOTTO
PeakPerformance
illy

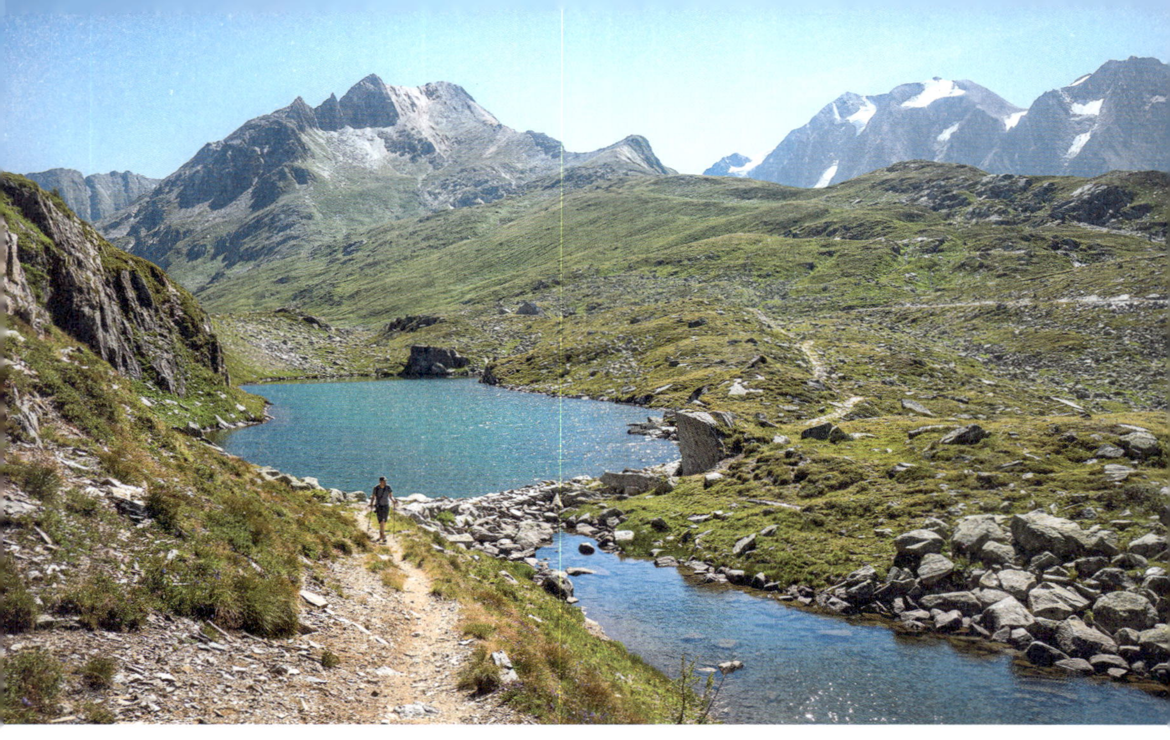

29 Zur Landshuter Europahütte

Über den Landshuter Höhenweg der Grenze entlang

Diese recht ausgedehnte Route führt hinauf auf das Pfitscher Joch und über den Landshuter Höhenweg zur Landshuter Europahütte in den Zillertaler Alpen. Mit der Hütte hat es eine besondere Bewandtnis: Ein Teil davon liegt auf italienischem, der andere auf österreichischem Staatsgebiet und betrieben wird sie von zwei Alpenvereinen, dem deutschen DAV und dem italienische CAI.

Ausgangspunkt dieser Tagestour ist der Parkplatz Arzwände (1.788 m), wo der Steig Nr. 3 hinauf zum Pfitscher-Joch-Haus beginnt. Recht anstrengend geht es das erste Stück durch den Wald bergauf, man überquert eine Forststraße und hat bald darauf die Baumgrenze erreicht. Hier kann man schon einmal den Blick über das Pfitscher Tal und die spitz aufragenden Berge schweifen lassen. Man wandert nun über herrliche Wiesen weiter bergwärts, überquert wiederum eine Straße und folgt dann den Serpentinen, die sich an ehemaligen Bunkern für die Grenzwächter vorbeischlängeln. Kurz darauf und nach rund 1:15 Stunde hat man das Pfitscher-Joch-Haus (2.276 m) und den etwas unterhalb gelegenen Jochsee erreicht. Nur fünf Minuten weiter steht man dann beim Grenzhäuschen des

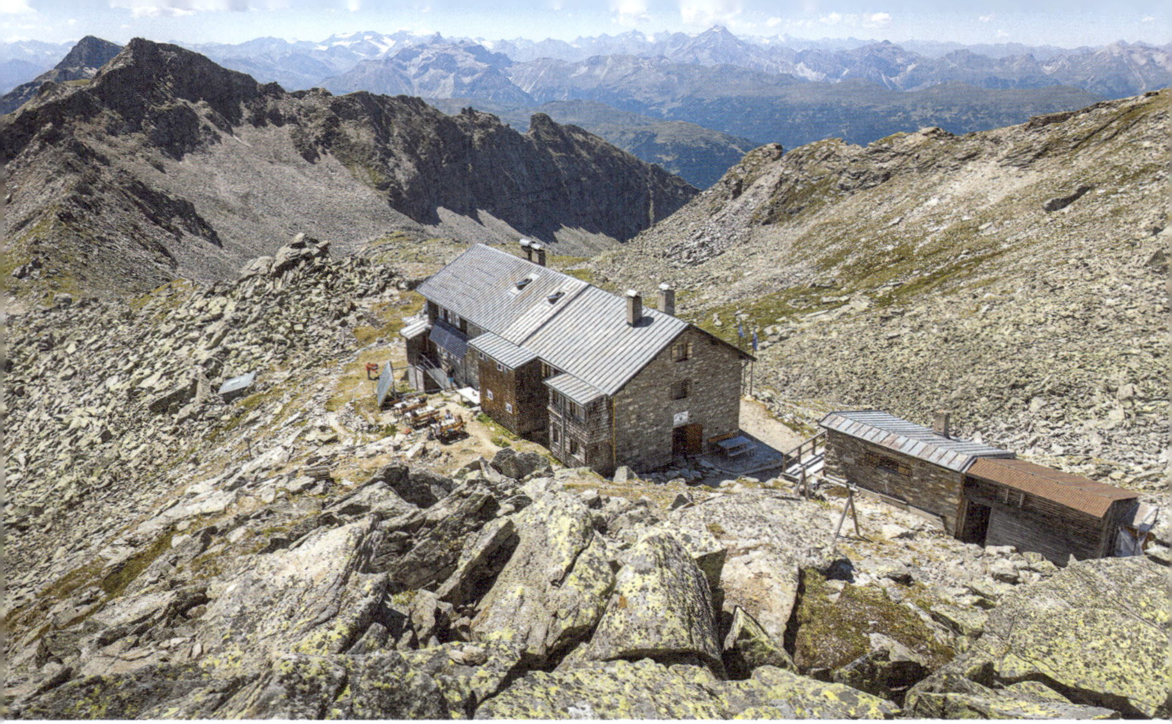

Vorbei an mehreren kleinen Seen führt der Weg über das Pfitscher Joch (2.246 m) {Panasonic LUMIX G70 | 7–14 mm @ 14 mm | f/7,1 | 1/400 s} {GPS: 46.994872, 11.653678}

Die Landshuter Europahütte (2.693 m) steht teilweise auf italienischem, teilweise auf österreichischem Staatsgebiet {Canon EOS R6 | 24–70 mm @ 24 mm | f/4,5 | 1/1000 s} {GPS: 46.997085, 11.581303}

Pfitscher Jochs (2.246 m), das das Pfitscher Tal mit dem Zillertal verbindet.
Ab hier erreicht man über den Landshuter Höhenweg (Nr. 3) in gut 2:30 Stunden die Landshuter Europahütte. Wer dieses Gelände mit den abschüssigen Wiesen- und Berghängen und dem Blockwerk genauer anschaut, wird bewundernd feststellen, dass die Wegebauer hier schon fast Unmögliches geleistet haben. Kurz vor der Schutzhütte wird es dann nochmal etwas anstrengender, dafür hat man sich dann nach insgesamt ca. 4 Stunden eine herzhafte Stärkung und das großartige Panorama auf der Terrasse der Hütte verdient.
Die Landshuter Europahütte (2.693 m) wurde hier im Jahre 1899 erbaut, als Südtirol noch zu Österreich gehörte. Nach Ende des Ersten Weltkrieges wurde die Grenze neu gezogen und seitdem verläuft sie mitten durch den Gastraum.
Der Rückweg führt großteils über den bereits bekannten Weg wieder in Richtung Pfitscher Joch. Nach etwas mehr als 5 km folgt man an einer Gabelung der Markierung Nr. 4A, später 4 hinunter nach Stein. Zuerst über eine Wiese, dann durch einen Wald und am Ende über einen steinigen Latschenhang erreicht man wieder den Parkplatz Arzwände.

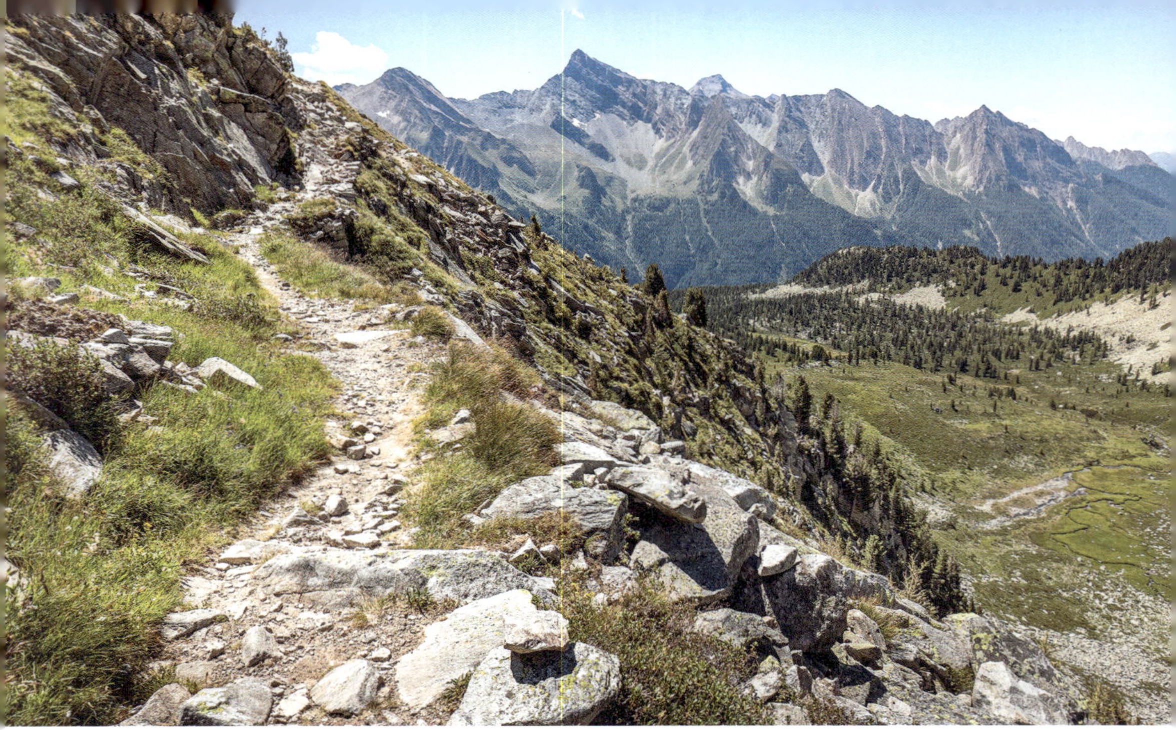

Der Landshuter Höhenweg verläuft durch eine beeindruckende Landschaft

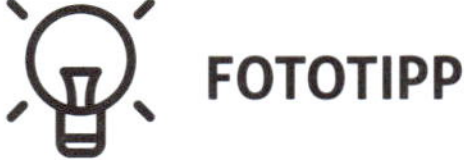

FOTOTIPP

Panoramen erstellen
Manchmal möchte man am liebsten die gesamte Landschaft auf einem Foto festhalten, da es rundum einfach so schön aussieht. Viele Kompaktkameras und Smartphones bieten dafür eine eigene Panoramafunktion an, mit der sich so eine Aufnahme ganz einfach erstellen lässt. Sollte die Funktion nicht verfügbar sein, fotografiert man mehrere sich überlappende Aufnahmen und fügt sie anschließend am PC im Bildbearbeitungsprogramm zusammen.
Beim Fotografieren am besten den Autofokus deaktivieren und in den manuellen Modus wechseln, damit Fokuspunkt und Belichtung unverändert bleiben.

Bei der 18 km langen Wanderung auf dem Landshuter Höhenweg sind Trittsicherheit und vor allem Ausdauer gefragt. Die Route führt durch eine reizvolle Landschaft und ist technisch wenig anspruchsvoll.

Bei Sterzing hinein ins Pfitscher Tal und bis ans Talende fahren. Unterhalb vom Gasthof Stein endet die Asphaltstraße und man zweigt rechts auf eine Schotterstraße in Richtung Pfitscher Joch ab. Dieser Straße folgt man ca. 4 km bis zum letzten Parkplatz (Arzwände).

(schwer)

- Gebiet: Eisacktal und Wipptal, Südtirol
- Tal: Pfitscher Tal
- Start/Ziel: Parkplatz Arzwände
- Dauer: 6:45 Std.
- Strecke: 18 km
- Aufstieg/Abstieg: 1.044 Hm
- Wann: Sommer

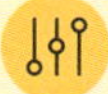

Landschaft: ●●●●○
Abwechslung: ●●●○○
Kondition: ●●●●●
Technik: ●●●○○

ja

Parkplatz Arzwände (1.788 m) → Weg Nr. 3 zum Pfitscher-Joch-Haus (2.276 m) → Landshuter Höhenweg zur Landshuter Europahütte (2.693 m) → Weg Nr. 3 in Richtung Pfitscher Joch → Weg Nr. 4A in Richtung Stein → Weg Nr. 4 Parkplatz Arzwände

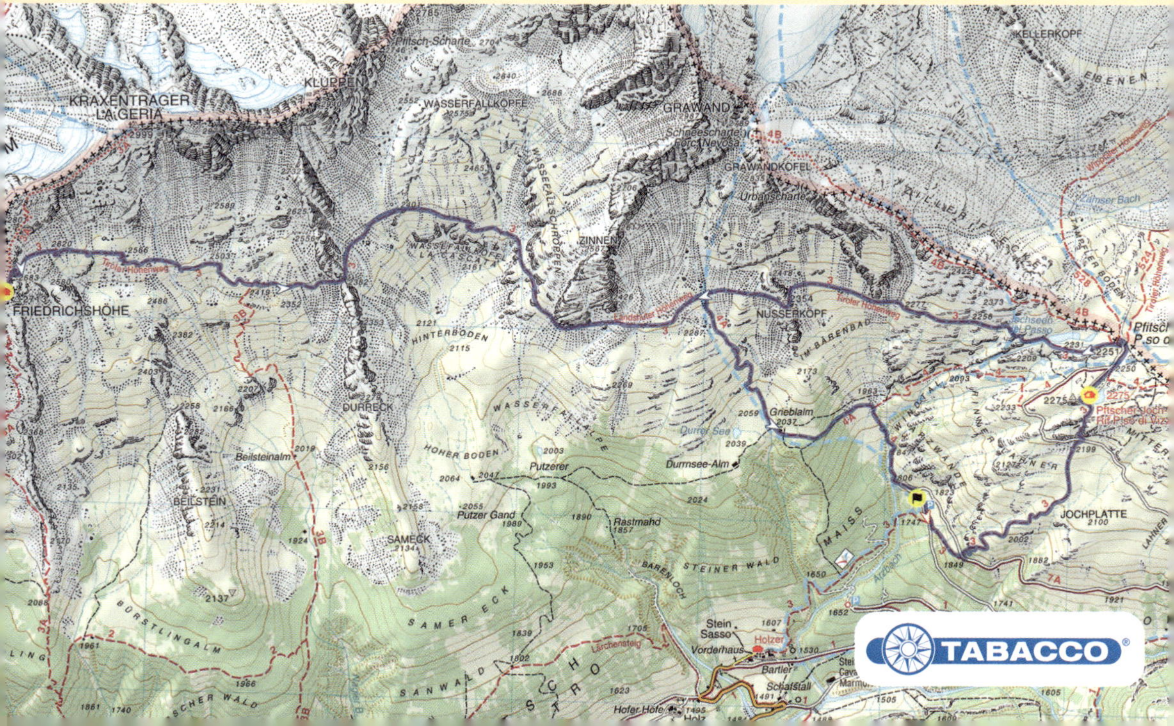

→
Ein kleine Holzhütte am malerischen Antholzer See
{Canon EOS 5D Mark II | 17–40 mm @ 40 mm | f/4,5 | 1/200 s}
{GPS: 46.883776, 12.162042}

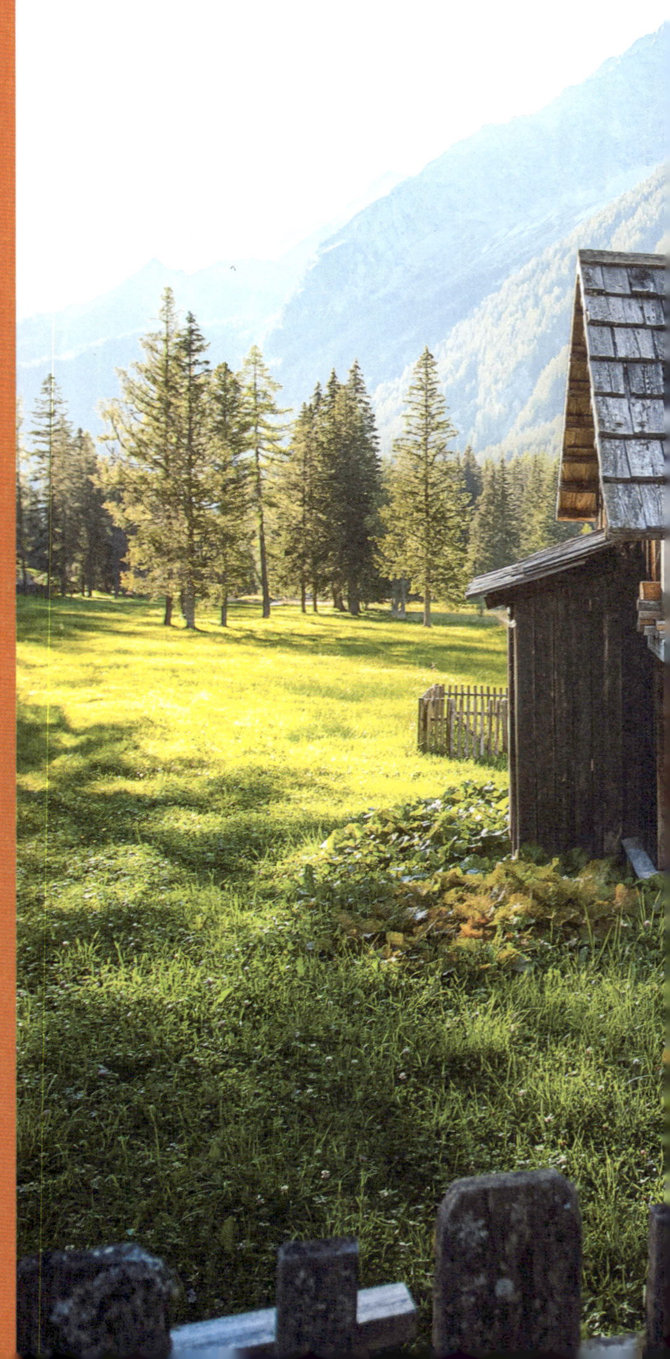

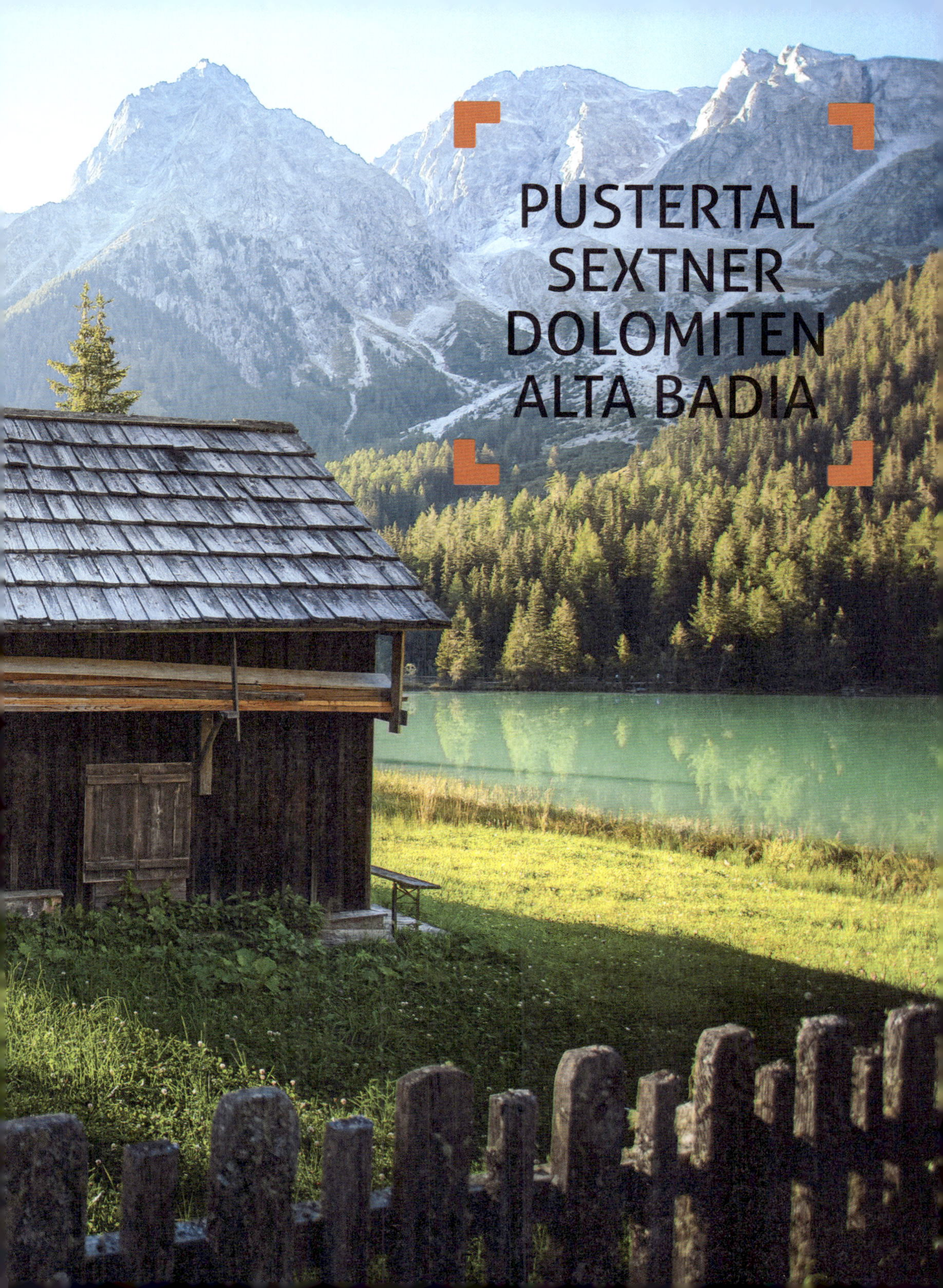
PUSTERTAL
SEXTNER
DOLOMITEN
ALTA BADIA

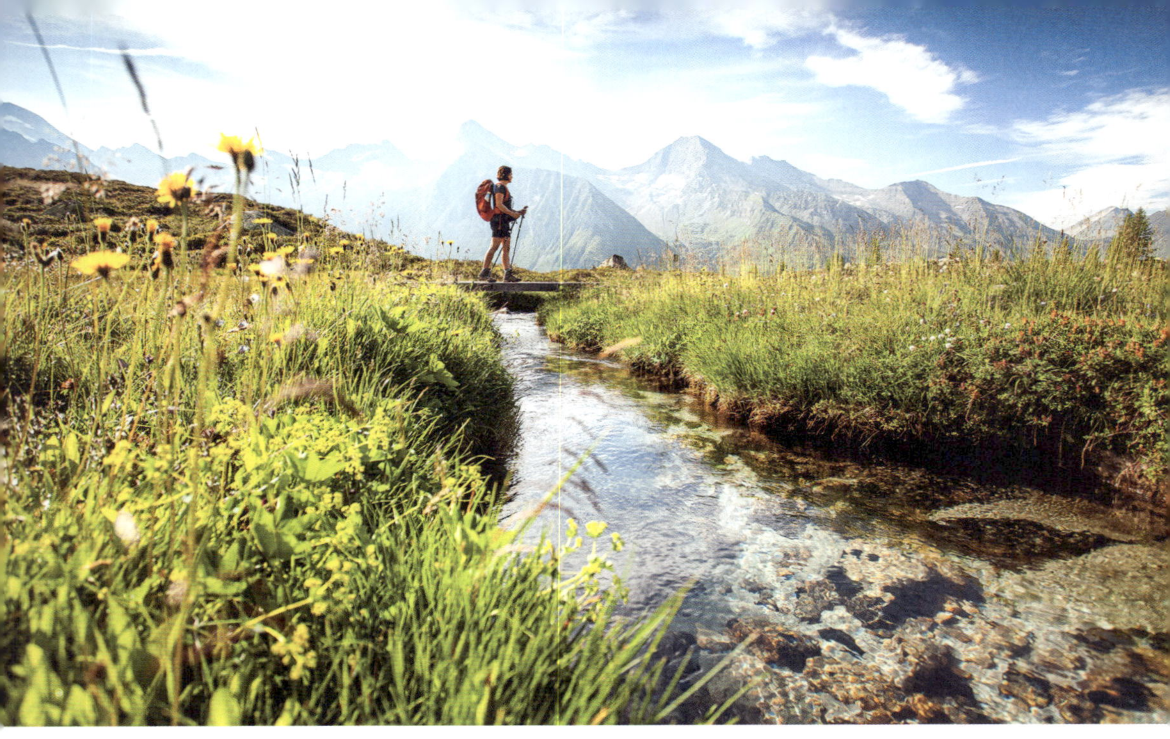

30 Zum Wieser-Werfer-Moos

Traumhafte Natur im Ahrntal

Diese kurzweilige Tour oberhalb von Prettau im hintersten Ahrntal führt zum geschützten Hochmoor Wieser-Werfer mit den eleganten Mäandern des Marksteinjöchlbaches. Ein weiteres Highlight dieser Wanderung ist der Waldner See, übrigens der größte See im Ahrntal.

Ausgangspunkt dieser lohnenden Runde ist der gebührenpflichtige Parkplatz beim Naturparkhaus in Kasern (1.600 m). Von dort geht es ein Stück der Straße zurück bis zum Hotel Kasern, wo der Wanderweg Nr. 15 rechts hinauf zum Waldnersee abzweigt. In Serpentinen windet sich der Pfad zunächst hinauf bis zur Starkalm (2.029 m), wo sich der Wald lichtet und die Aussicht auf die herrliche Bergwelt freigibt. Ab da folgt man nun der Markierung Nr. 15A in gemütlicher Steigung hinauf zum Wieser-Werfer-Moos. Nach rund 1:15 Stunde hat man das faszinierende Biotop erreicht. Inmitten einer traumhaften Landschaft schlängelt sich hier ein kristallklarer Bergbach durch das kleine Hochtal. Der Pfad führt weiter bergauf, und je mehr man an Höhe gewinnt, desto beeindruckender ist der Blick hinab auf die Moorlandschaft und den mäandernden Bach. Man durchquert den

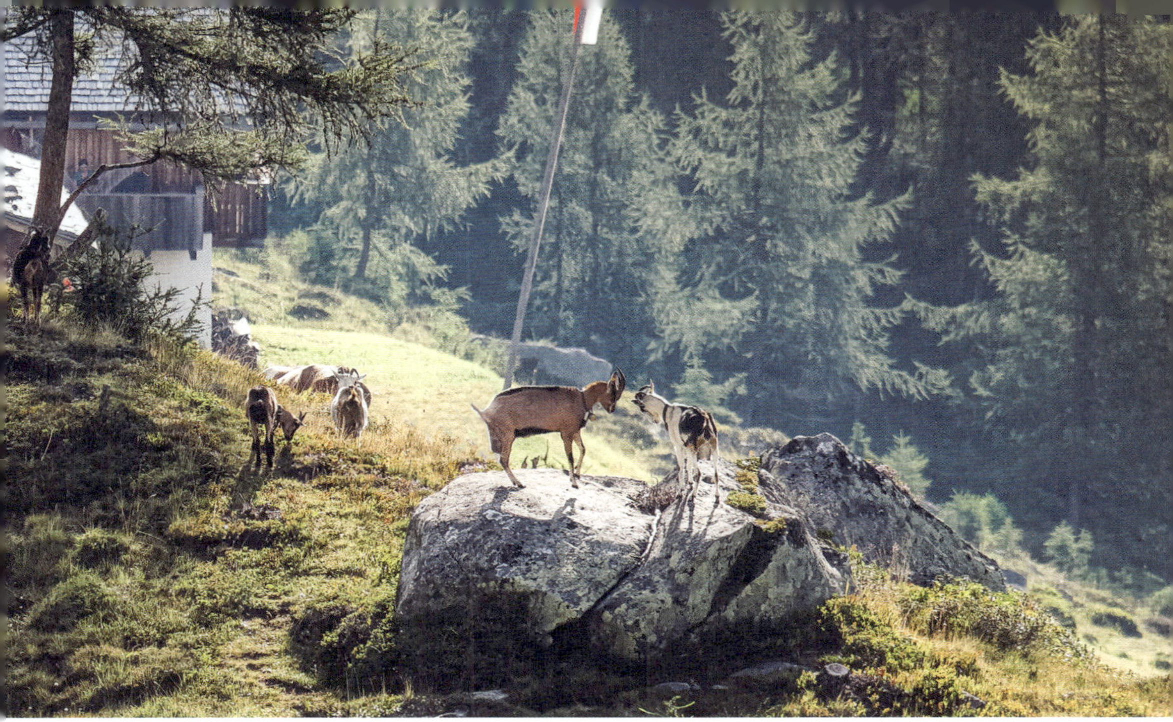

Ein kristallklarerer Bach fließt durch das Biotop Wieser-Werfer-Moos {GPS: 47.059502, 12.119093}

Ziegen bei der Fuchsalm

Marchsteinboden, ein weiteres Feuchtgebiet mit Wasserläufen und Tümpeln, und steigt daraufhin etwas weiter bis zu einer Gabelung auf. Wer will, kann hier einen etwa 10-minütigen Abstecher auf den 2.414 m hohen Archbühel einlegen, um von hier nochmals einen reizvollen Blick auf das Ahrntal zu werfen. Zurück am Weg geht es gemütlich dahin bis zum Waldner See (2.237 m), einem geeigneten Platz, um sich nach insgesamt nicht ganz 3 Stunden eine Rast zu gönnen. Über die Markierung Nr. 16B wandert man in 20 Minuten zur Waldner Alm (2.068 m), nimmt hier die Forststraße Nr. 16B und dann den Waldpfad Nr. 17 hinunter nach Kasern. Das letzte Stück geht es entlang der Hauptstraße zurück zum Ausgangspunkt.

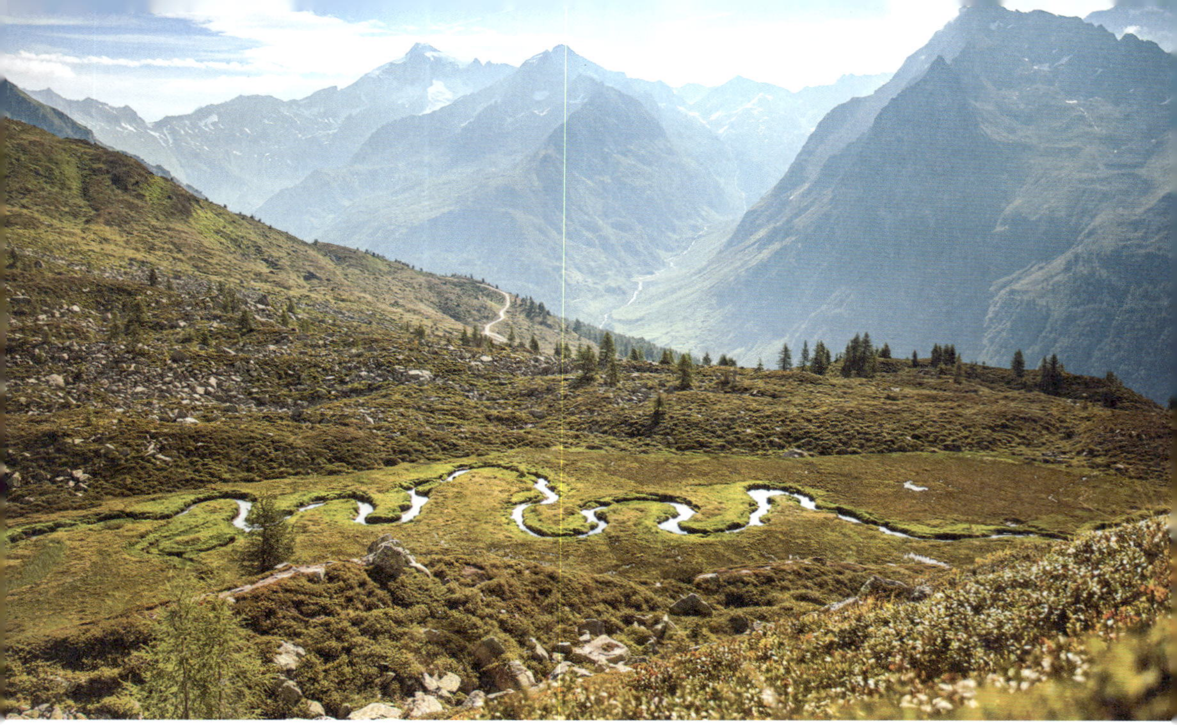

↑ In Mäandern sucht sich der Bach einen Weg {Canon EOS 5D Mark II | 17–40 mm @ 36 mm | f/4 | 1/400 s} {GPS: 47.060368, 12.117050}

↓ Der Archbühel (2.414 m)

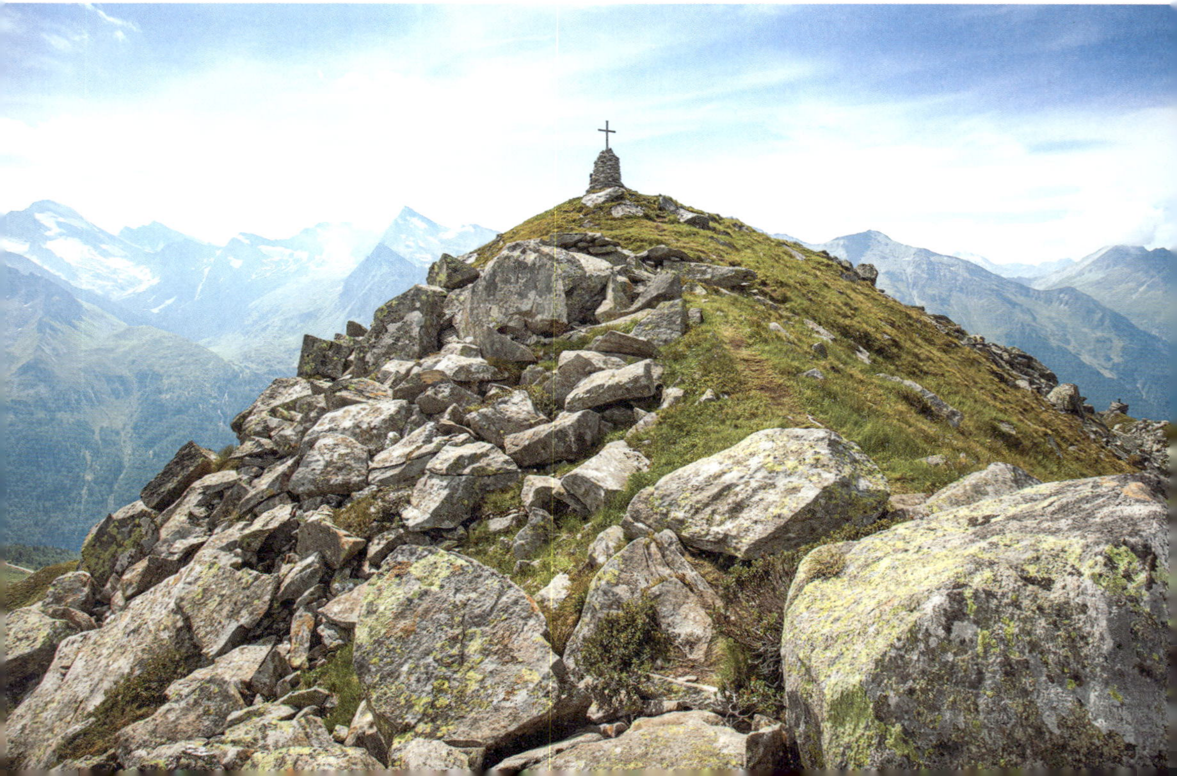

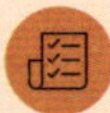

Eine lohnende, nicht besonders schwierige Tour zu einer fantastischen Moorlandschaft und zum Waldner See.

Von Bruneck hinein in das Ahrntal bis nach Kasern zum Parkplatz beim Naturparkhaus. Im Weiler befindet sich eine Bushaltestelle.

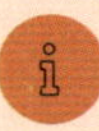

(mittel)

- Gebiet: Pustertal, Sextner Dolomiten, Alta Badia, Südtirol
- Tal: Ahrntal
- Start/Ziel: Parkplatz beim Naturparkhaus in Kasern (gebührenpflichtig)
- Dauer: 4:45 Std.
- Strecke: 12,1 km
- Aufstieg/Abstieg: 890 Hm
- Wann: Sommer, Herbst

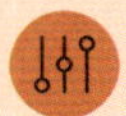

Landschaft: ●●●●○
Abwechslung: ●●●●○
Kondition: ●●●●○
Technik: ●●●○○

ja

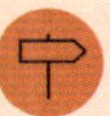

Parkplatz beim Naturparkhaus in Kasern (1.600 m) → Weg Nr. 15 Starkalm (2.029 m) → Weg Nr. 15A Waldner See (2.237 m) → Weg Nr. 16B Waldner Alm (2.068 m) → Weg Nr. 16B, später Nr. 17 nach Kasern zum Ausgangspunkt

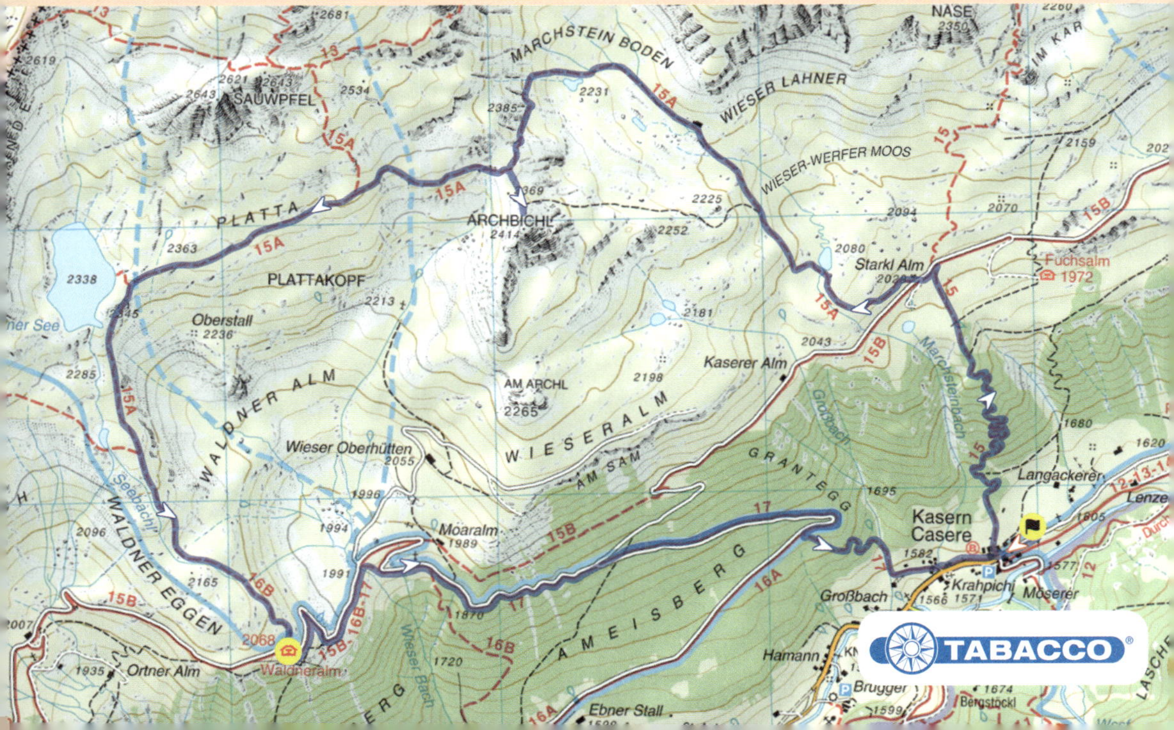

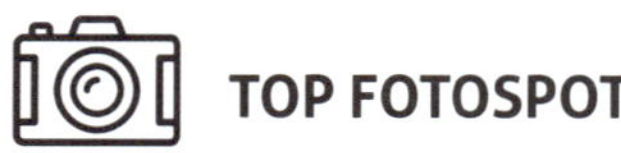

TOP FOTOSPOT

Heilig-Geist-Kirche, Ahrntal

Ein ganz besonders stimmungsvoller Ort im Ahrntal ist die Heilig-Geist-Kirche in Kasern. Um die Kirche vor abgehenden Lawinen zu schützen, wurde sie hinter einem aufragenden Felsen erbaut. Die schmale Öffnung zwischen Kirche und Felsen diente früher als „Sündenabstreifer". Wenn man hier durchkroch, wurden die Sünden von einem abgestreift.

Koordinaten: 47.054138, 12.141668
Wie kommt man hin: Von Bruneck hinein in das Ahrntal bis nach Kasern zum gebührenpflichtigen Parkplatz beim Naturparkhaus. Im Weiler befindet sich auch eine Bushaltestelle. Von dort kann man nun der schmalen Asphaltstraße oder dem danebenliegenden Wanderweg gemütlich taleinwärts bis zur Talschlusshütte folgen. Unweit der Hütte befindet sich die Kirche, die man nach insgesamt ca. 20 Minuten erreicht.
Exif-Daten: Canon EOS 5D Mark II | 17–40 mm @ 21 mm | f/6,3 | 1/320 s
Aufnahmedatum: 10.08. – 17:45 Uhr

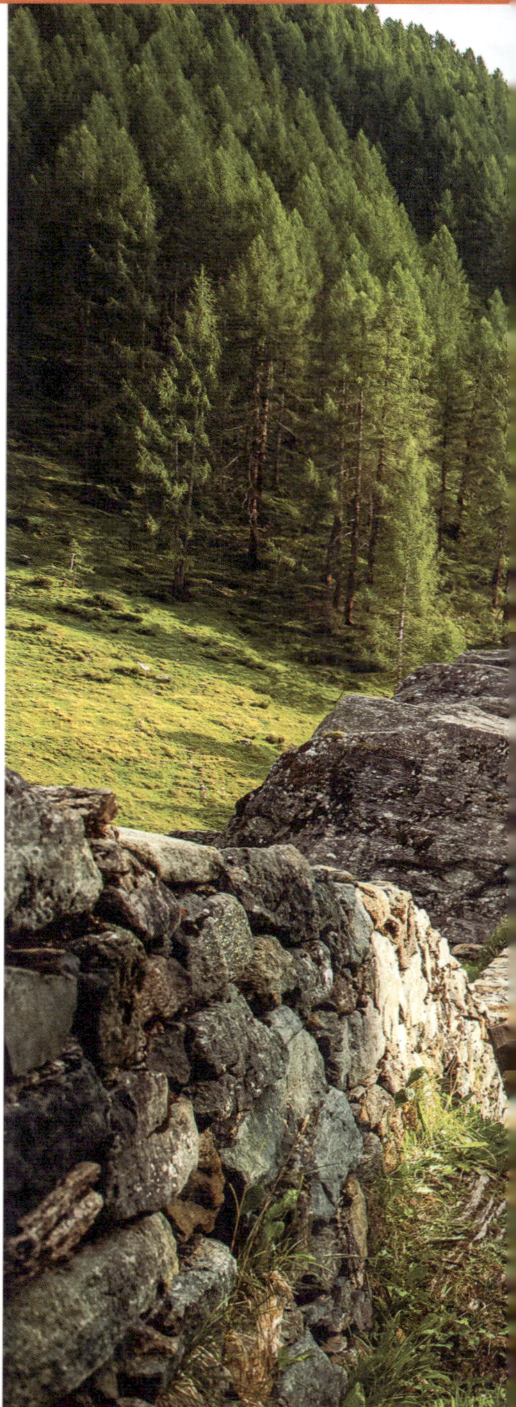

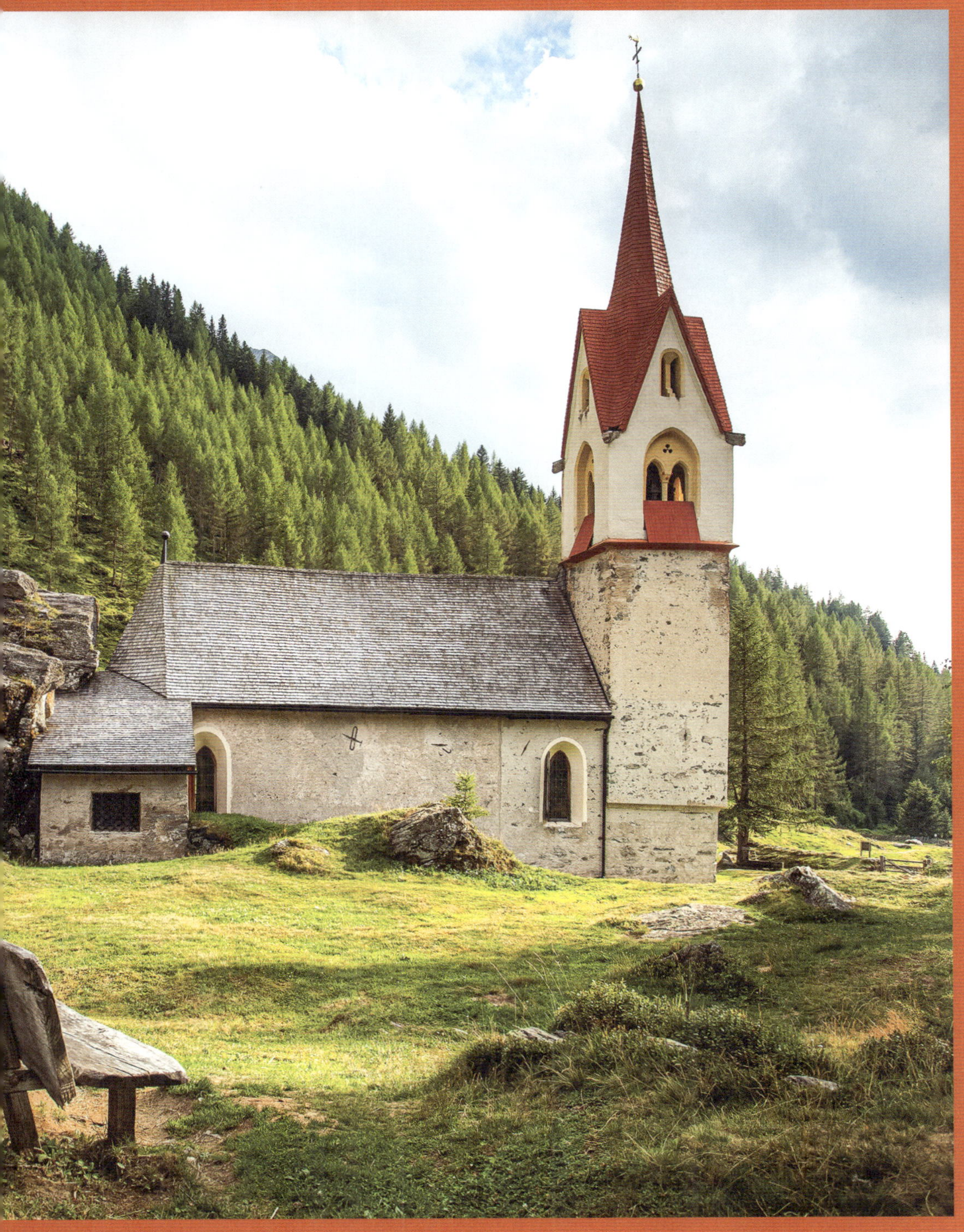

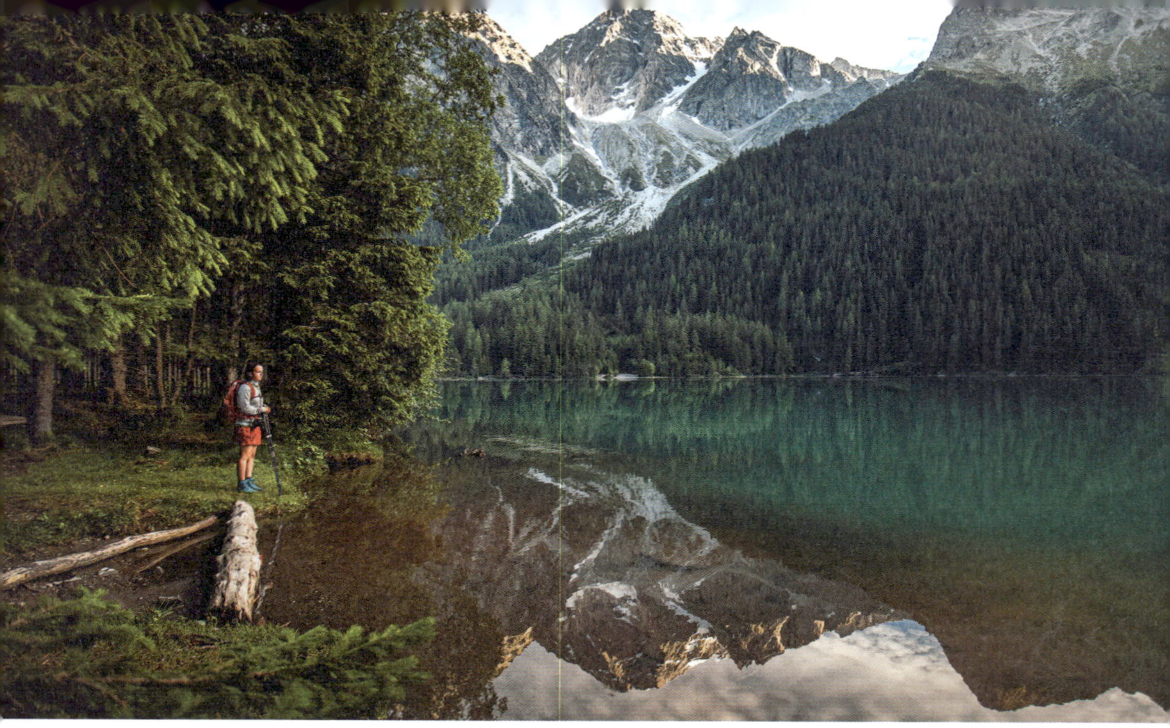

31 Die 2-Seen-Blick-Wanderung

Unterwegs im Antholzer Tal

Diese Wanderung verbindet zwei Seen, zwei Täler und zwei Länder miteinander. Vom Antholzer Tal geht es vorbei am Antholzer See hinauf zum Staller Sattel (2.052 m) und ins Defereggen in Osttirol zum Obersee.

Die Rundwanderung beginnt beim gebührenpflichtigen Parkplatz des Biathlonzentrums Antholz, wo man der Straße weiter taleinwärts folgt und wenig später den Antholzer See erreicht. Man schlägt rechts den Seerundweg ein und wandert gemütlich durch den Wald bis an das obere Ende des Sees. Dort geht es kurz auf Weg Nr. 11 weiter, dann zweigt man auf die Markierung Nr. 7B ab, überquert eine Holzbrücke und steigt dann über Stock und Stein steil zur Steinzgeralm (1.894 m) auf. Nach ca. 1:15 Stunde ist die bewirtschaftete Hütte erreicht. Vorbei an der Alm geht es über den Weg Nr. 7B zunächst flach, dann wieder etwas steiler bergauf bis zur Oberen Steinzgeralm (unbewirtschaftet). Ab hier folgt man der Markierung Nr. 7A zum Staller Sattel, ein Weg, der im Sommer von zahlreichen Alpenblumen gesäumt ist.

Bald ist die Waldgrenze erreicht und nun geht es in einfacher Steigung über die Bergwiesen hinauf zum höchsten Punkt der Tour auf

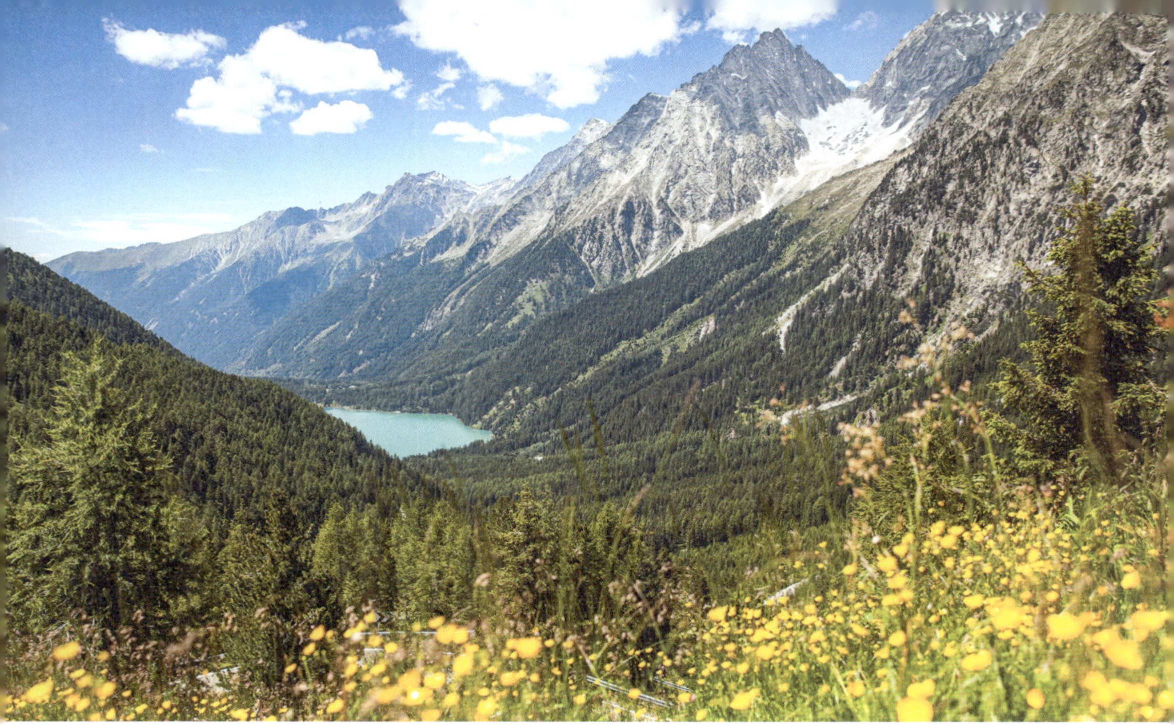

Traumhaft schön ist es zum Sonnenaufgang beim Antholzer See {Canon EOS 5D Mark II | 17–40 mm @ 39 mm | f/4,5 | 1/125 s} {GPS: 46.882719, 12.164816}

Beim Heldenkreuz (2.059 m) am Staller Sattel kann man noch einmal auf den Antholzer See hinunterblicken

2.275 m. Auf dem Weg dorthin lädt ein Hinweisschild zu einem Abstecher zum 2-Seen-Blick ein. Diese Gelegenheit, beide Seen zugleich im Blick zu haben, sollte man sich nicht entgehen lassen.
Ein schlichtes Holzkreuz auf einem Felsen markiert schließlich die Stelle, von der man einen traumhaften Blick auf den malerisch gelegenen Obersee und das Defereggental genießt. Nach einer kurzen Rast geht es jetzt gemütlich bergab bis zum Staller Sattel (2.052 m), den man nach insgesamt 2:45 Stunden Gehzeit erreicht.
Wer Lust hat, kann nun den Obersee über einen einfachen Weg in etwa 30 Minuten umrunden. Hinter dem Gasthaus steigt man über einen Pfad ein kurzes Stück weiter hinauf zum Heldenkreuz (2.059 m) und genießt nochmals den Blick auf den Antholzer See. Der Weg führt schließlich wieder auf die Staller-Sattel-Straße, wo man nun den Weg Nr. 11 hinab zum Antholzer See einschlägt, dabei ein paarmal die Straße überquert und schließlich nach etwa 1 Stunde ab dem Pass wieder am Seeufer ankommt. Im leichten Auf und Ab und über Stege geht es auf der rechten Seeseite wieder zurück zum Ausgangspunkt.

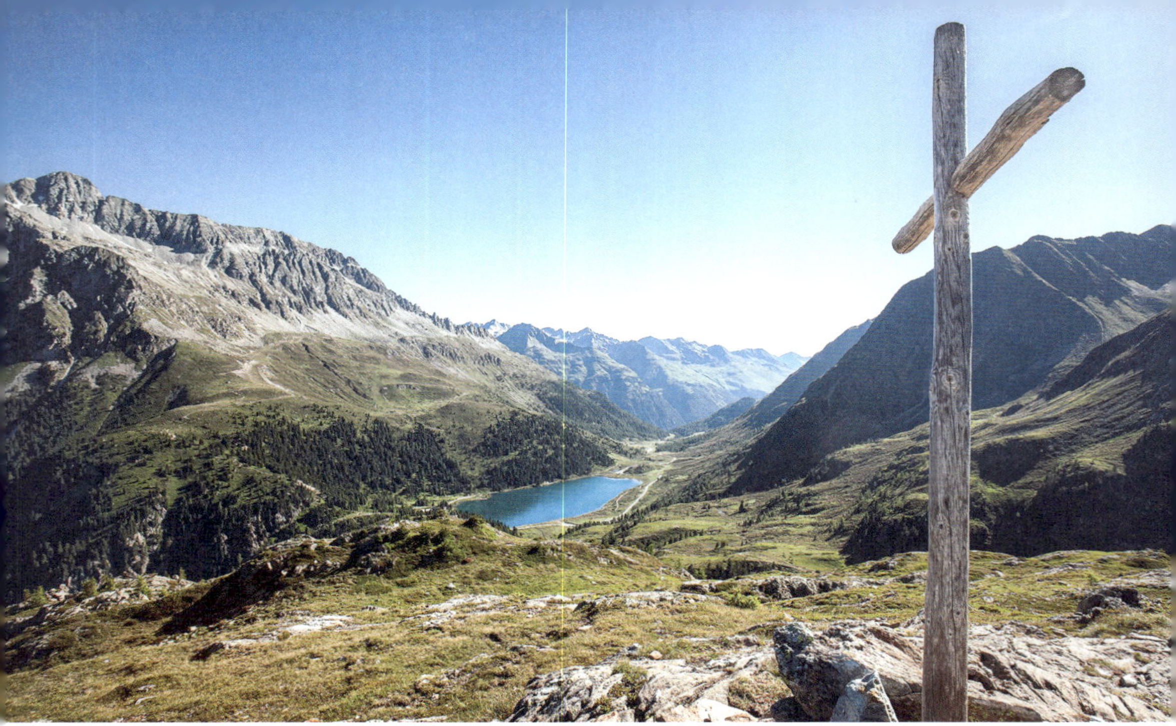

↑ Ein schlichtes Holzkreuz markiert die Stelle, von der man auf den malerisch gelegenen Obersee schaut (GPS: 46.881655, 12.195970)

↓ Der Obersee in Osttirol ist umrahmt von einer herrlichen Bergkulisse

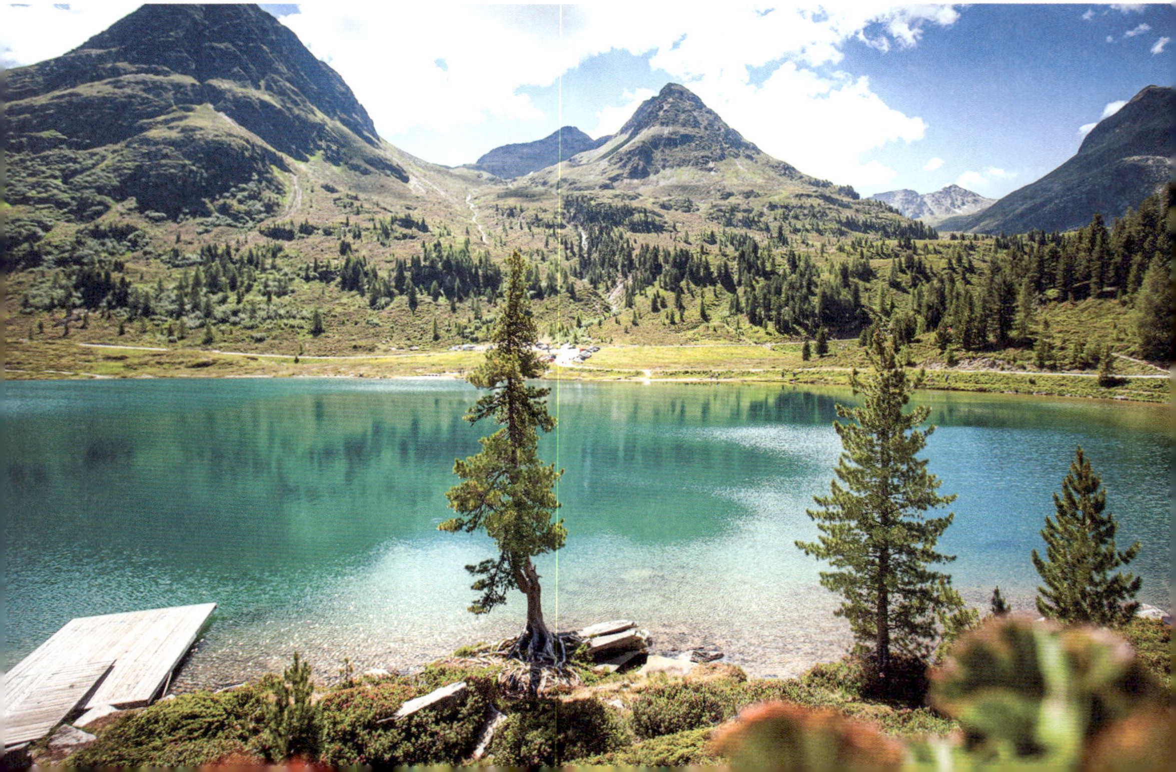

Abwechslungsreiche Rundwanderung mit tollem Panorama, die zwei Seen, zwei Täler und zwei Länder miteinander verbindet.

Von Bruneck nach Rasen und dort hinein in das Antholzer Tal bis zum gebührenpflichtigen Parkplatz beim Biathlonzentrum.

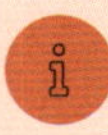

(mittel)

- Gebiet: Pustertal, Sextner Dolomiten, Alta Badia, Südtirol
- Tal: Antholzer Tal
- Start/Ziel: Parkplatz Biathlonzentrum Antholz (gebührenpflichtig)
- Dauer: 5:00 Std.
- Strecke: 14,2 km
- Aufstieg/Abstieg: 723 Hm
- Wann: Sommer, Herbst

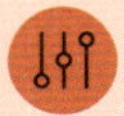

Landschaft: ●●●●●
Abwechslung: ●●●●○
Kondition: ●●●●○
Technik: ●●●○○

ja

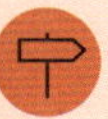

Biathlonzentrum Antholz (1.631 m) → Straße weiter taleinwärts bis zum oberen Ende des Sees → kurz den Weg Nr. 11 entlang → dann rechts auf die Markierung Nr. 7B zur Steinzgeralm (1.894 m) → weiter zur Oberen Steinzgeralm → Weg Nr. A zum Staller Sattel (2.052 m) → zum Heldenkreuz (2.059 m) → Weg Nr. 11 hinunter zum Antholzer See → über die rechte Uferseite zurück zum Parkplatz

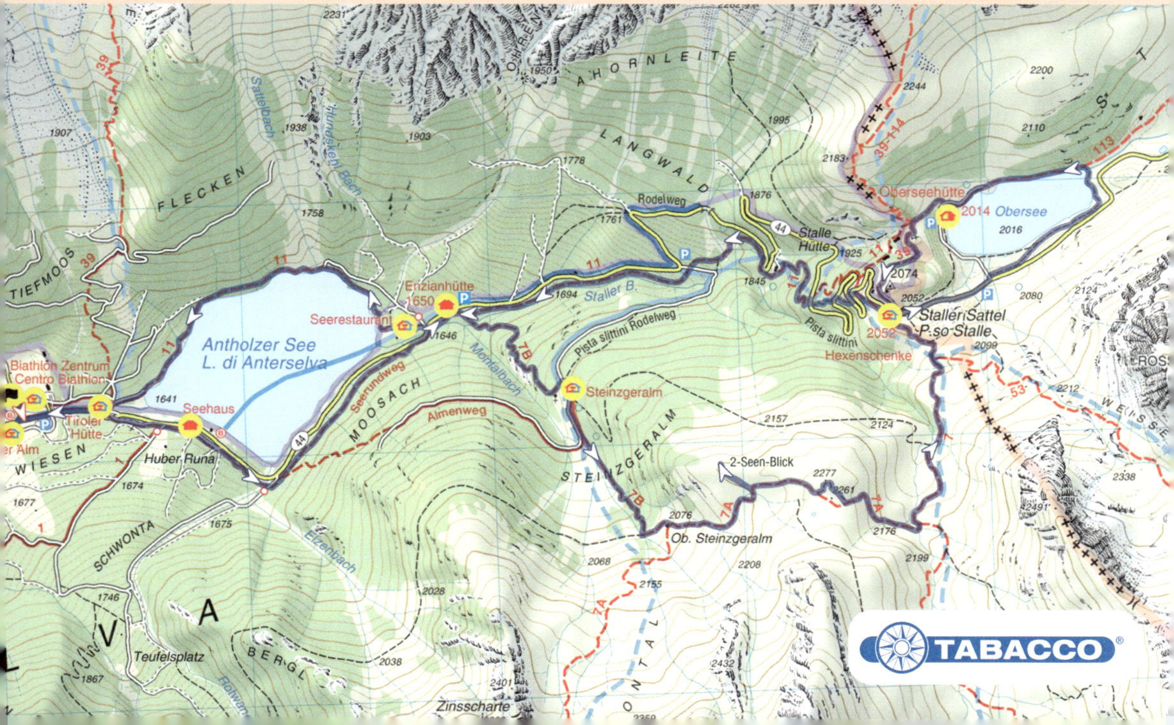

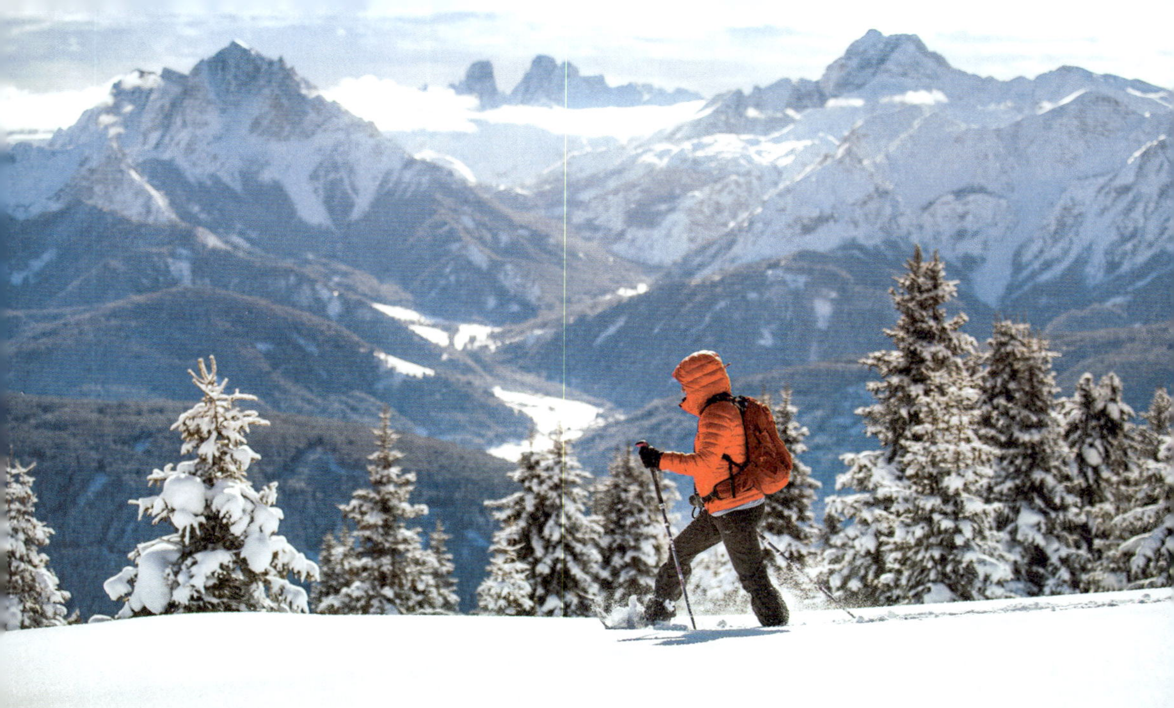

32 Auf den Lutter- und Durakopf

Mit Schneeschuhen auf zwei Gipfel in Taisten

Diese Schneeschuhwanderung mit ihren atemberaubenden Ausblicken auf die Sextner Dolomiten, den Peitlerkofel, die Rieserfernergruppe und an klaren Tagen bis zum Ortler setzt beim Aufstieg einiges an Kondition voraus. Wer diese Mühen auf sich nimmt, wird mit zwei unvergleichlichen Gipfelerlebnissen mehr als entschädigt. Diese Tour ist besonders bei Liebhabern des Sonnenaufgangs ein Hit.

Startpunkt dieser aussichtsreichen und selten lawinengefährdeten Schneeschuhwanderung ist der große Parkplatz (1.620 m) oberhalb vom Mudlerhof in Taisten. Von dort folgt man der Markierung Nr. 31 zum Lutterkopf. Über eine Forststraße geht es zunächst in gemütlicher Steigung bergauf, ehe man links auf einen schmaleren und bald auch merklich steileren Waldweg abzweigt. Nach etwa 1:30 Stunde lichtet sich der Wald und bald kann man beim Gipfelkreuz des Lutterkopfs (2.145 m) einen überwältigenden Rundumblick genießen.

Nach einer kurzen Rast geht es dann über den breiten Kamm und im gemütlichen Auf und Ab weiter zum Durakopf, den man bereits vom Lutterkopf aus ins Visier genom-

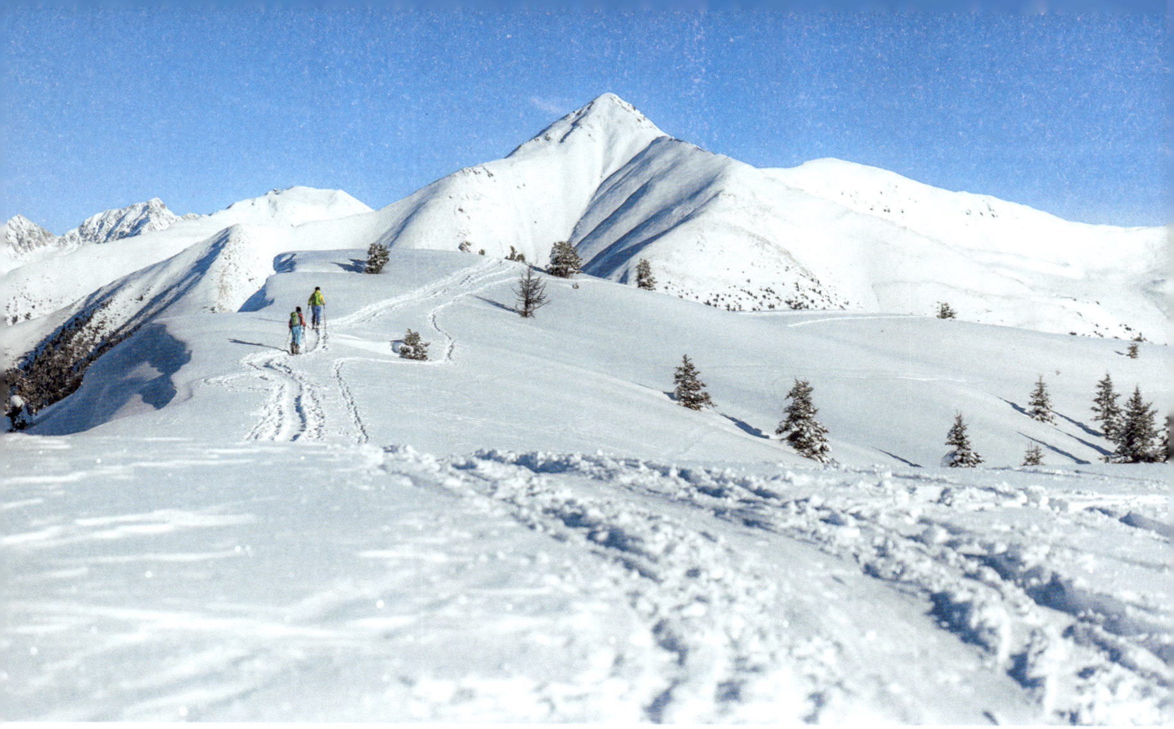

Auf dem Weg vom Lutterkopf zum Durakopf, begleitet vom traumhaften Dolomitenpanorama {Canon EOS 5D Mark II | 70–200 mm @ 70 mm | f/3,5 | 1643593 s} {GPS: 46.799427, 12.108697}

Die Tour ist auch bei Skitourengehern sehr beliebt. In der Bildmitte sieht man die Amperspitze (2.687 m).

men hat. Ständig begleitet von der herrlichen Aussicht auf die umliegende Bergwelt und hinunter auf das Antholzer Tal, durchquert man immer wieder ein paar Waldstücke, bis man an eine Weggabelung kommt. Wer auf den zweiten Gipfel verzichten will, kann von hier bereits zur Taistner Alm absteigen.
Wer hingegen zu einem letzten kurzen, aber steilen Aufstieg bereit ist, kann nun nach insgesamt 2:30 Stunden auf dem Durakopf (2.275 m) das großartige Panorama auf sich wirken lassen.
Für den Rückweg steigt man hinter dem Gipfelkreuz ein Stück bis zu einer kleinen Almhütte ab. Von dort geht es über die Markierung Nr. 38 in rund 45 Minuten leicht abwärts weiter bis zur Taistner Alm (auch Taistner Vorderalm genannt, 2.012 m).
Ab hier führt ein präparierter Winterwanderweg (Nr. 38A) wieder hinab zum Parkplatz. Falls die Schneeverhältnisse passen, macht es aber mehr Spaß, sich bei der Hütte eine Rodel auszuleihen und so die letzten 4 km Richtung Tal zu flitzen.

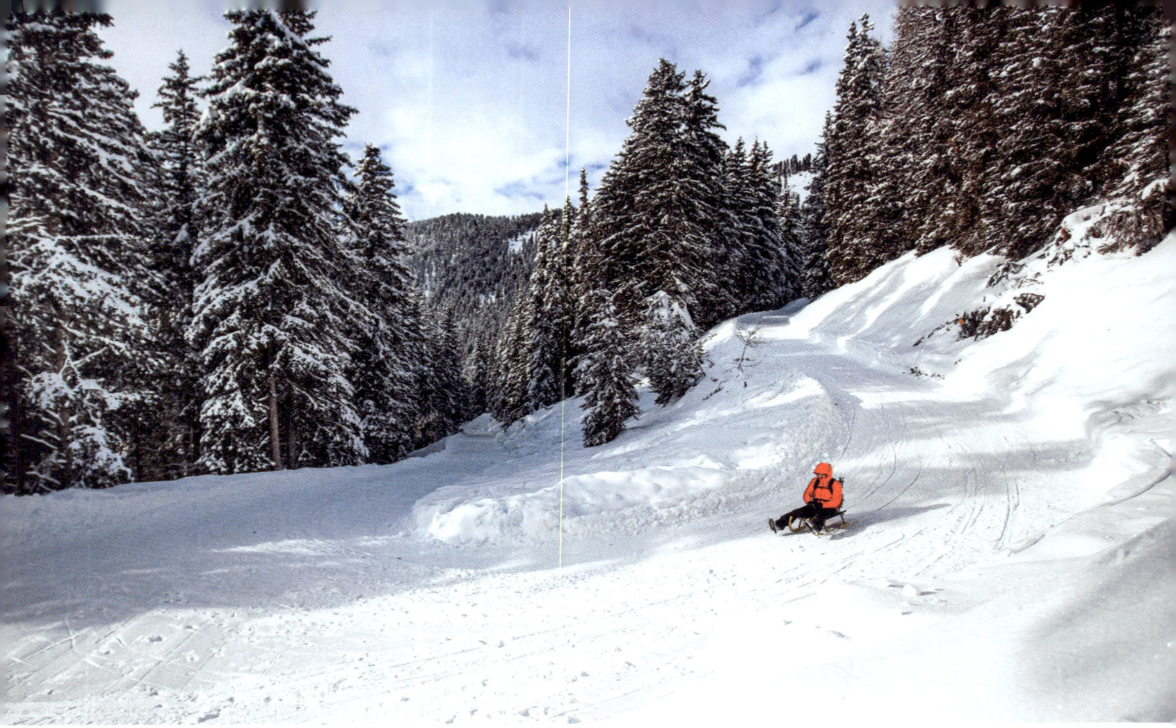

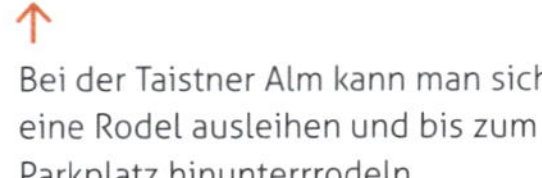

Bei der Taistner Alm kann man sich eine Rodel ausleihen und bis zum Parkplatz hinunterrodeln

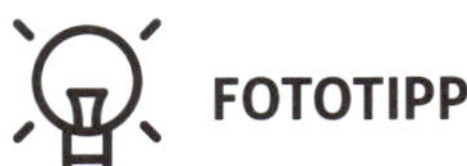

FOTOTIPP

Stimmungsvolles Gegenlicht
Fotografieren in Lichtrichtung kann tolle Effekte erzeugen und Objekte regelrecht zum Leuchten bringen. Es können interessante Lichtsäume um die Konturen entstehen, die vor allem bei leicht transparenten Motiven, wie Blumen, Gräsern, Laub oder auch Haaren auf dem Kopf, noch mehr hervorstechen. Es können dabei sehr warme, harmonische und verspielte Bilder entstehen. Am besten gelingen Gegenlichtbilder, wenn die Sonne ganz tief steht und nicht mehr zu stark scheint.

Ideale Schneeschuh- und Skitour, da kaum lawinengefährdet. Die Wanderung führt über zwei Gipfel, begleitet von einem wunderbaren Rundumblick von den Sextner Dolomiten bis hin zur Ortlergruppe.

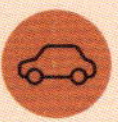

Von Bruneck in Richtung Innichen fahren und vor Welsberg ins Gsieser Tal abzweigen. Gleich darauf links nach Taisten abbiegen und der Straße bergauf folgen. Etwas oberhalb vom Mudlerhof gibt es einen Parkplatz.

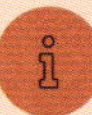

(mittel)

- Gebiet: Pustertal, Sextner Dolomiten, Alta Badia, Südtirol
- Tal: Gsieser Tal
- Start/Ziel: Parkplatz oberhalb vom Mudlerhof, Taisten
- Dauer: 5:00 Std.
- Strecke: 11,5 km
- Aufstieg/Abstieg: 651 Hm
- Wann: Sommer, Herbst, Winter

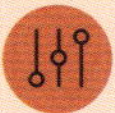

Landschaft: ●●●●○
Abwechslung: ●●●●○
Kondition: ●●●○○
Technik: ●●●○○

ja

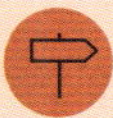

Parkplatz (1.620 m) oberhalb vom Mudlerhof → Weg Nr. 31 zum Lutterkopf (2.145 m) → weiter auf Weg Nr. 31 zum Durakopf (2.275 m) → rechts hinter dem Gipfelkreuz ein Stück abwärts bis zu einer kleinen Almhütte → Weg Nr. 38 zur Taistner Alm (2.012 m) → Weg Nr. 38A hinunter zum Parkplatz

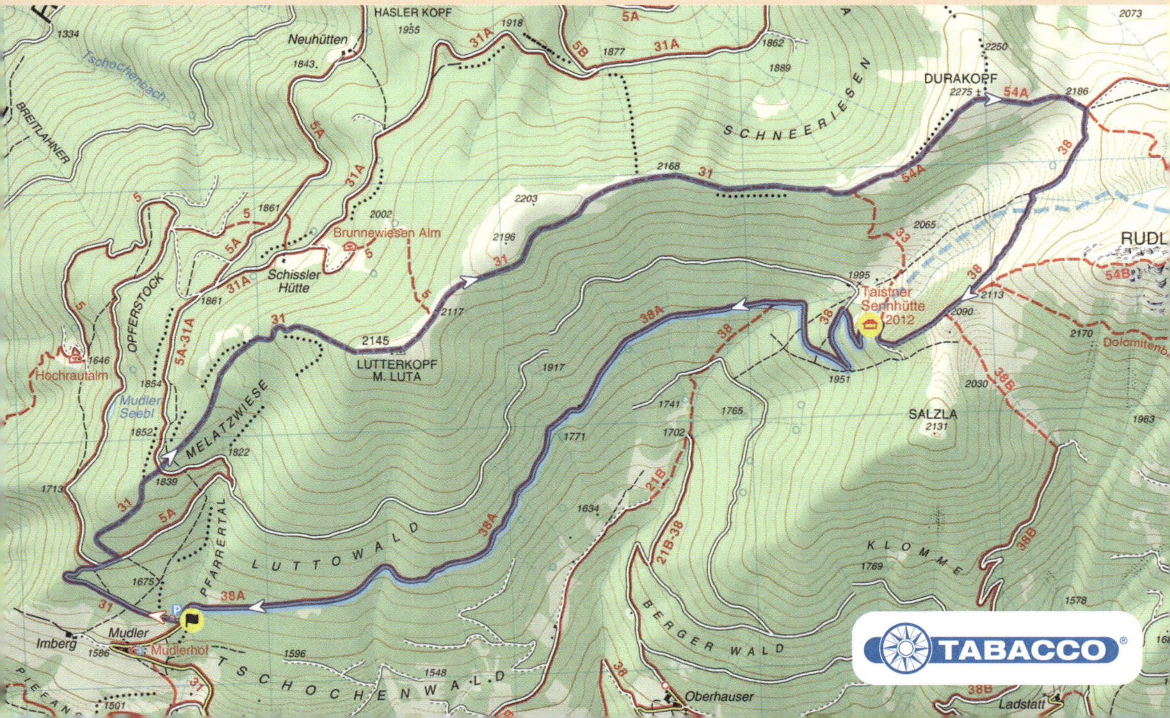

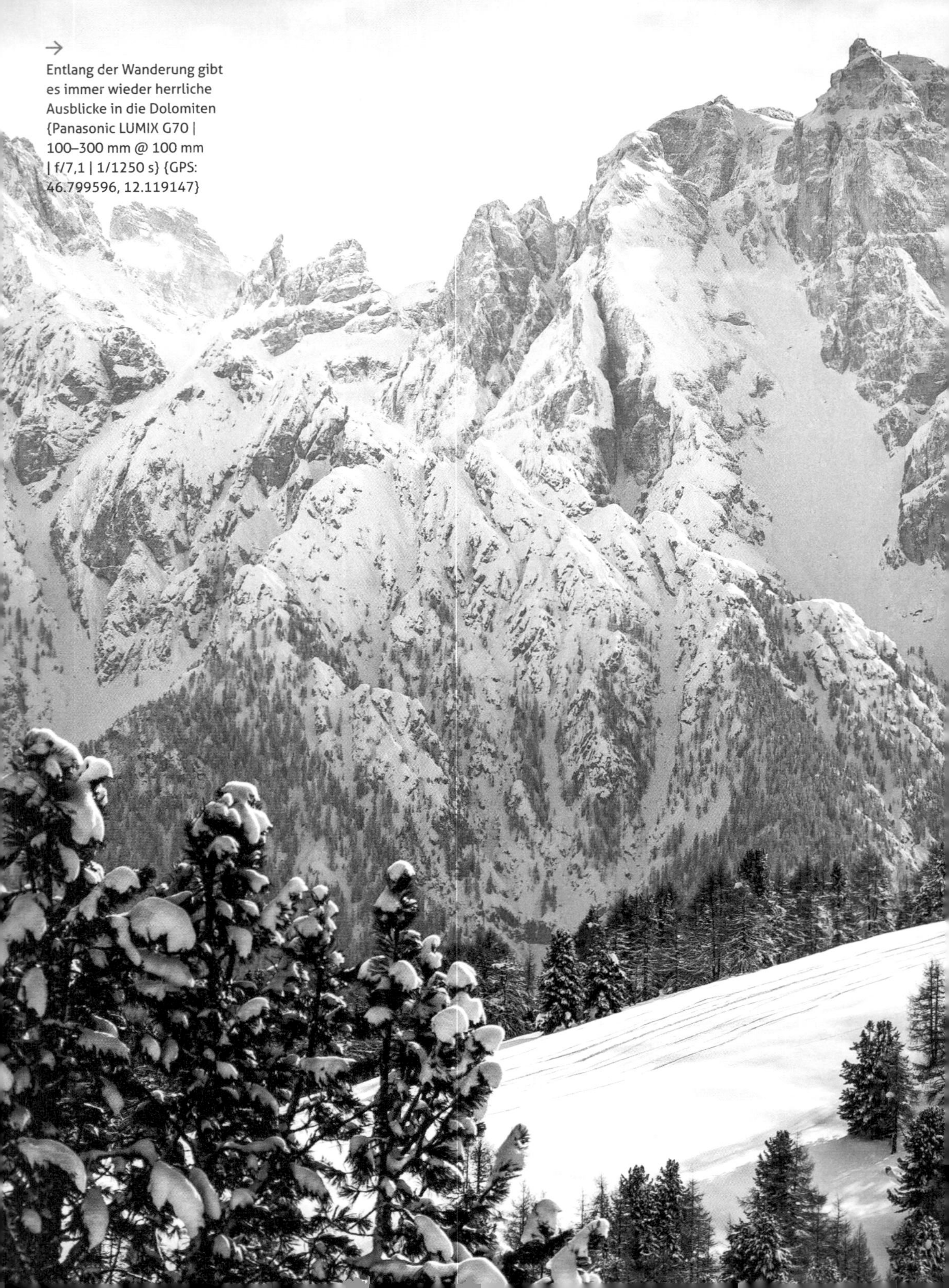

→
Entlang der Wanderung gibt es immer wieder herrliche Ausblicke in die Dolomiten {Panasonic LUMIX G70 | 100–300 mm @ 100 mm | f/7,1 | 1/1250 s} {GPS: 46.799596, 12.119147}

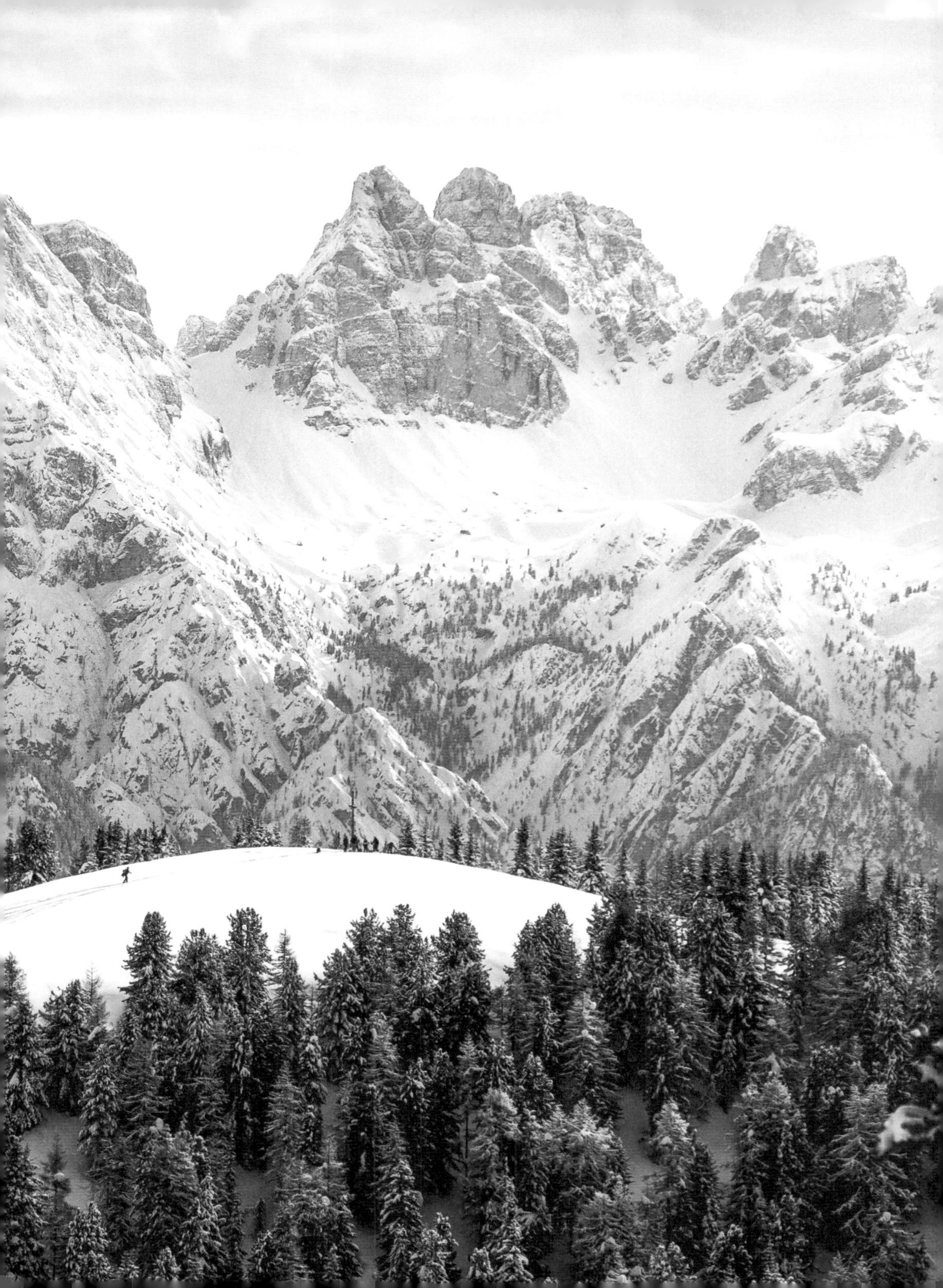

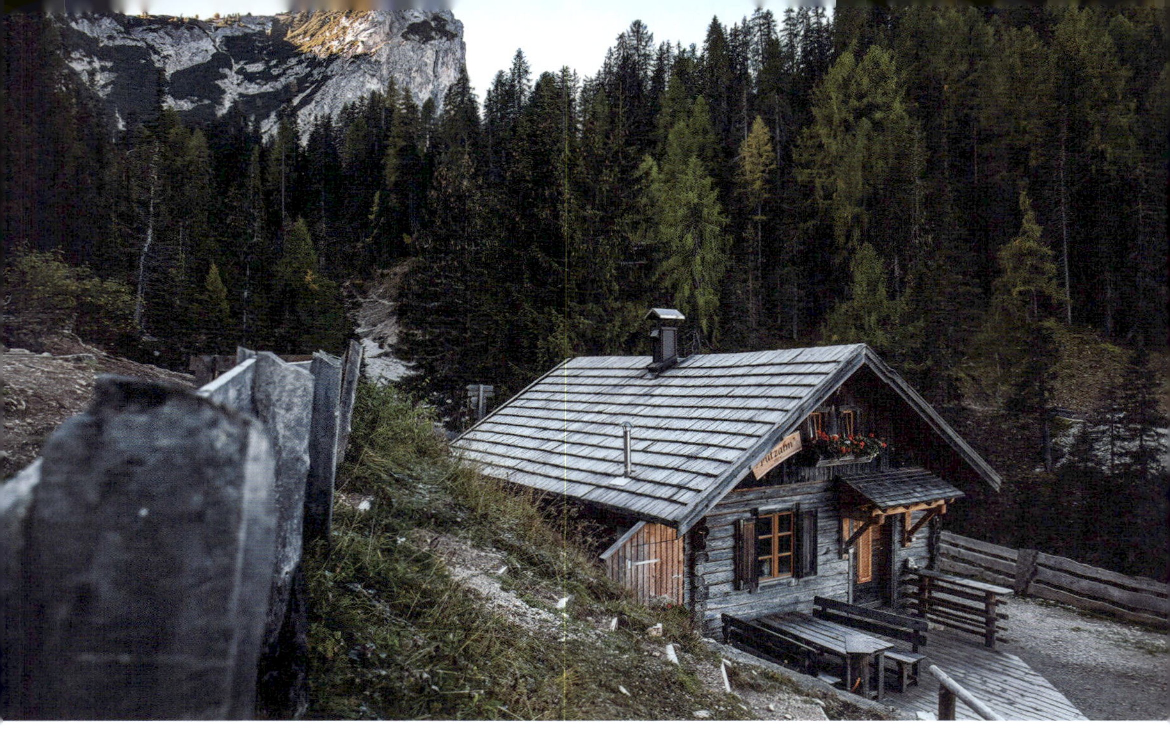

33 Auf den Sarlkofel und Lungkofel

Aussichtreiche Wanderung in den Dolomiten

Die landschaftlich ausgesprochen reizvolle Wanderung von Prags auf den Sarlkofel (2.378 m) und den Lungkofel (2.282 m) verlangt mit ihren 13,5 km zwar etwas Kondition, entschädigt aber reichlich mit einem traumhaften Blick auf das Oberpustertal, die Dolomiten und den Toblacher See.

Ausgangspunkt dieser herrlichen Rundwanderung ist das kleine Skigebiet in Bad Altprags (1.415 m). Hier folgt man der Markierung Nr. 15 zur Putzalm zunächst über eine breite Forststraße, dann über einen steilen Wanderweg durch dichten Wald bergauf bis in den Buchsenridl. Ab da führt der Weg wieder leicht abwärts und nach etwa 1:15 Stunde zur Putzalm (1.743 m).
Oberhalb der Putzalm hält man sich rechts und schlägt dann den Weg Nr. 16 hinauf zum Sarlsattel ein. Abermals steht ein steiler Anstieg bis zu den letzten Bäumen vor der Waldgrenze bevor, bis man dann den Sarlsattel (2.189 m) erreicht hat und den beeindruckenden Blick auf die markante Felsnase des Dürrensteins genießen kann.
Über teils steil abfallende Wiesenhänge geht es nun auf dem schmalen Steig Nr. 33 teilweise fast eben und ohne größere Schwierig-

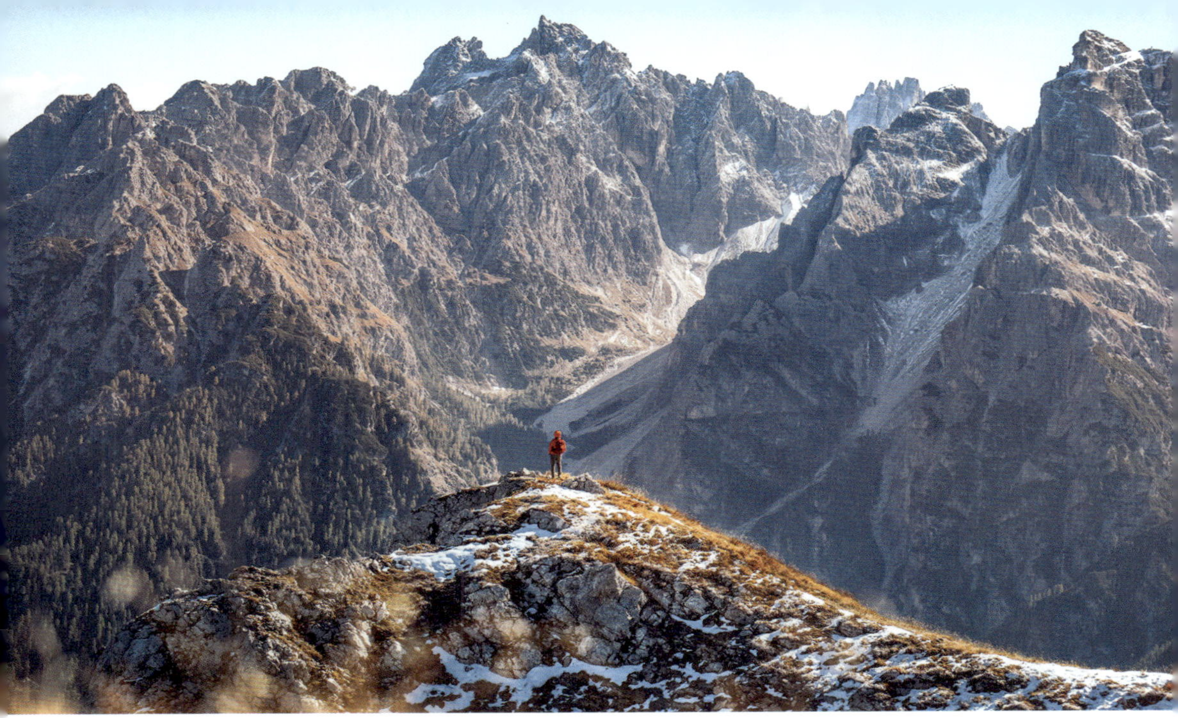

Die Wanderung führt vorbei an der Putzalm (1.743 m)

Der Nebengipfel des Sarlkofels bietet ein hervorragendes Fotomotiv. Vor dieser Kulisse nimmt sich der Wanderer winzig klein aus. {Canon EOS 5D Mark II | 70–200 mm @ 70 mm | f/4 | 1/1600 s} {GPS: 46.703022, 12.192950}

keiten in Richtung Sarlkofel. Steilere Stellen sind mit einer Kette gesichert und lassen sich problemlos überwinden, sodass man nach ca. 2:45 Stunden auf dem Gipfel des Sarlkofels (2.378 m) stehen und sich voll dem Genuss der großartigen Aussicht auf das Oberpustertal, die Dolomiten und die Rieserfernergruppe widmen kann. Auf einem kurzen Abstecher nach rechts kann man auch einen Blick auf den tief unten liegenden Toblacher See erhaschen.
Man kehrt auf dem Hinweg nun wieder zurück zum Sarlsattel und hat dort auch schon das nächste Ziel der Tour vor Augen, den Lungkofel. Auf dem Weg Nr. 33B gelangt man hinunter zu einer weiteren Gabelung, folgt aber weiter der Markierung Nr. 33B rechts hinauf zum Lungkofel (2.282 m), den man nach insgesamt etwa 3:45 Stunden erreicht hat. Auch von diesem Gipfel bieten sich unvergessliche Ausblicke.
Den bereits bekannten Steig wandert man nun wieder hinunter bis zur Gabelung, um von dort der Nr. 33 zum Sarlridl zu folgen. Über einen teils breiten und relativ flachen Weg geht es zunächst durch einen lichten Wald bis hin zu den Sarlwiesen und dem Sarlridl (2.099 m) und dann auf dem Pfad Nr. 14

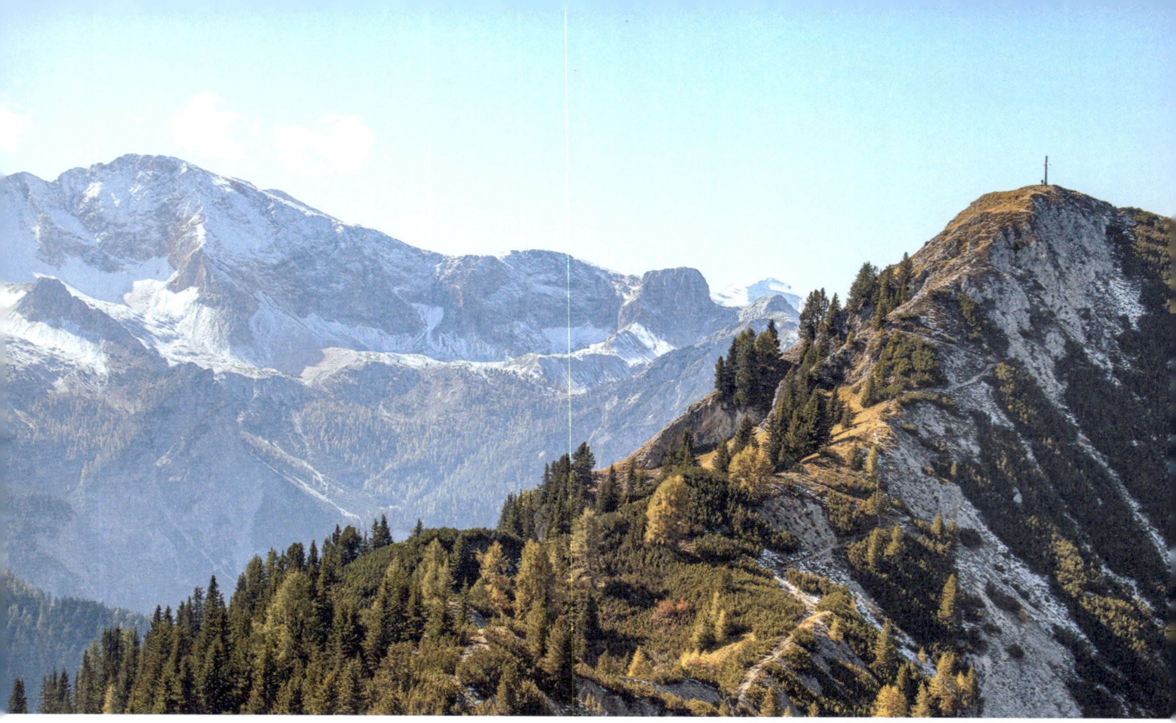

↑
Der Lungkofel (2.282 m) ist der zweite Gipfel dieser Tour

schließlich hinunter zu den Kameriotwiesen. Der teils steile Pfad kreuzt dabei immer wieder die Forststraße, ehe man unten im Tal bei den Kameriotwiesen ankommt. Über die Asphaltstraße kehrt man am Ende zurück zum Ausgangspunkt.

Alternative: Wer sich ein paar Höhenmeter und etwas Gehzeit ersparen möchte, der wandert nur auf einen der beiden Gipfel. Wir empfehlen in diesem Falle den Sarlkofel, da er die interessantere Aussicht bietet und der Weg dorthin einfach ein Erlebnis ist.

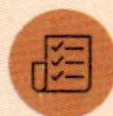

Wer trittsicher und schwindelfrei ist und eine gute Kondition mitbringt, der wird noch lange von den unvergesslichen Ausblicken dieser Tour zehren.

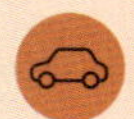 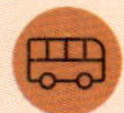

Von Bruneck ins Pragser Tal hinein und beim Kreisverkehr in Außerprags nach Altprags abzweigen. Der Straße folgen bis zur Abzweigung zum kleinen Skigebiet. Parkplätze bei der Skihütte.

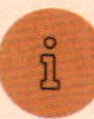

(schwer)

- Gebiet: Pustertal, Sextner Dolomiten, Alta Badia, Südtirol
- Tal: Pragser Tal
- Start/Ziel: Bad Altprags, Parkplätze bei der Skihütte
- Dauer: 5:45 Std.
- Strecke: 13,5 km
- Aufstieg/Abstieg: 1.187 Hm
- Wann: Sommer, Herbst

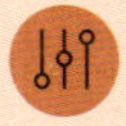

Landschaft: ●●●●○
Abwechslung: ●●●●○
Kondition: ●●●●○
Technik: ●●●●○

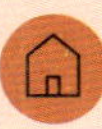

ja

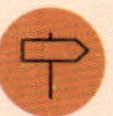

Bad Altprags (1.415 m) → Weg Nr. 15 zur Putzalm → Weg Nr. 16 zum Sarlsattel (2.189 m) → Steig Nr. 33 zum Sarlkofel (2.378 m) → über den Steig Nr. 33 wieder zurück zum Sarlsattel → Weg Nr. 33B zum Lungkofel (2.282 m) → über den Weg Nr. 33B wieder hinab zur Gabelung → Weg Nr. 33 zum Sarlridl (2.099 m) → Pfad Nr. 14 zu den Kameriotwiesen → über die Asphaltstraße zurück zum Ausgangspunkt

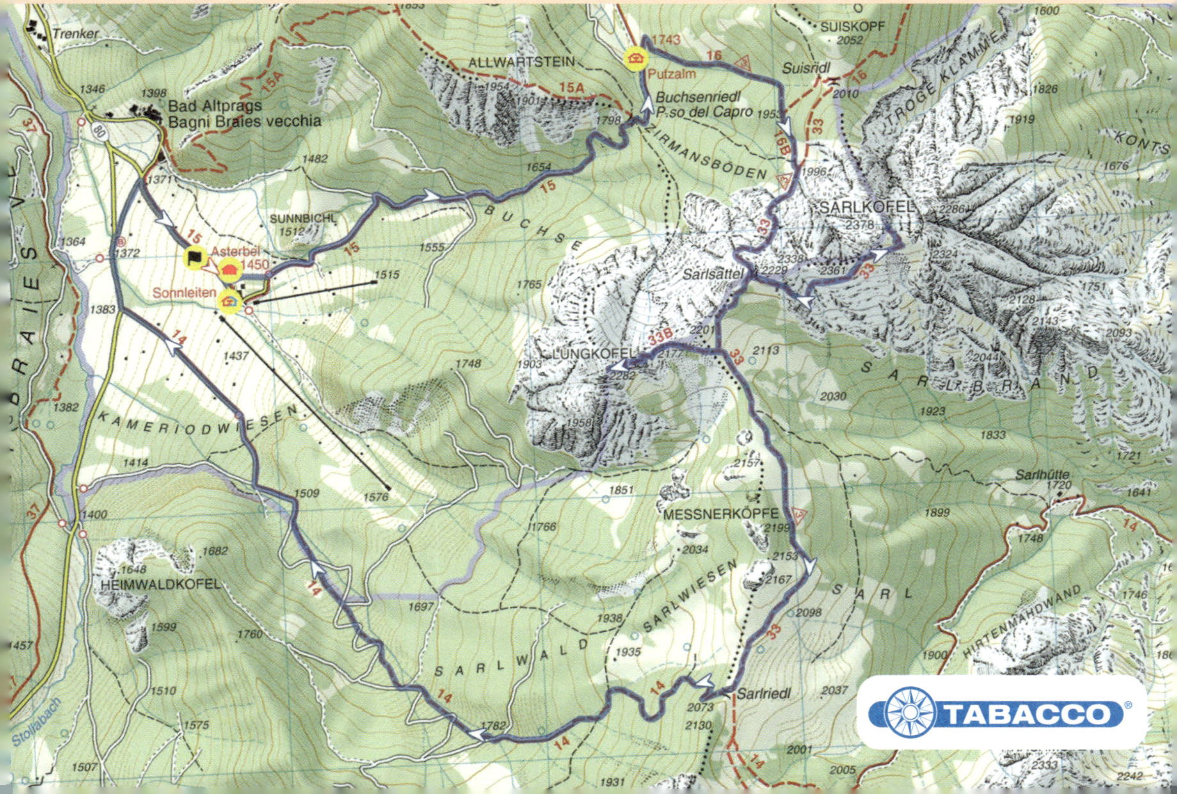

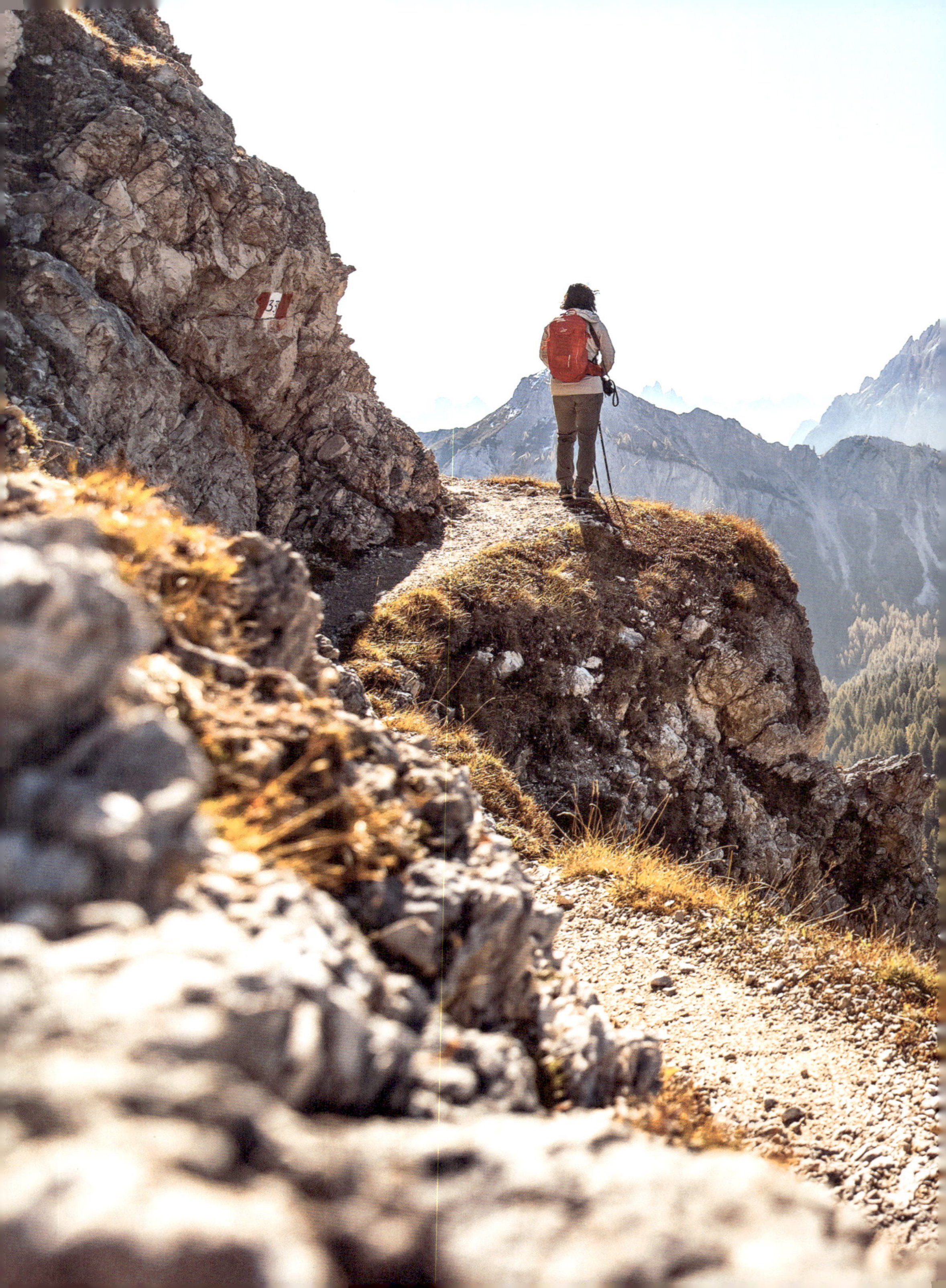
33

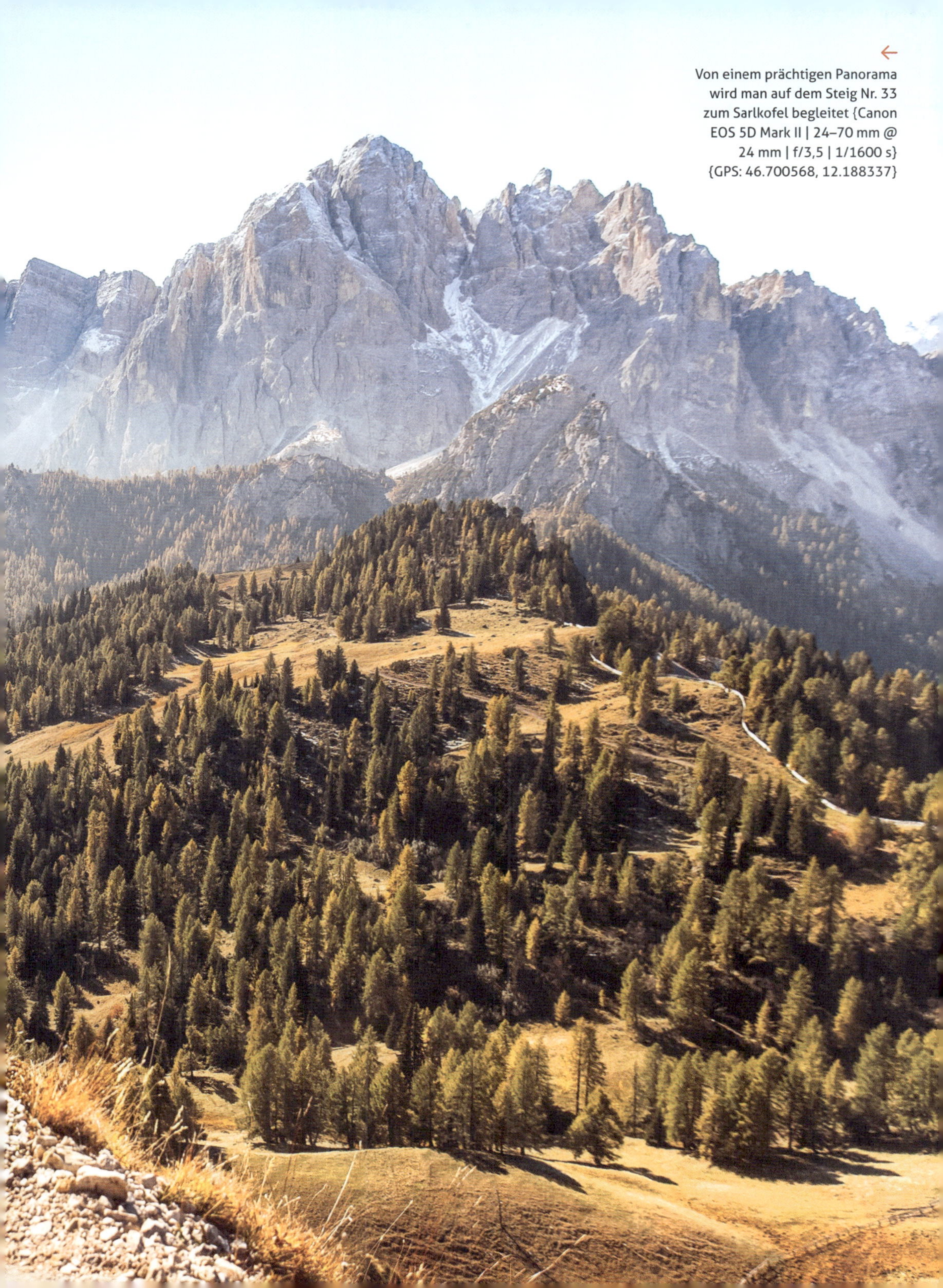

←
Von einem prächtigen Panorama wird man auf dem Steig Nr. 33 zum Sarlkofel begleitet {Canon EOS 5D Mark II | 24–70 mm @ 24 mm | f/3,5 | 1/1600 s} {GPS: 46.700568, 12.188337}

TOP FOTOSPOT

Kirche St. Magdalena im Moos, Niederdorf

An wunderschönen Fotomotiven mangelt es im Pustertal wahrlich nicht. Neben den vielen bekannten Plätzen gibt es aber noch so einiges zu entdecken, etwa die zwei Kirchen in Niederdorf. Frühmorgens kurz nach Sonnenaufgang erstrahlt die Landschaft in einem goldenen Licht und lässt die Kirche St. Magdalena im Moos und die dahinter liegende Pfarrkirche zum hl. Stephanus besonders eindrucksvoll erscheinen. Rechts wird das Bild von den aufragenden Dolomitengipfeln umrahmt.

Koordinaten: 46.743582, 12.152915
Wie kommt man hin: Von Bruneck nach Niederdorf und dort der Beschilderung in Richtung Sportplatz folgen. In der Handwerkerzone biegt man rechts bergauf ab und gelangt so zum Aufnahmeort. Etwas oberhalb bei einer Bank gibt es eine kleine Haltemöglichkeit.
Exif-Daten: Canon EOS 5D Mark II | 24–70 mm @ 39 mm | f/9 | 1/400 s | ISO 320
Aufnahmedatum: 25.09. – 07:29 Uhr

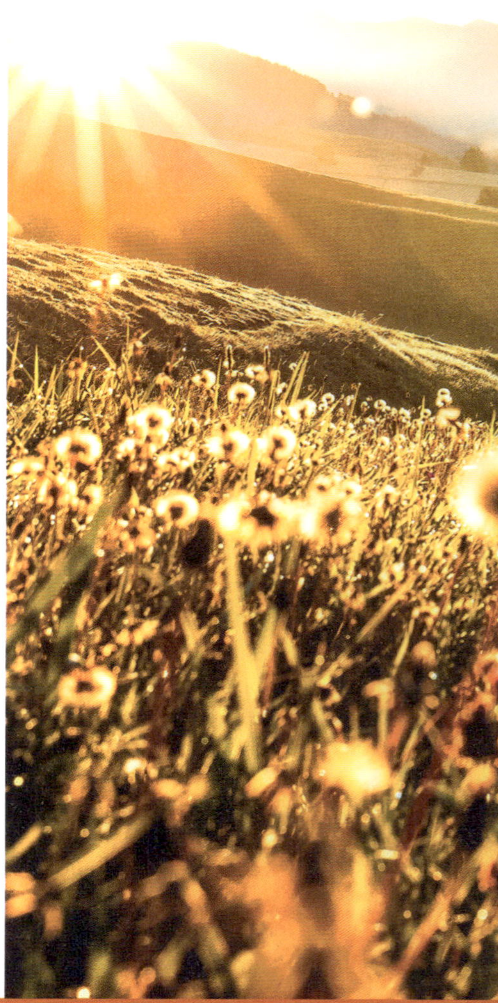

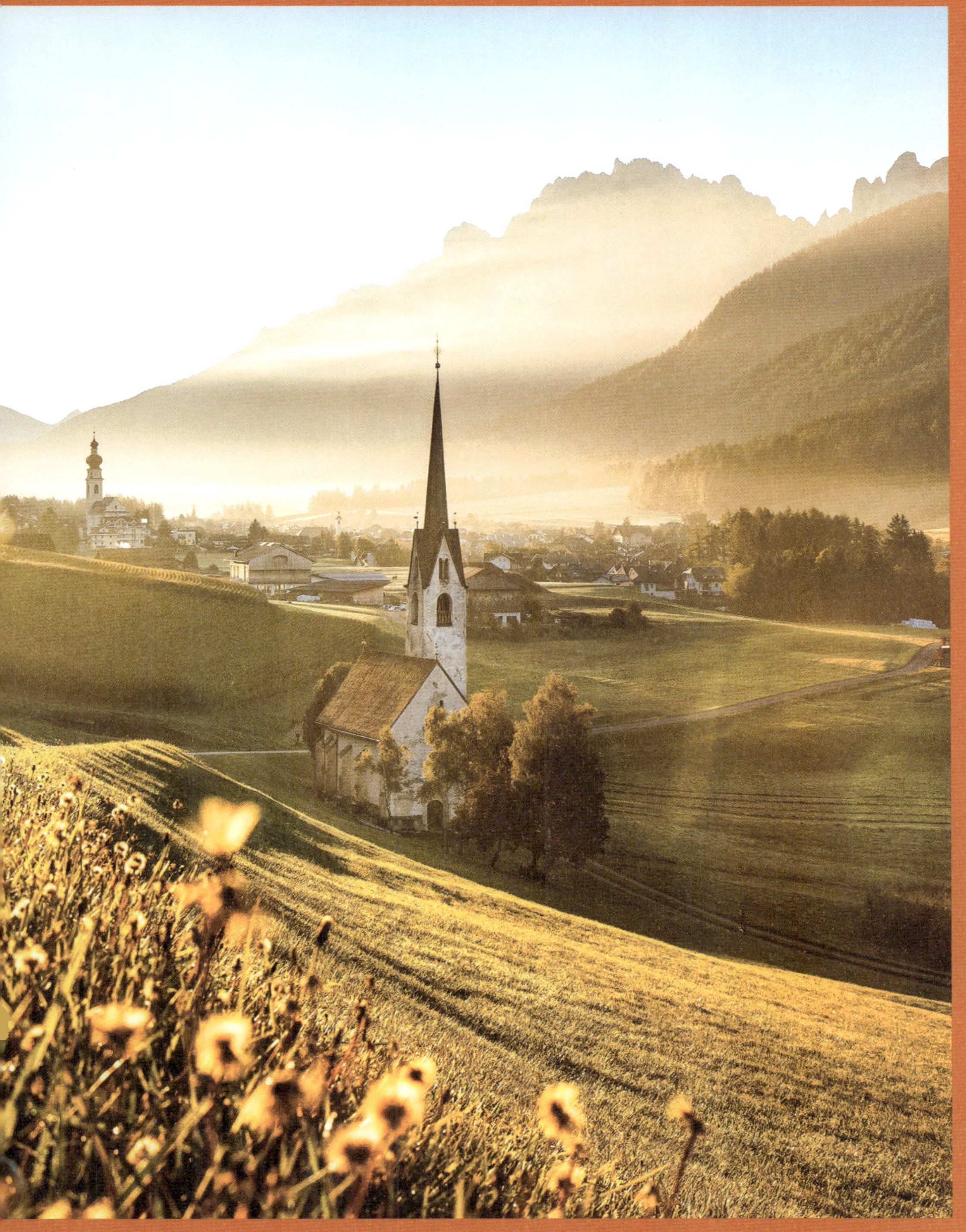

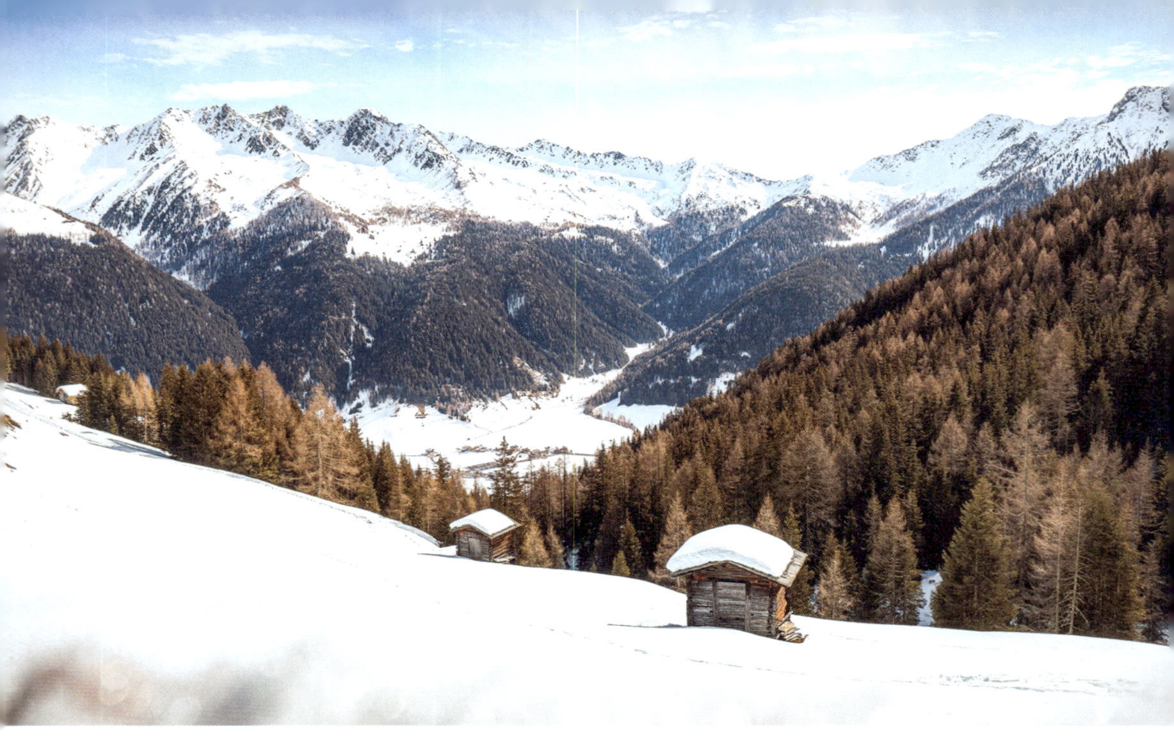

34 Auf den Hohen Mann

Schneeschuhwanderung mit Spitzenpanorama

Ob mit Schneeschuhen oder Skiern, die Tour auf den Hohen Mann (2.593 m) ist eine der lohnendsten im Gsieser Tal. Die knapp 12 km lange Wanderung ist bis kurz unterhalb des Gipfels recht einfach zu schaffen, die letzten 400 m über einen schmalen Grat bis zum Kreuz hingegen setzen Schwindelfreiheit und Trittsicherheit voraus. Der Blick vom Gipfel selbst ist ein Hochgenuss.

Ausgangspunkt dieser beliebten Winterwanderung ist der Parkplatz (1.555 m) unterhalb vom Ampfertalerhof bei St. Magdalena. Von dort folgt man zunächst der Asphaltstraße bis ans Ende, steigt dann entlang der Skipiste auf und biegt dann links in die gewalzte Forststraße Nr. 10 in Richtung Pfinnscharte ab. Gemütlich ansteigend führt der breite Waldweg nun in ca. 1 Stunde an der etwas oberhalb des Weges liegenden Ascht Alm (1.950 m) vorbei, die auch im Winter geöffnet hat.
Hier endet der präparierte Winterweg, der auch als Rodelbahn genutzt wird. Man bleibt der Markierung Nr. 10 weiterhin treu und wandert so gemächlich den Böden der Pfinnalm (2.152 m) entgegen. Nach einer weiteren Stunde lichtet sich der Wald völlig und gibt den Blick auf den Hohen Mann und das weit-

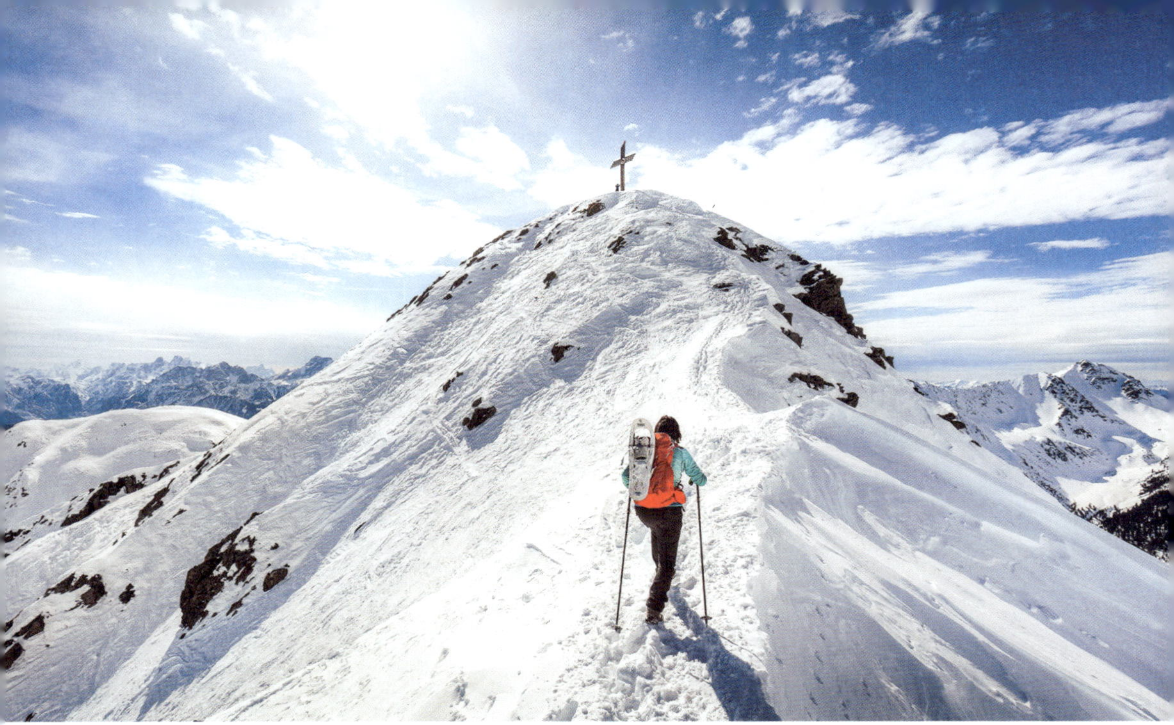

In der Nähe der Ascht Alm (1.950 m) blickt man über die Wiesenhänge hinab ins Gsieser Tal {Canon EOS 5D Mark II | 17–40 mm @ 27 mm | f/9 | 1/320 s} {GPS: 46.843137, 12.221163}

Ein schmaler und teilweise steiler Grat führt hinauf zum Gipfelkreuz am Hohen Mann (2.593 m) {GPS: 46.846620, 12.199634}

läufige Gelände frei. Ab hier geht man nun nicht der Pfinnscharte entgegen, sondern hält sich rechts, um auf unmarkiertem Weg in die Scharte rechts vom Gipfel zu gelangen. Merklich steiler geht es jetzt in Serpentinen dem Ziel entgegen, bis man in die Scharte gelangt. In der Scharte empfiehlt es sich, die Schneeschuhe oder Skier abzustellen, um das letzte Stück über den schmalen und teilweise steilen Grat anzugehen. Nach insgesamt knapp 3:15 Stunden hat man das Gipfelkreuz am Hohen Mann (2.593 m) erreicht und kann die herrliche Aussicht auf die Gsieser Berge, die Dolomiten und die Rieserfernergruppe genießen. Die Rückkehr zum Ausgangspunkt erfolgt über den Hinweg.

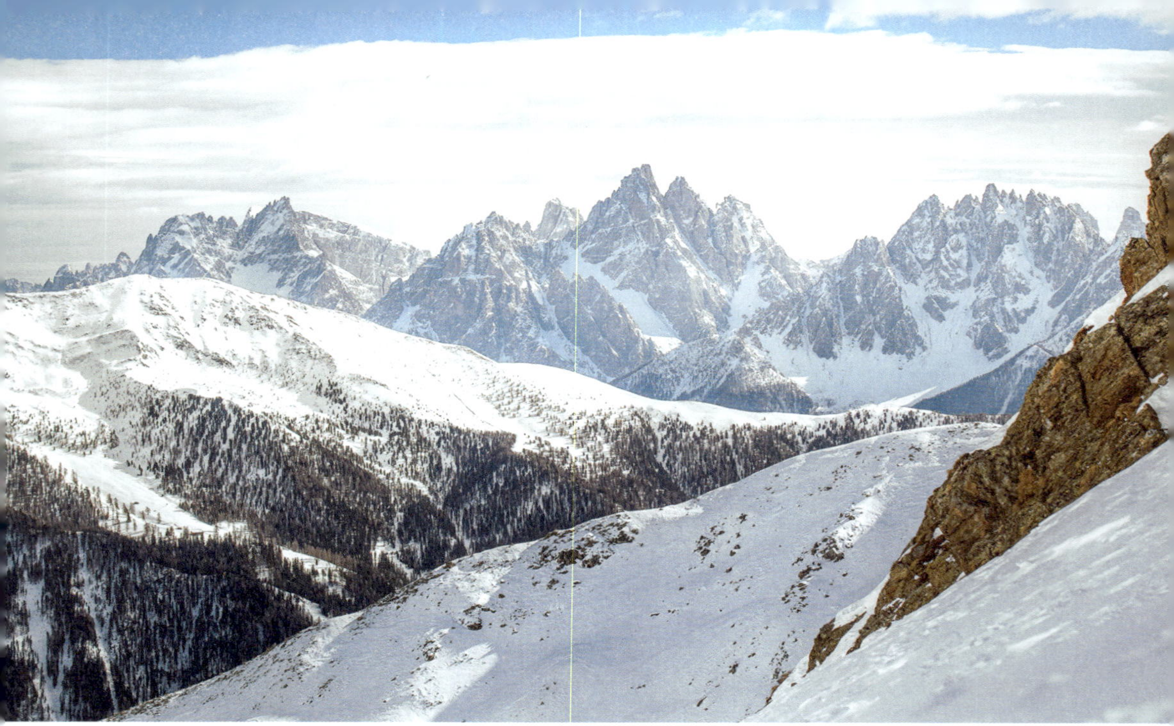

Am Gipfel wird man mit einem unvergesslichen Rundumblick belohnt

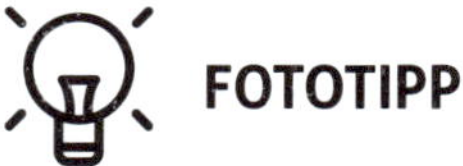

FOTOTIPP

Stürzende Linien
Stürzende Linien entstehen dadurch, dass man seine Kamera nach oben oder unten neigt. Bei einem Gebäude scheint es dann so, als würde es nach hinten kippen, was vom Betrachter als störend empfunden werden kann. Um den Effekt zu vermeiden, gibt es mehrere Möglichkeiten:

- Man erhöht seinen Standpunkt, damit die Kamera parallel zum Motiv ausgerichtet ist.
- Man verwendet ein spezielles Tilt-Shift-Objektiv.
- Man rückt die Linien in der Nachbearbeitung gerade.
- Man setzt die stürzenden Linien gezielt als Gestaltungselement ein.

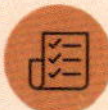

Eine anstrengende Schneeschuhwanderung, die auf den letzten Metern hoch zum Gipfel Trittsicherheit und vor allem Schwindelfreiheit erfordert. Das traumhafte Panorama entschädigt dann allerdings für die Strapazen.

Von Bruneck in Richtung Innichen und beim Kreisverkehr vor Welsberg ins Gsieser Tal abzweigen. Bis nach St. Magdalena fahren und im Dorf der Beschilderung links hinauf zum Ampfertalerhof folgen. Etwas unterhalb vom Hof befindet sich der Parkplatz.

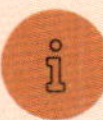

(schwer)

- Gebiet: Pustertal, Sextner Dolomiten, Alta Badia, Südtirol
- Tal: Gsieser Tal
- Start/Ziel: Parkplatz Ampfertalerhof, St. Magdalena
- Dauer: 5:45 Std.
- Strecke: 11,7 km
- Aufstieg/Abstieg: 1.030 Hm
- Wann: Winter

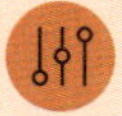

Landschaft: ●●●●●
Abwechslung: ●●●●○
Kondition: ●●●●○
Technik: ●●●●○

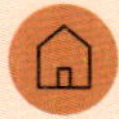

ja

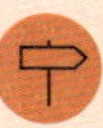

Parkplatz Ampfertalerhof (1.555 m) → bergauf bis ans Ende der Asphaltstraße → der Skipiste entlang hinauf → links auf die Forststraße Nr. 10 in Richtung Pfinnscharte abzweigen → sich kurz vor der Pfinnalm (2.152 m) rechts halten → auf unmarkiertem Weg hinauf zur Scharte rechts vom Gipfel → über den schmalen Grat hoch zum Gipfel (2.593 m) → Rückweg wie Hinweg

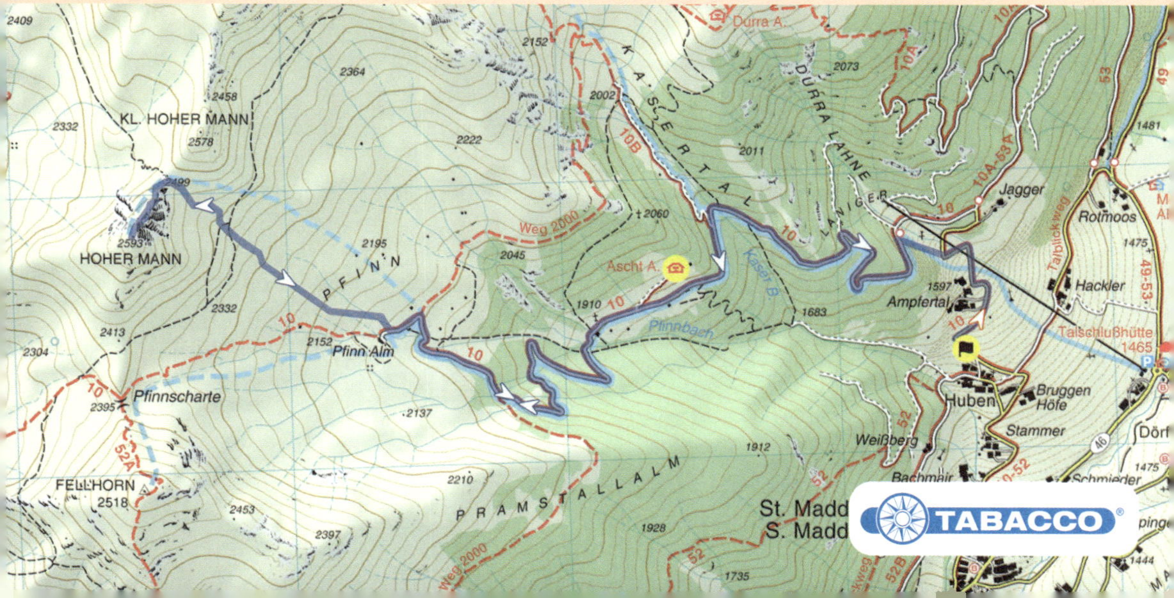

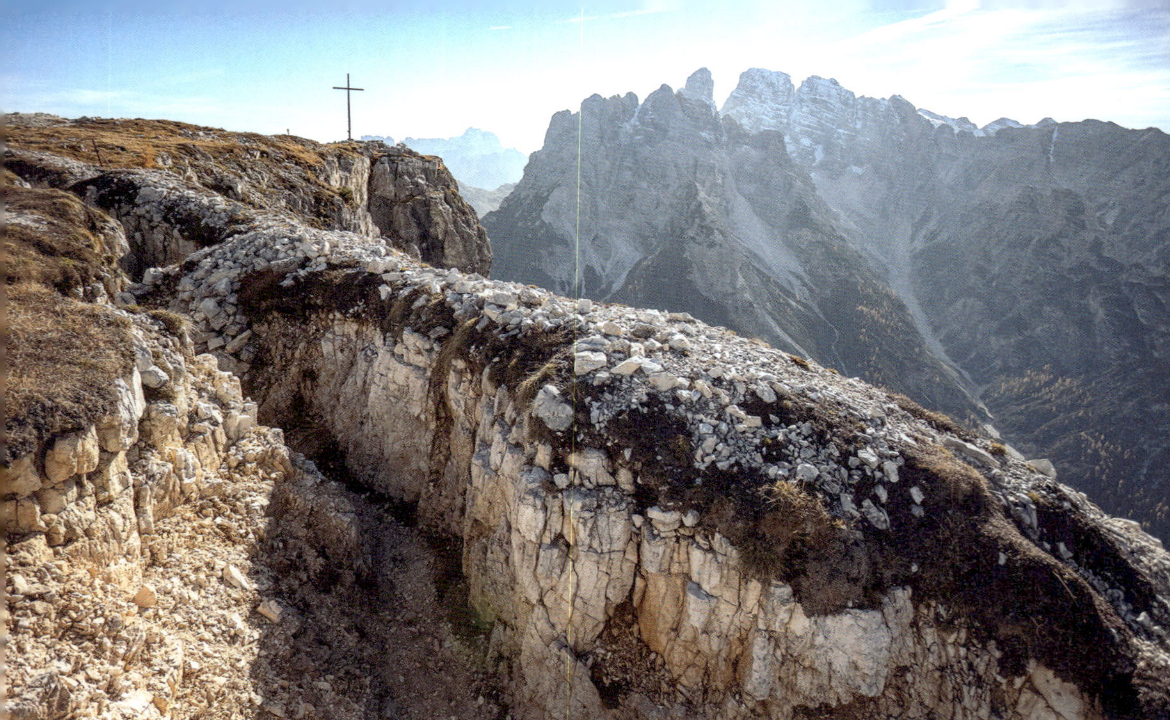

35 Auf den Monte Piano

Auf den Spuren des Ersten Weltkrieges

Der Monte Piano war im Ersten Weltkrieg ein Kriegsschauplatz. Auf dem Plateauberg verlief die Dolomitenfront, österreichische und italienische Soldaten standen sich hier gegenüber. Im nördlichen Teil bezogen die Österreicher Stellung, während der südliche Teil (Monte Piana) von den Italienern besetzt wurde. Die Schützengräben und Stollen, von denen das gesamte Gelände durchfurcht ist, machen den Berg zu einem wahren Freilichtmuseum.

Ausgangspunkt dieser ausgedehnten Rundwanderung ist der malerisch gelegene Dürrensee (1.406 m). Über den Pionierweg Nr. 6 geht es zunächst ein Stück talauswärts, dann zweigt man rechts auf eine breite, ebene Forststraße ab, die bald in einen Steig übergeht. Über zahlreiche Serpentinen und einige drahtseilgesicherte Passagen gewinnt man nun in angenehmer Steigung an Höhe und kann dabei immer wieder den Blick hinunter auf den See und das Höhlensteintal genießen. Nach rund 1:45 Stunde kommt man an einem ehemaligen österreichisch-ungarischen Soldatenfriedhof (2.072 m) vorbei. Hier erinnern ein paar Kreuze an die Todesopfer eines Felssturzes, den italienisches Ar-

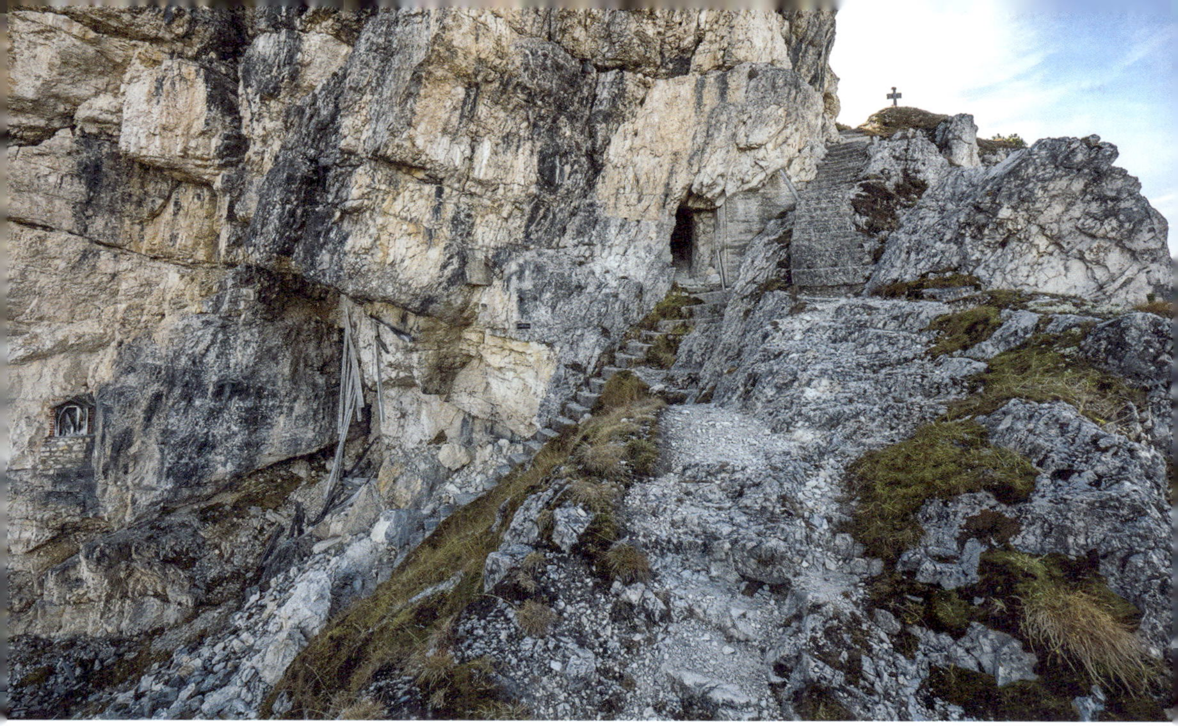

Umgeben von Schützengräben, der Monte Piana (2.324 m) {GPS: 46.617427, 12.241030}

Ein kurzer Stollen führt hinauf auf das Gipfelplateau

tilleriefeuer im August 1915 ausgelöst hatte. Anschließend durchquert man ein abenteuerliches Felsband und steht wenig später vor den Überresten der Kaiserjäger-Kommandostelle. Neben dieser führt ein kurzer Stollen hinauf auf das Gipfelplateau. Oben angekommen, hält man sich links und erreicht so nach ca. 2:45 Stunden das Toblacher Kreuz (2.305 m). Dieser nördlichste Punkt des Monte Piano ist wie geschaffen für eine Rast, denn der Rundumblick ist überwältigend: Die umliegenden Dolomitengipfel, darunter die Drei Zinnen, die Hohe Gaisl und die Cristallogruppe scheinen hier zum Greifen nah.

Die nächste Etappe gilt der Erkundung dieses geschichtsträchtigen Berges. Viele Wege führen über die blutig umkämpfte Hochfläche, einer der spannendsten beginnt unweit vom Gipfelkreuz etwas unterhalb des Plateaus bei der Markierung Historischer Rundweg. Wie schon beim Aufstieg sollte man auch hier absolut trittsicher und schwindelfrei sein. Teilweise drahtseilgesichert, windet sich ein schmaler Pfad den senkrechten Felswänden entlang an alten Baracken, Stollen und Stellungen vorbei.
Nach etwa 15 Minuten mündet der Steig in eine breite Bergwiese, wo nun die Felszacken

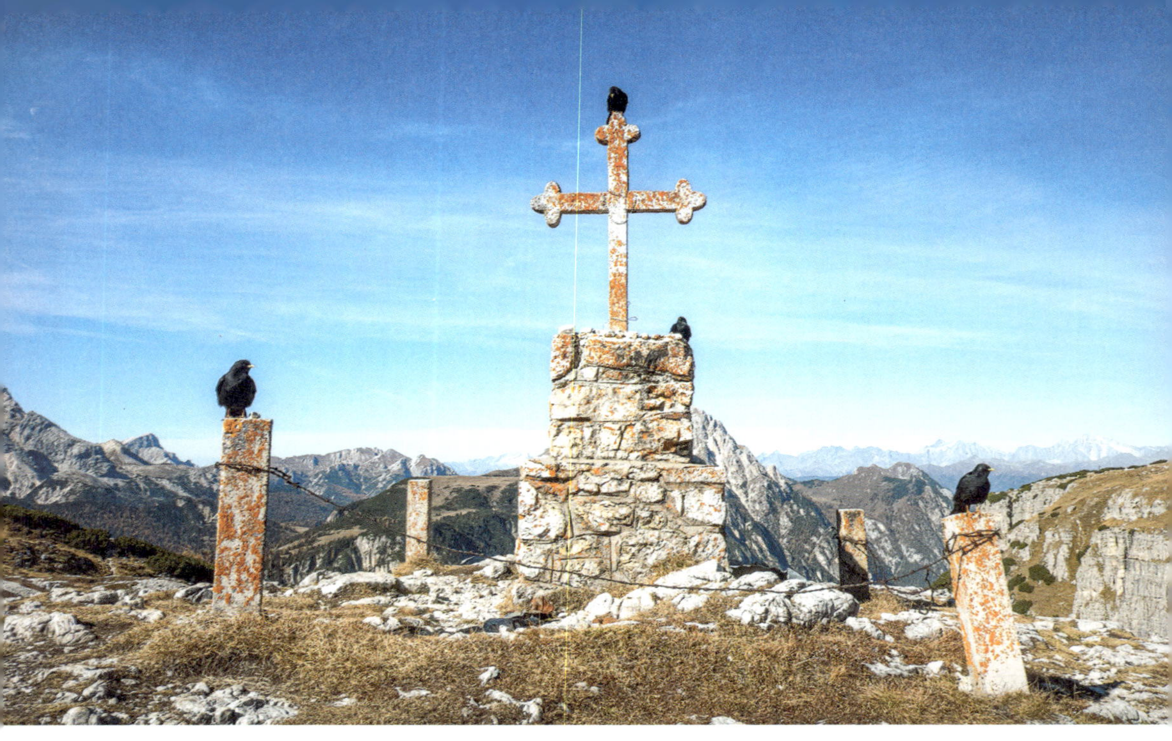

↑
Ein paar Alpendohlen haben sich rund um das „Monumento ai Caduti" niedergelassen

der Cadini di Misurina in den Blick rücken. Danach geht es wieder durch abschüssiges und ebenfalls mit Drahtseilen gesichertes Gelände hinauf zur Forcella dei Castrati (2.272 m). Von hier folgt man der Beschilderung zur Piramide Carducci (Nr. 111) und kann auf dem Weg dorthin die vielen Schützengräben über- bzw. durchqueren. Hat man sich bisher auf der ehemals österreichischen Seite befunden, gelangt man nun auf das italienische Gebiet dieses Kriegsschauplatzes. Von einer Hütte in der Nähe der kleinen Steinpyramide führt die Route nun in knapp 20 Minuten gemütlich über die weite Fläche bis zum Rifugio Bosi (2.205 m). Kurz vor der Hütte zweigt man allerdings rechts auf die Markierung Historischer Rundweg ab und gelangt über diesen abermals ausgesetzten, aber spannenden Wanderweg hin zum Gipfelkreuz des Monte Piana (2.324 m). In nördlicher Richtung den Schützengräben entlang trifft man alsbald auf den Touristensteig 6A, der ins Tal hinunterführt. Der Name trügt, denn der Steig ist alles andere als ein gemütlicher Wanderweg. Über längere Strecken geht es hier steil und abschüssig abwärts, zwischendrin gibt es einen kurzen Gegenanstieg über eine Holztreppe, danach kommt

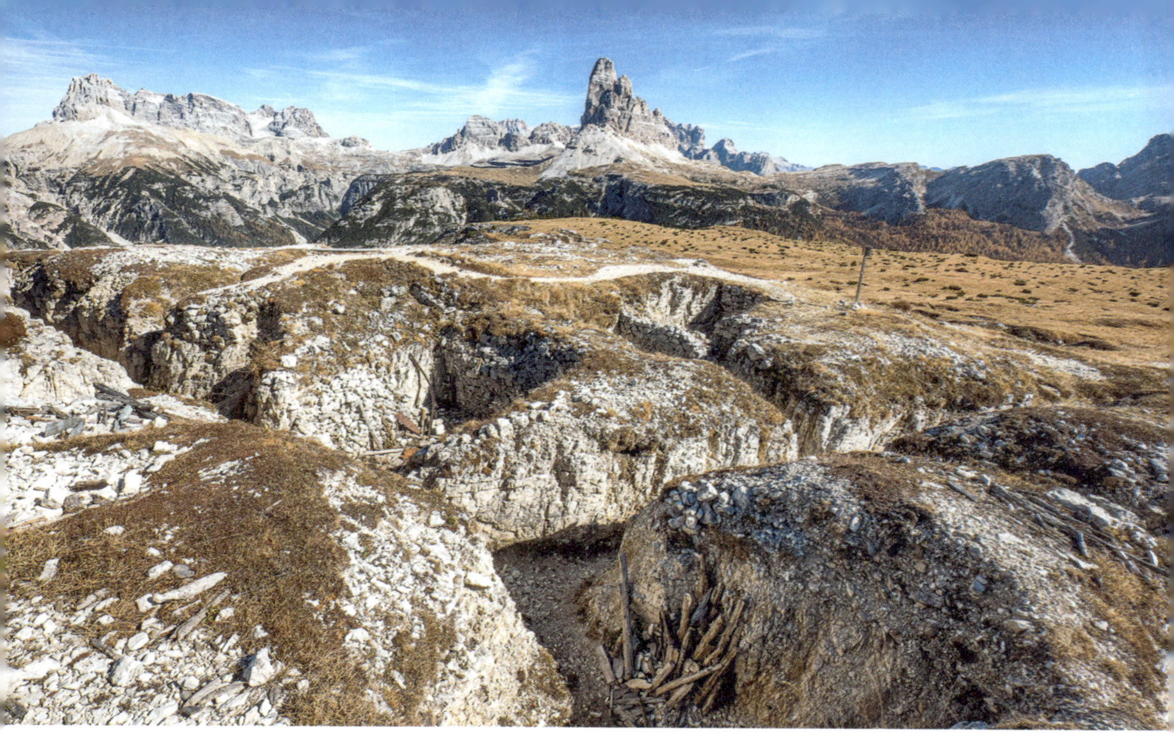

Noch immer sind auf der Hochfläche die Spuren des Ersten Weltkrieg gut sichtbar {Panasonic LUMIX G70 | 7–14 mm @ 7 mm | f/9 | 1/500 s} {GPS: 46.616800, 12.247134}

man bald in den Wald hinein und erreicht nach einer anstrengenden 1:30 Stunde (ab Monte Piana) den Talboden. Der Markierung Nr. 6B nach geht es jetzt eben dahin bis zum See und schließlich am Ufer entlang zurück zum Ausgangspunkt.

Alternativ: Im Sommer besteht die Möglichkeit, mit einem Jeep-Taxi hinauf zum Monte Piana zu fahren. Über die ehemalige Kriegsstraße geht es von Misurina zum Rifugio Bosi. In der Hütte befindet sich auch ein kleines Kriegsmuseum.

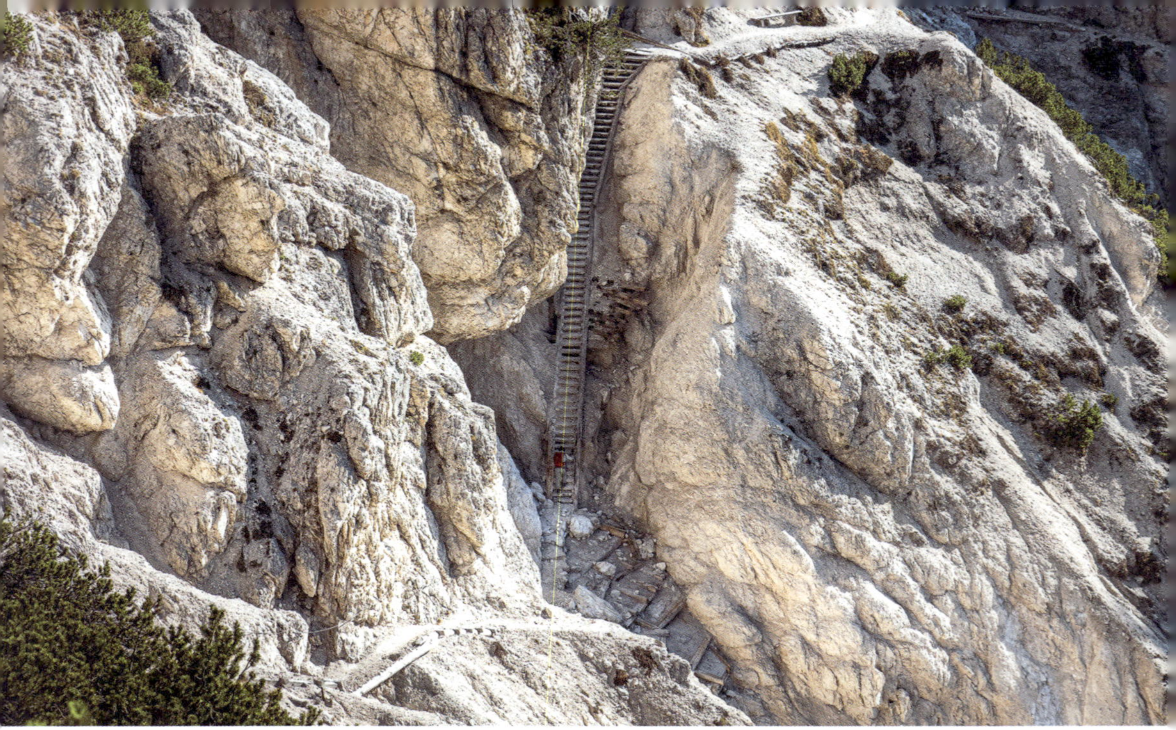

Die Holztreppe beim Touristensteig.
Der Abstieg sollte nicht unterschätzt werden.

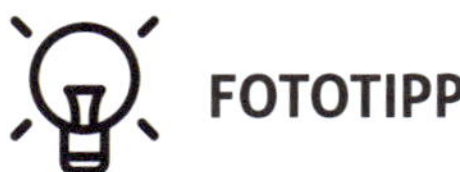

FOTOTIPP

Die Streulichtblende

Eine Streulichtblende ist kein Muss, aber ein nützlicher Helfer, denn sie bringt einige Vorteile mit sich. Sie schirmt das seitliche Gegenlicht ab, das die Bilder oft blass und fad wirken lässt. Das Objektiv und vor allem die Frontlinse werden vor Zusammenstößen mit anderen Gegenständen, Berührungen oder Stürzen geschützt. Und sie nützt bei Regen als Witterungsschutz gegen störende Wassertropfen auf der Linse.

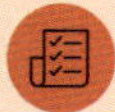

Schwere Bergwanderung, für die Trittsicherheit, Schwindelfreiheit und Ausdauer erforderlich sind. Die Auseinandersetzung mit den zahlreichen Spuren des Ersten Weltkriegs macht die Tour aber zu einem unvergesslichen Erlebnis.

Von Bruneck nach Toblach und beim Kreisverkehr rechts zum Dürrensee abbiegen. Nach ca. 11 km erreicht man den See und kann direkt am Westufer parken. Dort befindet sich ebenfalls eine Bushaltestelle.

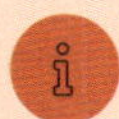

(schwer)

- Gebiet: Pustertal, Südtirol
- Tal: Höhlensteintal
- Start/Ziel: Bushaltestelle/Parkplatz Dürrensee (gebührenpflichtig in den Sommermonaten)

- Dauer: 6:30 Std.
- Strecke: 15,1 km
- Aufstieg/Abstieg: 1.109 Hm
- Wann: Sommer, Herbst

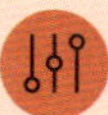

Landschaft: ●●●●●
Abwechslung: ●●●●●
Kondition: ●●●●●
Technik: ●●●●●

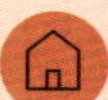

ja

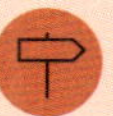

Bushaltestelle/Parkplatz Dürrensee (1.406 m) → Pionierweg Nr. 6 → Toblacher Kreuz (2.305 m) → Historischer Rundweg → Forcella dei Castrati (2.272 m) → Piramide Carducci (Nr. 111) → Rifugio Bosi (2.205 m) → Historischer Rundweg → Monte Piana (2.324 m) → Touristensteig 6A → Dürrensee 6B

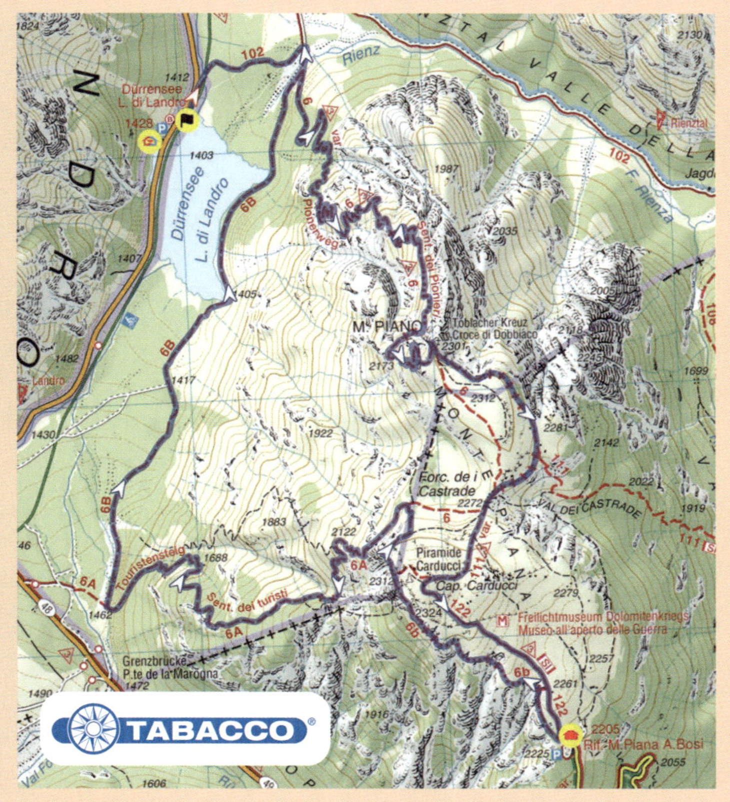

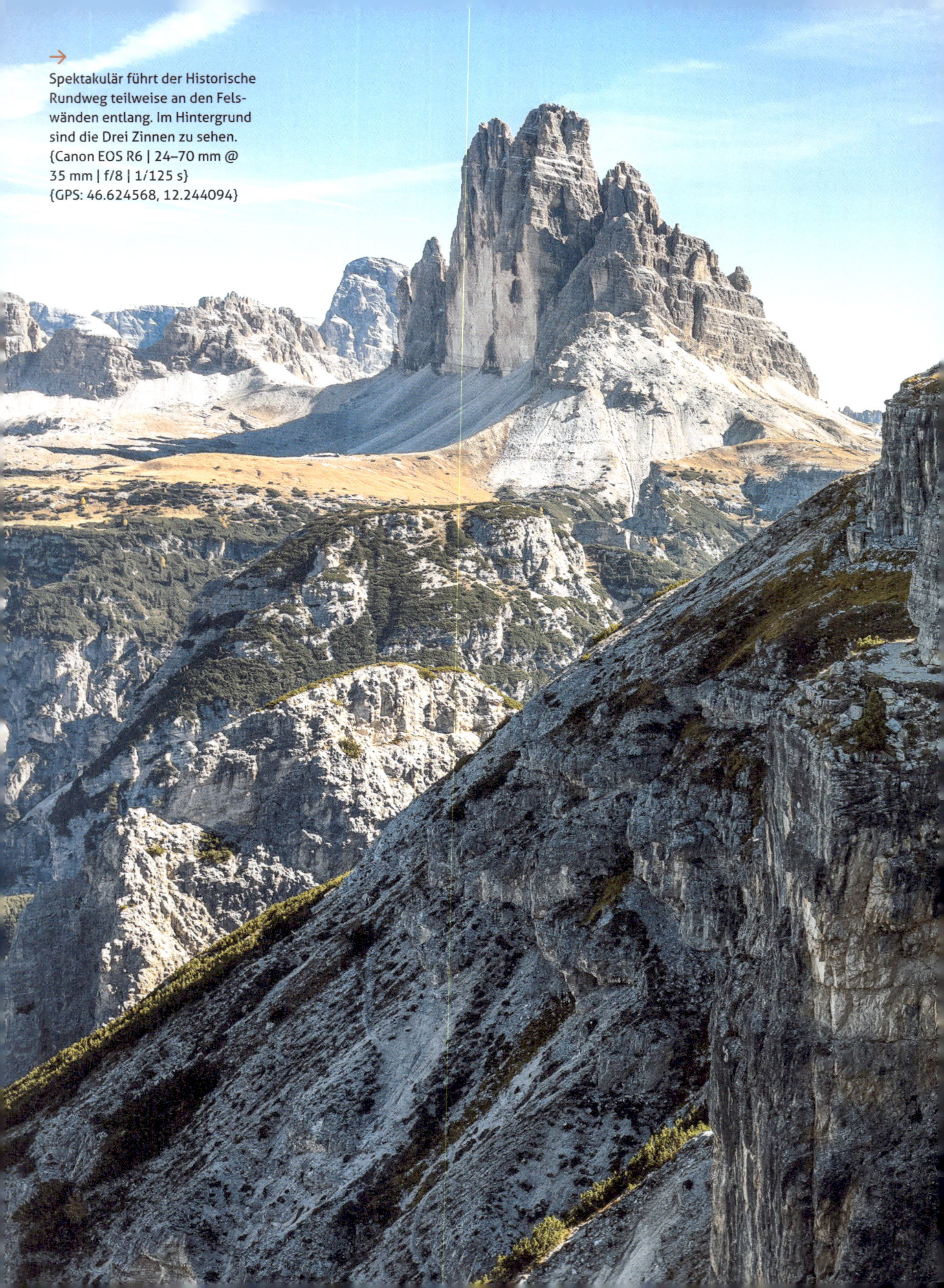

Spektakulär führt der Historische Rundweg teilweise an den Felswänden entlang. Im Hintergrund sind die Drei Zinnen zu sehen. {Canon EOS R6 | 24–70 mm @ 35 mm | f/8 | 1/125 s} {GPS: 46.624568, 12.244094}

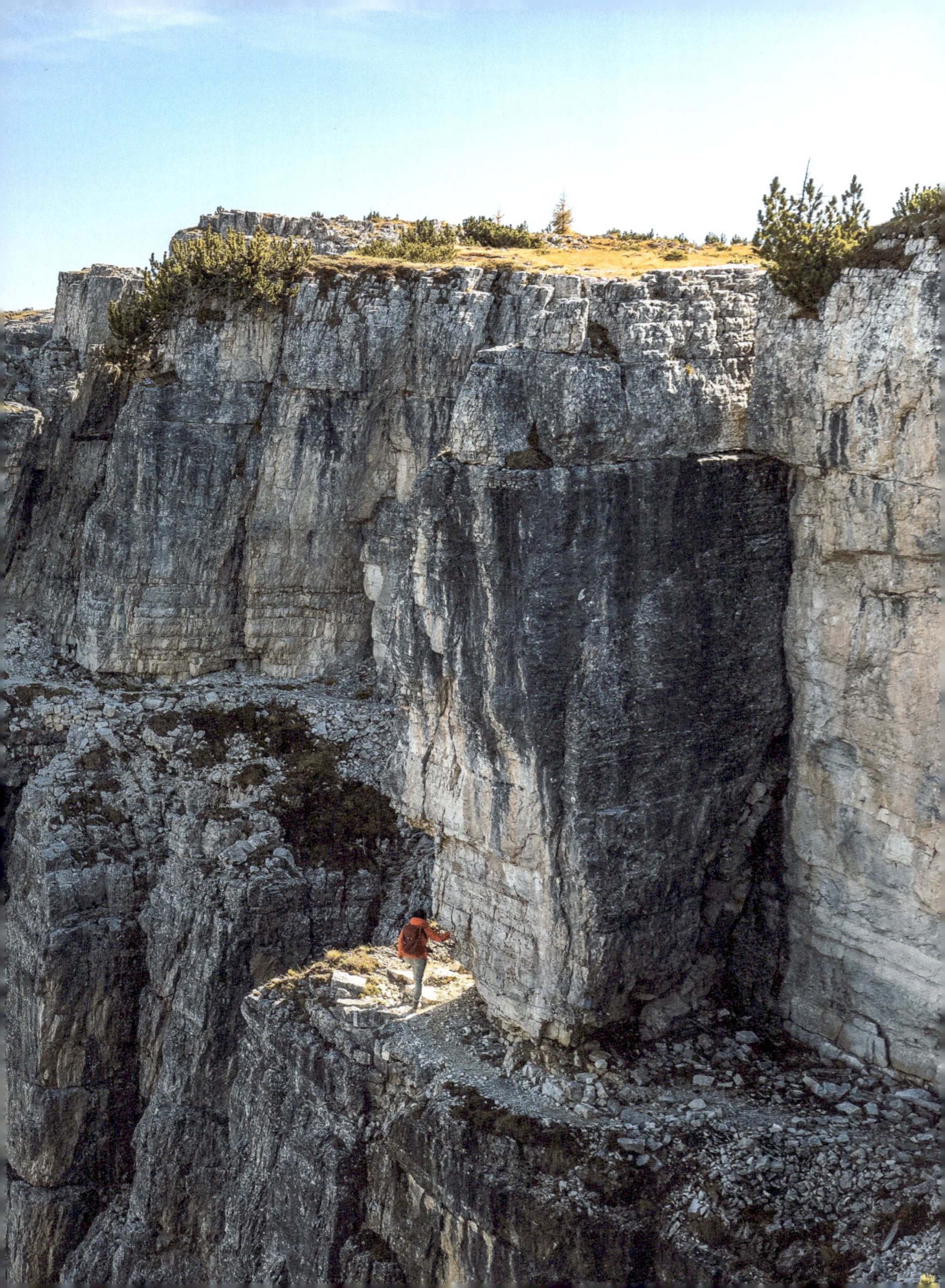

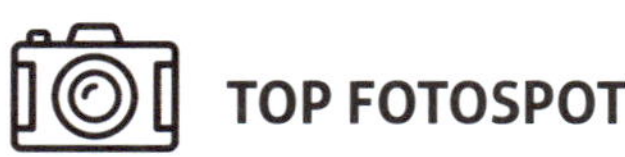

TOP FOTOSPOT

Dürrensee, Höhlensteintal

Wunderschön gelegen und einfach zu erreichen, präsentiert sich der Dürrensee auf 1.406 m im Höhlensteintal unweit von Toblach. Vom See aus hat man eine hervorragende Sicht auf die imposante Cristallogruppe, die sich bei günstigen Verhältnissen perfekt in der Wasseroberfläche spiegelt. Besonders reizvoll ist hier die Stimmung bei Sonnenaufgang, wenn die ersten Sonnenstrahlen die Dolomitengipfel zum Leuchten bringen.

Koordinaten: 46.633353, 12.231472
Wie kommt man hin: Von Bruneck nach Toblach und beim Kreisverkehr rechts zum Dürrensee abbiegen. Nach ca. 11 km erreicht man den See und kann direkt am Westufer parken.
Exif-Daten: Canon EOS R6 | 17–40 mm @ 33 mm | f/4 | 1/320 s
Aufnahmedatum: 17.10. – 08:12 Uhr

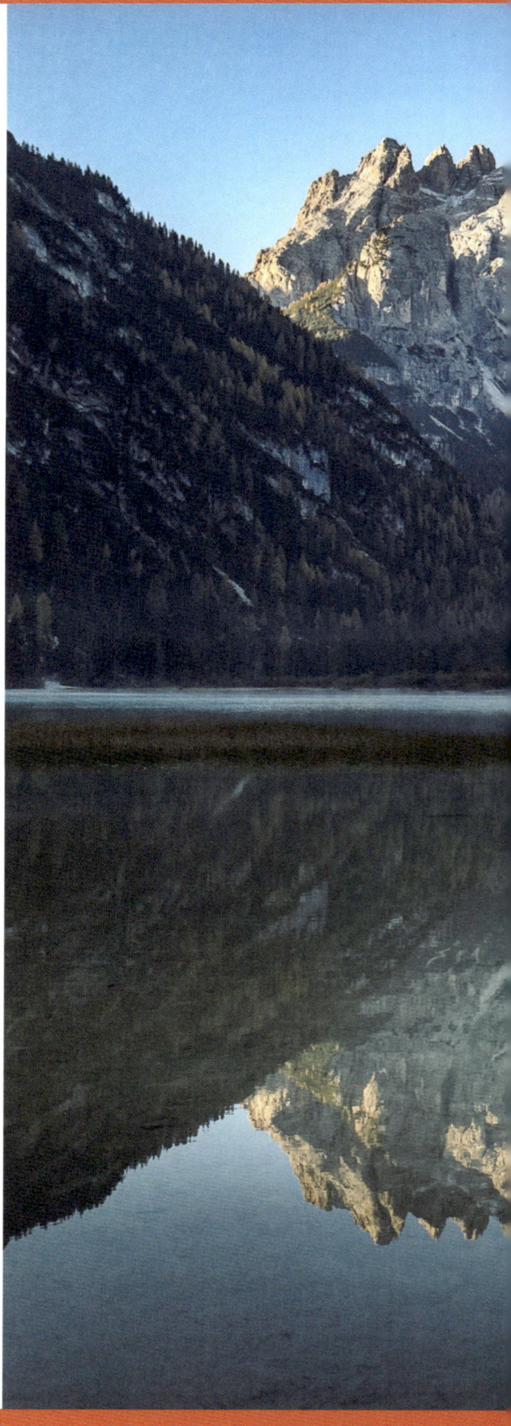

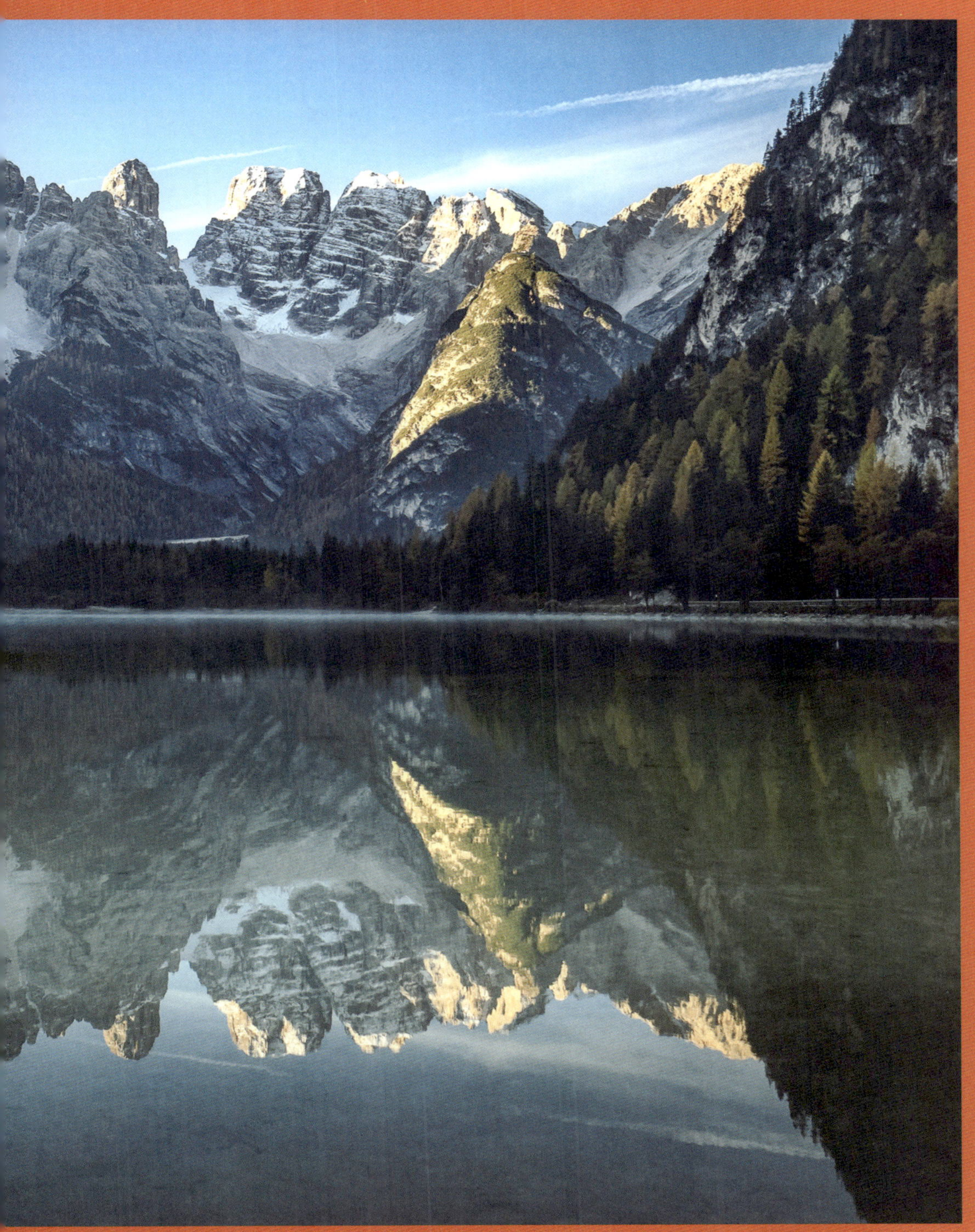

→

Zum Sonnenaufgang auf der Seiser Alm {Canon EOS 5D Mark II | 17–40 mm @ 32 mm | f/11 | 0,3 s} {GPS: 46.550193, 11.655406}

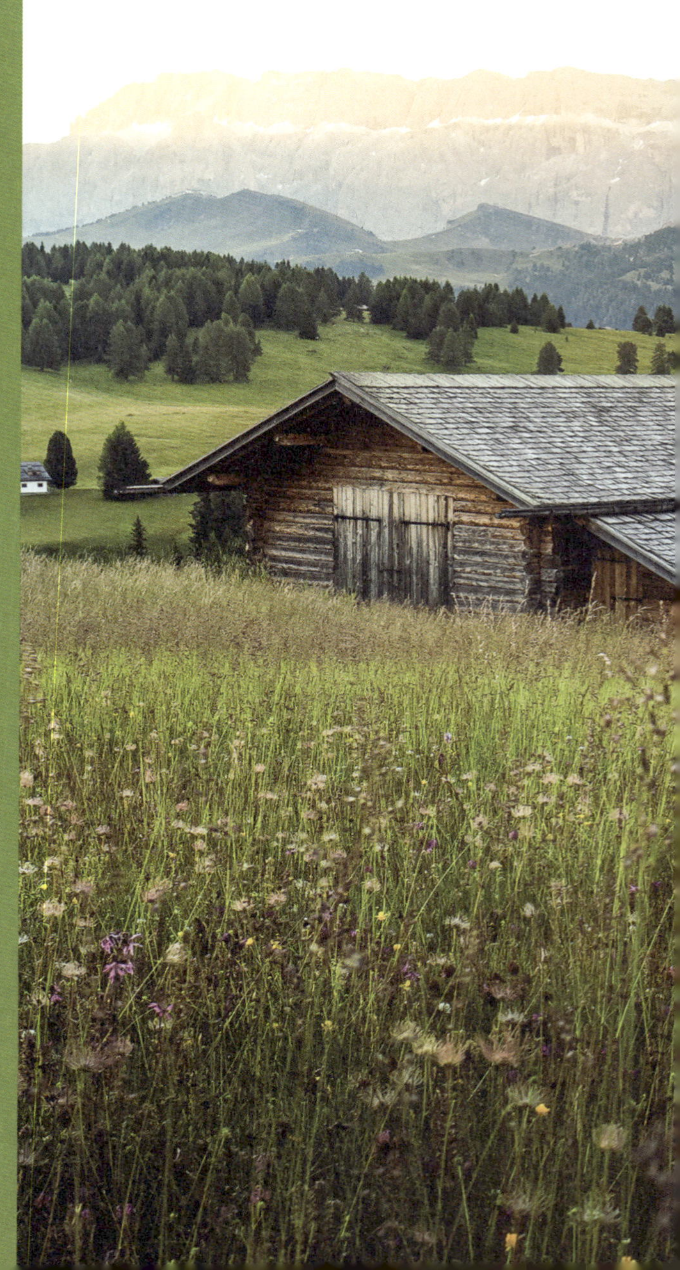

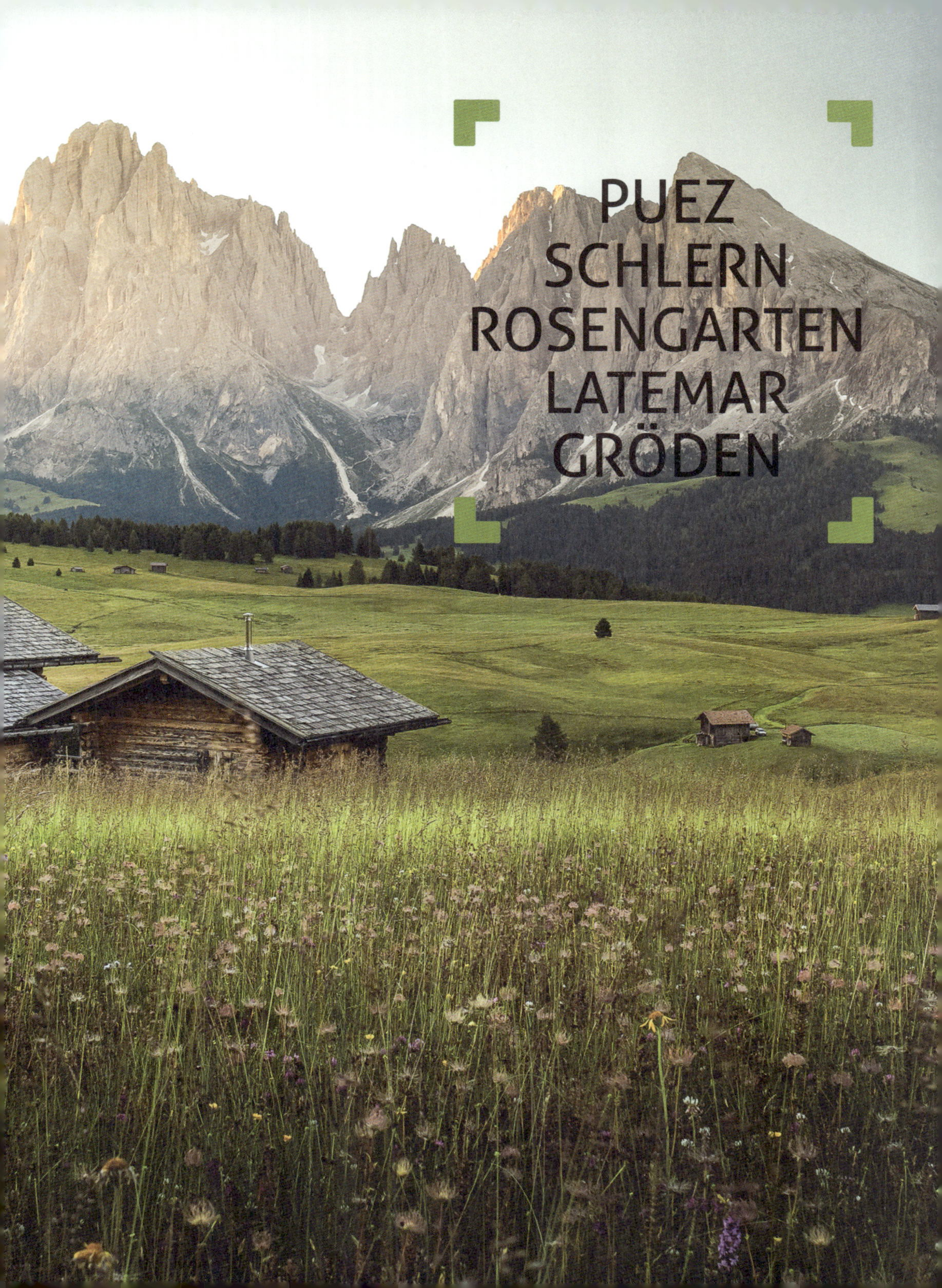
PUEZ
SCHLERN
ROSENGARTEN
LATEMAR
GRÖDEN

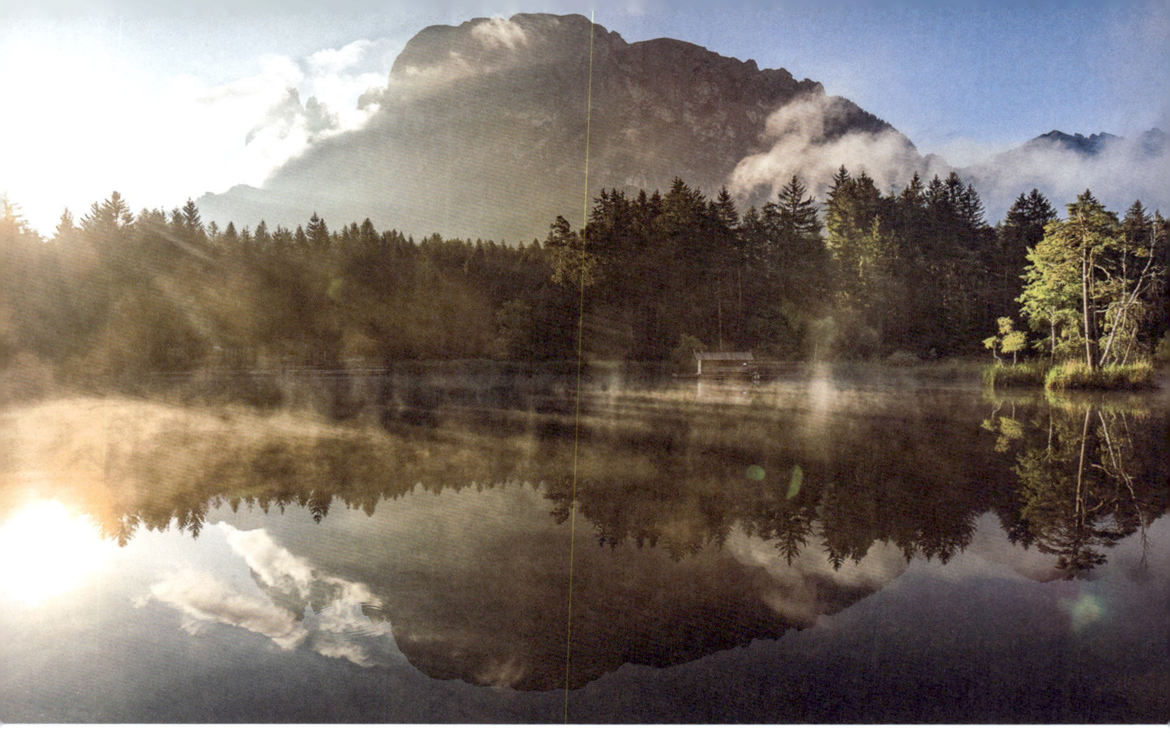

36 Über den Prügelsteig

Anspruchsvolle Wanderung auf den Schlern

Diese abwechslungsreiche, jedoch sehr ausgedehnte Wanderung führt über gut ausgetretene Wege und einige sehr spezielle Stegkonstruktionen. Nach der ganzen Anstrengung ist das Schlernhaus ein willkommener Ort, um wieder Kraft zu tanken und den Abstieg konzentriert und trittsicher in Angriff nehmen zu können.

Ausgehend vom gebührenpflichtigen Parkplatz beim Völser Weiher (1.036 m) folgt man der Markierung Nr. 1 zum Schlernhaus. Schon bald trifft man auf den traumhaften See mit dem dahinter aufragenden Schlernmassiv, den man aber ebenso wie den nur wenige 100 m entfernten Huberweiher links hinter sich lässt. Danach steigt der gut ausgebaute Wanderweg etwas steiler zur Tuffalm (1.280 m) auf, die ein Stück abseits vom Streckenverlauf liegt. Bald darauf mündet der breite Weg in einen schmalen Steig, der an abschüssigen Stellen mit einem Holzzaun gesichert ist. An lichteren Stellen gibt der Wald den Blick auf die gegenüberliegenden senkrechten Felsen der Hammerwand frei. Nach gut 2:30 Stunden kommt man an eine Gabelung mit einer Sitzgelegenheit und einem Kreuz. Hier beginnt der Prügel- bzw.

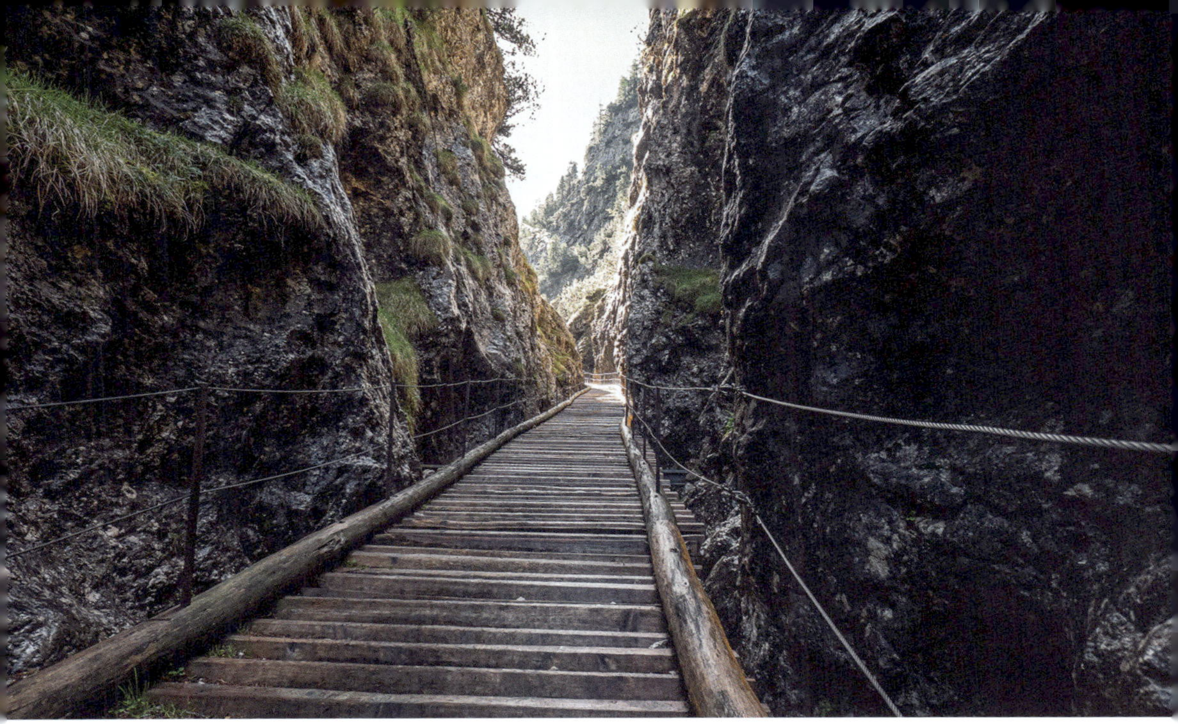

Frühmorgens beim Völser Weiher, in dem sich der Schlern spiegelt {Canon EOS R6 | 17–40 mm @ 17 mm | f/9 | 1/250 s} {GPS: 46.523418, 11.522554}

Der Prügelsteig führt durch die wildromantische Schlernschlucht

Knüppelsteig, der eigentlich für den Viehauftrieb und Viehabtrieb angelegt wurde. Der Steig besteht aus mehreren Holzkonstruktionen, die durch die teils enge, wildromantische Schlernschlucht und über den Schlernbach führen. Über bald kürzere, bald längere Stege und Brücken gewinnt man so stetig an Höhe, bis man nach insgesamt 3:30 Stunden an der gemütlichen Almhütte Sesselschwaige (1.940 m) angelangt ist.

Der Aufstieg bleibt weiterhin anstrengend, entlohnt aber mit einer Aussicht, die mit zunehmender Höhe immer unvergleichlicher wird. Vor sich hat man das mächtige Rosengartenmassiv, schaut man zurück, blickt man hinab bis in den Talkessel von Bozen. Vorbei an der Moarbodenalm (2.220 m) und über die blühenden Wiesenhänge hat man es nach insgesamt rund 5 Stunden geschafft und ist beim Schlernhaus (2.457 m) angelangt. Hier ist nun eine Stärkung angebracht, denn ein Großteil der Tour steht nämlich noch bevor. Ein etwa 25-minütiger Abstecher vom Schutzhaus auf den Petz (2.568 m) mit dem Gipfelkreuz des Schlern lohnt sich auf jeden Fall. Wieder zurück beim Schutzhaus hat man jetzt zwei Möglichkeiten: Entweder man kehrt über den bereits bekannten Weg zurück oder

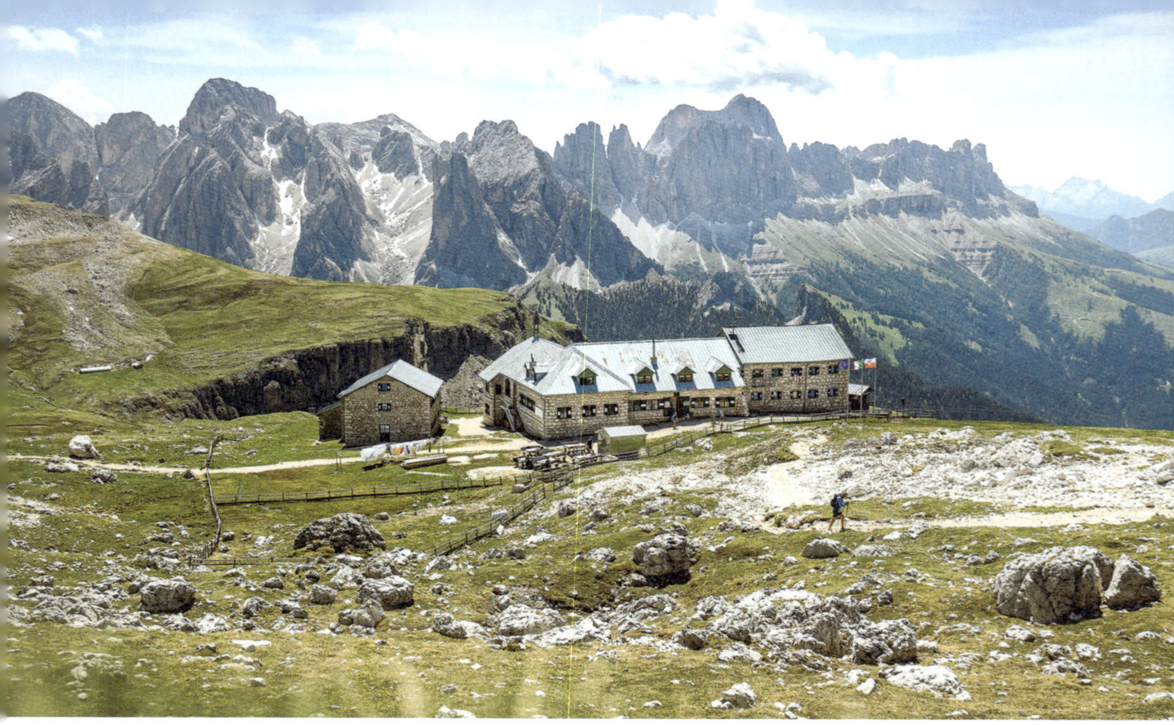

↑
Das Schlernhaus (2.457 m)
und im Hintergrund der Rosengarten

man steigt über den Schäufelesteig (Nr. 3) ab. Dafür ist absolute Trittsicherheit gefordert, es wird sehr steil. Im Anfangsteil verläuft der Schäufelesteig noch recht gemächlich und führt über die Schlernhochfläche leicht abwärts dahin. Wer überschüssige Kräfte hat, zweigt im westlichen Teil des Schlerns auf den unmarkierten Pfad zum Gabel-Mull und dann noch einmal nach Belieben vom Weg ab, um den sagenhaften Blick auf die Santnerspitze und die canyonartige Landschaft zu erleben.
Danach geht es in Serpentinen den wiesenbewachsenen Hang steil hinunter und anschließend anstrengend durch den Wald weiter, bis man wieder zur oben genannten Gabelung mit der Sitzgelegenheit und dem Kreuz kommt. Über den Weg Nr. 1 geht es schließlich zum Ausgangspunkt zurück.

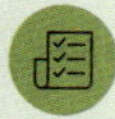

Lange und schwere Tour durch eine wilde Schlucht zu einem umwerfenden Panorama-Erlebnis auf dem Schlern. Der Rückweg über den Schäufelesteig sollte nicht unterschätzt werden.

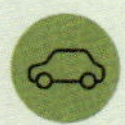

Von Bozen nach Blumau und dort im Tunnel links abzweigen zur Seiser Alm. Nach Völs am Schlern rechts hinauf zum Völser Weiher abbiegen. In der Nähe des Sees befindet sich ein gebührenpflichtiger Parkplatz.

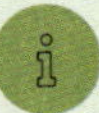

(schwer)

- Gebiet: Dolomiten, Südtirol
- Tal: Schlerngebiet
- Start/Ziel: Parkplatz Völser Weiher (gebührenpflichtig)
- Dauer: 9:45 Std.
- Strecke: 19,3 km
- Aufstieg/Abstieg: 1.511 Hm
- Wann: Sommer

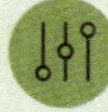

Landschaft: ●●●●●
Abwechslung: ●●●●●
Kondition: ●●●●●
Technik: ●●●●●

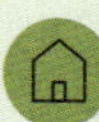

ja

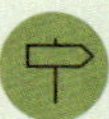

Völser Weiher (1.036 m) → Weg Nr. 1 zum Schlernhaus (2.457 m) → Abstecher auf den Petz (2.568 m) → Rückweg über den Schäufelesteig (Nr. 3) → Weg Nr. 1 zum Völser Weiher

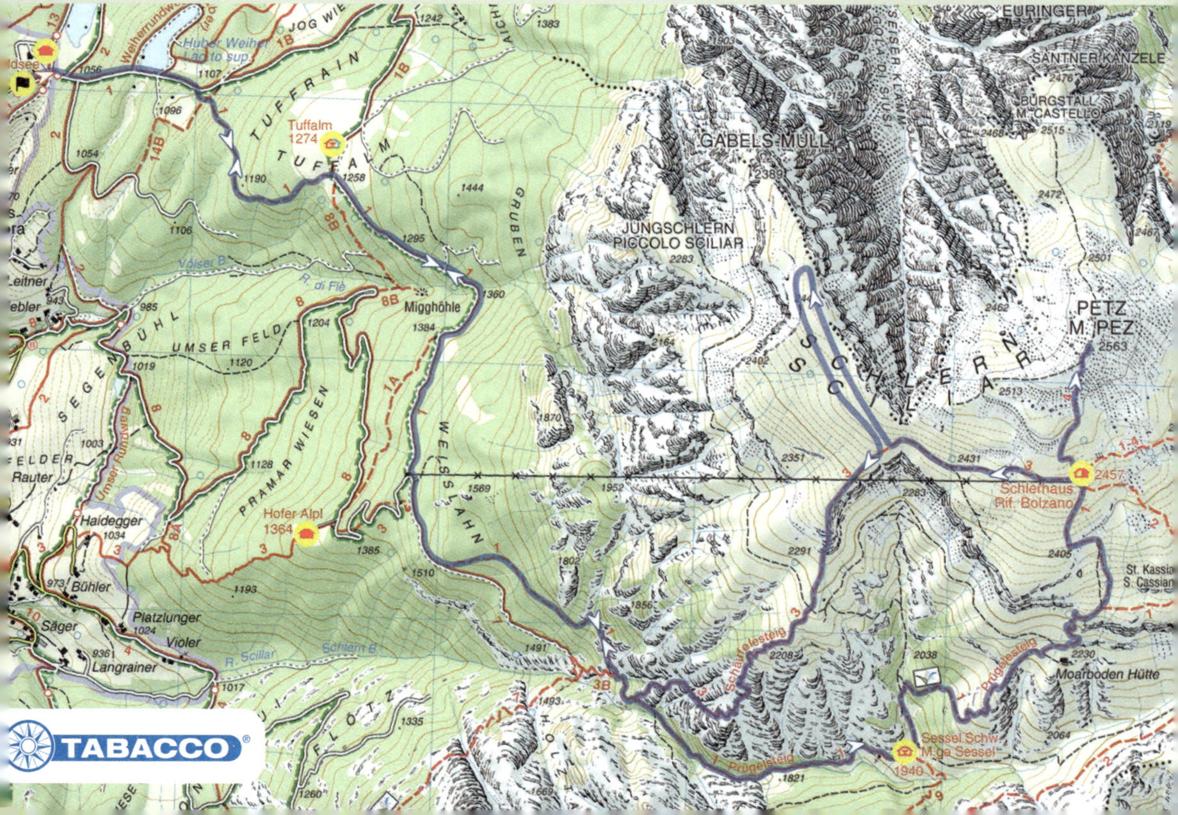

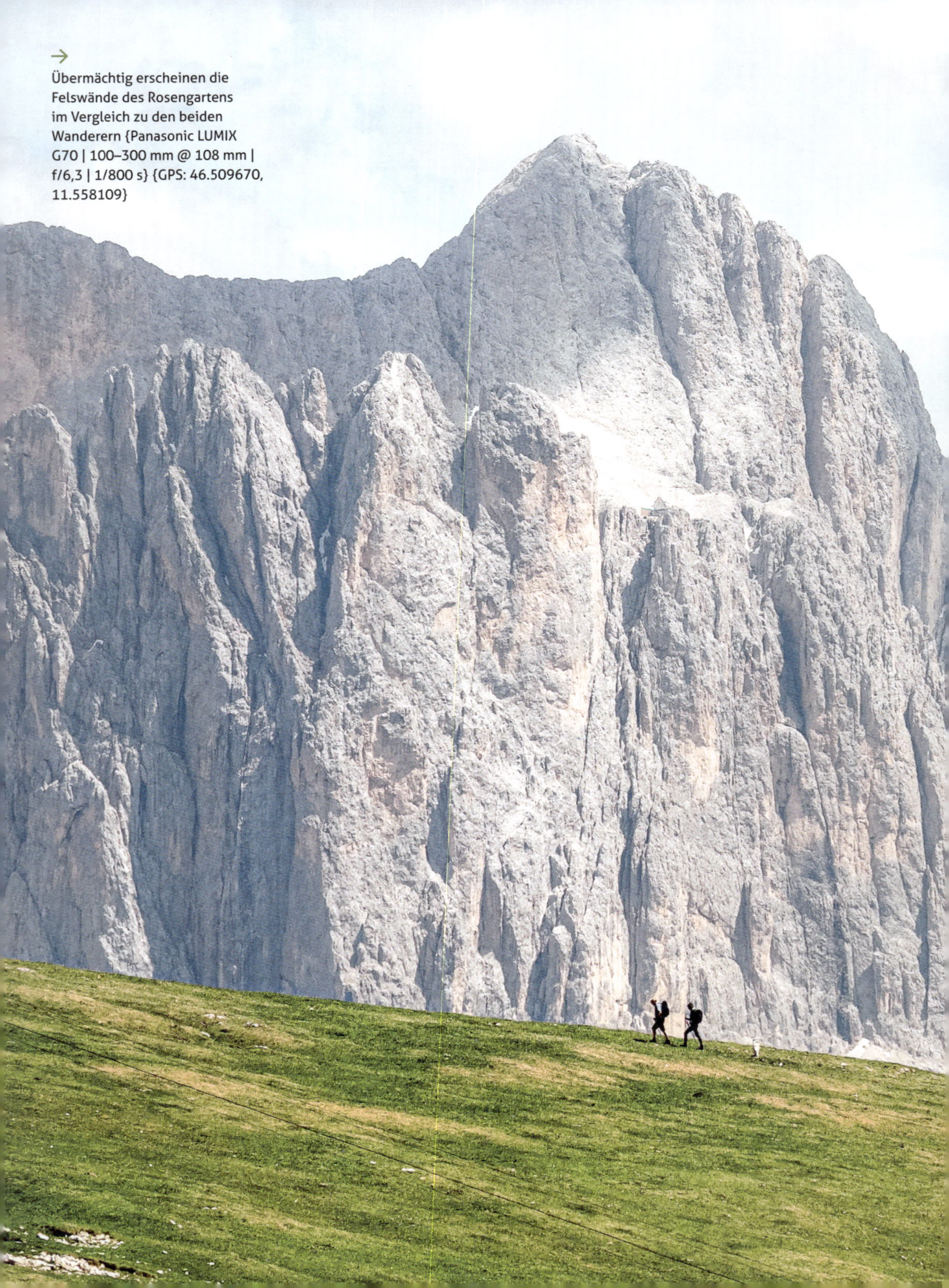

→
Übermächtig erscheinen die Felswände des Rosengartens im Vergleich zu den beiden Wanderern {Panasonic LUMIX G70 | 100–300 mm @ 108 mm | f/6,3 | 1/800 s} {GPS: 46.509670, 11.558109}

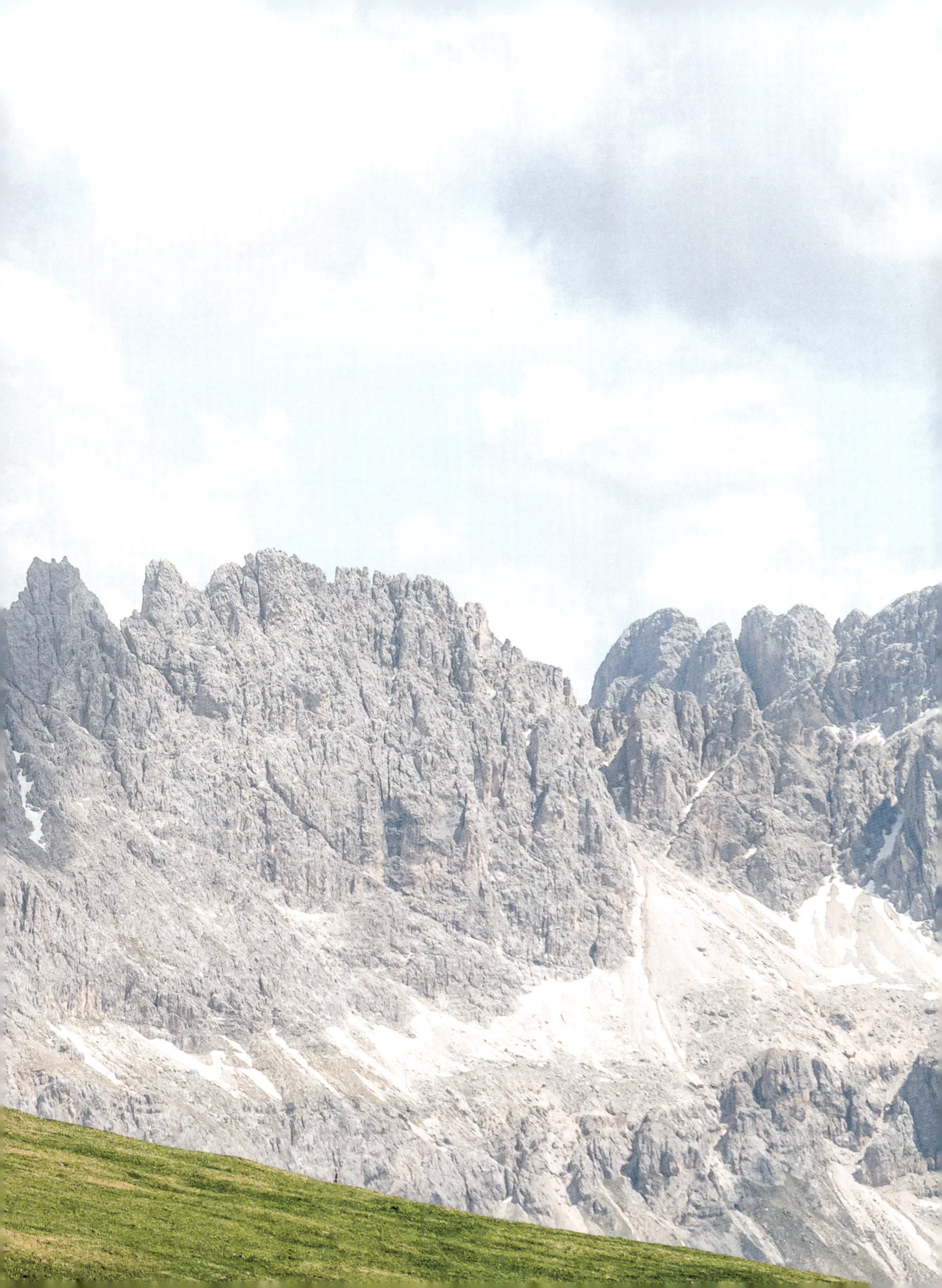

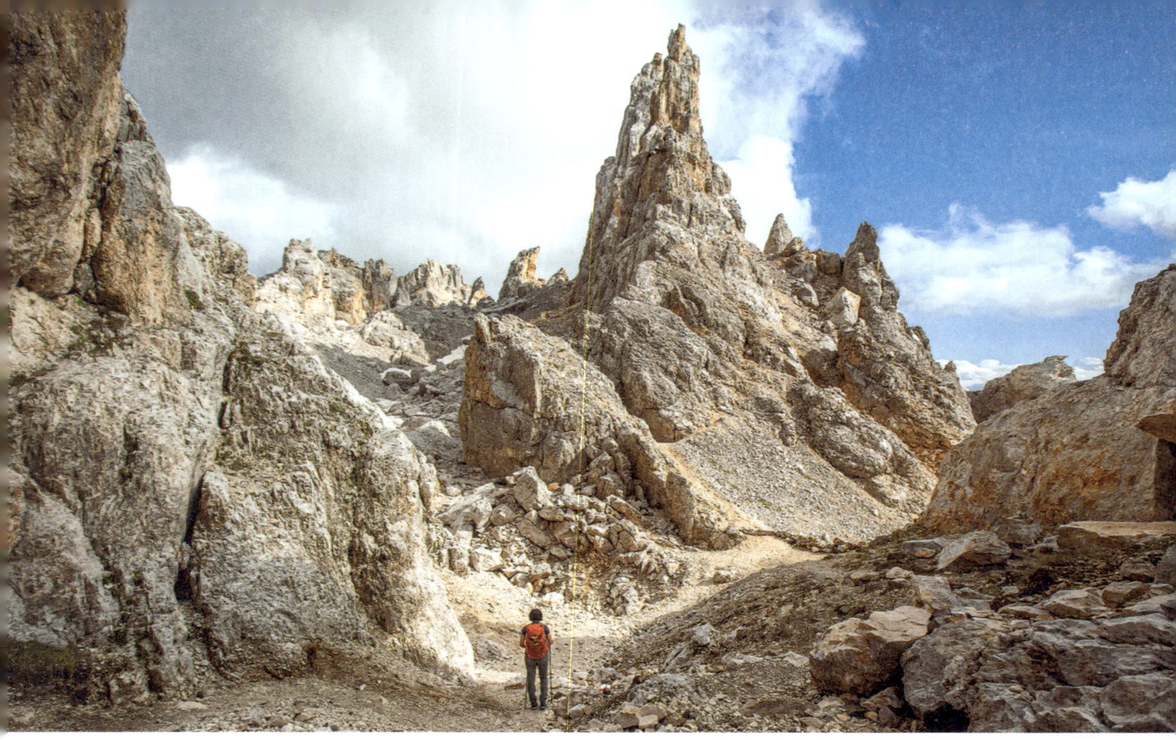

37 Zum Torre di Pisa

Atemberaubende Felslandschaft bei der Latemarhütte

Den Blick auf den Latemar vom Karersee aus kennen alle, die mit dieser Gegend einigermaßen vertraut sind. Bei dieser Wanderung hingegen lernt man den Gebirgsstock von einer ganz anderen Seite kennen und taucht in eine Felsenlandschaft ein, die nicht von dieser Welt zu sein scheint.

Von Obereggen (1.550 m) geht es zunächst ganz gemütlich mit dem Sessellift Oberholz hinauf auf 2.096 m zur gleichnamigen Hütte. Ab hier folgt man der Markierung Nr. 18 zur Gamsstallscharte. Gleich zu Beginn kommt man an der Aussichtsplattform Latemar.360° vorbei, ehe sich der Pfad in steilen Serpentinen über die Bergwiesen nach oben windet. Nach knapp 2 km wird die Strecke etwas flacher und man befindet sich in einer bizarren Umgebung aus aufragenden Felstürmen, bei der man teilweise aus dem Staunen nicht mehr herauskommt. Der Pfad schlängelt sich durch ein Labyrinth aus Gesteinsbrocken und führt schließlich über eine kurze, enge Rinne steil nach oben zur Gamsstallscharte (2.620 m). Nach rund 1:15 Stunde öffnet sich der Blick auf den Valsordakessel, eine weite Ebene, und hier, auf der unbekannten Rückseite des Latemarmassivs, hat man plötzlich das

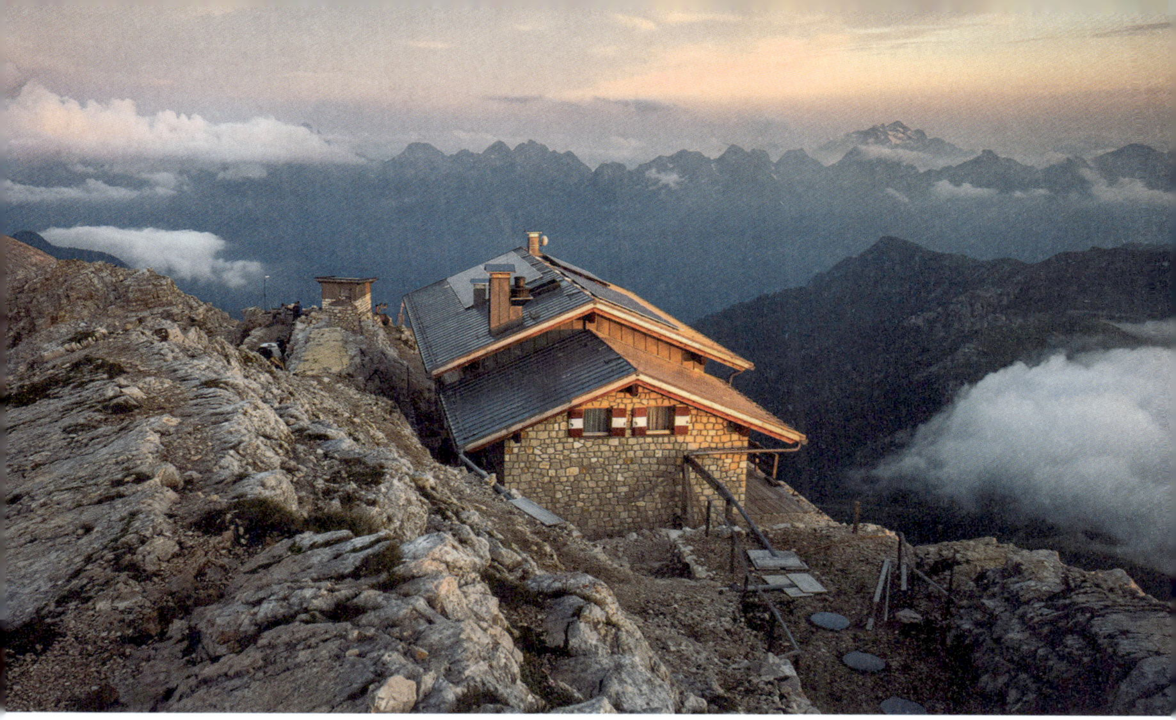

Ist der steile Aufstieg einmal überwunden, geht es hinein in eine bizarre Felsenlandschaft {Canon EOS 5D Mark II | 17–40 mm @ 40 mm | f/9 | 1/320 s} {GPS: 46.369365, 11.554205}

Die Latemarhütte oder Rifugio Torre di Pisa auf 2.671 m

Gefühl, auf einem anderen Planeten zu sein. Weiter geht es über die Markierung Nr. 516 zum Rifugio Torre di Pisa (Latemarhütte), wobei man sich an den Gabelung immer rechts hält. Wenige Minuten bevor man die Hütte erreicht, kommt man an einem Felsenfenster und dem daneben liegenden Torre di Pisa vorbei. Ein frei stehender Felsen, der seinem Namensgeber, dem Schiefen Turm von Pisa, in Form und Schieflage recht ähnlich sieht. Nach gut 2 Stunden hat man schließlich die Latemarhütte (2.671 m) erreicht und kann den grandiosen Rundumblick genießen. Der Abstieg erfolgt zuerst über den Wanderweg Nr. 516 in Richtung Sessellift Oberholz, und wer will, kann sogleich noch gegenüber der Hütte einen kurzen Abstecher auf die Cima Valbona (2.691 m) einlegen.

Der Weg Nr. 516 führt vorbei an Lawinenschutzwänden, bis man schließlich auf die Markierung Nr. 22 trifft und dieser zum Sessellift Oberholz folgt. Unterwegs kommt man an einigen Stationen des Latemariums vorbei, wo es Wissenswertes über die Region zu erfahren gibt.

Für den Rückweg benötigt man ab der Latemarhütte etwa 1:30 Stunde.

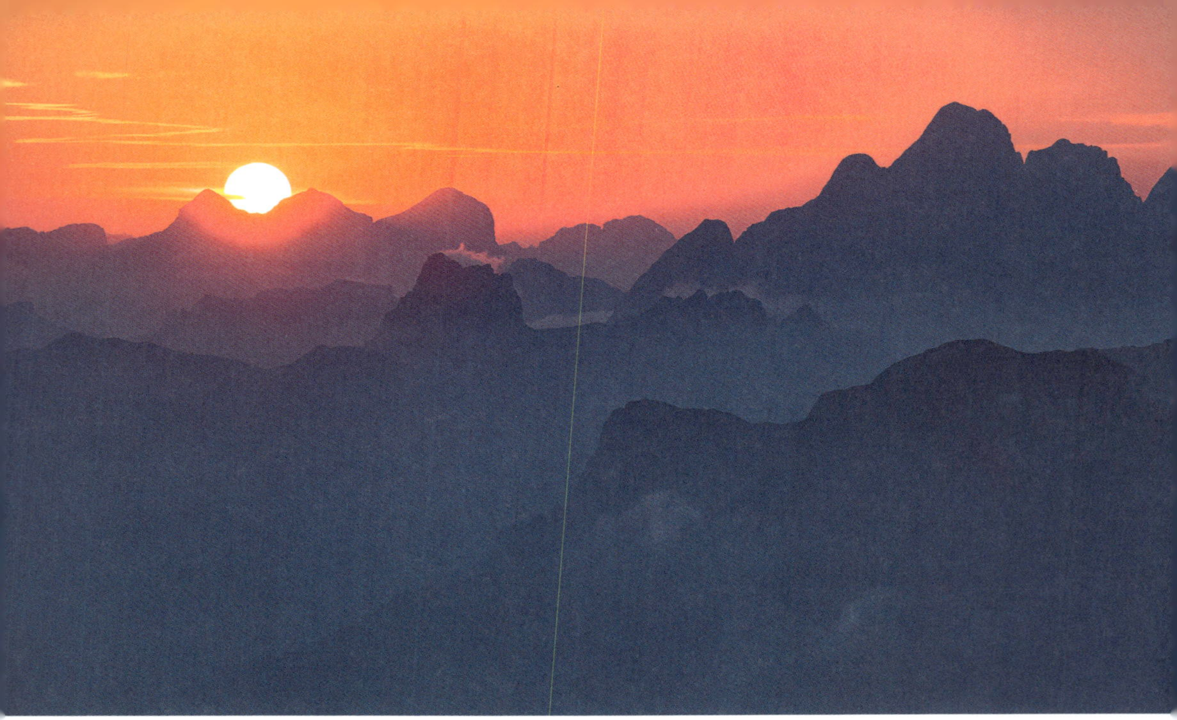

↑ Sonnenaufgang in den Dolomiten {Canon EOS 5D Mark II | 70–200 mm @ 195 mm | f/8 | 1/50 s} {GPS: 46.360557, 11.560200}

↓ Der Weg Nr. 22 führt an einigen Stationen des Latemariums vorbei

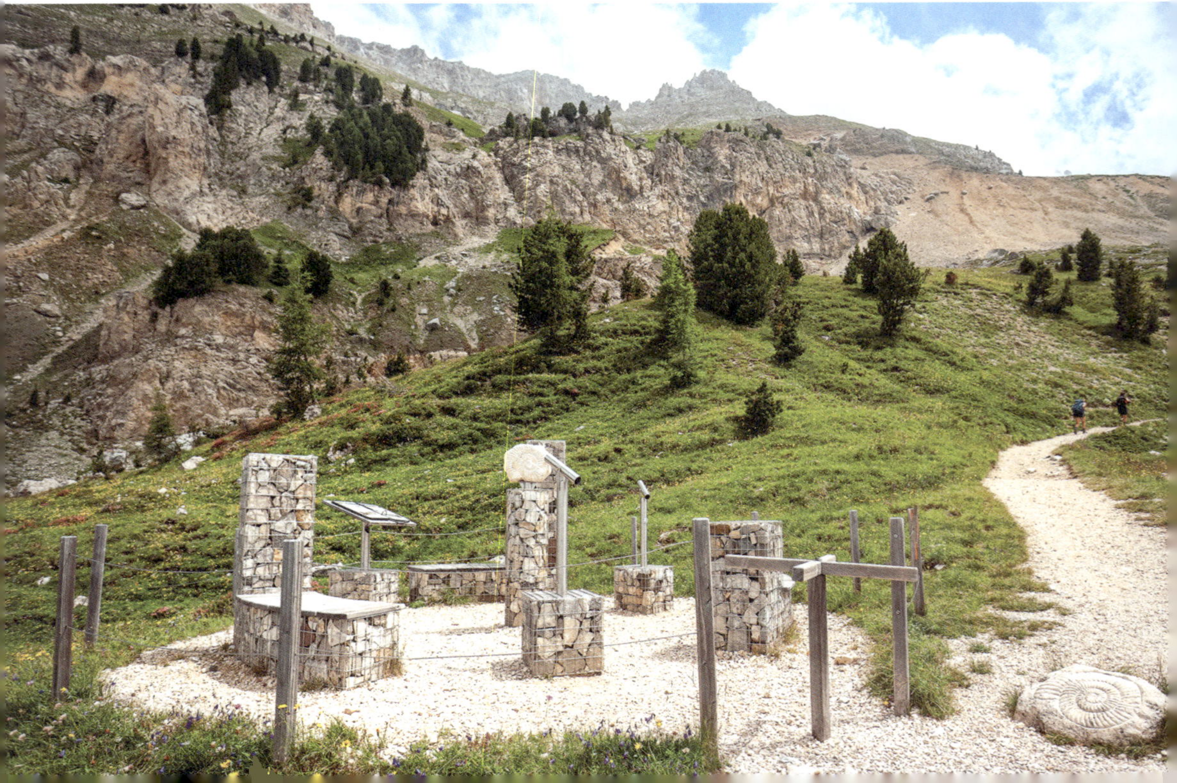

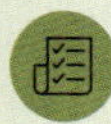

Trittsicherheit und etwas Kondition werden bei dieser traumhaften Bergtour benötigt. Zu sehen gibt es einzigartige Felsformationen in einer wunderschönen Dolomitenlandschaft.

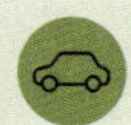 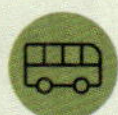

Von Bozen hinein ins Eggental bis nach Obereggen zum großen Parkplatz beim Skigebiet.

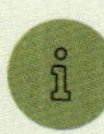

(mittel)

- Gebiet: Dolomiten, Südtirol
- Tal: Eggental
- Start/Ziel: Sessellift Oberholz, Obereggen
- Dauer: 3:30 Std.
- Strecke: 7,5 km
- Aufstieg/Abstieg: 693 Hm
- Wann: Sommer, Herbst

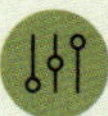

Landschaft: ●●●●●
Abwechslung: ●●●●●
Kondition: ●●●●○
Technik: ●●●●○

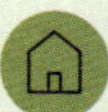

ja

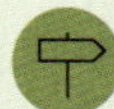

Bergstation Sessellift Oberholz (2.096 m) → Weg Nr. 18 zur Gamsstallscharte (2.620 m) → Weg Nr. 516 zum Rifugio Torre di Pisa (Latemarhütte, 2.671 m) → Weg Nr. 516 in Richtung Sessellift Oberholz → Weg Nr. 22 zurück nach Oberholz

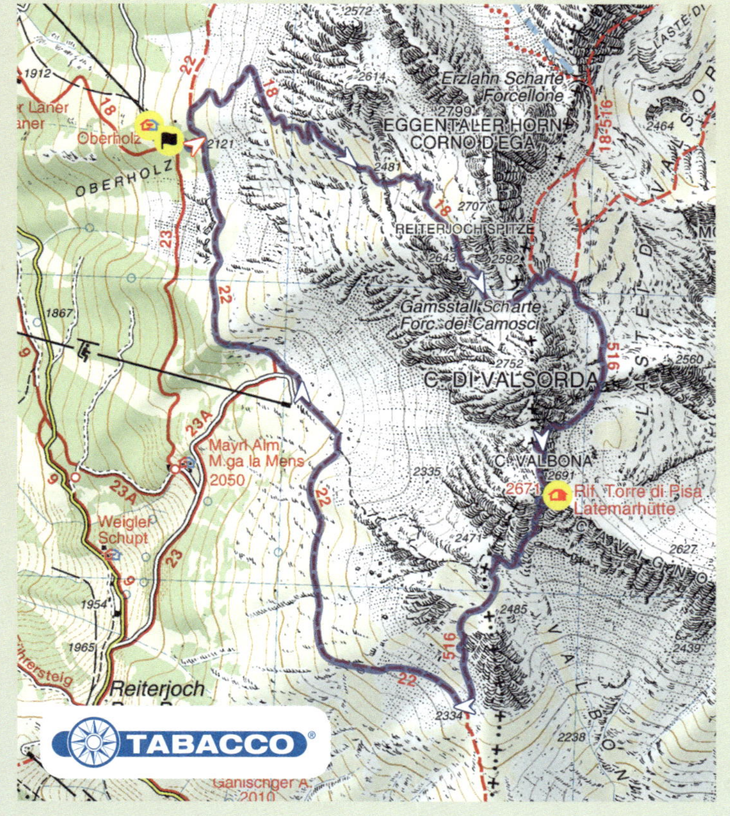

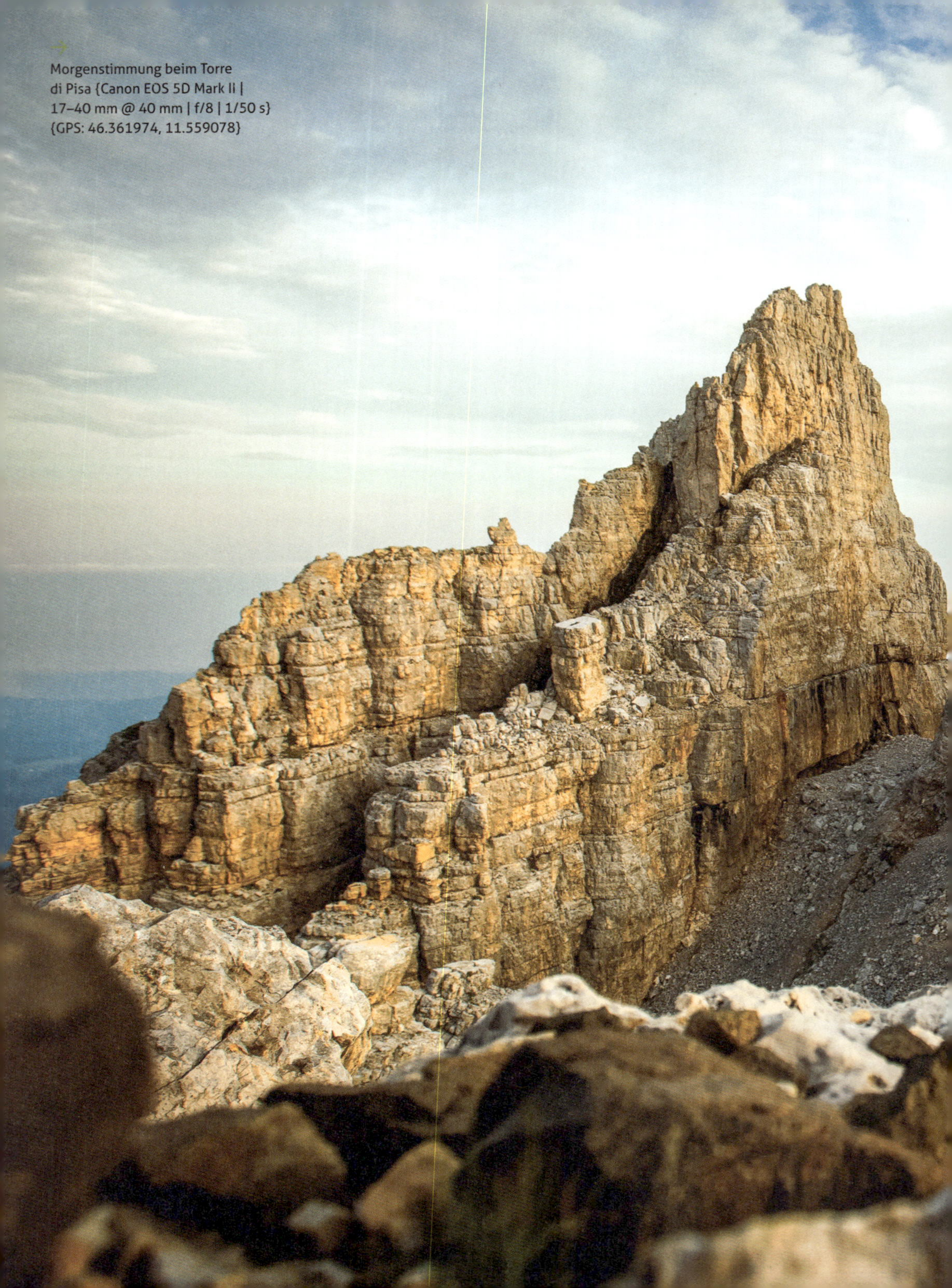

Morgenstimmung beim Torre di Pisa {Canon EOS 5D Mark II | 17–40 mm @ 40 mm | f/8 | 1/50 s} {GPS: 46.361974, 11.559078}

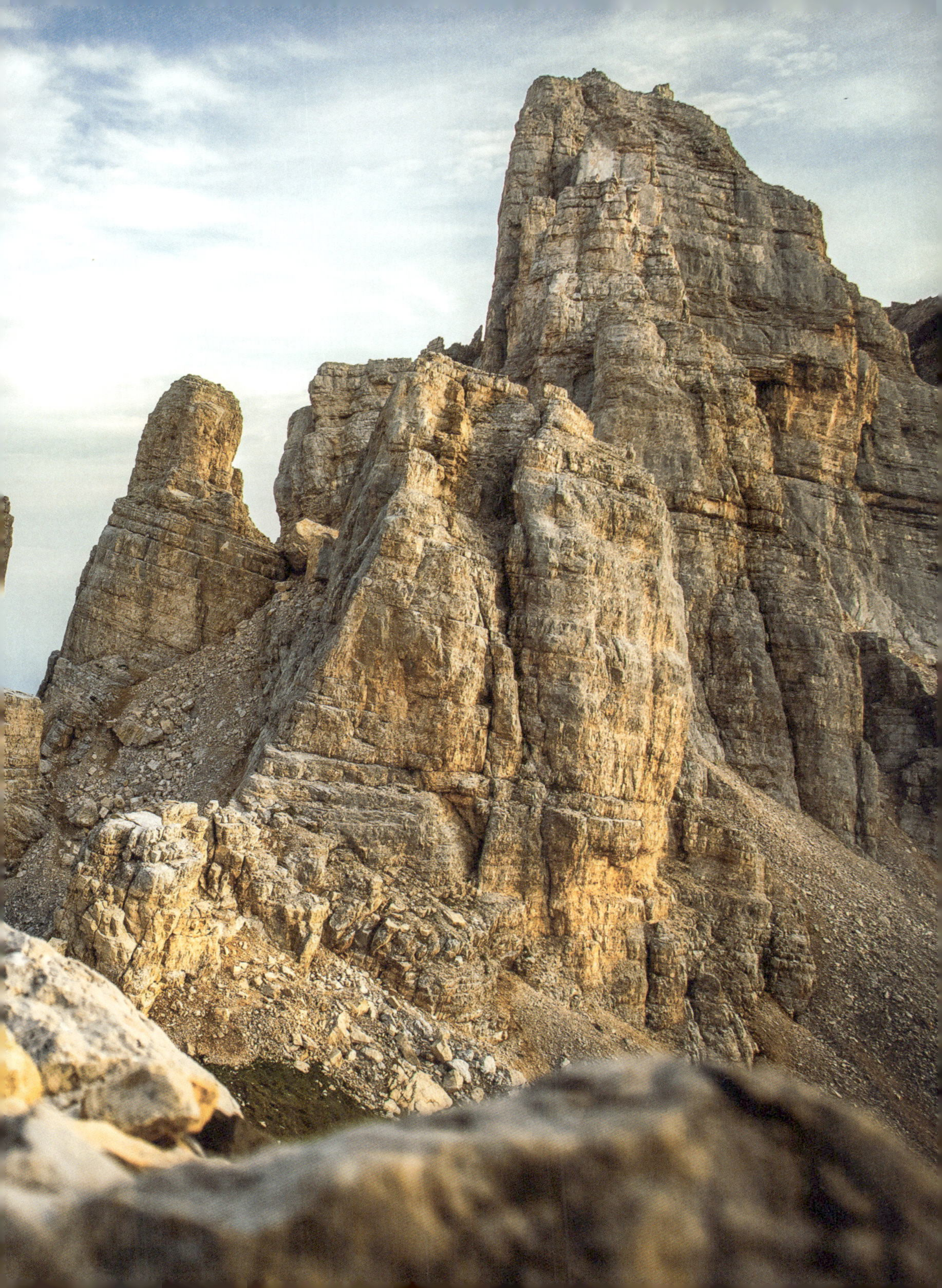

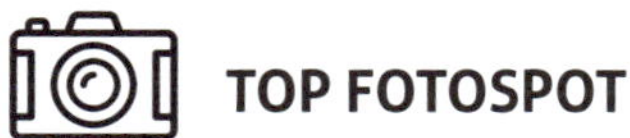

TOP FOTOSPOT

Felsenfenster am Latemar

Immer wieder faszinierend, was die Natur zustande bringt und was man beim Wandern alles entdecken kann: An diesem einmaligen Felsenfenster kommt man bei der Wanderung zur Latemarhütte vorbei, ein architektonisches Meisterwerk, das nicht aus Menschenhand stammt. Ein faszinierender Anblick und ein noch schöneres Bildmotiv in den Dolomiten.

Koordinaten: 46.362168, 11.558638
Wie kommt man hin: Über eine traumhafte Wanderung gelangt man in ungefähr 1:45 Stunde zum Felsenfenster am Latemar (siehe Seite 228).
Exif-Daten: Canon EOS 5D Mark II | 70–200 mm @ 70 mm | f/8 | 1/640 s
Aufnahmedatum: 24.07. – 09:52 Uhr

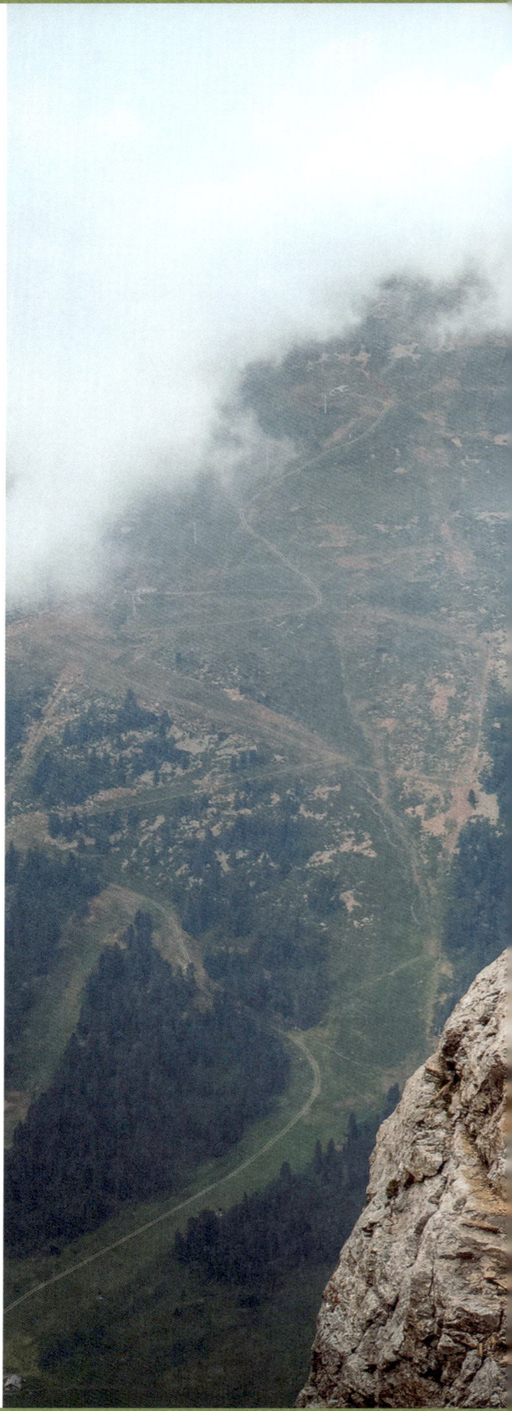

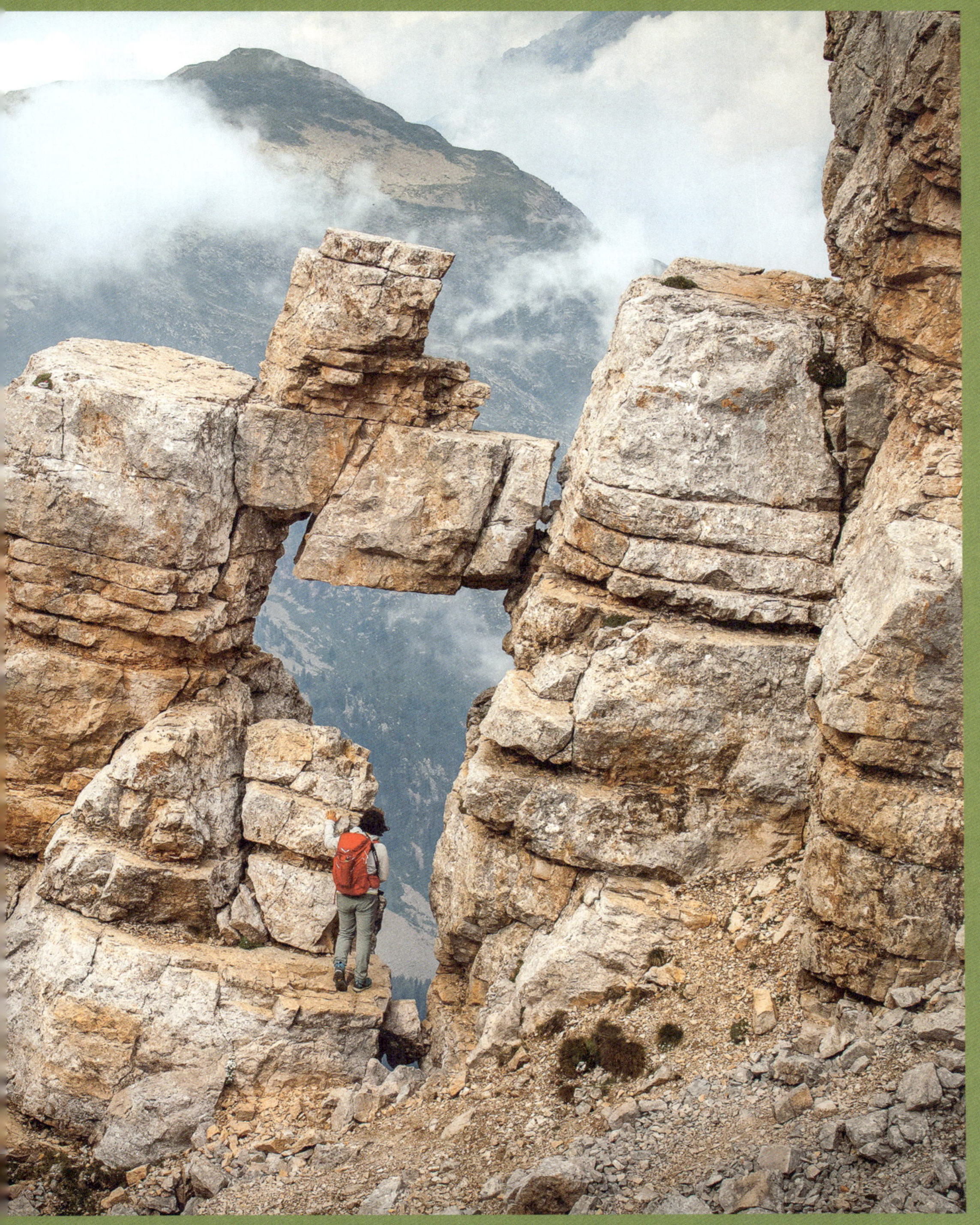

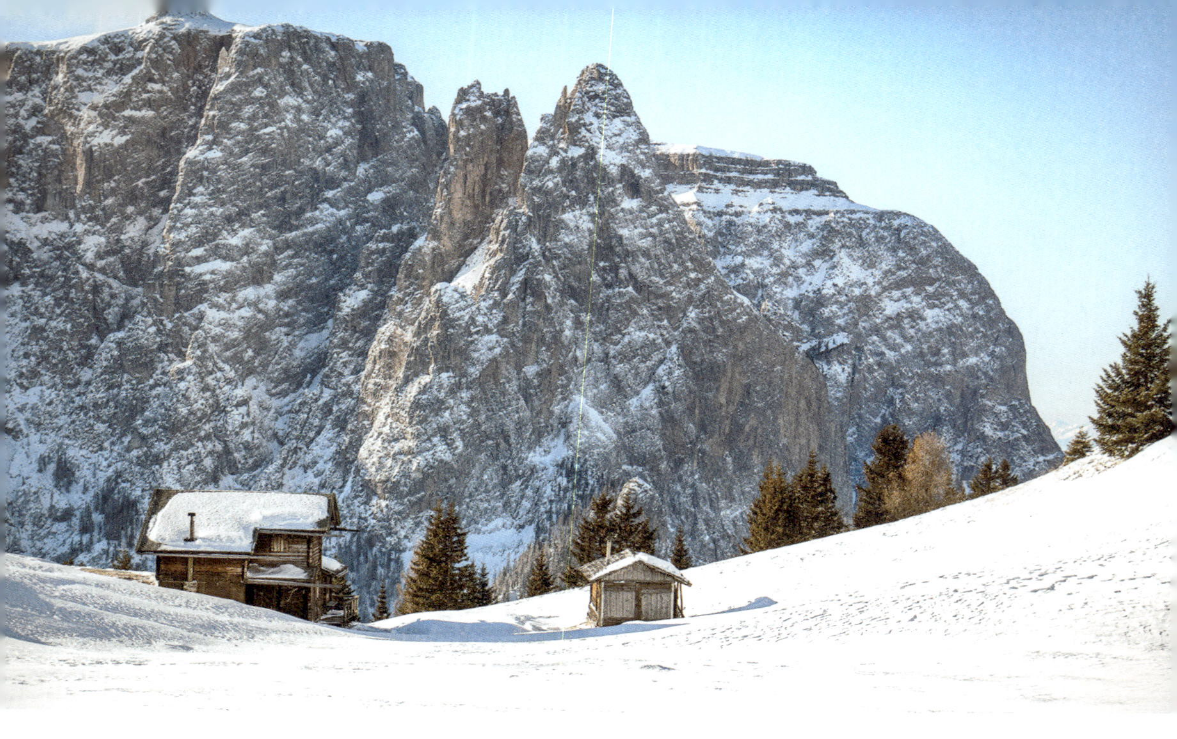

38 Die Puflatschrunde im Winter

Wandern im Winterparadies Seiser Alm

Diese Wanderung auf Europas größter Hochalm ist ein wahres Highlight für Wanderer und Fotografen. Abseits von jeder Lawinengefahr umrundet der Weg den Puflatsch und auf der 8,5 km langen Strecke reiht sich ein Fotomotiv an das andere: Sanfte Hügel und urige Heuhütten säumen den Weg, im Hintergrund ragt die mächtige Langkofelgruppe empor.

Startpunkt der einfachen Puflatschrunde ist die Bergstation der Seiser Alm Bahn in Compatsch (1.850 m). Von dort folgt man zunächst links der Straße bergauf, hält sich an die Markierung Nr. 14 zur Dibaita Puflatschhütte und gewinnt ohne Anstrengung an Höhe, während man den Blick auf den Schlern genießen kann. Nach etwa 30 Minuten ist die Dibaita Puflatschhütte (1.974 m) erreicht, wo man nun auf den Weg PU (Puflatsch-Umrundung) abzweigt. Ab hier lässt man den gewalzten Wanderweg, die Skipisten und Lifte hinter sich und wandert durch eine fast unberührte Landschaft. Je nach Schneeverhältnissen sollte man seine Schneeschuhe dabeihaben, um besser voranzukommen.

Es geht teils sanft aufwärts, teils eben über weite Flächen und durch kleine Waldab-

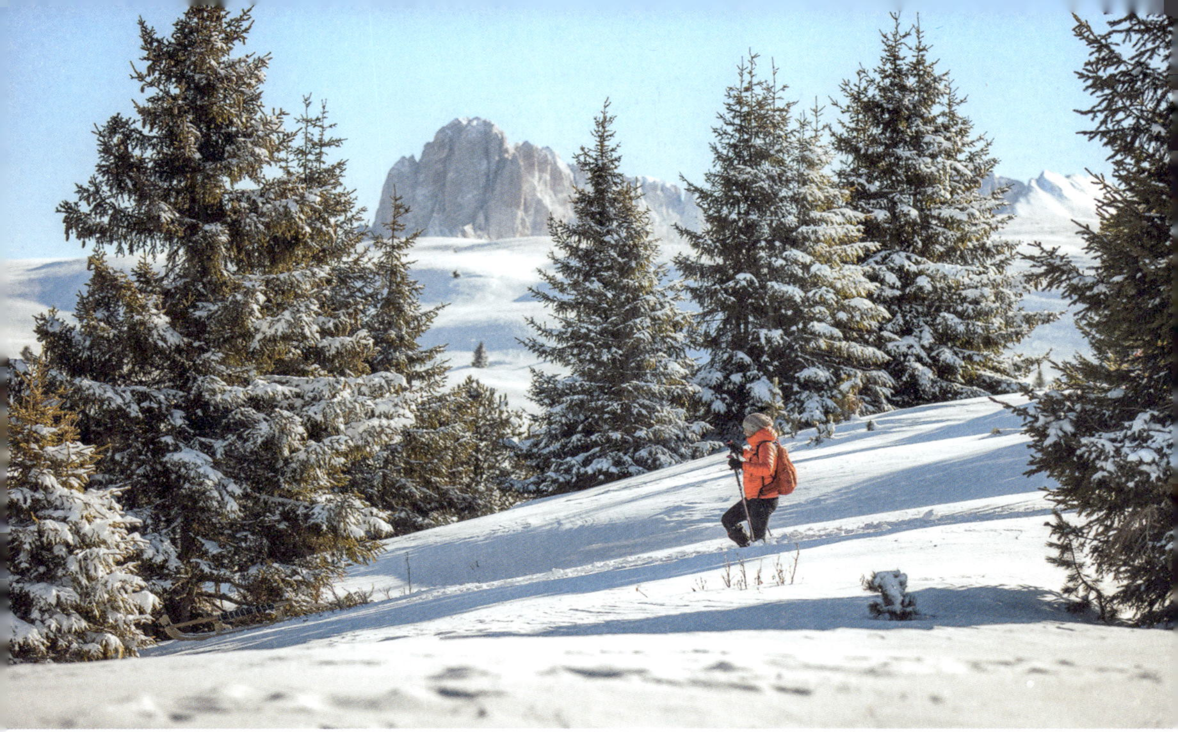

Kleine Hütten und der Schlern im Hintergrund {GPS: 46.551712, 11.602385}

Schneeschuhe bereithalten, denn einzelne Abschnitte sind nicht präpariert

schnitte dahin, bis man nach ca. 1:15 Stunde die Arnikahütte (2.054 m) erreicht hat. Unterwegs trifft man auf mehrere Aussichtspunkte, wo sich Ausblicke auf die steil abfallenden Felswände des Puflatsch und hinunter ins Tal auf Kastelruth erhaschen lassen.
Bei der Arnikahütte zweigt man links auf den Weg Nr. 24 zu den Hexenbänken ab, auf dem sich ebenfalls einige Stellen als ideale Aussichtspunkte erweisen, wie etwa das Gollerkreuz (2.100 m), das nur 15 Minuten von der Arnikahütte entfernt ist. Nur wenig später geht es an den Hexenbänken vorbei, die allerdings im Winter meist unter einer Schneedecke verborgen sind. Unweit von diesen eigenwilligen Felsformationen gelangt man schließlich wieder auf den präparierten Winterwanderweg und mit einem wunderbaren Blick auf Lang- und Plattkofel geht es nun dem Fillenkreuz (2.144 m) entgegen.
Nach ungefähr 2 Stunden hat man diesen einmaligen Aussichtspunkt erreicht und kann seinen Blick über das Grödner Tal, zur Seceda und den Geislerspitzen und hinab in die Tiefe auf den Weiler Puflatsch schweifen lassen.
Über den breiten Winterwanderweg PU (Puflatsch-Umrundung) geht es zunächst weiter bis zum Bergrestaurant Puflatsch (2.100 m),

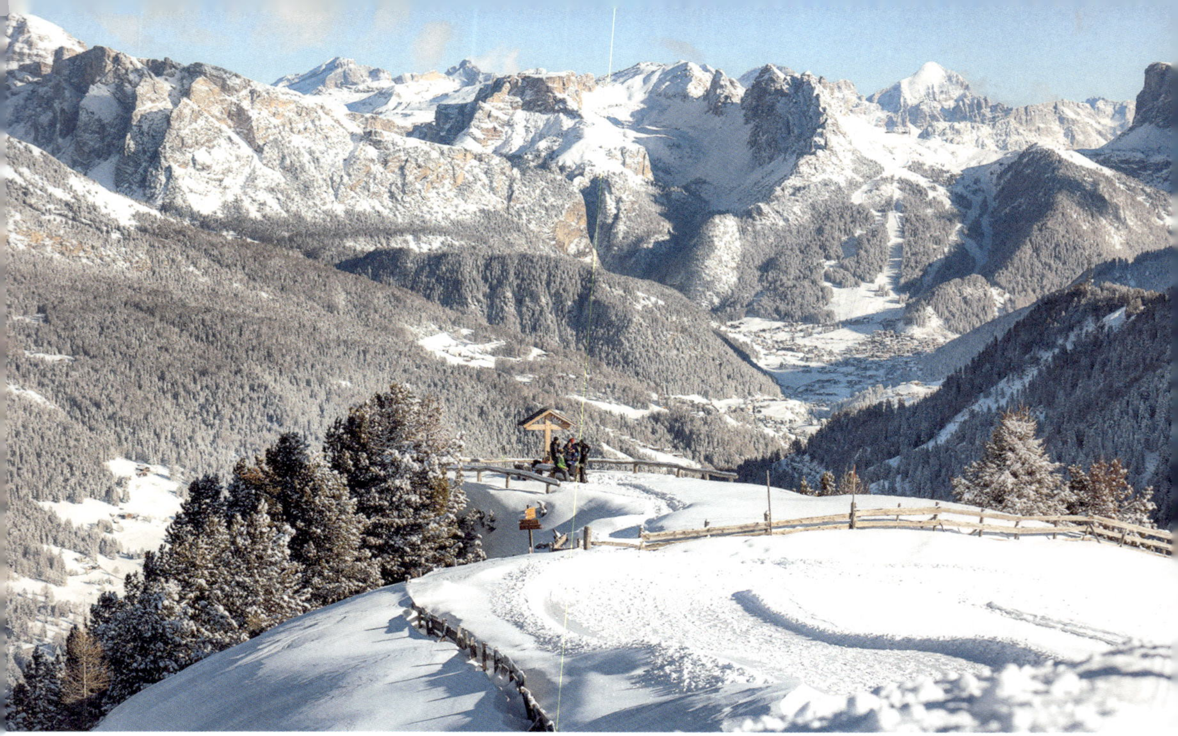

Dem Fillenkreuz (2.144 m) entgegen, mit toller Aussicht auf das Grödner Tal {Canon EOS R6 | 70–200 mm @ 98 mm | f/4,5 | 1/2000 s}

und auch auf dieser etwa 30 Minuten langen Strecke bieten die Seiser Alm oder Lang- und Plattkofel immer wieder lohnende Fotomotive. Ab der Hütte folgt man schließlich der Markierung Nr. 14 hinab nach Compatsch, gelangt an der Tschötsch Alm (2.000 m) vorbei zur Dibaita Puflatschhütte und nimmt hier den bereits bekannten Weg zurück zum Ausgangspunkt.

Hinweis:
Die Seiser Alm erreicht man am einfachsten mit der Seiser Alm Bahn (Seilbahn). Man kann aber auch mit dem Auto hinauf nach Compatsch fahren, wo es einen gebührenpflichtigen Parkplatz gibt. Die Straße nach Compatsch ist nur vor 9:00 Uhr und nach 17:00 Uhr für den privaten Verkehr freigegeben.

Die Puflatschrunde ist eine panoramareiche und lawinensichere Winterwanderung, auf der sich wunderschöne Bilder mit dem Schlern, dem Lang- und dem Plattkofel einfangen lassen.

 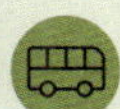

Von Bozen nach Blumau und dort im Tunnel links abzweigen zur Seiser Alm bis zur Talstation der Umlaufbahn.

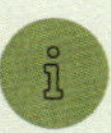

(leicht)

- Gebiet: Dolomiten, Südtirol
- Tal: Schlerngebiet
- Start/Ziel: Bergstation Seiser Alm Bahn
- Dauer: 3:00 Std.
- Strecke: 8,5 km
- Aufstieg/Abstieg: 322 Hm
- Wann: Frühling, Sommer, Herbst, Winter

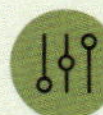

Landschaft: ●●●●●
Abwechslung: ●●●●●
Kondition: ●●●○○
Technik: ●●○○○

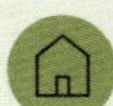

ja

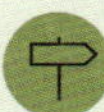

Bergstation Seiser Alm Bahn (1.850 m) → Weg Nr. 14 bis zur Dibaita Puflatschhütte → Weg PU bis zur Arnikahütte (2.054 m) → links abzweigen auf Weg Nr. 24 zu den Hexenbänken und dem Fillenkreuz (2.144 m) → Weg PU zum Bergrestaurant Puflatsch (2.100 m) → Weg Nr. 14 hinab nach Compatsch zum Startpunkt

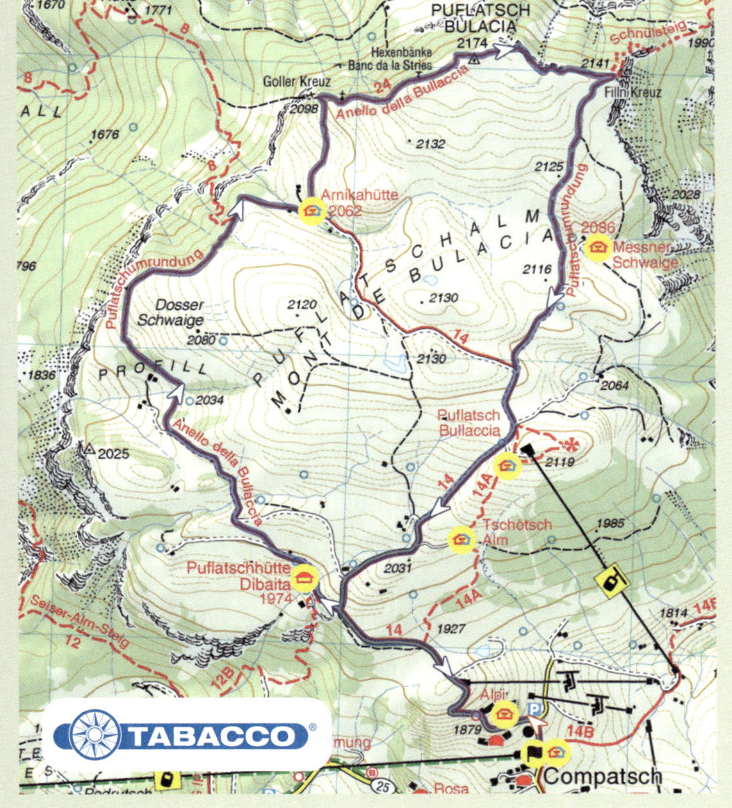

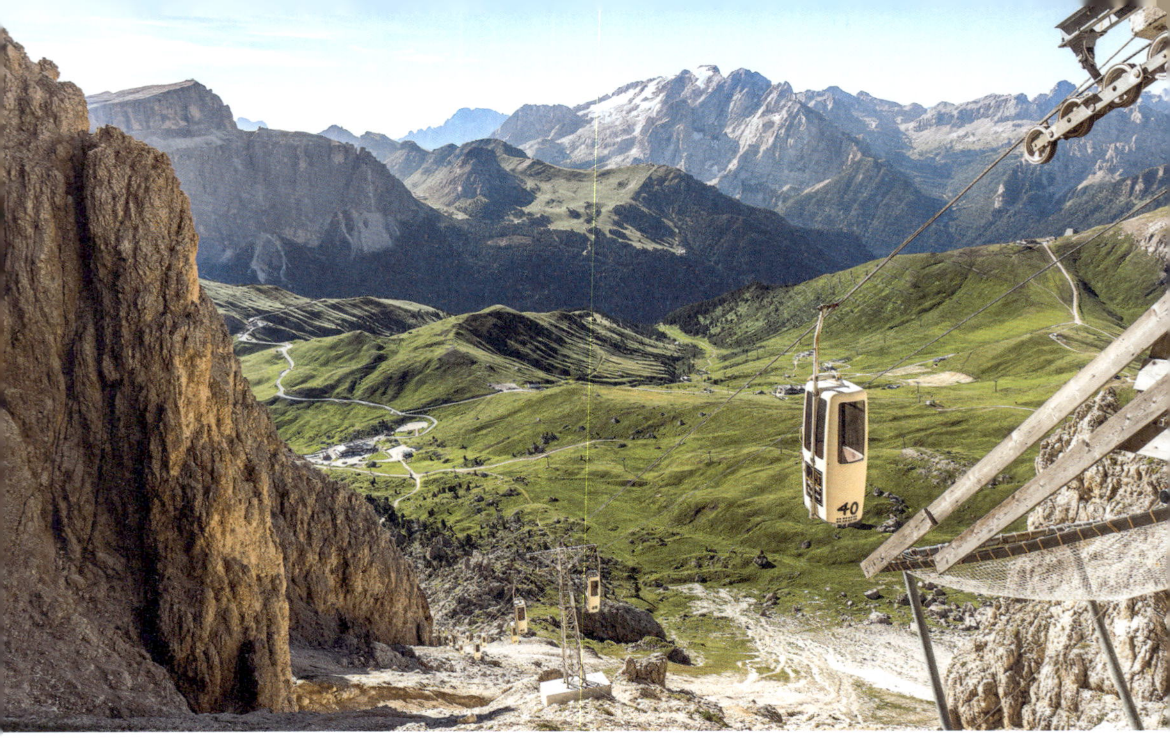

39 Die Langkofelumrundung

Wandern inmitten einer bizarren Felsenlandschaft

Diese Tour in den Dolomiten ist zweifellos ein wahrer Klassiker und ein Muss für alle Südtirolfans. Schon die Fahrt mit der legendären Gondel zur Langkofelscharte und der Abstieg über die Serpentinen durch die Scharte sind ein unvergessliches Erlebnis.

Schon der Auftakt zu dieser Rundwanderung ist ein Abenteuer, denn die ersten 500 Höhenmeter vom Sellajoch (2.180 m) auf die Langkofelscharte (2.681 m) überwindet man in einer außergewöhnlichen Stehgondel, die Platz für höchstens zwei Personen bietet. Neben der Bergstation befindet sich die Toni-Demetz-Hütte und gleich dahinter blickt man in ein von senkrechten Felswänden umrahmtes Tal, das man nun durchwandert. Der Markierung Nr. 525 nach geht es steil über den Geröllweg bergab. Ein paar Stellen sind mit einem Drahtseil gesichert, Trittsicherheit ist hier aber in jedem Fall gefragt. Nach etwa 20 Minuten wird das Gelände flacher, man lässt langsam das Langkofelkar hinter sich und wandert jetzt wesentlich gemütlicher der Langkofelhütte (2.253 m) entgegen. Bei der Hütte hält man sich rechts und bleibt bis zur nächsten Gabelung auf dem Pfad Nr. 525, wo man dann auf den Steig Nr. 526 in Richtung

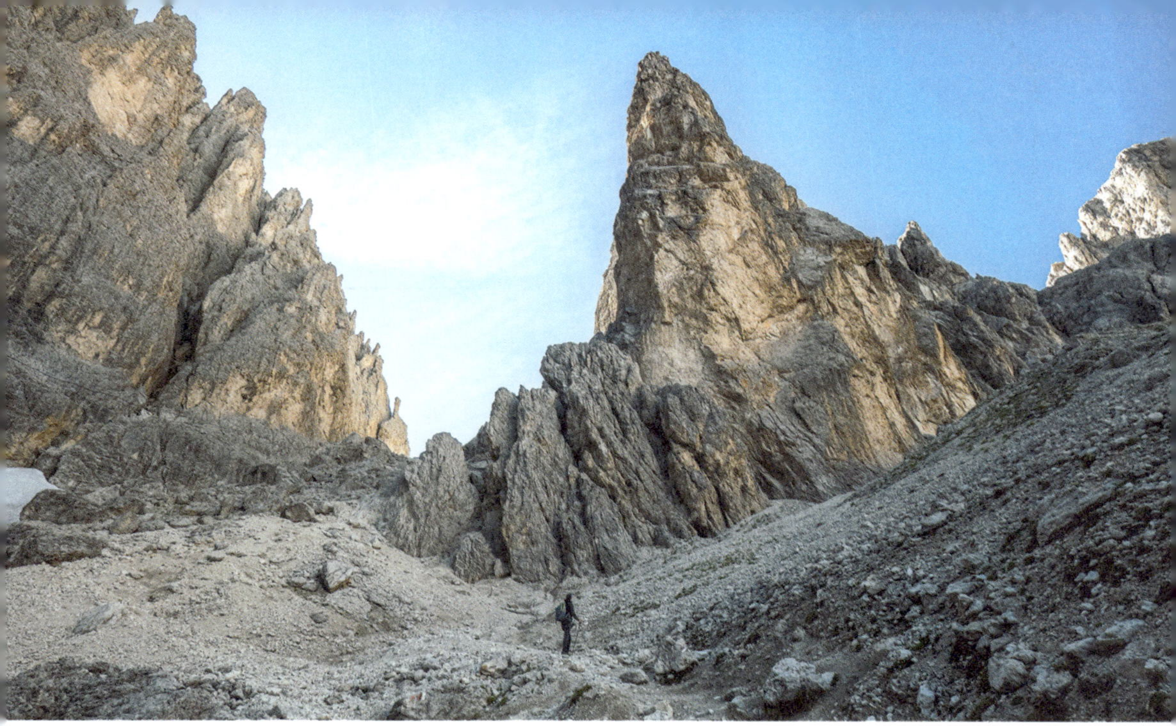

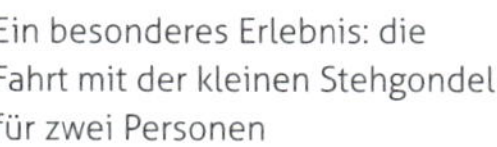

Ein besonderes Erlebnis: die Fahrt mit der kleinen Stehgondel für zwei Personen

Zwischen den bizarren Felswänden führt der Weg hindurch

Sellajoch wechselt. Am Fuße des Langkofels geht es nun im steten Auf und Ab und immer mit Blick auf den markanten Schlern und die Seiser Alm durch steile Grashänge bis zum Ciaulongsattel (2.123 m), den man nach insgesamt ca. 1:30 Stunde erreicht. Bevor man die Wanderung fortsetzt, lohnt sich der kurze Abstecher auf den Piz Ciaulonch (2.114 m). Dazu folgt man der Markierung Nr. 526B in Richtung Mont de Sëura und trifft nach nur 5 Minuten auf ein Kreuz. Hier lässt man nochmals den Blick in die Ferne und auf die bizarren Wände des Langkofels auf sich wirken. Zurück am Sattel hält man sich nun an die Markierung Nr. 526A zur Comici Hütte.

Der Steig schlängelt sich an der Felswand entlang, durchquert ein Geröllfeld und ist teilweise abschüssig. Zur Wahl steht aber auch der Weg Nr. 526, der etwas weiter unten verläuft und auch weniger schwierig ist. Kurz vor der Comici Hütte (2.154 m) geht es noch einmal leicht aufwärts. Bis hierhin hat man rund 2:30 Stunden hinter sich.

Der Rückweg zum Sellajoch (Nr. 526) ist nun fast eben, zuerst über weite Wiesen und schließlich durch die Steinerne Stadt bis zum Ausgangspunkt.

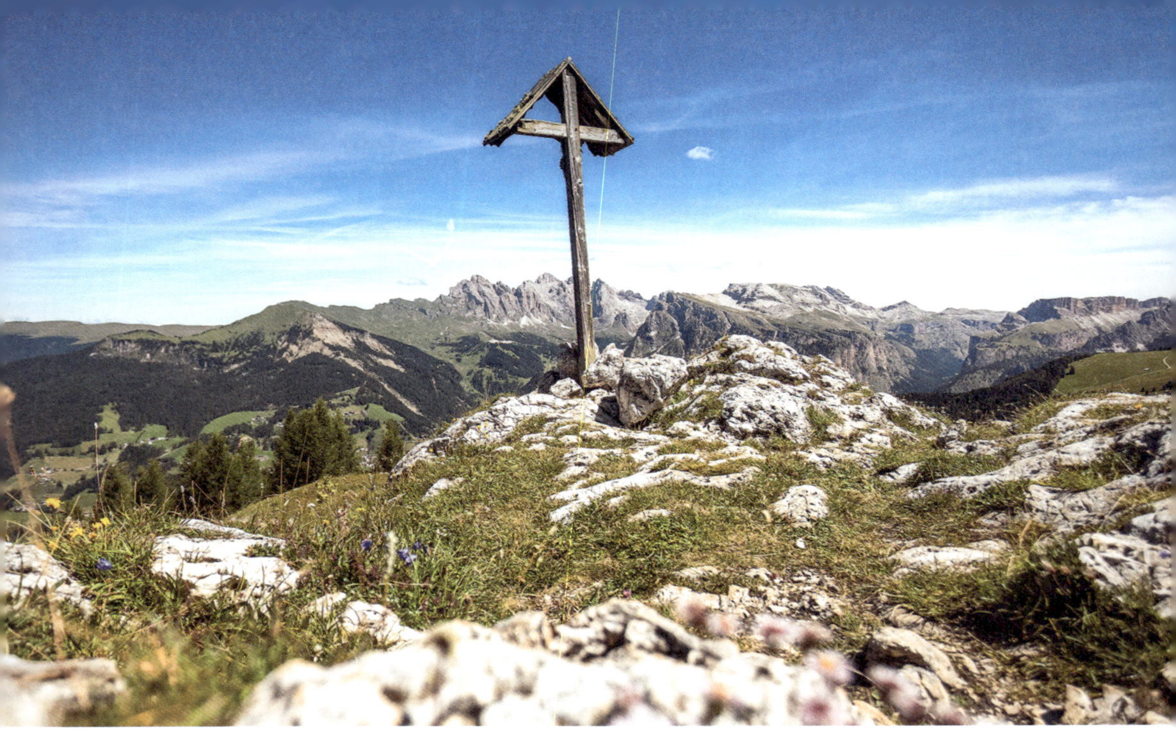

↑ Der Piz Ciaulonch (2.114 m) ist ein lohnender Abstecher {GPS: 46.533353, 11.722545}

↓ Die Langkofelhütte (2.253 m) am Fuße des Langkofels

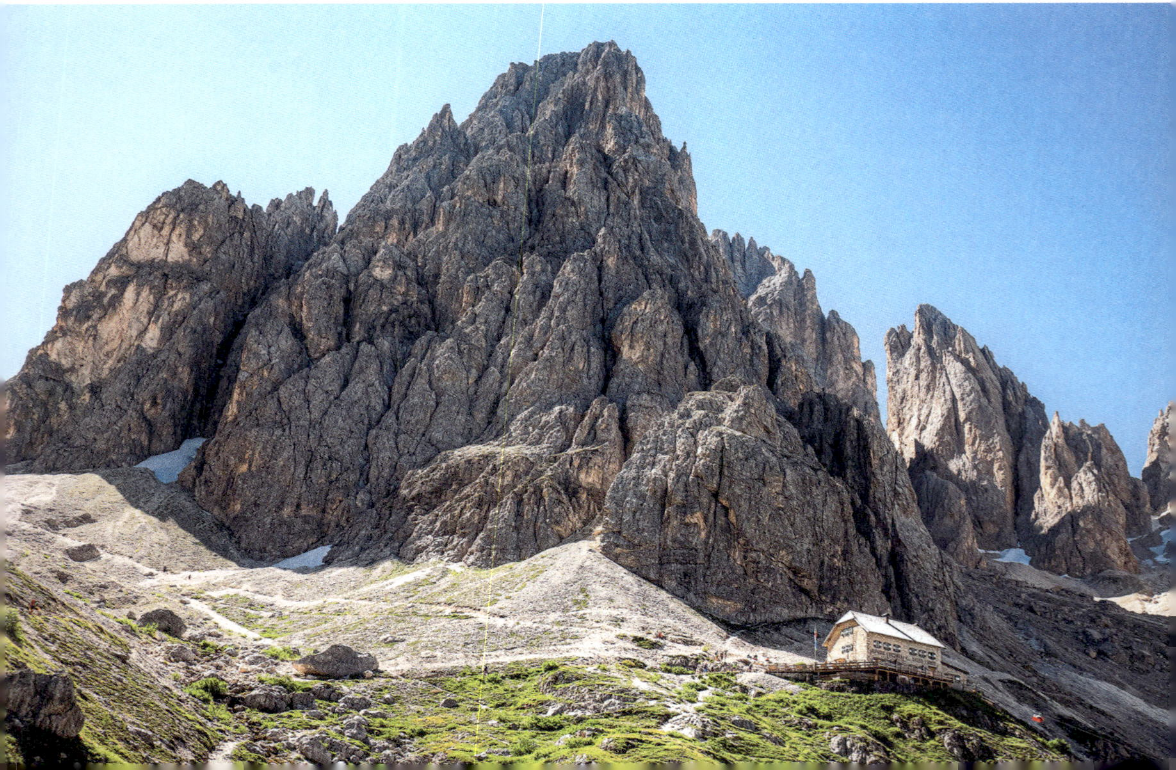

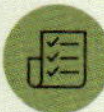

Eine Traumtour durch eine einmalige Landschaft, bei der allerdings Trittsicherheit eine Voraussetzung ist, denn es gilt teilweise steile Abstiege über Geröll zu bewältigen.

Durch das Grödner Tal hinauf auf das Sellajoch.

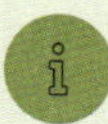

(mittel)

- Gebiet: Dolomiten
- Tal: Grödner Tal
- Start/Ziel: Bushaltestelle/ Parkplatz beim Sellajoch (gebührenpflichtig)
- Dauer: 3:15 Std.
- Strecke: 8,7 km
- Aufstieg: 211 Hm
- Abstieg: 711 Hm
- Wann: Sommer

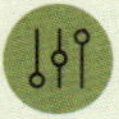

Landschaft: ●●●●●
Abwechslung: ●●●●●
Kondition: ●●●○○
Technik: ●●●●○

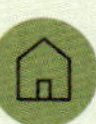

ja

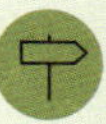

Seilbahn Sellajoch (2.180 m) → Langkofelscharte (2.681 m) → Weg Nr. 525 zur Langkofelhütte (2.253 m) → Weg Nr. 525 in Richtung Monte Pana → Weg Nr. 526 in Richtung Sellajoch → Beim Ciaulongsattel (2.123 m) kurzer Abstecher auf den Piz Ciaulonch (2.114 m) → über Nr. 526B zurück zum Sattel → Weg Nr. 526A zur Comici-Hütte (2.154 m) → Weg Nr. 526 zum Sellajoch

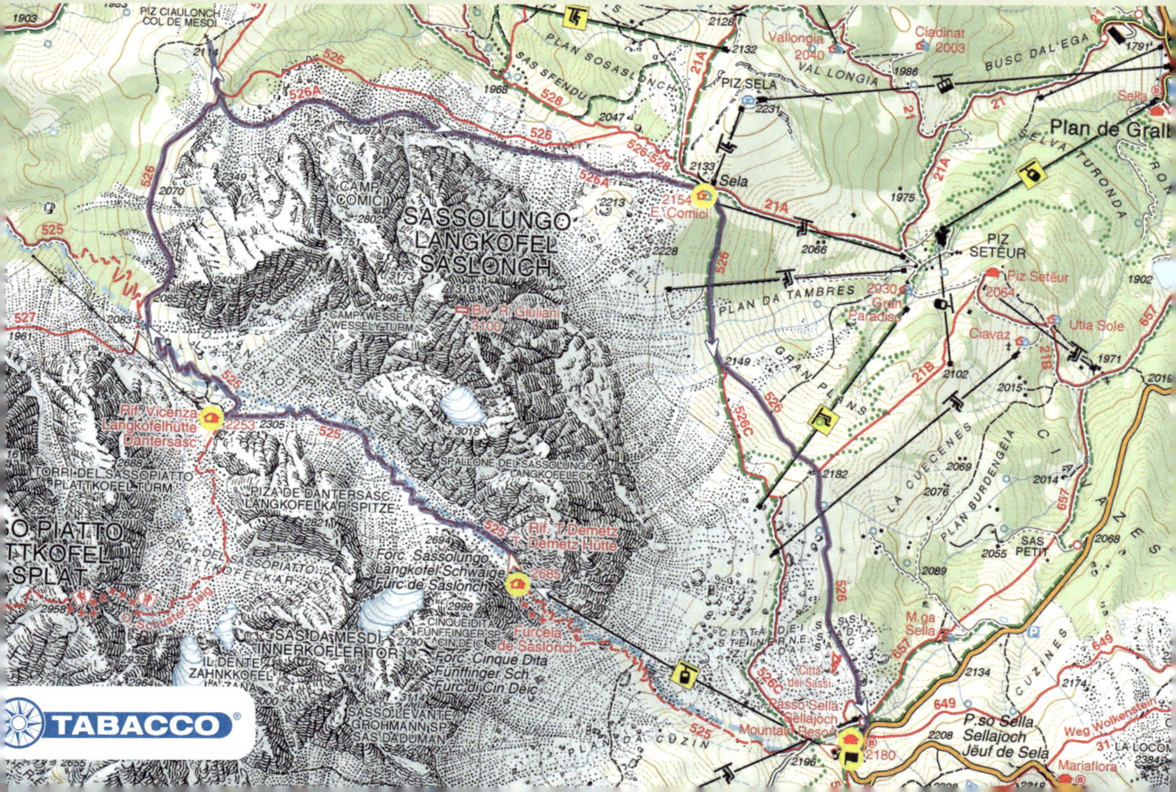

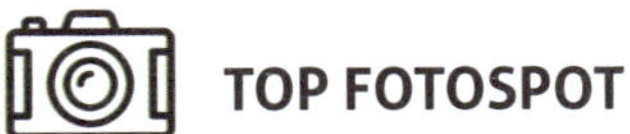

TOP FOTOSPOT

Teich am Monte Pana, Gröden

Majestätisch spiegelt sich der Langkofel auf der glatten Wasseroberfläche des kleinen Teiches. Durch die Spiegelung im Bild erhält die Aufnahme eine neue Ebene und regt den Betrachter zum näheren Hinsehen an. Die besten Bedingungen für dieses Foto ergeben sich vor allem im weichen Licht und in der Windstille frühmorgens oder zur Dämmerung.

Koordinaten: 46.548248, 11.711617
Wie kommt man hin: Hinein ins Grödner Tal und bei St. Christina der Beschilderung hinauf zum Monte Pana folgen. Vom Parkplatz aus führt ein gemütlicher Waldweg zum ca. 10 Minuten entfernten Teich.
Exif-Daten: Canon EOS R6 | 17–40 mm @ 17 mm | f/9 | 1/40 s
Aufnahmedatum: 09.07. – 06:30 Uhr

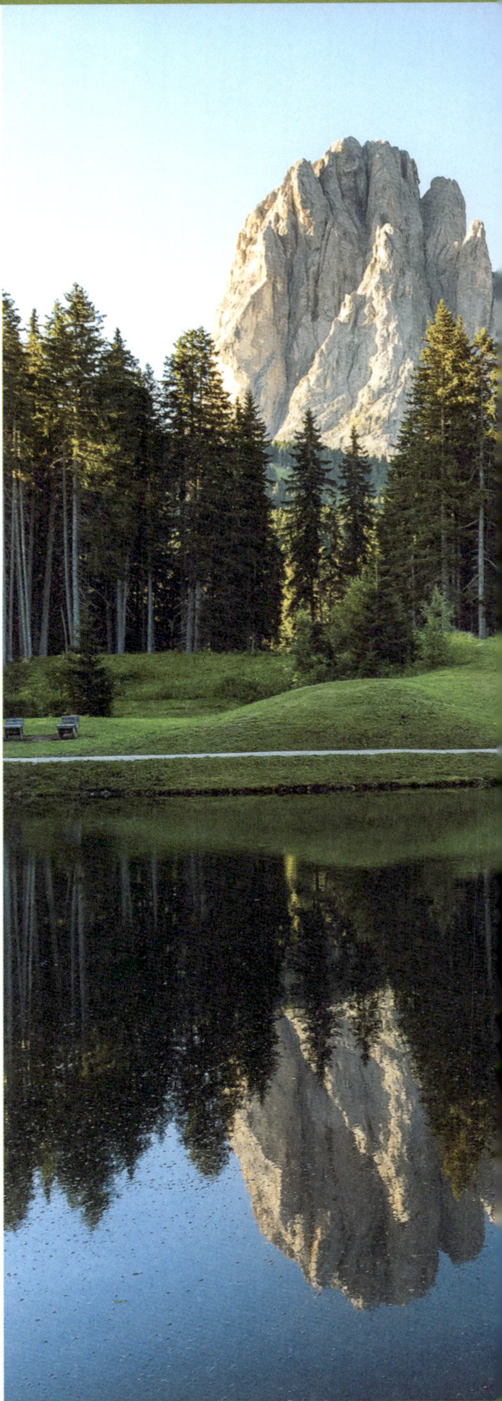

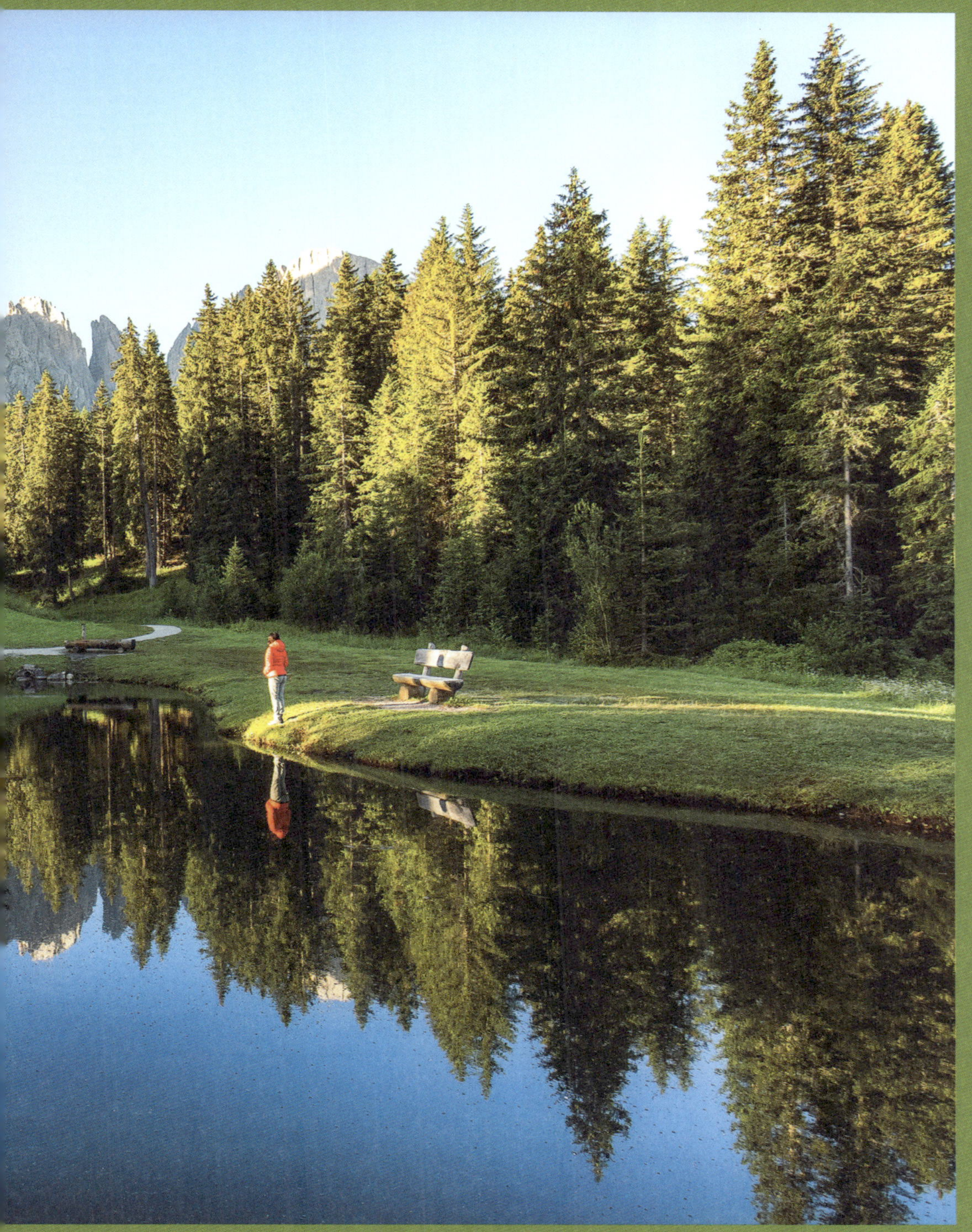

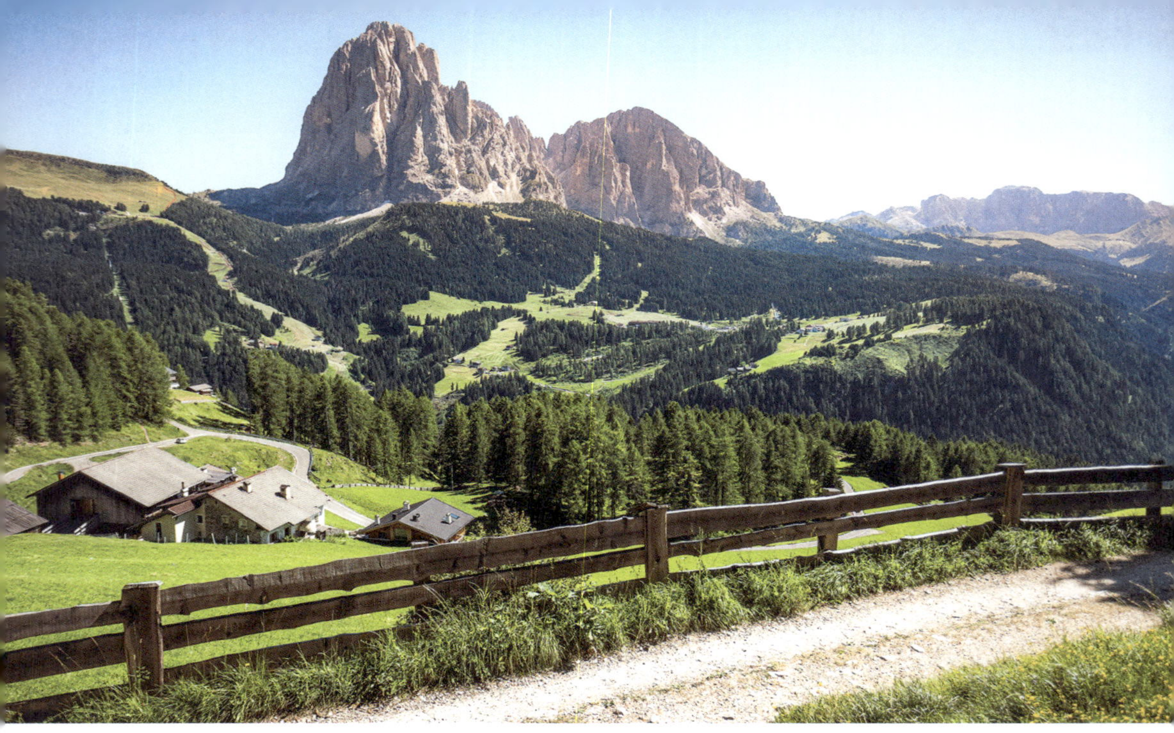

40 Auf den Monte Pic

Ein unterschätzter Aussichtsberg im Grödner Tal

Diese lange, eindrucksvolle Rundtour verlangt einem einiges an Kondition ab. Es geht über weite Almwiesen und anschließend zu einem Gipfelerlebnis der Extraklasse: dem Blick über die gesamte Grödner Bergwelt und auf die schönste Seite von Lang- und Plattkofel.

Am Parkplatz (1.753 m) nimmt man kurz die Schotterstraße links bergauf bis zu einer Kreuzung. Hier wendet man sich nach links und hält sich an die Markierung Nr. 4 in Richtung St. Jakob. Über eine Forststraße geht es nun durch einen lichten Wald und mit leichter Steigung dahin, immer mit einem traumhaften Blick auf Lang- und Plattkofel. Gelegentlich wechselt sich die Straße mit einem Wanderweg ab und nach ungefähr 60 Minuten kommt man an der malerisch gelegenen St.-Jakobs-Kirche (1.567 m) vorbei. Hier lohnt sich ein erster kurzer Zwischenstopp, bevor nun der Pfad Nr. 6 merklich anstrengender zum Monte Pic hinaufführt. Beim Aufstieg kann man immer wieder einen großartigen Blick hinunter nach St. Ulrich erhaschen. Bei einer Bank unter einem großen Holzkreuz mit Herrgott endet der Wald und man hat den Aussichtspunkt Crujeta

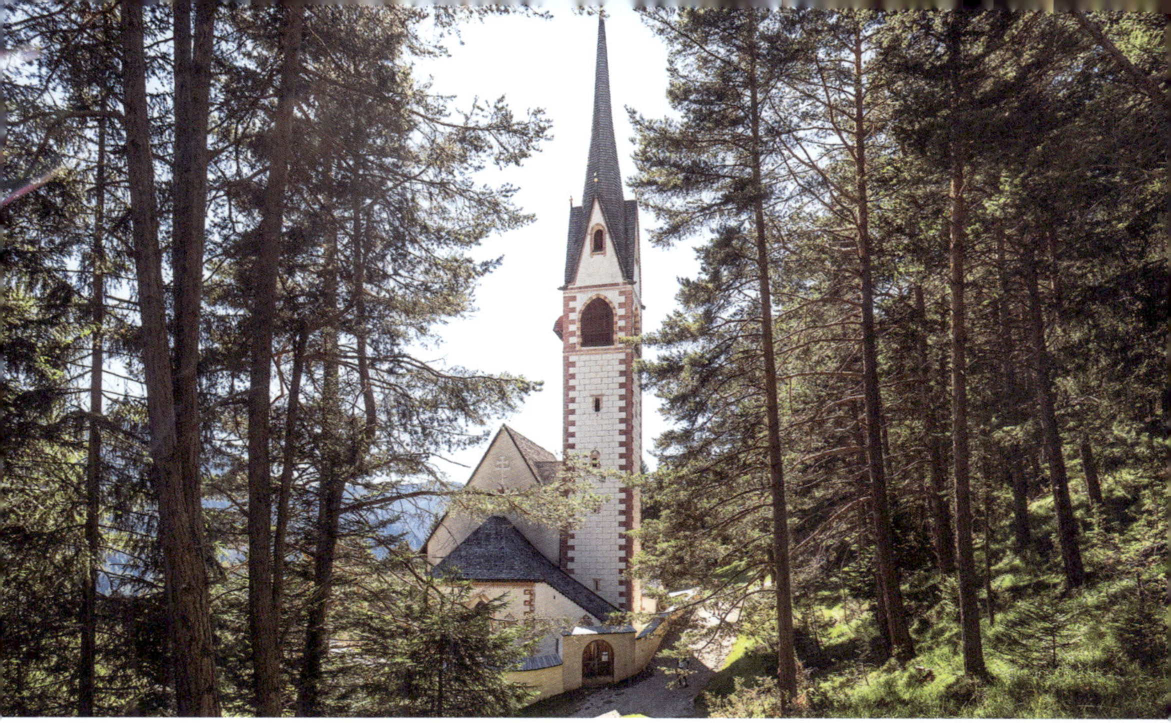

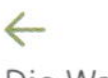
Die Wanderung beginnt bereits sehr aussichtsreich

Bis zur St.-Jakobs-Kirche geht es gemütlich dahin

(2.149 m) erreicht. Nun führt der Weg ohne jede Steigung durch das sanfte Wiesengelände der Sëurasas Alm mit ihren kleinen Hütten, die vor dem Hintergrund der mächtigen Dolomitengipfel bezaubernde Fotomotive abgeben.
Bei der nächsten Gabelung allerdings beginnt mit der Markierung Nr. 6 zum Monte Pic (2.363 m) der nächste Anstieg. Nach insgesamt 2:45 Stunden steht man auf diesem unauffälligen Gipfel mit einem alles andere als unscheinbaren Rundumblick. Eine Bank lädt hier abermals zu einer Rast und zum Verweilen ein.

Der Abstieg führt zurück zur Weggabelung und bis ans andere Ende der Almwiese. Dort beginnt ein steiler Karrenweg, der zur Sëurasas Hütte (2.019 m) hinunterführt. Man folgt diesem Weg ein Stück, zweigt dann links auf den Weg Nr. 41 ab und gelangt auf dem Waldpfad zum Parkplatz zurück.

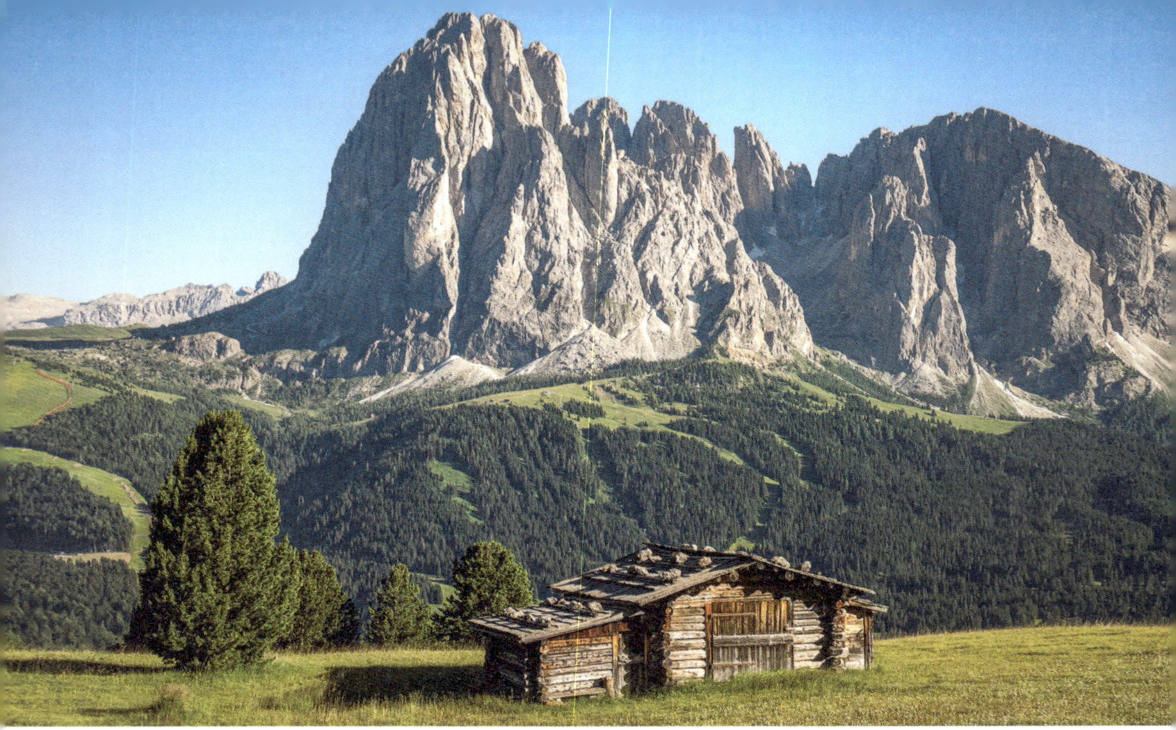

↑ Die Sëurasas Alm mit ihren kleinen Hütten und die mächtigen Dolomitengipfel geben bezaubernde Fotomotive ab

↓ Der Blick hinab auf die Sëurasas Alm auf dem Rückweg vom Monte Pic

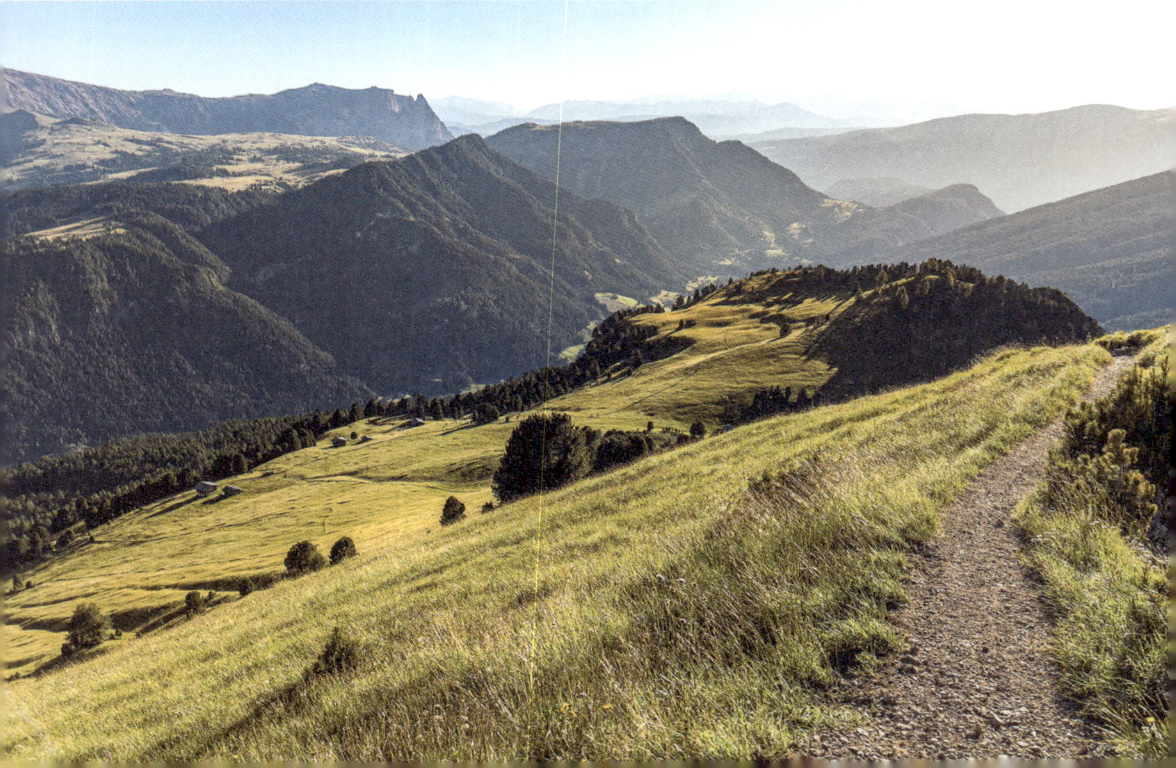

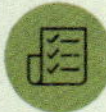

Die Tour weist keine besonderen Schwierigkeiten auf, erfordert aber für den Aufstieg zum unscheinbaren Monte Pic mit seinem Traumpanorama etwas Kondition.

Ins Grödner Tal bis nach St. Christina. Durch das Dorfzentrum hindurch zum Kreisverkehr beim Hotel Dosses. Dort die Cislesstraße bergauf fahren. Danach der Beschilderung zum gebührenpflichtigen Parkplatz Cristauta folgen.

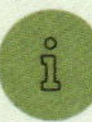

(mittel)

- Gebiet: Dolomiten
- Tal: Grödner Tal
- Start/Ziel: Bushaltestelle/Parkplatz Cristauta oberhalb von St. Christina (gebührenpflichtig)
- Dauer: 4:00 Std.
- Strecke: 9,4 km
- Aufstieg/Abstieg: 823 Hm
- Wann: Sommer, Herbst

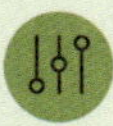

Landschaft: ●●●●●
Abwechslung: ●●●●○
Kondition: ●●●●○
Technik: ●●●○○

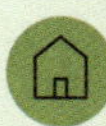

ja

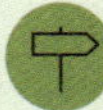

Bushaltestelle/Parkplatz Cristauta (1.753 m) → Weg Nr. 4 in Richtung St. Jakob → St.-Jakobs-Kirche (1.567 m) → Weg Nr. 6 auf den Monte Pic (2.363 m) → Weg Nr. 20 Sëurasas Hütte (2.019 m) → Weg Nr. 41 zum Parkplatz

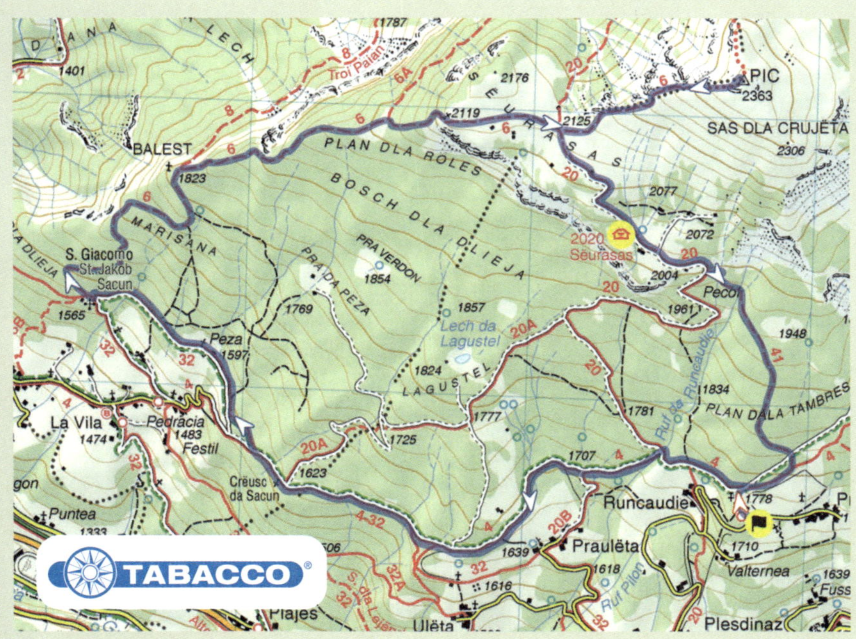

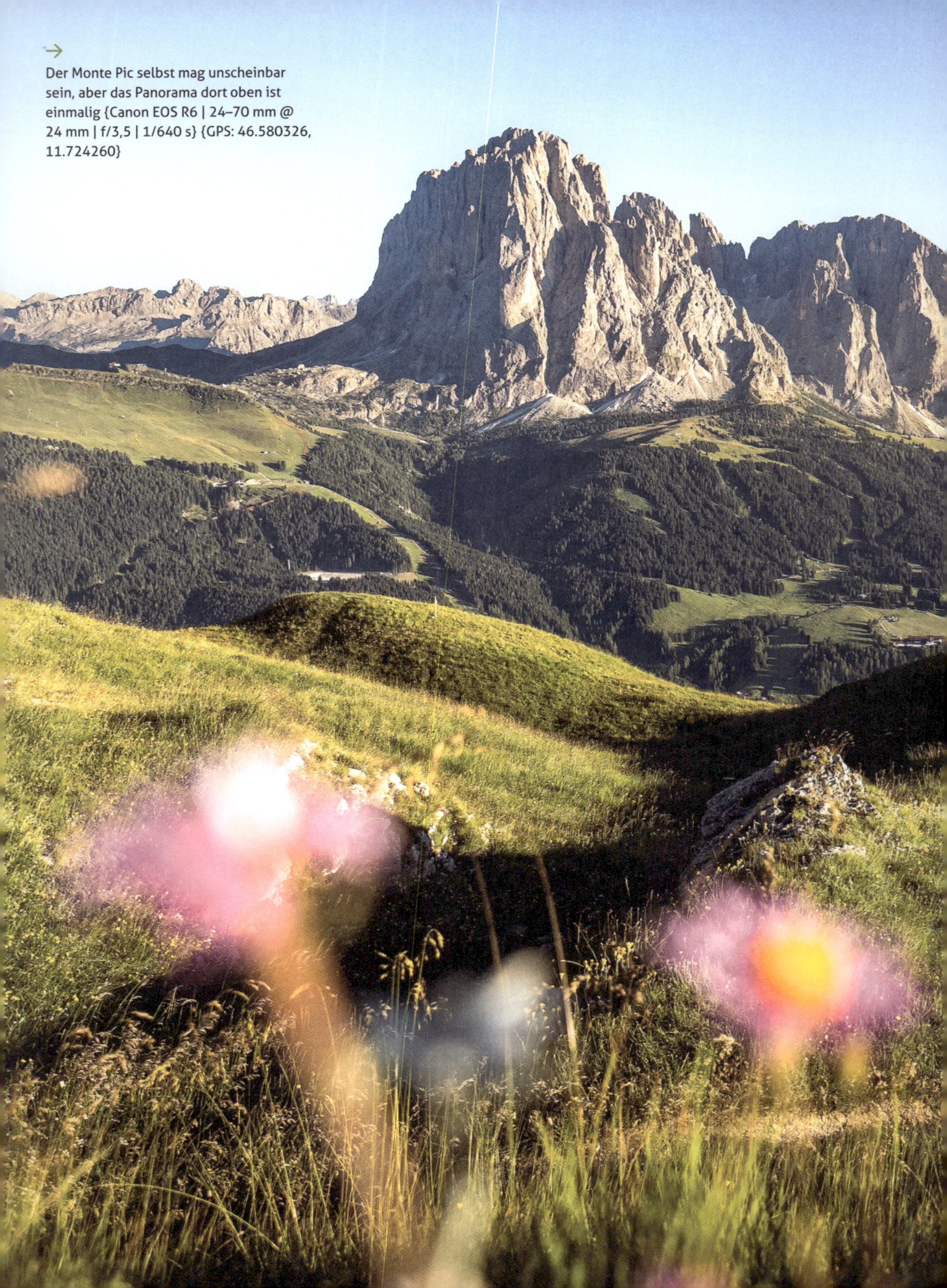

→

Der Monte Pic selbst mag unscheinbar sein, aber das Panorama dort oben ist einmalig {Canon EOS R6 | 24–70 mm @ 24 mm | f/3,5 | 1/640 s} {GPS: 46.580326, 11.724260}

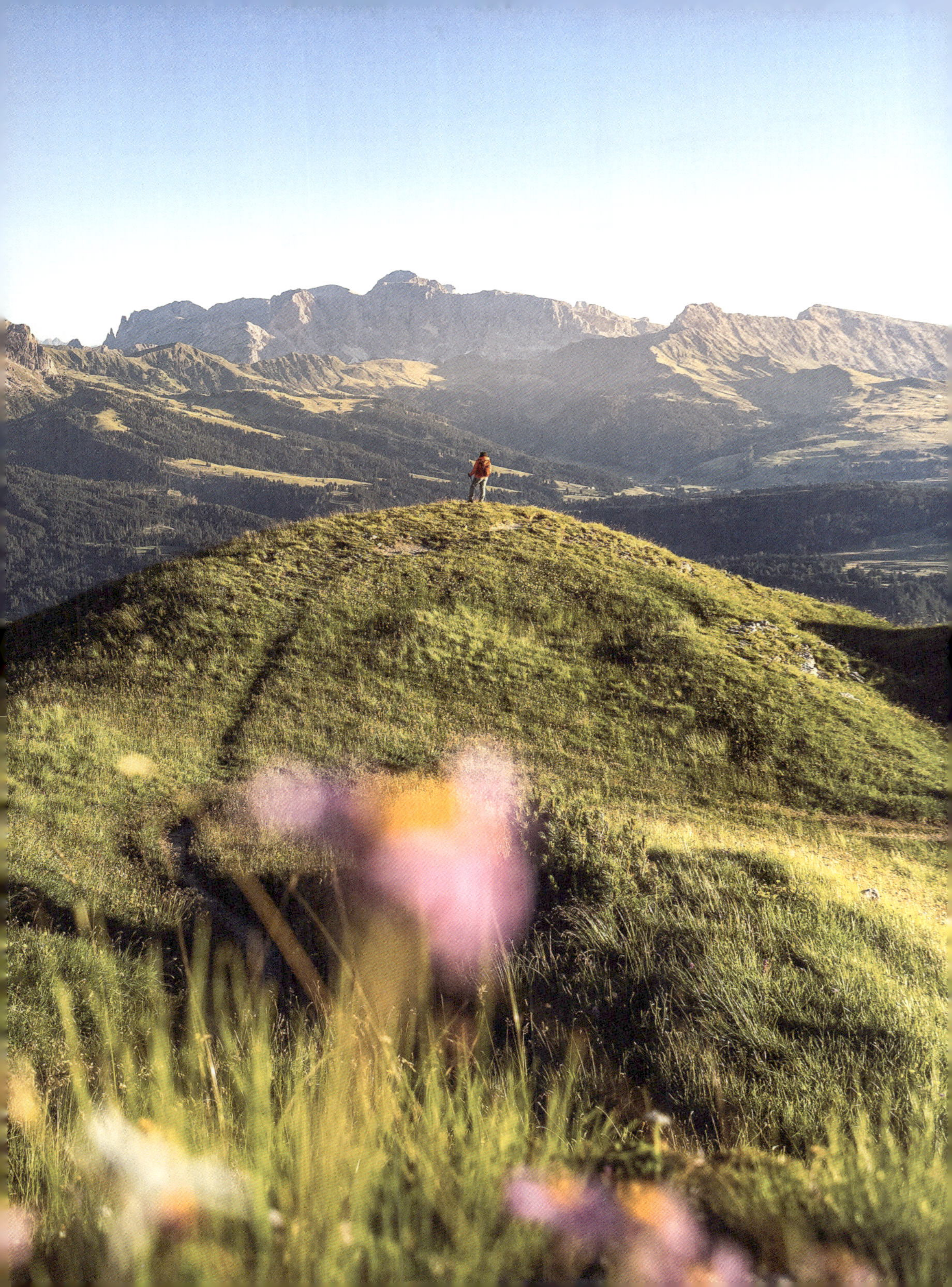

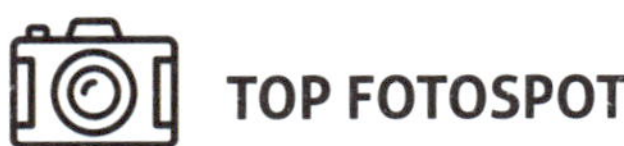

TOP FOTOSPOT

St.-Jakobs-Kirche, Gröden

Die St.-Jakobs-Kirche findet man oberhalb von St. Ulrich im Grödner Tal in einer malerischen Umgebung mit Lang- und Plattkofel im Hintergrund.

Koordinaten: 46.573721, 11.693737
Wie kommt man hin: Ins Grödner Tal bis nach St. Ulrich und beim ersten Kreisverkehr in Richtung Zentrum abbiegen. Der Beschilderung St. Jakob folgend, geht es durch das Dorf hindurch und über die Sacunstraße bergauf. Am besten man stellt sein Auto an einer größeren Haltebucht etwas vor dem Ort ab (GPS: 46.574247, 11.685462). Von dort folgt man der Fahrbahn weiter hinauf, zweigt nach dem Hotel Ansitz Jakoberhof links auf den Wanderweg 6B ab und erreicht auf diesem in ca. 35 Minuten die Kirche. Bei der Wanderung auf den Monte Pic (Seite 246) kommt man ebenfalls an der St.-Jakobs-Kirche vorbei.
Exif-Daten: Canon EOS 5D Mark II | 17–40 mm @ 21 mm | f/5 | 1/250 s
Aufnahmedatum: 09.06. – 20:08 Uhr

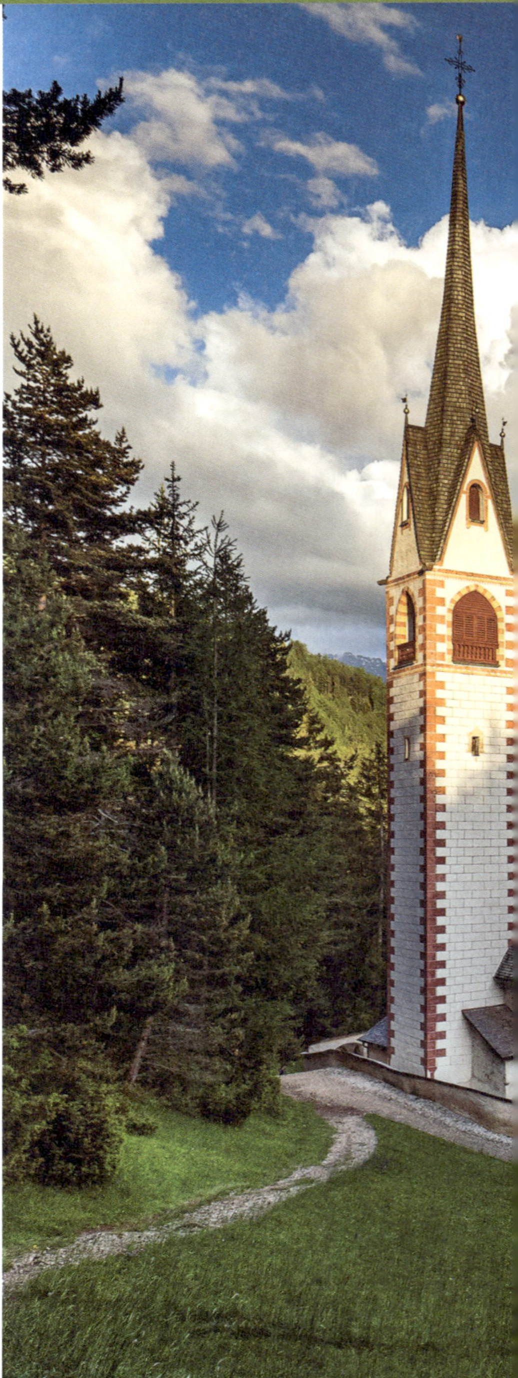

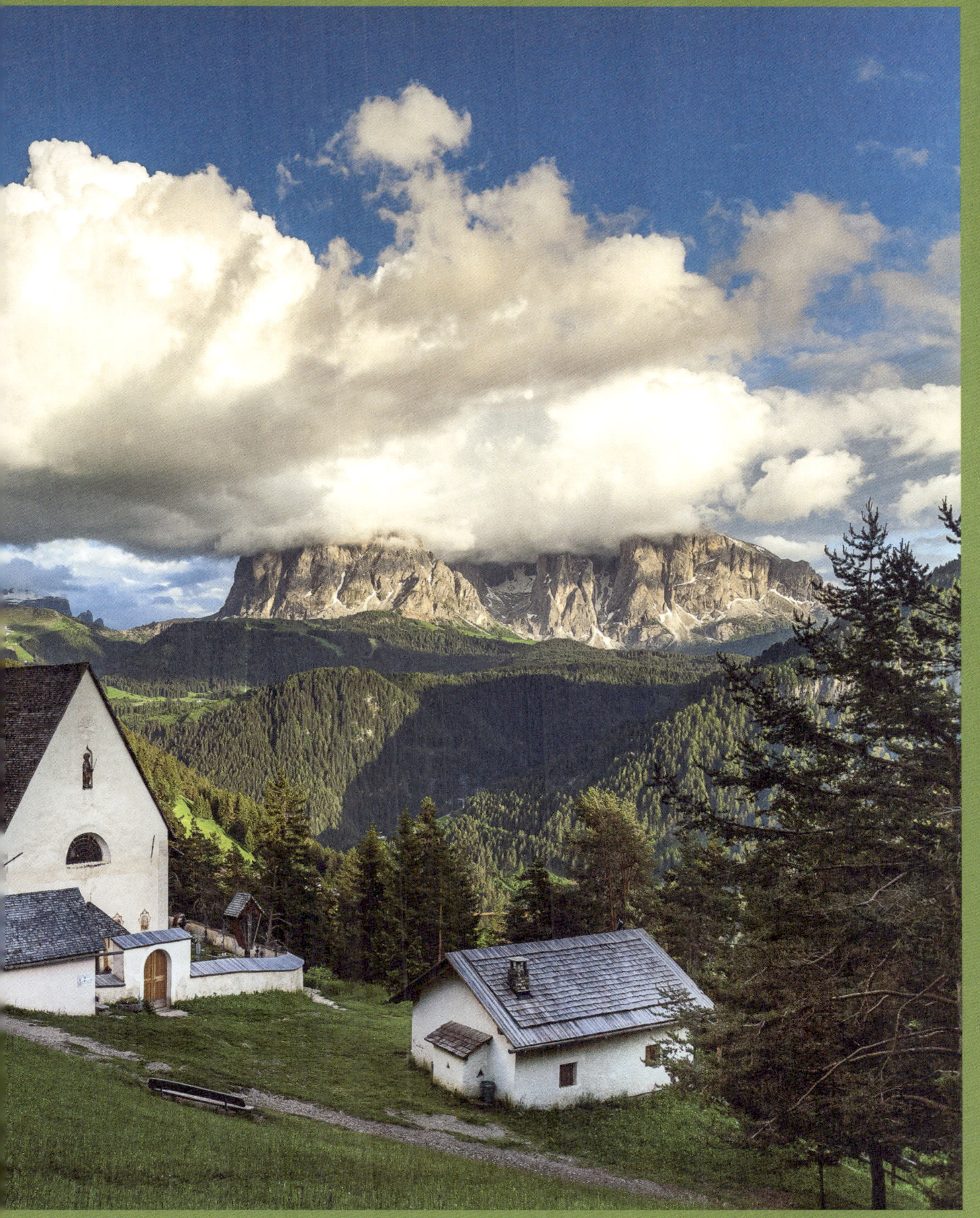

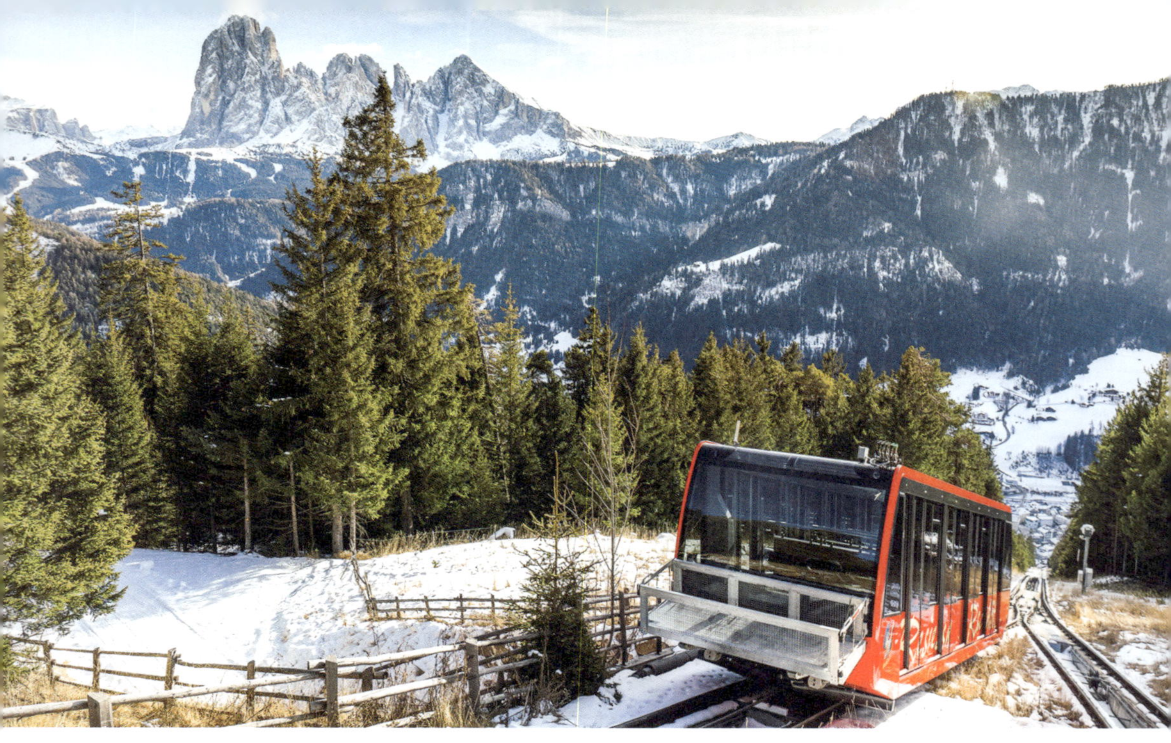

41 Auf die Außerraschötz

Mit Schneeschuhen unterwegs in Gröden

Mitten in den Dolomiten führt diese Panoramawanderung durch eine traumhafte Schneelandschaft. An der Bergstation der Standseilbahn schnallt man sich die Schneeschuhe an und wandert dann hinauf zur Innerraschötz und weiter zur Außerraschötz mit ihrem imposanten Gipfelkreuz.

Startpunkt ist die Talstation der Standseilbahn Raschötz (1.304 m) in St. Ulrich, mit der man zur Raschötzer Alm (2.093 m) hinauffährt. An der Bergstation hält man sich rechts, folgt der Beschilderung in Richtung Brogleshütte und kommt bald an der Cason Schwaige (2.111 m) vorbei (im Winter geschlossen). Gleich darauf geht es leicht bergab und hinein in einen Zirbenwald. Sobald sich der Wald lichtet, steigt der Weg wieder an und mit Blick zu den mächtigen Geislerspitzen nähert man sich nun der Abzweigung zur Peterer Scharte. Dort heißt es links abzweigen und sich auf den merklich steileren Anstieg zum Sattel (2.280 m) einstellen. Vom Sattel ist es nur mehr ein Katzensprung bis zum Gipfelkreuz der Innerraschötz (2.317 m), das man nach einer Gesamtgehzeit von 1:15 Stunde auch schon erreicht.
Nach einer aussichtsreichen Rast wandert

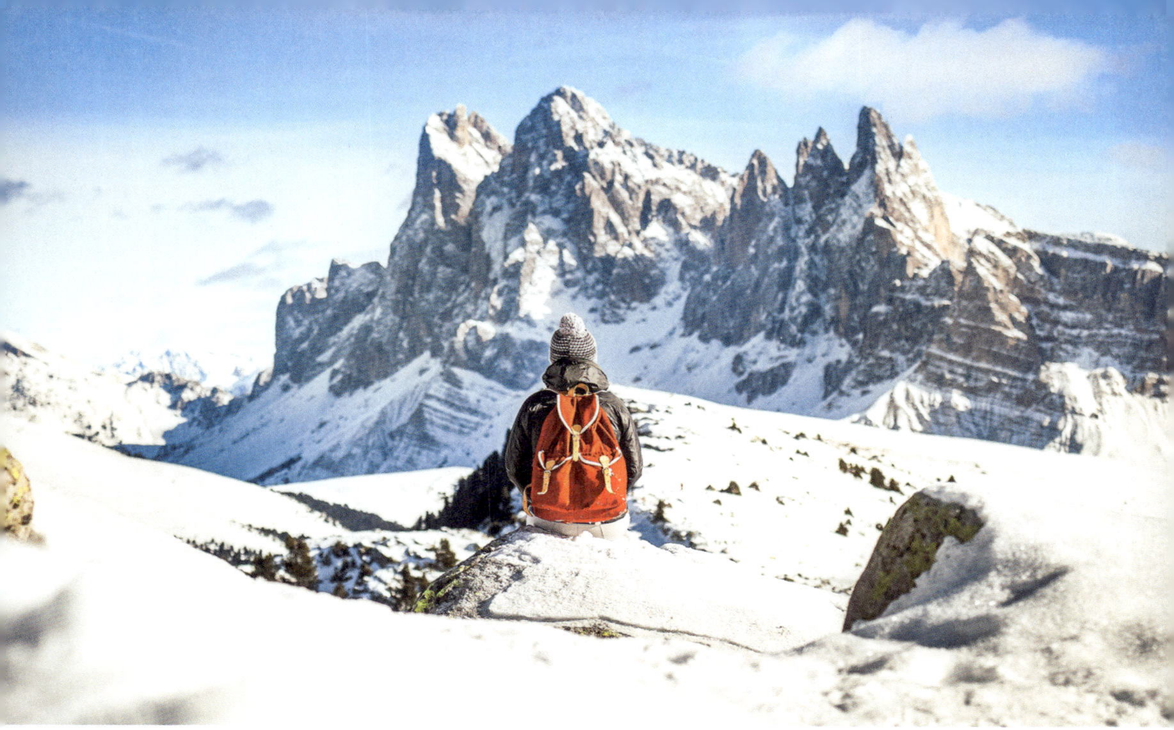

Mit der Standseilbahn Raschötz geht es von St. Ulrich hinauf bis zur Bergstation

Auf dem Gipfel der Außerraschötz hat man einen fabelhaften Blick auf die Geislerspitzen {Canon EOS 5D Mark II | 70–200 mm @ 70 mm | f/4 | 1/1000 s} {GPS: 46.603650, 11.656275}

man nun im weglosen Gelände über die weite Fläche hin zur Außerraschötz. Der Berg fällt zur Rechten senkrecht ab, daher sollte man vor allem im Winter einen respektvollen Abstand zur Kante einhalten, um nicht einen Absturz zu riskieren. Der Abstieg durch den Tiefschnee zur Flitzer Scharte (2.107 m) mit kleinem Kreuz ist ausgesprochen unschwierig. Bei der Scharte folgt man dann der Markierung Nr. 31 in Richtung Raschötzhütte durch einen schütteren Wald einfach bergauf, bis man an eine Gabelung gelangt. In Richtung Nordwesten und auf nicht markierten Pfaden stapft man nun über den breiten Bergrücken bis zu einem weithin sichtbaren, riesigen Steinmann (2.237 m) und anschließend in einem leichten Bogen zum Gipfel der Außerraschötz (2.281 m), den man nun stets vor Augen hat und nach insgesamt 2:40 Stunden erreicht. Beeindruckend ist hier nicht nur der Blick in alle Himmelsrichtungen, sondern auch das imposante Gipfelkreuz mit einer gewaltigen Höhe von über 7 m und der 3,30 m großen Jesusfigur.
Als Rückweg dient zunächst der Weg Nr. 31 hinunter zur 10 Minuten entfernten Heiligkreuz-Kapelle (2.198 m), wo man links hinüber zur Raschötzhütte (2.170 m) ab-

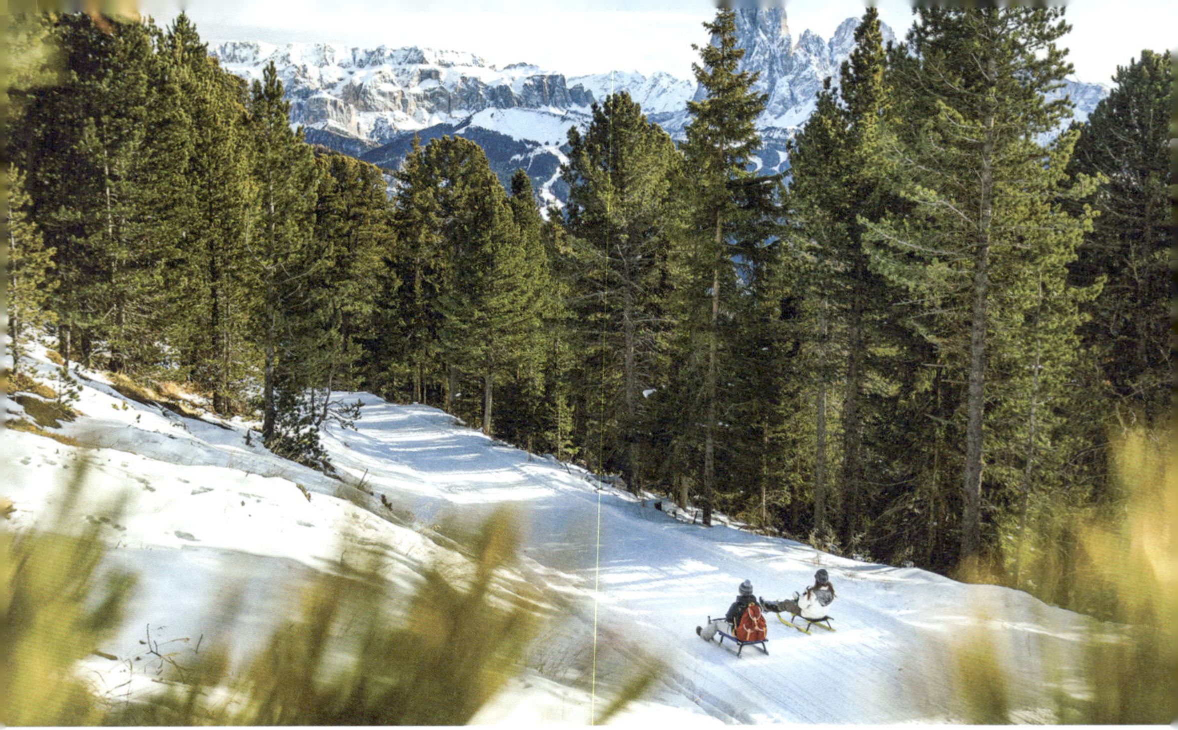

Bei guten Verhältnissen kann man mit der Rodel bis zur Mittelstation der Bahn oder gar ins Tal abfahren

zweigt. Von der Schutzhütte führt ein bestens präparierter Winterweg (Nr. 35, später 35A) zurück zur Bergstation der Seilbahn.

Tipp: Von der Bergstation aus kann man bei guten Verhältnissen mit der Rodel bis ins Tal abfahren, muss dabei aber die letzten 20 Minuten bis zur Talstation zu Fuß zurücklegen. Alternativ kann man auch bis zur Mittelstation fahren und dort in die Standseilbahn zusteigen. Am besten die Rodel am Beginn der Wanderung in der Nähe der Bergstation sicher abstellen.

Fabelhafte Schneeschuhwanderung, die kaum lawinengefährdet ist und mit einem phänomenalem Dolomitenpanorama glänzen kann. Dabei geht es auf den einsamen Gipfel der Innerraschötz und danach auf die belebtere Außerraschötz.

Hinein ins Grödner Tal bis nach St. Ulrich und dort am besten beim gebührenpflichtigen Parkplatz Seceda parken. Von dort sind es ca. 5 Minuten bis zur Standseilbahn Raschötz.

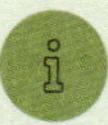

(mittel)

- Gebiet: Dolomiten
- Tal: Grödner Tal
- Start/Ziel: Standseilbahn Raschötz in St. Ulrich
- Dauer: 3:30 Std.
- Strecke: 10,3 km
- Aufstieg/Abstieg: 488 Hm
- Wann: Sommer, Herbst, Winter

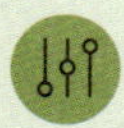

Landschaft: ●●●●●
Abwechslung: ●●●○○
Kondition: ●●●○○
Technik: ●●●○○

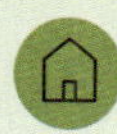

ja

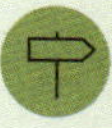

Bergstation Standseilbahn Raschötz (2.093 m) → Weg Nr. 10B, später 35 zur Brogleshütte → Weg Nr. 10 Peterer Scharte → Links abzweigen ohne Markierung zum Kreuz der Innerraschötz (2.317 m) → weiter nach Westen zur Flitzer Scharte (2.107 m) → Weg Nr. 31 in Richtung Raschötzhütte → bei der nächsten Gabelung nach Nordwest abzweigen und ohne Markierung zu einem großen Steinmann (2.237 m) → ohne Markierung zur Außerraschötz (2.281 m) → Weg Nr. 31 zur Heiligkreuz-Kapelle (2.198 m) → Weg Nr. 35, später 35A zur Standseilbahn Raschötz

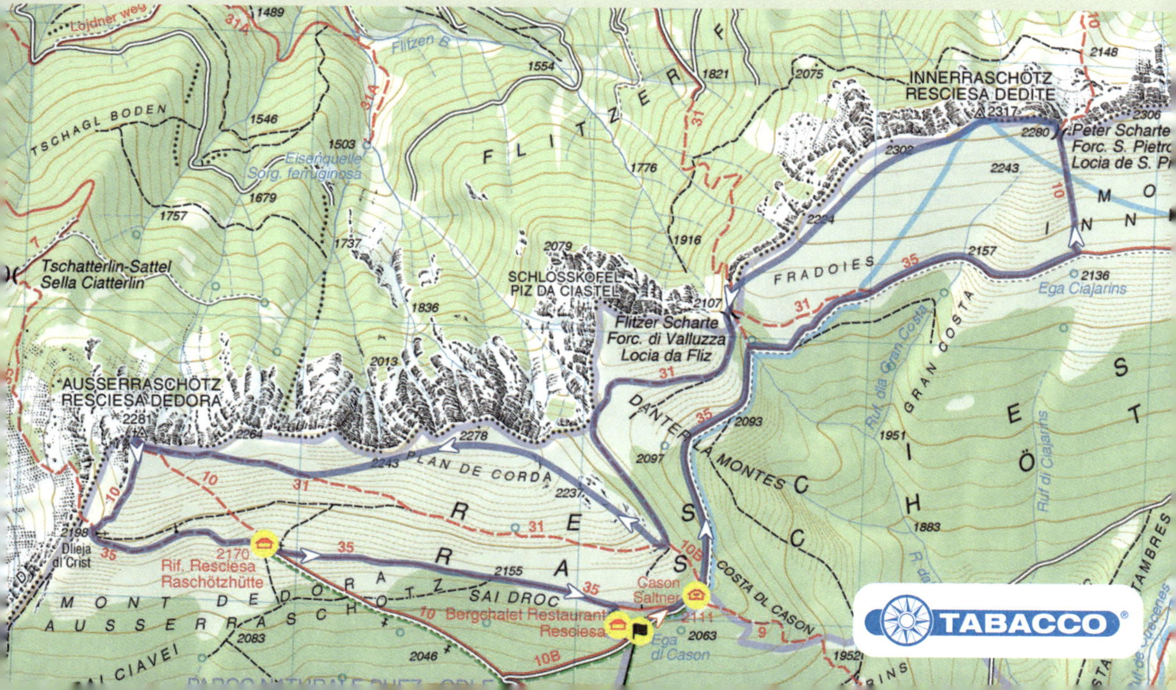

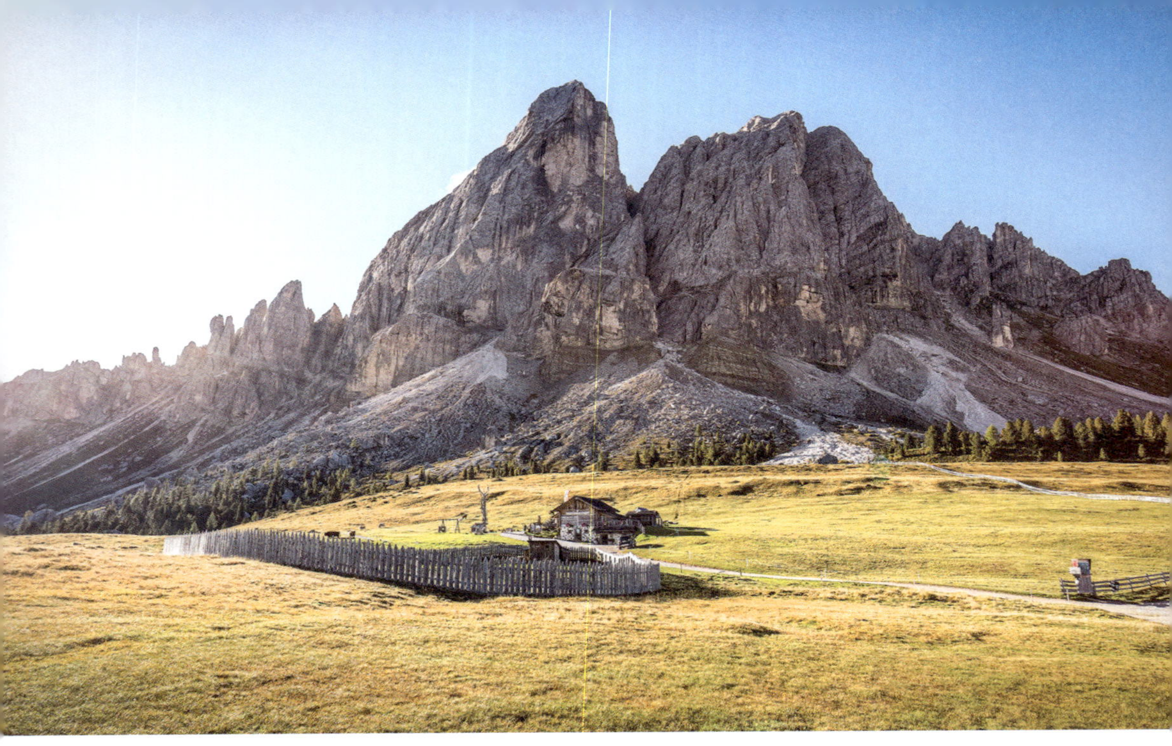

42 Auf und um den Peitlerkofel

Eine der schönsten Touren in den Dolomiten

Diese ausgedehnte Tagestour im Naturpark Puez-Geisler hat einige Highlights zu bieten: zum einen die Wanderung durch die typische Felsenlandschaft der Dolomiten, eine kurze, gesicherte Kraxelei und zu guter Letzt eine Panoramaumrundung des Peitlerkofels. Nicht ohne Grund gehört sie zu den beliebtesten Wanderungen in den Dolomiten.

Gestartet wird beim gebührenpflichtigen Parkplatz bzw. der Bushaltestelle am Würzjoch (2.006 m), und zwar auf den Weg Nr. 8A zum Peitlerkofel. Eine breite Forststraße führt gemächlich bergauf, wobei man stets einen traumhaften Blick auf die beiden Gipfel des markanten Peitlerkofels hat. Bevor man allerdings dort oben steht, gilt es den Berg teilweise zu umrunden. Kurz vor der Fornella Hütte (2.067 m) zweigt man rechts ab und wandert eben über die weiten Bergwiesen dahin. Die Straße wird dann von einem schmalen Pfad abgelöst, auf dem man, weiterhin eben, einen Steilhang quert, bis man an eine Gabelung kommt. Mit der Markierung Nr. 4 hat man jetzt den ersten anstrengenden Streckenabschnitt hinauf zur Peitlerscharte (2.361 m) vor sich, die man nach rund

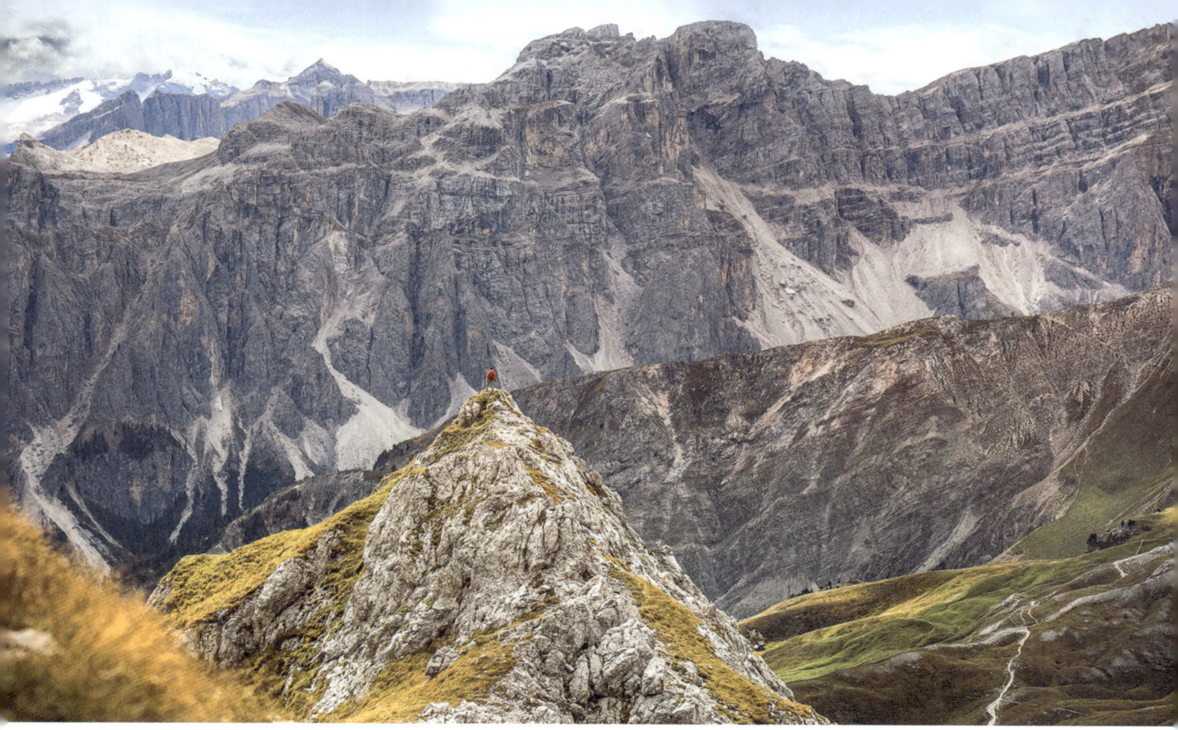

Die Fornella Hütte (2.067 m) am Fuße des Peitlerkofels {Canon EOS R6 | 17–40 mm @ 20 mm | f/9 | 1/80 s}

Der Wanderer im Bild verdeutlicht die Größenverhältnisse der Landschaft {Canon EOS R6 | 70–200 mm @ 70 mm | f/4 | 1/1000 s} {GPS: 46.654607, 11.819818}

1:30 Stunde erreicht. Ein paar Bänke und der Blick hinab ins Gadertal laden hier zu einem kurzen Zwischenstopp ein.
In Serpentinen windet sich der Weg nun durch steiles, aber kaum ausgesetztes Gelände hinauf bis zu einem Sattel zwischen den beiden Gipfeln des Peitlerkofels. Das letzte Stück bis zum Hauptgipfel sollte keinesfalls unterschätzt werden. Über einen Klettersteig (A/B) geht es teils recht luftig und mithilfe eines fixen Drahtseiles über den Fels nach oben, bevor ein steiniger Pfad schließlich zum Kreuz hinführt. Nach insgesamt etwa 3:15 Stunden steht man auf dem 2.875 m hohen Peitlerkofel und kann seinen Blick über die fantastische Bergwelt schweifen lassen. Über den Klettersteig geht es wieder nach unten zum Sattel. Bevor man über den Hinweg weiter zur Peitlerscharte absteigt, lohnt sich noch der 15-minütige Abstecher zum kleinen Peitlerkofel (2.813 m), der wesentlich einfacher zu bewältigen ist.
Ist man wieder bei der Peitlerscharte, steht nun die restliche Umrundung des Bergmassivs an. Knapp 9 km hat man noch vor sich, die zwar völlig unschwierig sind, aber noch ein wenig Ausdauer erfordern. Man folgt der Markierung Roda de Pütia Nr. 4B hinab, bis

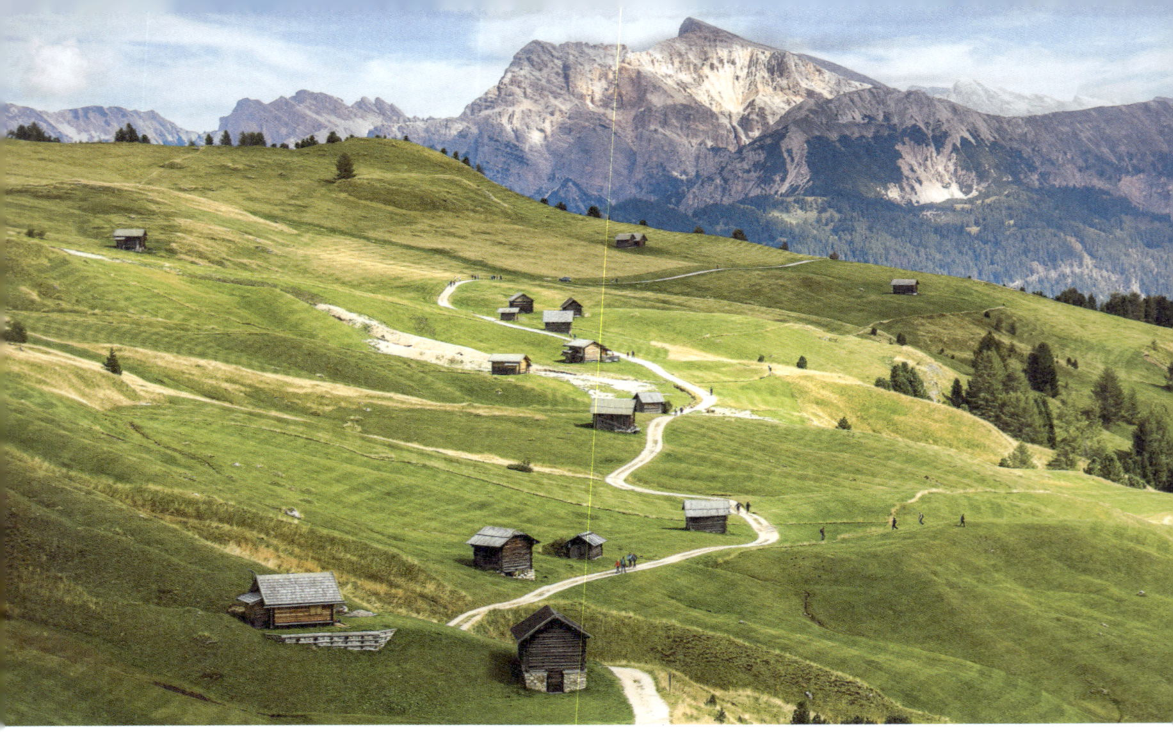

↑
Liebliche Almwiesen auf der Südseite des Peitlerkofels

man auf eine Schotterstraße trifft und auf dieser bis zum Gömajoch (Nr. 35) gelangt. Der Abschnitt mit den zahlreichen kleinen Heuhütten in den lieblichen Almwiesen und dem Blick auf die Dolomitengipfel ist eine reine Augenweide. Ab dem Gömajoch (2.111 m) führt die Markierung Nr. 8B zurück zum Würzjoch. Zuerst geht es über den Steig abwärts zur Gömahütte (2.025 m) und dann durch einen wunderschönen, mit riesigen Felsbrocken durchsetzten Waldabschnitt. Aus dieser Perspektive zwischen den Baumwipfeln kann man auch die senkrecht aufragenden Wände des Peitlerkofels in ihrer vollen Länge bestaunen. Hat man den Wald hinter sich gelassen, ist es nicht mehr weit bis zur Fornella Hütte und von dort erreicht man dann auf dem bekannten Weg in ca. 30 Minuten wieder den Ausgangspunkt.

Grandiose Tagestour, die einem allerdings auch einiges abverlangt. Trittsicherheit, Schwindelfreiheit und eine gehörige Portion Kondition sind für dieses doppelte Gipfelerlebnis notwendig. Wer sich nicht sicher genug fühlt, sollte für das letzte Stück hinauf zum Peitlerkofel ein Klettersteigset dabeihaben.

Das Würzjoch ist von mehreren Seiten erreichbar. Die Anfahrt durch Villnöß führt über eine Abzweigung bei St. Peter. Vom Pustertal kommend, fährt man durchs Gadertal bis nach St. Martin in Thurn und zweigt dort auf die Straße zum Pass ab.

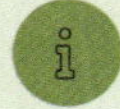

(schwer)

- Gebiet: Dolomiten, Südtirol
- Tal: Gadertal, Eisacktal
- Start/Ziel: Parkplatz/Bushaltestelle beim Würzjoch (gebührenpflichtig)
- Dauer: 6:45 Std.
- Strecke: 17,8 km
- Aufstieg/Abstieg: 1.120 Hm
- Wann: Sommer, Herbst

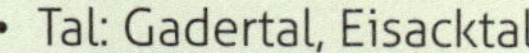

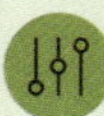

Landschaft: ●●●●●
Abwechslung: ●●●●●
Kondition: ●●●●●
Technik: ●●●●●

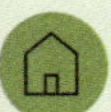

ja

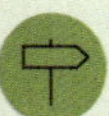

Parkplatz/Bushaltestelle Würzjoch (2.006 m) → Weg Nr. 8A, später 4 zur Peitlerscharte (2.361 m) → Weg Nr. 4 zum Peitlerkofel (2.875 m) → Kleiner Peitlerkofel (2.813 m) → wieder hinunter zur Peitlerscharte → Weg Roda de Pütia Nr. 4B → Weg Nr. 35 zum Gömajoch → Weg Nr. 8B Würzjoch

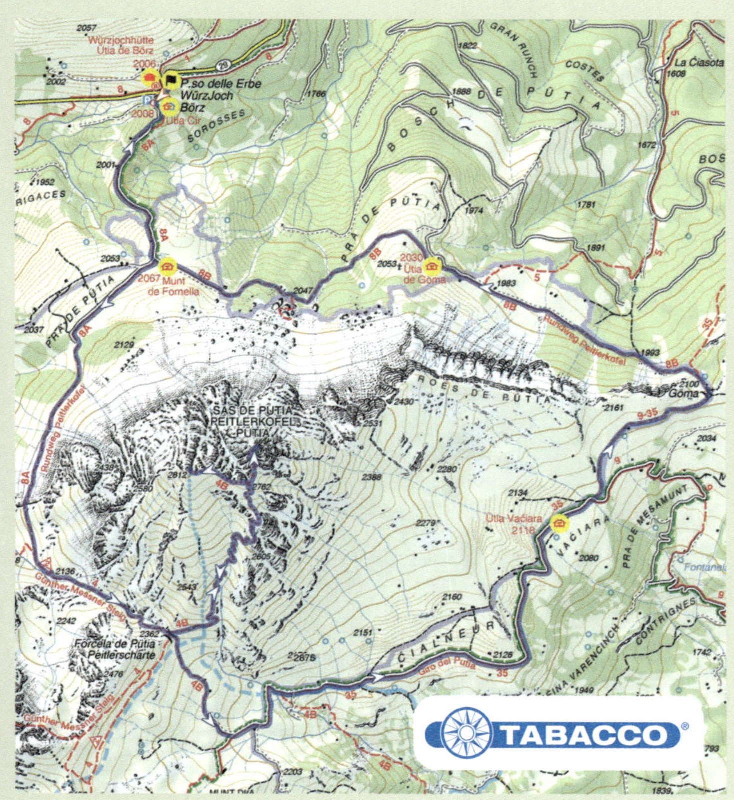

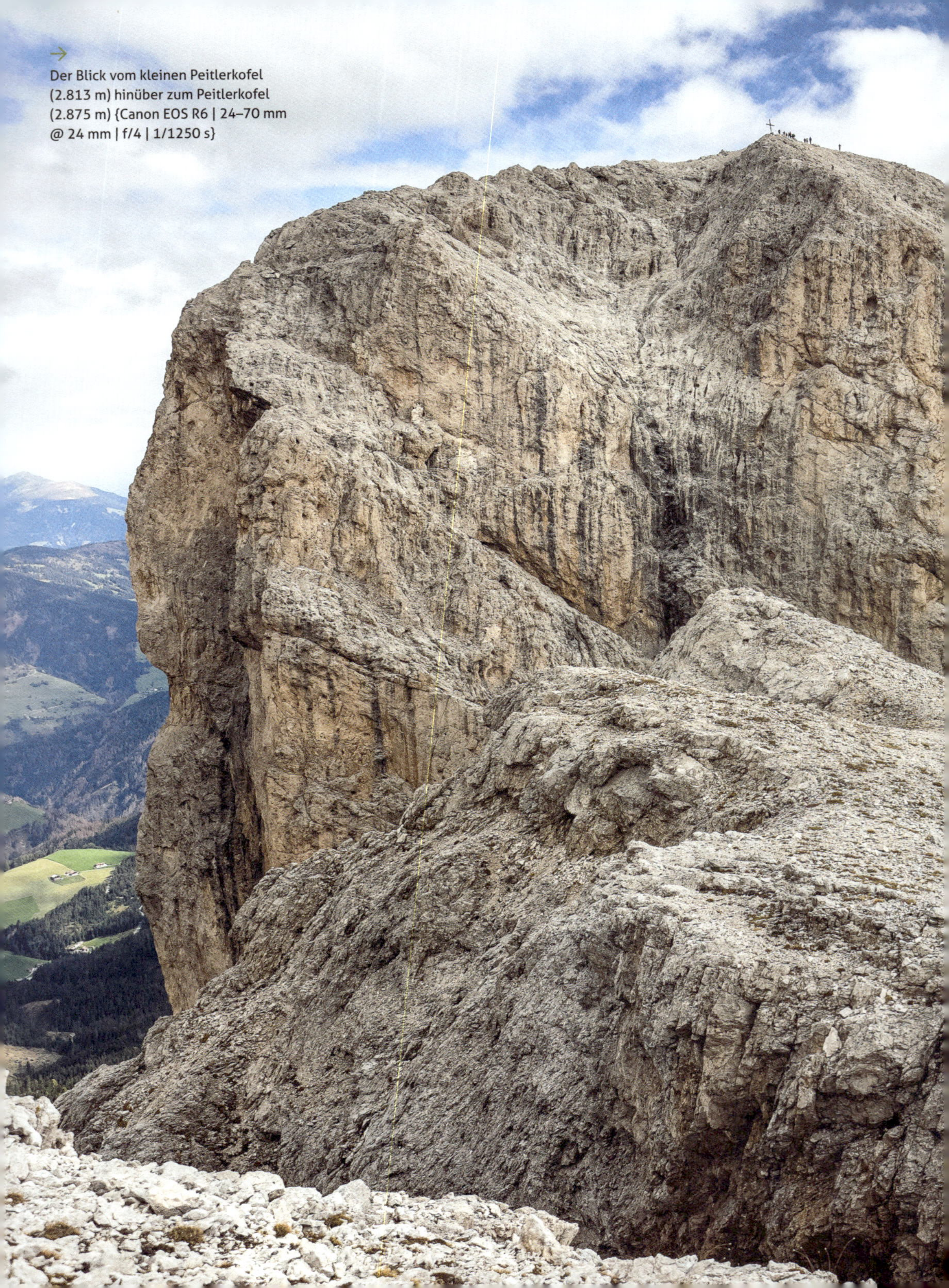

→
Der Blick vom kleinen Peitlerkofel (2.813 m) hinüber zum Peitlerkofel (2.875 m) {Canon EOS R6 | 24–70 mm @ 24 mm | f/4 | 1/1250 s}

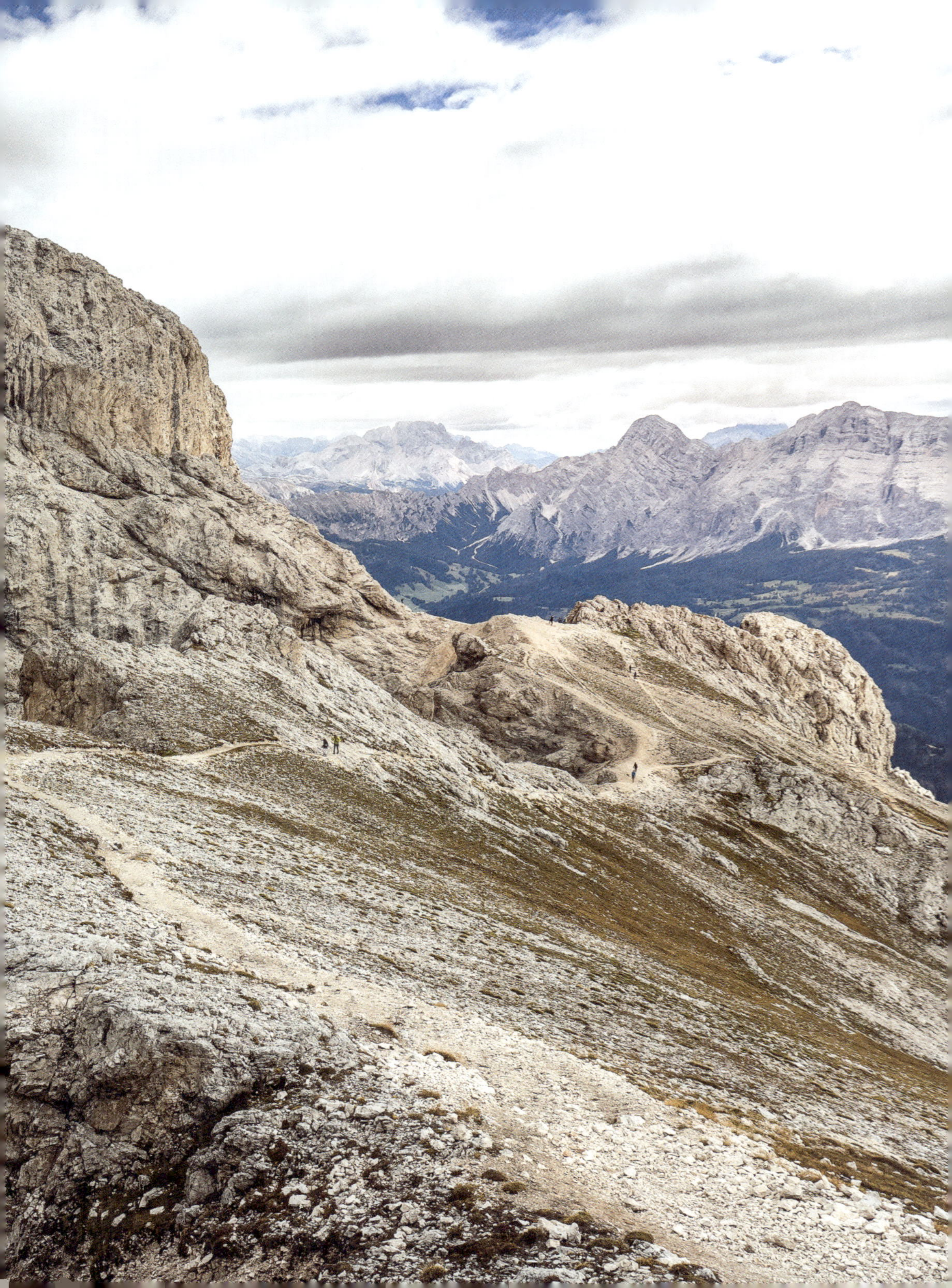

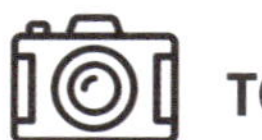

TOP FOTOSPOT

Peitlerkofel, Würzjoch

Manchmal lohnt es sich, mit dem Blickwinkel zu spielen und aus einer ungewohnten Position zu fotografieren. Aus der Froschperspektive erzielt man oft die interessantesten Ergebnisse. Mit den Baumwurzeln im Vordergrund und dem tiefen Standpunkt kommt die Massivität des Peitlerkofels noch stärker zum Ausdruck.

Koordinaten: 46.673310, 11.813417
Wie kommt man hin: Durch das Villnößtal oder das Gadertal hinauf auf das Würzjoch. Hier gibt es einen gebührenpflichtigen Parkplatz und eine Bushaltestelle. Man folgt der Markierung Nr. 8A in Richtung Peitlerkofel und kommt nach ca. 5 Minuten an die Stelle mit dem Wurzelwerk.
Exif-Daten: Canon EOS 5D Mark II | 17–40 mm @ 17 mm | f/9 | 1/100 s
Aufnahmedatum: 27.10. – 15:18 Uhr

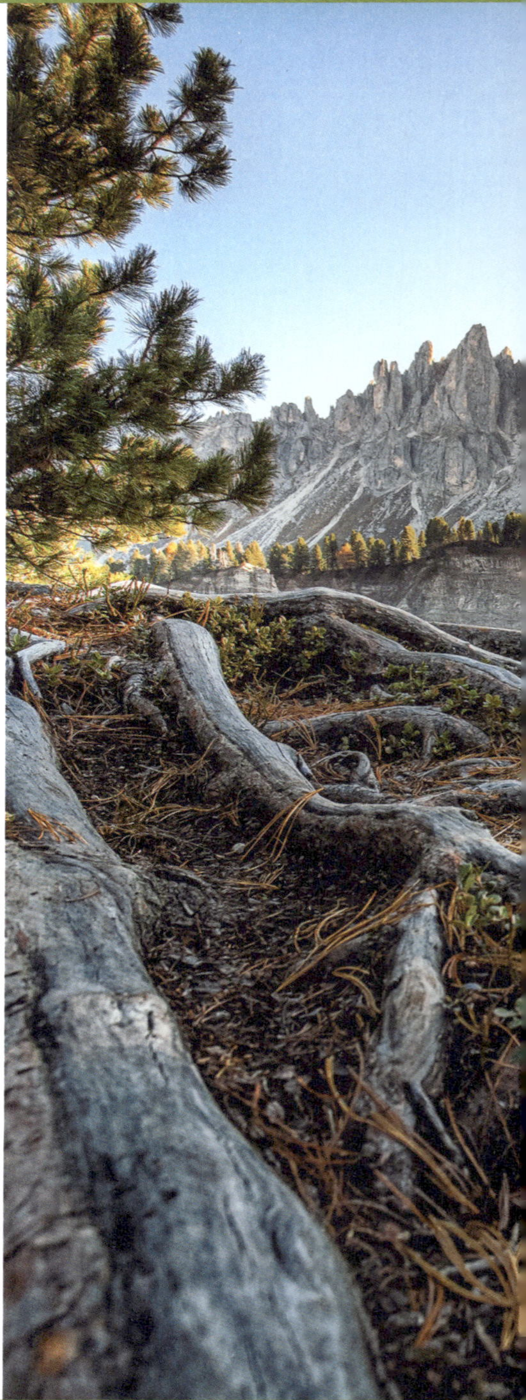

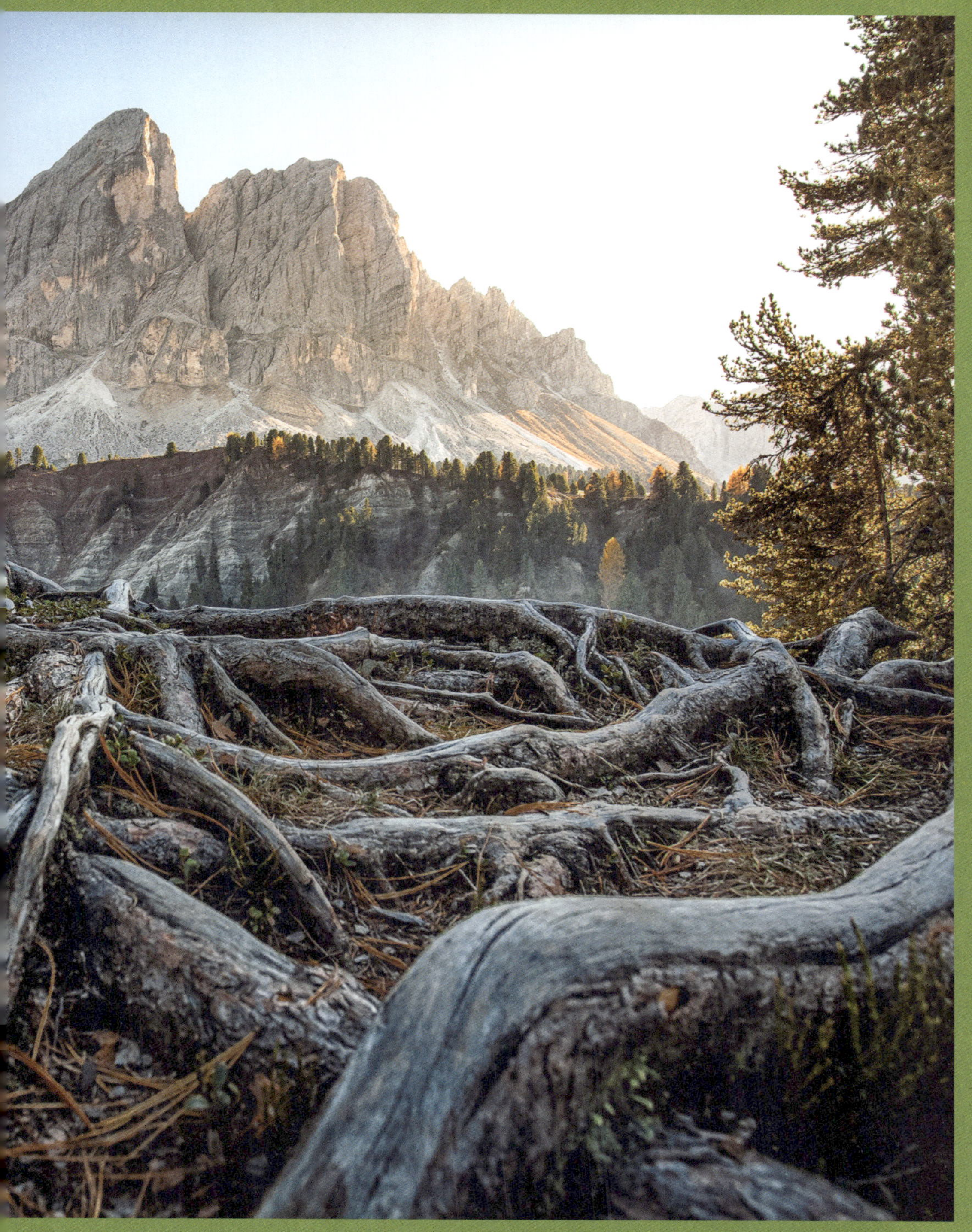

Die Strada del Ponale, ein wunderbarer Panoramaweg, verbindet Riva del Garda mit dem Ledrotal {Canon EOS 5D Mark II | 17–40 mm @ 34 mm | f/4,5 | 1/800 s} {GPS: 45.872255, 10.836928}

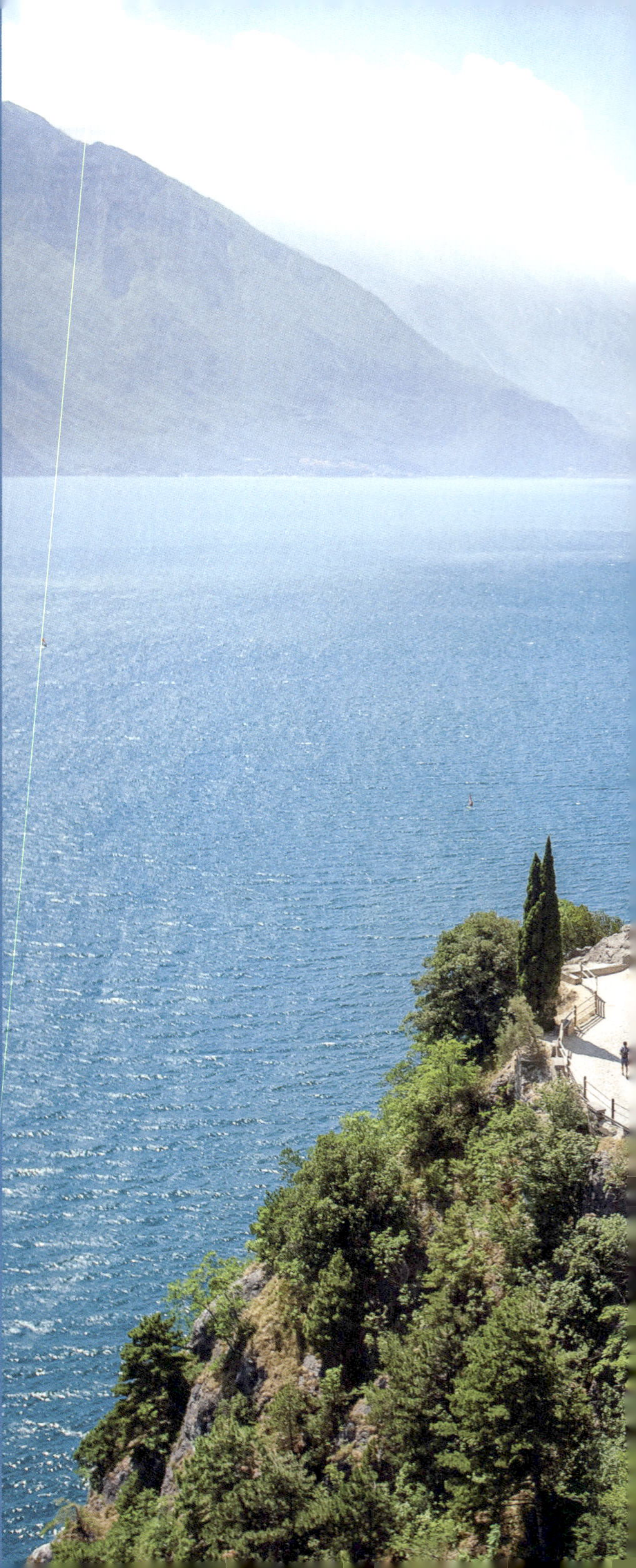

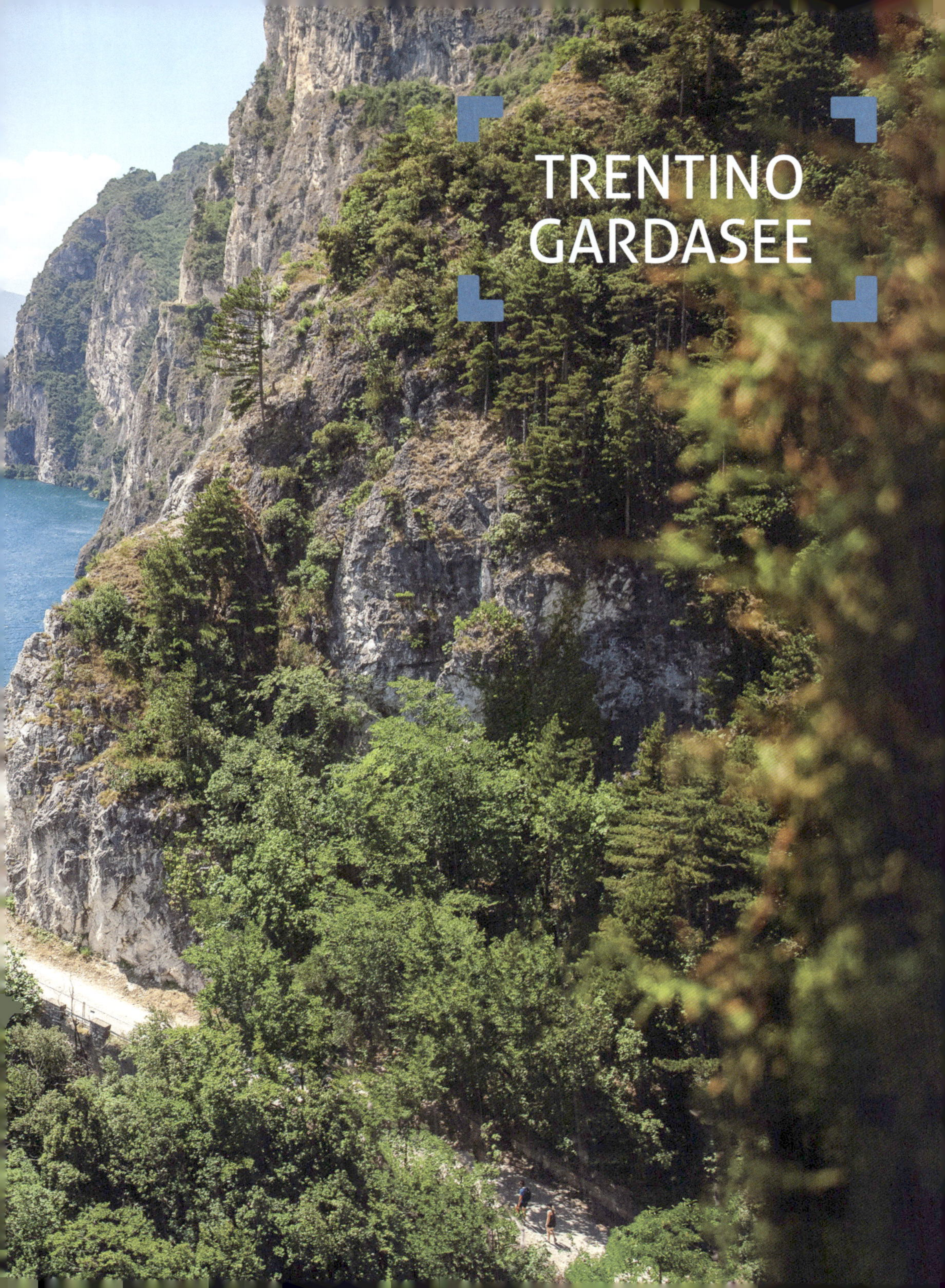
TRENTINO
GARDASEE

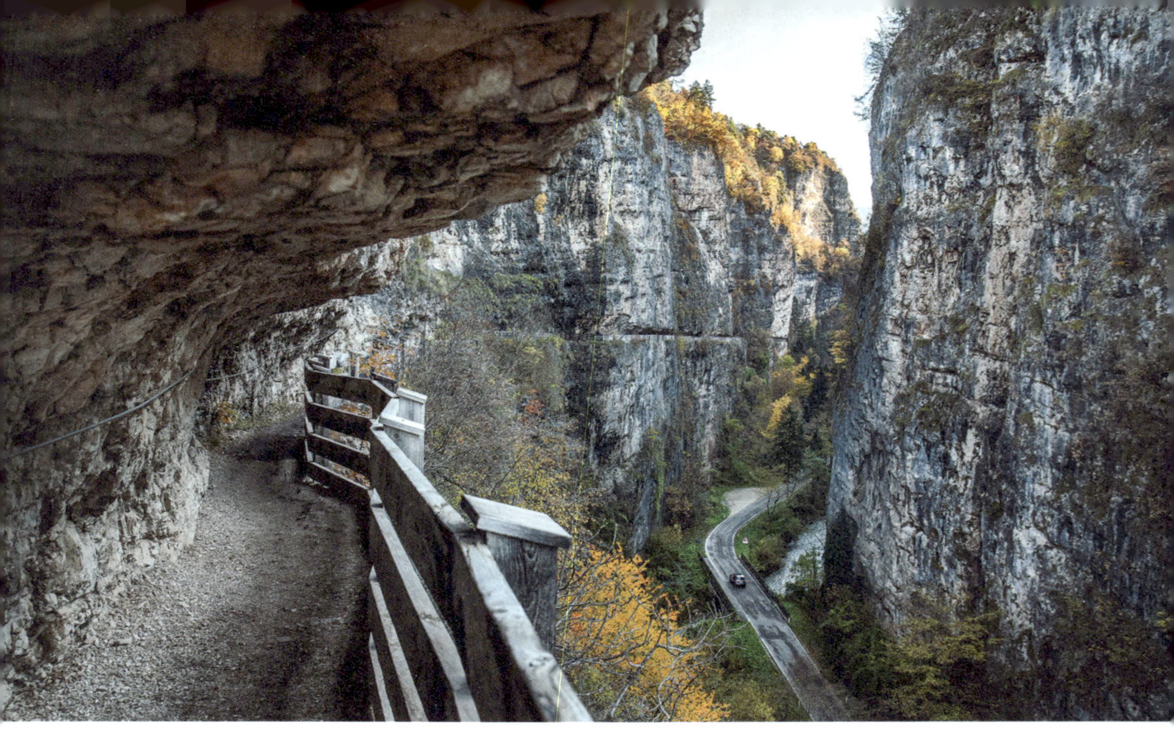

43 Zum Wallfahrtsort San Romedio

Eindrucksvolle Wanderung im Nonstal

Diese familienfreundliche Wanderung führt einen abenteuerlichen, in den Felsen gehauenen Weg entlang und ermöglicht immer wieder atemberaubende Blicke in die Schlucht. Am Ende des Weges kann man den verschachtelten Gebäudekomplex mit der bekanntesten Wallfahrtskirche des Trentino besichtigen.

Die erlebnisreiche Wanderung startet beim Parkplatz des Rätischen Museums (680 m) vor der Ortschaft Sanzeno im Nonstal. Dem Museum gegenüber führt ein Holzsteg in die Apfelwiesen hinunter und ab hier folgt man der Beschilderung zum Santuario di San Romedio. Zuerst geht es ein Stück durch den Wald und dann auf einem spektakulär angelegten Weg weiter, der in die senkrecht abfallende Felswand gehauen wurde. Jeder Blick in die Tiefe ist schwindelerregend, aber völlig ungefährlich, denn der gesamte Weg ist mit einem stabilen Geländer gesichert. Nach etwas mehr als 2 km trifft man auf eine Asphaltstraße und steht nun am Boden der Schlucht. Auf der Straße taleinwärts kann man auf der rechten Seite beim Zusammenfluss des Rio San Romedio und des Rio Verdés bereits den verschachtelten Kirchen-

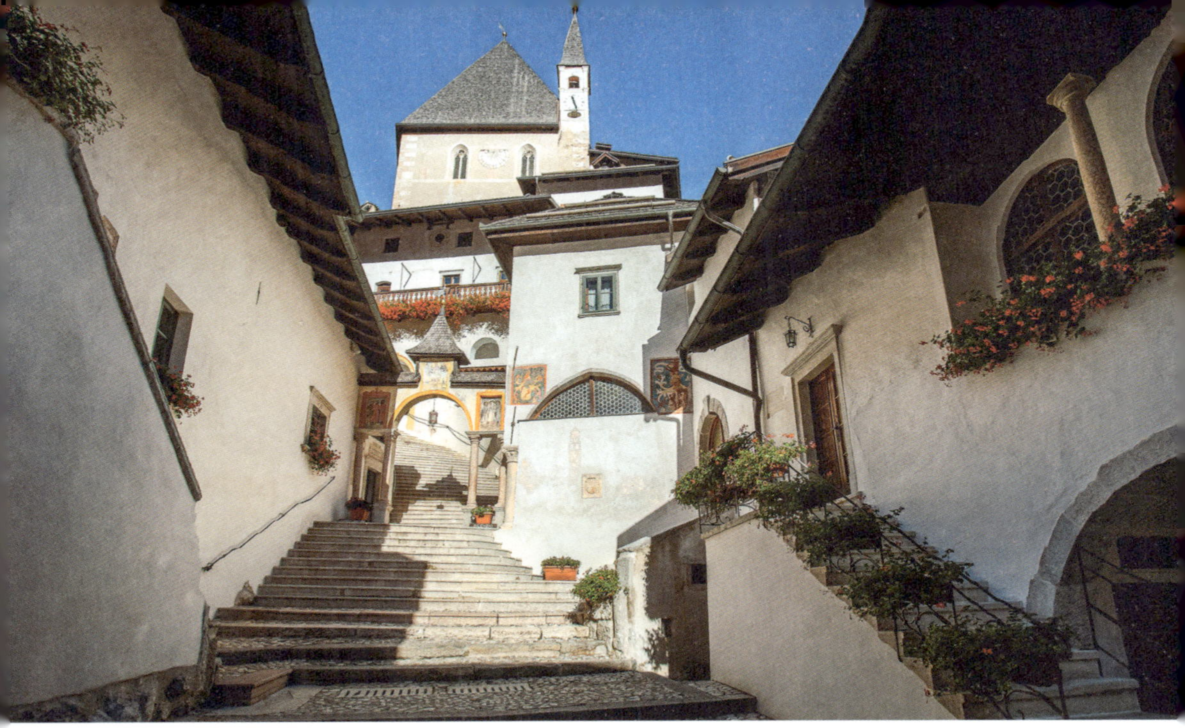

Spektakulär verläuft der Felsenweg durch das enge Tal

Der Eingangsbereich des Wallfahrtortes San Romedio {Canon EOS 5D Mark II | 17–40 mm @ 40 mm | f/9 | 1/400 s}

komplex sehen, der wie ein Adlerhorst auf einem 70 m hohen Kalksteinfelsen thront. Bald darauf zweigt man rechts ab, um über einen breiten Treppenaufgang hinauf zum Wallfahrtsort (718 m) zu gelangen. Nach insgesamt knapp 1:15 Stunde steht man schließlich vor diesem einzigartigen Bauwerk, das aus insgesamt fünf Kirchen und Kapellen besteht. Der älteste Teil wurde um das Jahr 1000 erbaut.

Nachdem man sich in den Kirchen umgesehen hat, sollte man sich auch den Blick von weiter oben nicht entgehen lassen. Dem Eingang gegenüber führt ein Pfad zum alten Friedhof (Markierung Cimitero) hinauf. Von dort hat man eine beeindruckende Aussicht auf San Romedio.

Ebenfalls nicht entgehen lassen sollte man sich abschließend das Bärenfreigehege links vom Eingang. Es beherbergt immer wieder Bären, die in Gefangenschaft aufgewachsen sind.

Der Rückweg erfolgt auf dem Hinweg.

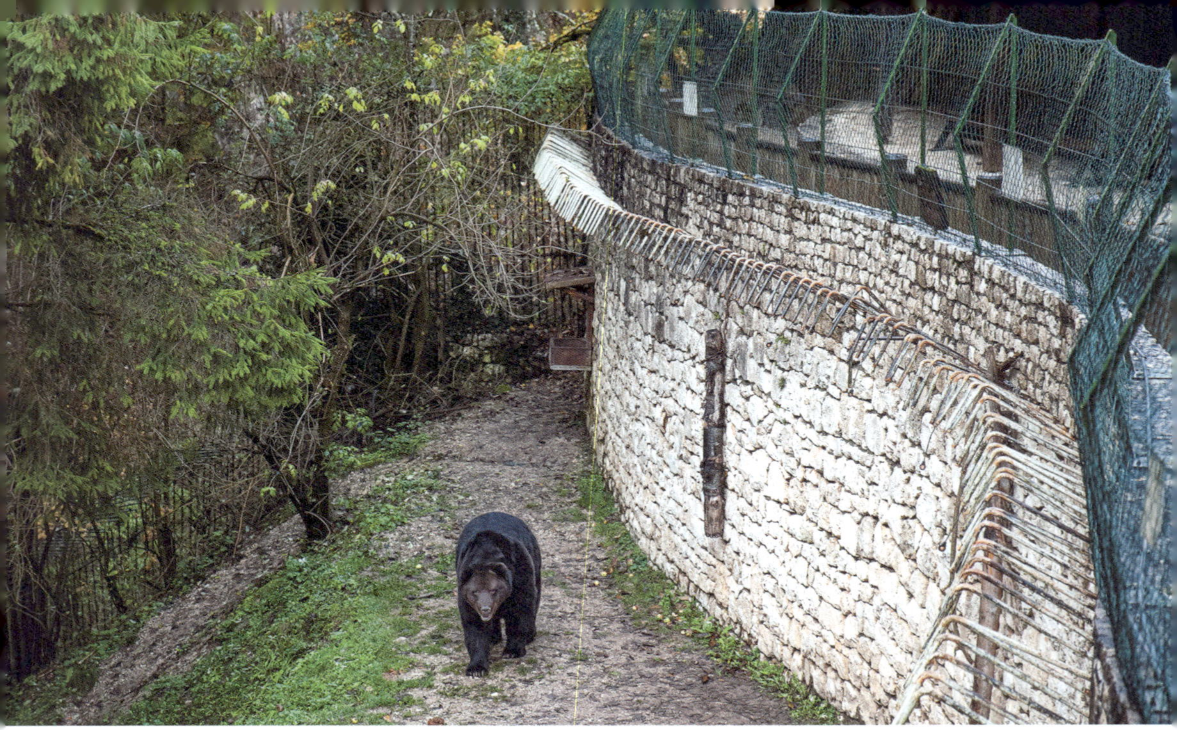

↑ Neben dem Gebäude befindet sich ein Bärenfreigehege. Dort werden in Gefangenschaft aufgewachsene Bären aufgenommen.

↓ Über den Felsenweg geht es wieder zurück zum Ausgangspunkt

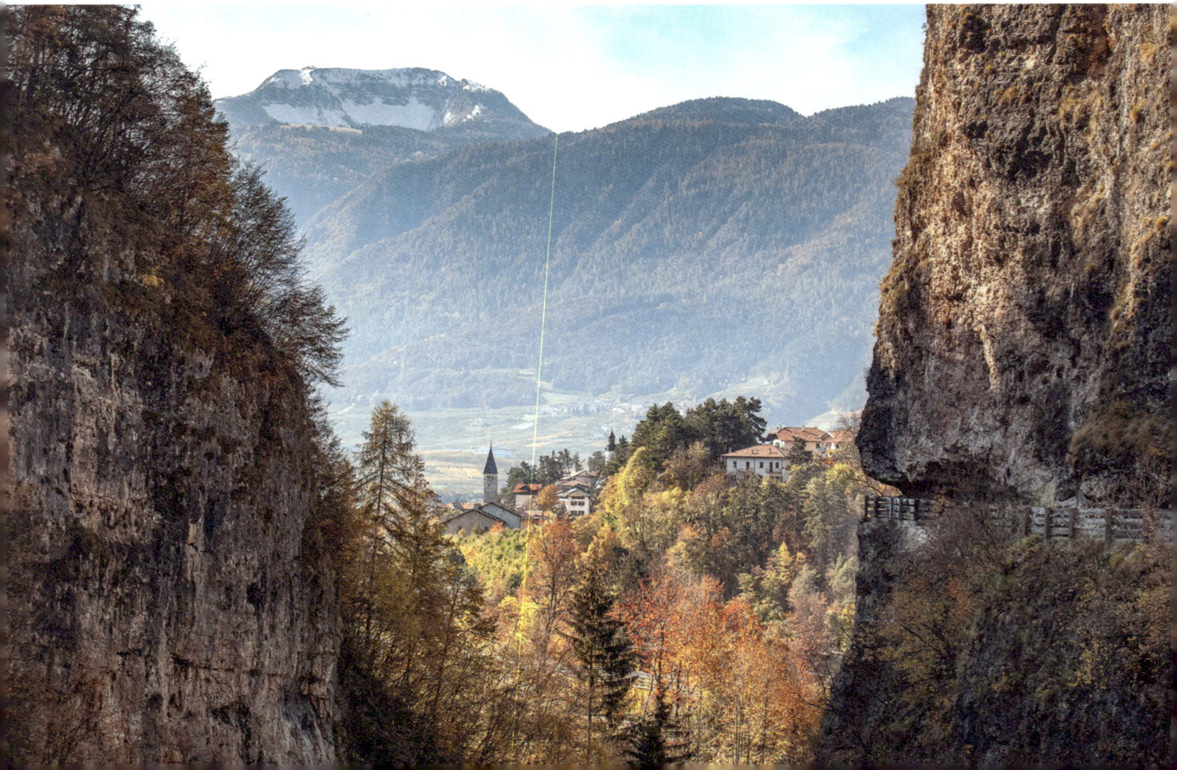

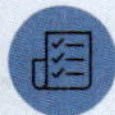

Einfache Wanderung durch einen abenteuerlichen Felsenweg zur Wallfahrtskirche San Romedio, die aus insgesamt fünf Kirchen und Kapellen besteht.

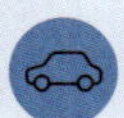 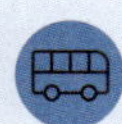

Von Meran über den Gampenpass nach Fondo und weiter nach Sanzeno. Am Ortseingang befindet sich auf der rechten Seite das Rätische Museum, kurz darauf kommt auf der linken Straßenseite ein gebührenpflichtiger Parkplatz.

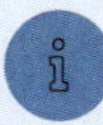

(leicht)

- Gebiet: Nonstal
- Provinz: Trentino
- Start/Ziel: Parkplatz Rätisches Museum, Sanzeno (gebührenpflichtig)
- Dauer: 2:45 Std.
- Strecke: 5,8 km
- Aufstieg/Abstieg: 470 Hm
- Wann: Frühling, Sommer, Herbst, Winter

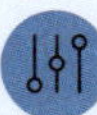

Landschaft: ●●●●●
Abwechslung: ●●●●●
Kondition: ●●○○○
Technik: ●○○○○

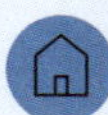

ja

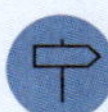

Parkplatz des Rätischen Museums (680 m) in Sanzeno → Markierung zum Santuario di San Romedio → Rückweg wie Hinweg

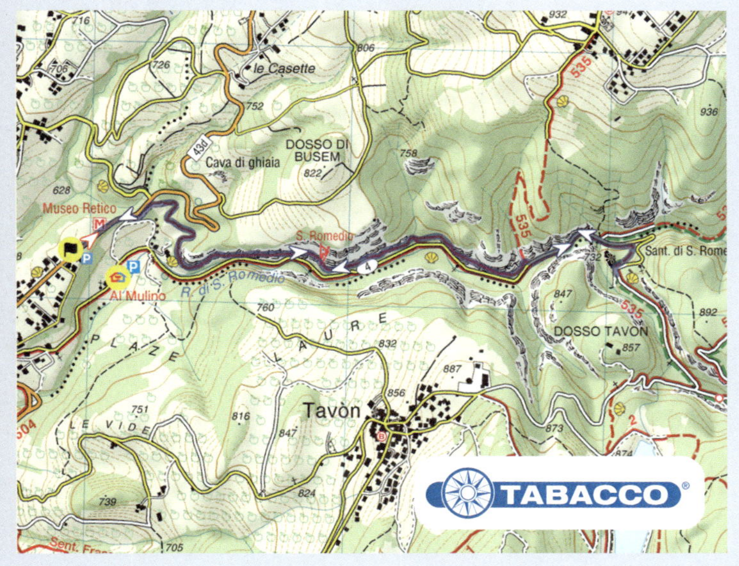

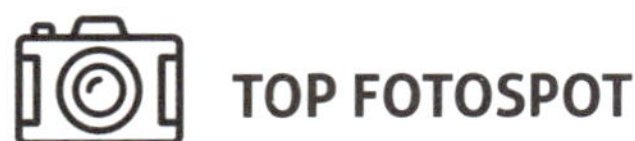

TOP FOTOSPOT

Wallfahrtsort San Romedio

Beim Wallfahrtsort San Romedio hat man es mit einem außergewöhnlichen Bauwerk zu tun, dessen ältester Teil um das Jahr 1000 entstanden ist. Im Laufe der Zeit ist der Gebäudekomplex auf insgesamt fünf Kirchen und Kapellen angewachsen, die wie Stockwerke übereinander errichtet wurden.

Koordinaten: 46.368489, 11.107585
Wie kommt man hin: Von Meran über den Gampenpass nach Fondo und weiter nach Sanzeno. In der Ortschaft bei einer größeren Kreuzung auf die Beschilderung zum Santuario di S. Romedio achten und links abbiegen. Der Straße bis zum Parkplatz etwas unterhalb des Wallfahrtsortes folgen.
Der Wallfahrtsort kann auch über eine andere, nicht minder lohnende Wanderung erreicht werden (Seite 268).
Exif-Daten: Canon EOS 5D Mark II | 24–70 mm @ 24 mm | f/3,2 | 1/1250 s
Aufnahmedatum: 31.10. – 11:10 Uhr

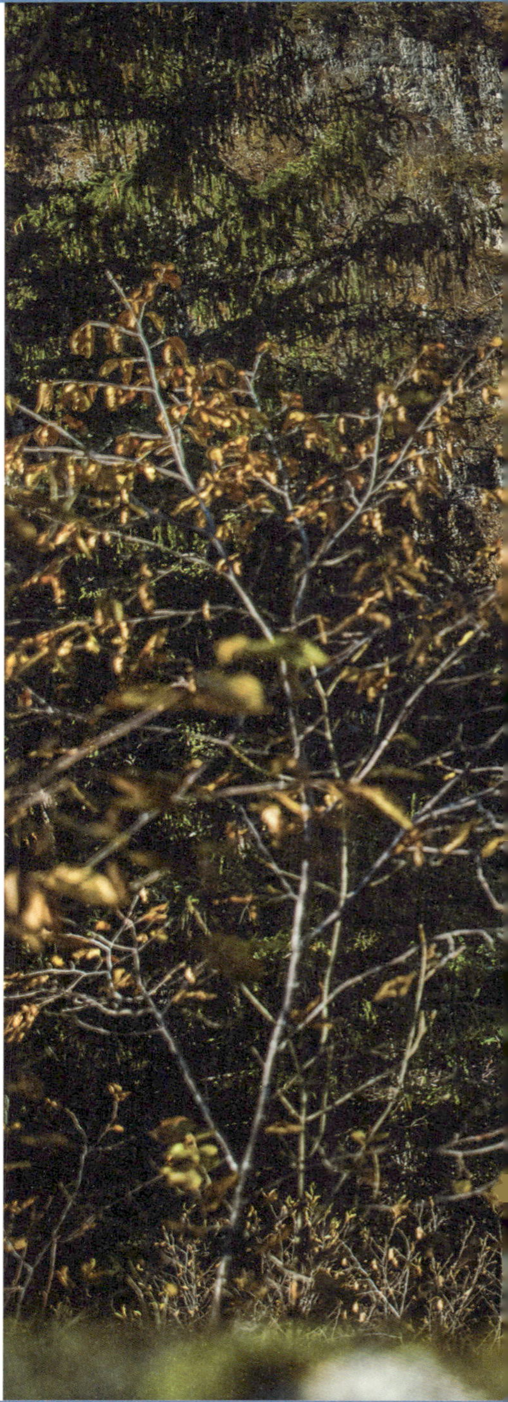

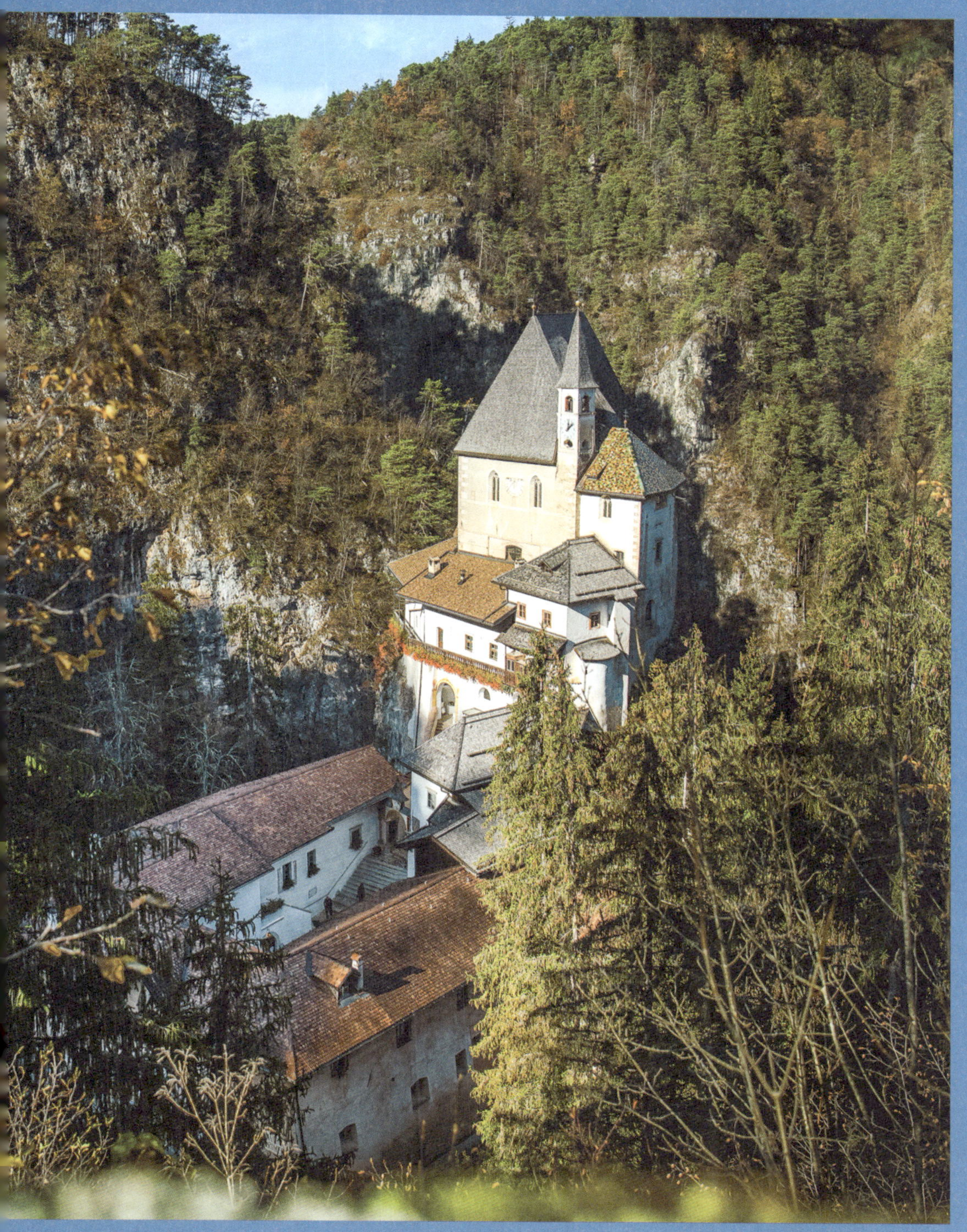

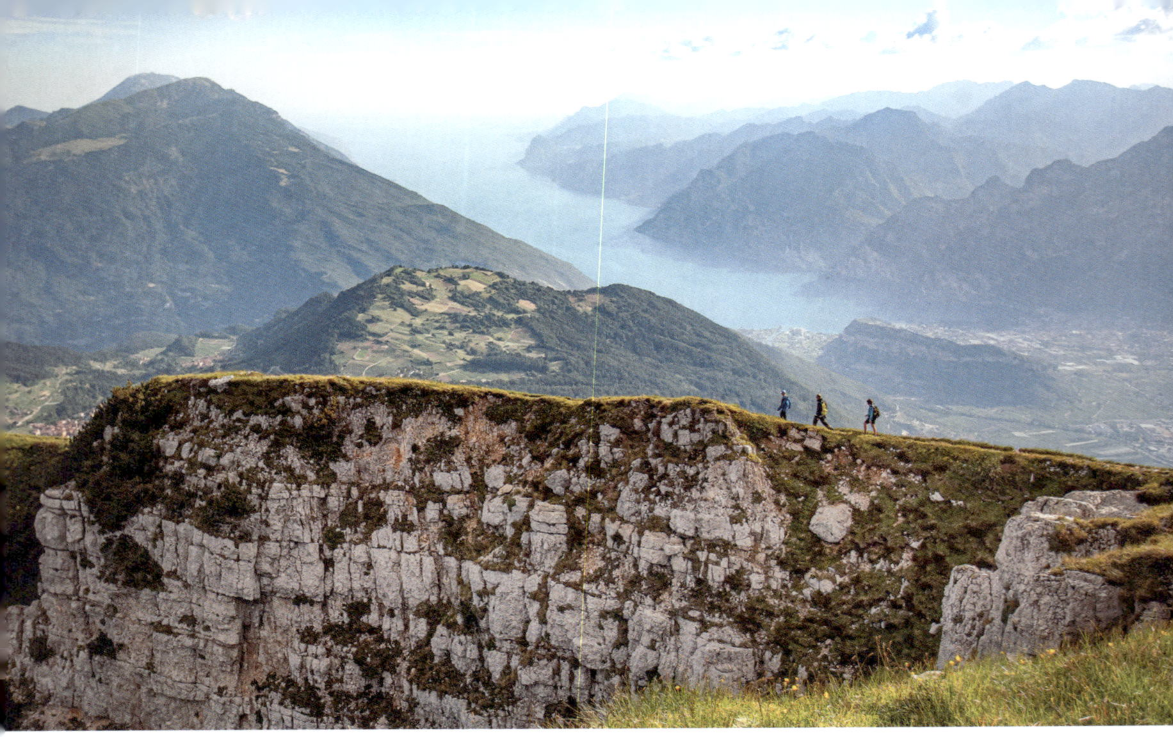

44 Auf den Monte Stivo

Hoch über dem Gardasee

Hoch hinaus geht es bei dieser mittelschweren Wanderung auf den Monte Stivo nordöstlich des Gardasees. Von dieser dominanten Erhebung aus hat man einen fantastischen Rundumblick auf den Gardasee, auf die Brentadolomiten, Rovereto, den Lago di Cavedine und noch vieles andere mehr.

Ausgangspunkt ist der Parkplatz (1.232 m) etwas oberhalb vom Passo Santa Barbara bei Ronzo Chienis. Ab hier hat man nun rund 800 Höhenmeter vor sich. Dazu folgt man zunächst der schmalen Straße Nr. 608B bergauf, die anfänglich asphaltiert ist, dann nach ein paar Kurven in einen Schotterweg übergeht und hinauf zu den Wiesen von Le Prese (1.480 m) führt. Hier wechselt man nun auf die Markierung Nr. 608 und kann entlang der weiten Almwiesen nicht nur den großartigen Blick auf den Gardasee, sondern in den Sommermonaten auch die Blütenpracht der Alpenflora auf sich wirken lassen, die hier den Weg säumt. Ab der Malga Stivo (1.748 m) geht es schließlich über einen holprigen Pfad stetig ansteigend weiter zur Schutzhütte Rifugio Stivo (2.012 m) etwas unterhalb des Gipfels. Nach insgesamt ca. 2:30 Stunden

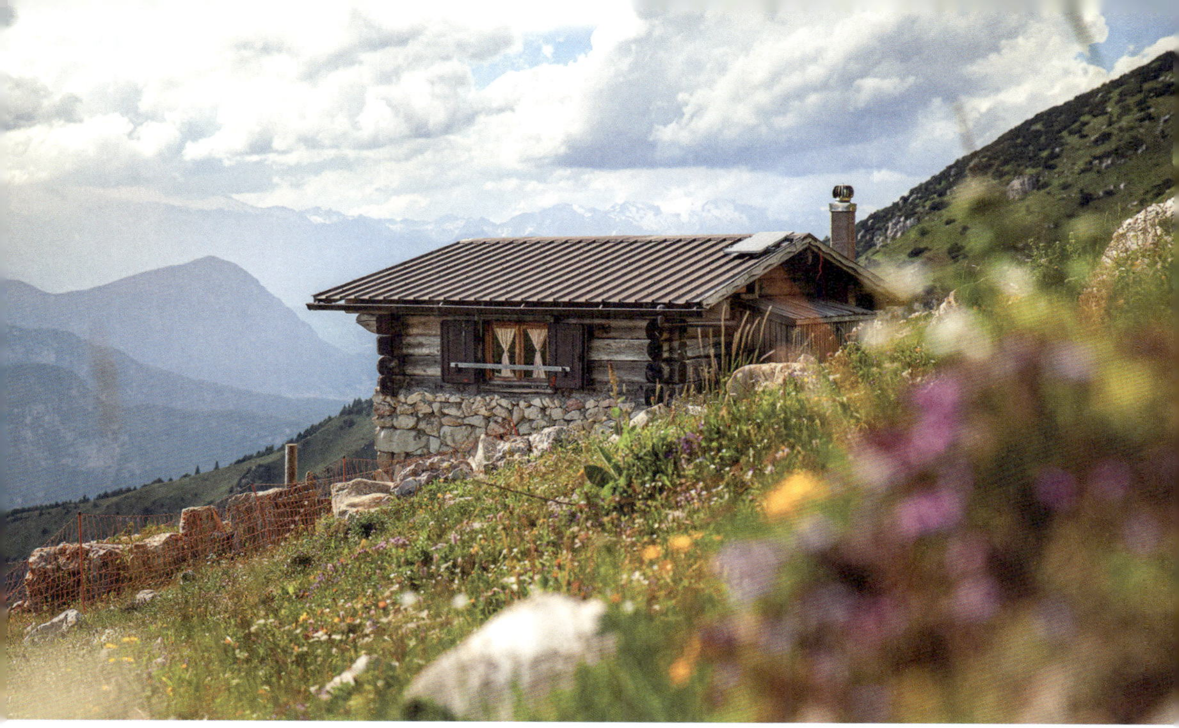

Hoch über dem Gardasee auf dem Gipfel des Monte Stivo (2.059 m) {Canon EOS 5D Mark II | 17–40 mm @ 35 mm | f/4 | 1/1250 s} {GPS: 45.920129, 10.963793}

Vorbei an kleinen Hütten geht es stetig bergauf

hat man das Gipfelkreuz des Monte Stivo (2.059 m) erreicht und kann die sensationelle Aussicht genießen. Einem steinernen Panoramarondell kann man die Namen mehrerer Gipfel und Täler entnehmen, die von hier aus sichtbar sind.

Die Schutzhütte lädt danach zu einer Stärkung ein, ehe man auf Pfad Nr. 608B den teils steilen Abstieg über die Bergwiesen in Angriff nimmt. Nach knapp 1 Stunde trifft man auf den bereits bekannten Schotterweg am Beginn der Wiesen von Le Prese und erreicht so wieder den Ausgangspunkt. Wer etwas sanfter absteigen möchte, nimmt ab dem Rifugio Stivo einfach wieder den Weg Nr. 608, der schon vom Aufstieg bekannt ist.

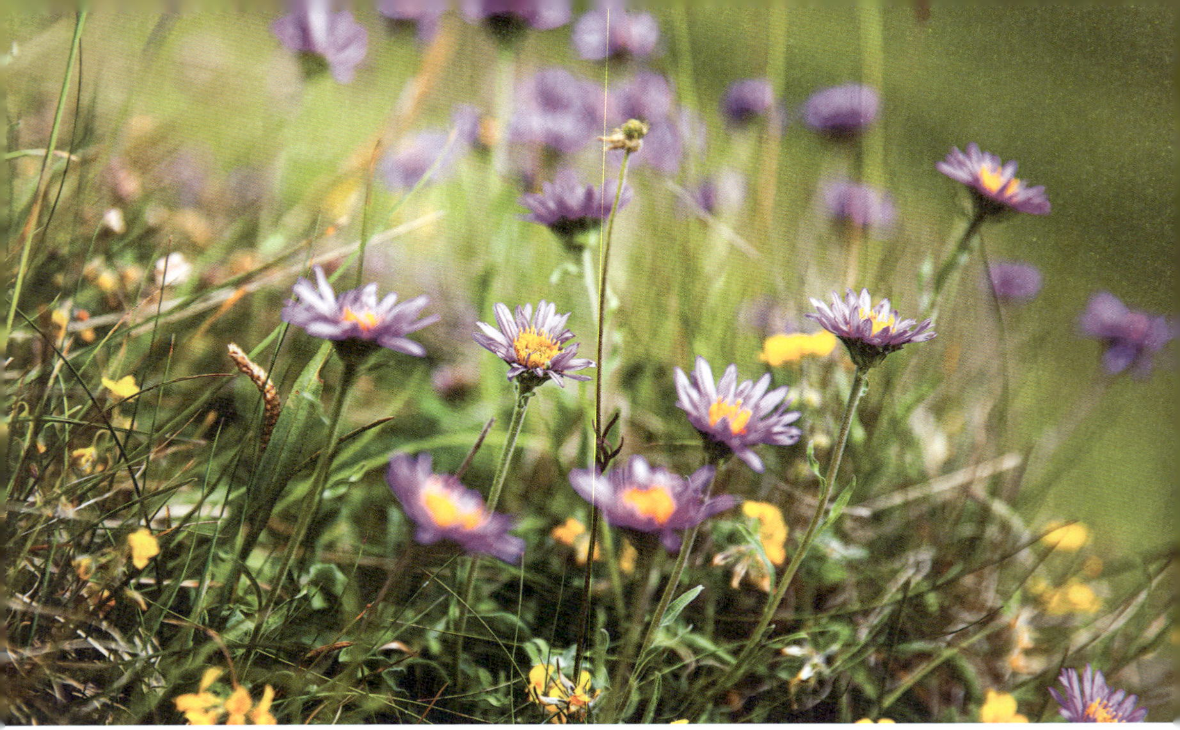

↑ In den Sommermonaten säumt eine bunte Alpenflora den Weg

↓ Vom Monte Stivo blickt man unter anderem ins Valle dei Laghi und auf den Cavedinesee

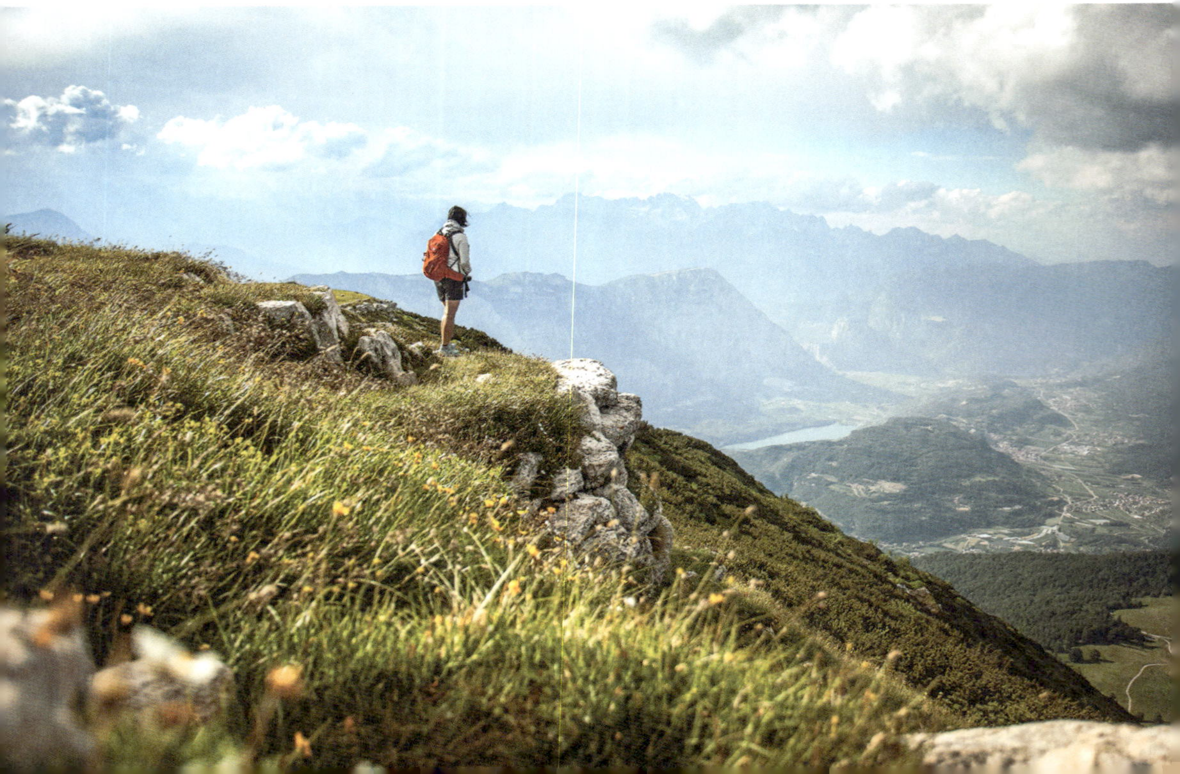

Technisch einfache Wanderung mit einer herrlichen Aussicht, die aber ein wenig Kondition erfordert. Wer sich für Botanik interessiert, kommt in den Sommermonaten voll auf seine Kosten.

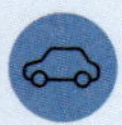

Von Torbole nach Loppio und beim Kreisverkehr der Beschilderung ins Valle di Gresta und hinauf auf den Passo Santa Barbara folgen. In Santa Barbara bei der Kreuzung mit einem Brunnen in der Mitte rechts bergauf abzweigen. Nach kurzer Fahrt kommt man an einem ersten Parkplatz vorbei, lässt den aber hinter sich, nimmt gleich rechts neben der Baita Castil die ebene Straße und hat wenig später den Wanderparkplatz erreicht.

(mittel)

- Gebiet: Gardasee
- Provinz: Trentino
- Start/Ziel: Parkplatz oberhalb vom Passo Santa Barbara, Ronzo Chienis
- Dauer: 4:00 Std.
- Strecke: 8,6 km
- Aufstieg/Abstieg: 807 Hm
- Wann: Sommer, Herbst

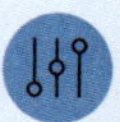

Landschaft: ●●●●○
Abwechslung: ●●●●○
Kondition: ●●●●○
Technik: ●●●○○

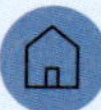

ja

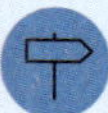

Parkplatz (1.232 m) etwas oberhalb vom Passo Santa Barbara → Weg Nr. 608B zu Le Prese (1.480 m) → Weg Nr. 608 zum Rifugio Stivo (2.012 m) → weiter zum Monte Stivo (2.059 m) → Rifugio Stivo → Weg Nr. 608B oder 608 zurück zum Parkplatz

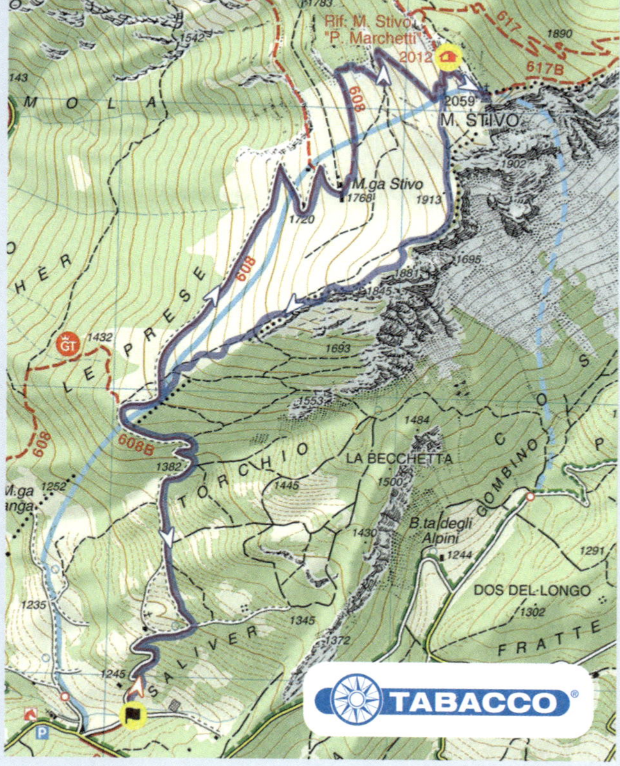

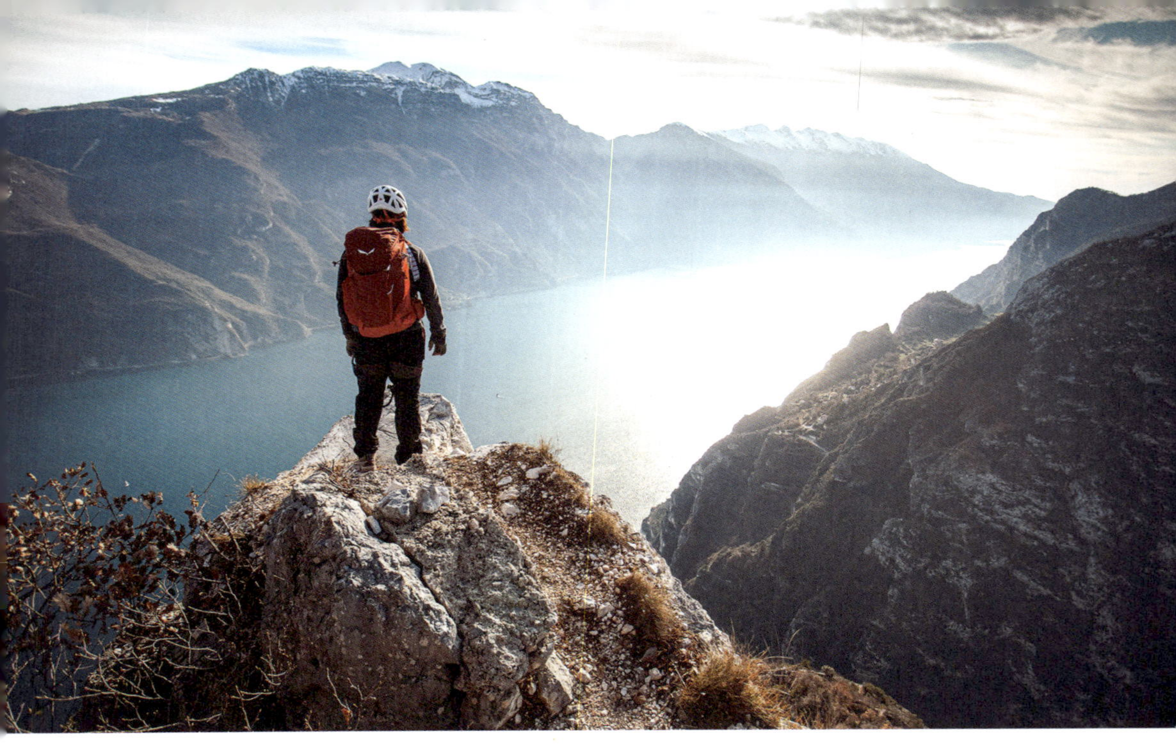

45 Auf die Cima Capi

Panoramarunde mit vier Klettersteigen am Gardasee

Diese großartige Tour am Westufer des Gardasees verbindet gleich vier Klettersteige miteinander und bietet noch dazu traumhafte Ausblicke auf den größten See Italiens. Da keiner dieser Klettersteige sonderlich schwierig ist, ist die Runde auch für Neulinge und Kinder geeignet. Im Sommer sollte man früh genug starten, denn die Mittagshitze kann hier zu einer Herausforderung werden.

Ausgangspunkt dieser Klettersteigrunde ist der Parkplatz vor der kleinen Ortschaft Biacesa (409 m) unweit von Riva del Garda. Dort überquert man die Straße und gelangt über einen kleinen Trampelpfad ins Dorf hinein zu einem Parkplatz für Anwohner. Ab hier folgt man zunächst dem Sentiero dei Bech (Nr. 470) zur Cima Capi. Die asphaltierte Straße geht bald in einen Steig über, der durch einen Laubwald führt. Es geht vorbei an alten Stellungen aus dem Ersten Weltkrieg und an Aussichtspunkten, die einen wunderschönen Blick auf Riva und die Berge auf der Ostseite des Sees freigeben.
Nach etwa 1:45 Stunde hat man den Einstieg zum ersten Klettersteig erreicht. Die Via Ferrata Fausto Susatti (Schwierigkeit B)

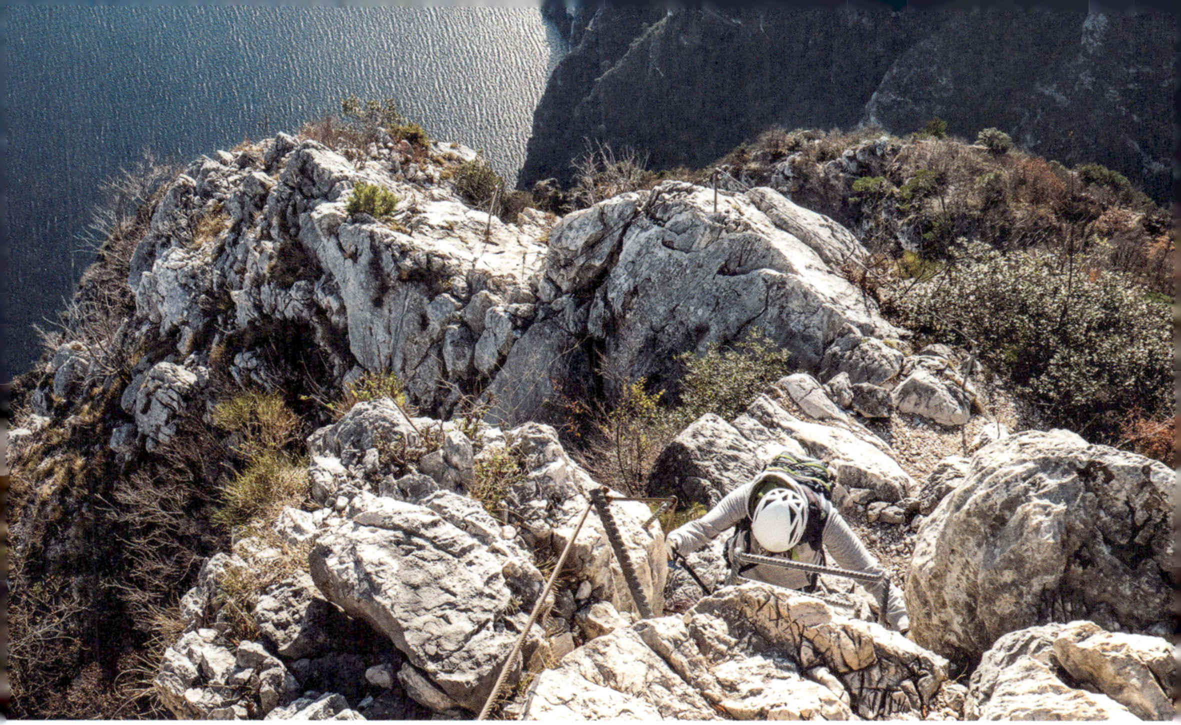

Das Panorama auf den Gardasee ist atemberaubend schön {Canon EOS 5D Mark II | 17–40 mm @ 17 mm | f/4 | 1/800 s} {GPS: 45.867279, 10.829454}

Gut gesichert geht es auf dem Klettersteig Fausto Susatti nach oben

ist top angelegt, gut gesichert und nie wirklich schwierig. Trittsicher und schwindelfrei sollte man aber auf alle Fälle sein. Während des weiteren Aufstiegs bieten sich immer wieder beeindruckende Blicke hinunter auf den Gardasee. Nach ca. 2:20 Stunden erreicht man schließlich den Ausstieg und steht auf der 909 m hohen Cima Capi.
Links vom Gipfelkreuz geht es dann leicht abwärts weiter, vorbei an einem Hubschrauberlandeplatz, bis man eine weitere Kriegsstellung erreicht.
Hier beginnt der zweite Klettersteig dieser Runde, die Via Ferrata Mario Foletti (B), nicht mehr ganz so aussichtsreich, aber mit nicht weniger tollen Passagen. Es gilt, mehrere Plattenquerungen mit Steighilfen zu überwinden (A/B), im Schlussteil geht es immer gesichert abwärts (B). Dann folgt eine längere Fußstrecke durch den Wald, dann an der Hütte Bivacco F. Arcioni (913 m) vorbei und nach insgesamt rund 3:15 Stunden erreicht man die Chiesa S. Giovanni (865 m). Ein paar Picknickplätze laden noch einmal zu einer Rast ein, bevor es an den dritten Klettersteig dieser Runde geht.
Von hier führt die Via Ferrata Caminamenti (A/B, Nr. 471) steil hinauf zur Cima Rocca

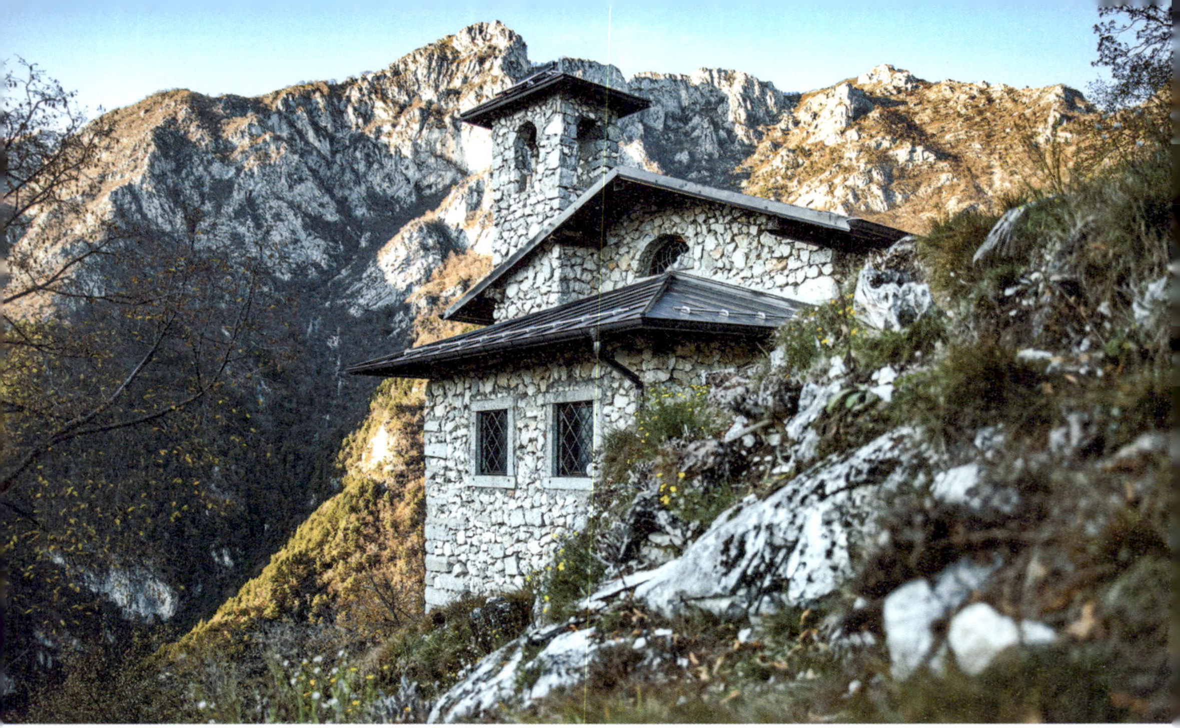

Bei der Chiesa S. Giovanni geht es hinauf zur Cima Rocca {Canon EOS 5D Mark II | 24–70 mm @ 28 mm | f/2,8 | 1/800 s} {GPS: 45.869863, 10.819399}

(ca. 40 Minuten). Es handelt sich eigentlich weniger um einen Klettersteig als um einen mit Drahtseilen gesicherten und kaum schwierigen Wanderweg. Das Besondere sind die Stollen aus dem Ersten Weltkrieg, die man unterwegs erkunden kann, ehe man auf der 1.099 m hohen Cima Rocca steht und den traumhaften Blick auf den See auf sich wirken lassen kann. Nun geht es auf der anderen Seite des Gipfels weiter. Für diesen Teil braucht es unbedingt eine Stirnlampe, denn der Steig führt hier durch ein Tunnelsystem, in dem aber die Markierungen für eine problemlose Orientierung sorgen. Die Schießscharten lassen etwas Licht einfallen und ermöglichen zugleich den Blick nach außen. Danach geht es über den Hinweg wieder hinab zur Chiesa S. Giovanni.
Von dort hat man nun zwei Möglichkeiten, um ins Dorf zurückzukehren, entweder über den leichten Klettersteig Via Ferrata delle Laste (A) oder über den Waldweg Nr. 460. Für beide Varianten benötigt man etwas mehr als 1 Stunde.

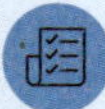

Ob ohne oder mit längerer Klettersteigerfahrung: Wer zu dieser Runde mit gleich vier Klettersteigen aufbricht, ist bei der Rückkehr um ein unvergessliches Erlebnis reicher.

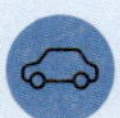 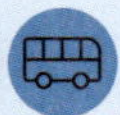

Von Riva del Garda in Richtung Ledrotal. Vor der Ortschaft Biacesa auf der linken Seite befindet sich ein Parkplatz.

(B)
- Gebiet: Gardasee
- Provinz: Trentino
- Start/Ziel: Parkplatz an der Hauptstraße vor Biacesa
- Dauer: 5:30 Std.
- Strecke: 7,8 km
- Aufstieg/Abstieg: 988 Hm
- Wann: Frühling, Sommer, Herbst, Winter

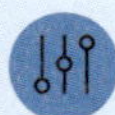

Landschaft: ●●●●●
Abwechslung: ●●●●●
Kondition: ●●●●○
Technik: ●●●●●

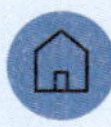

nein

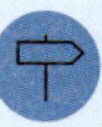

Biacesa (409 m) → Sentiero dei Bech (Nr. 470) zur Cima Capi → Via Ferrata Fausto Susatti → Cima Capi (909 m) → Via Ferrata Mario Foletti → Hütte Bivacco F. Arcioni (913 m) → Chiesa S. Giovanni (865 m) → Via Ferrata Caminamenti → Cima Rocca (1.099 m) → Via Ferrata Caminamenti → Via Ferrata delle Laste → Biacesa

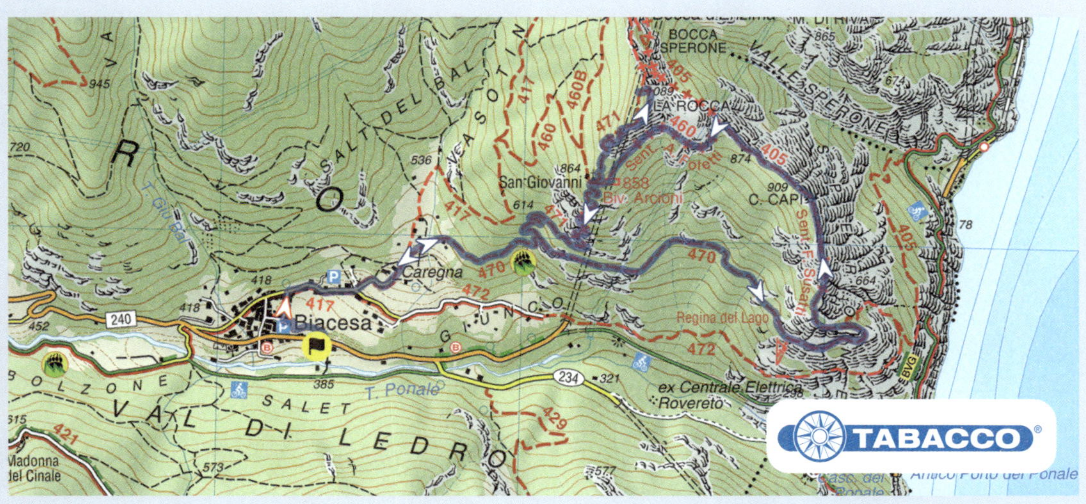

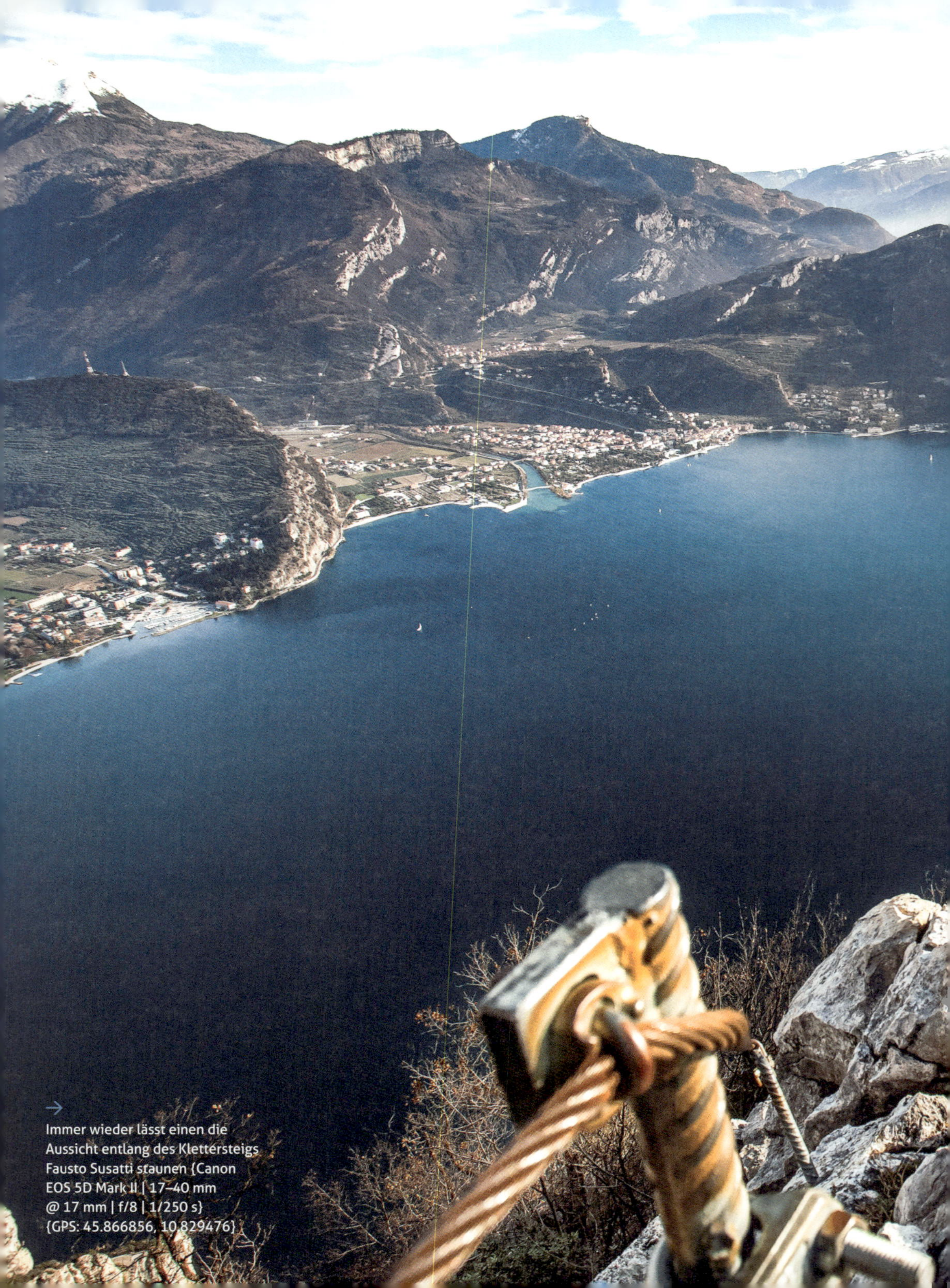

→
Immer wieder lässt einen die Aussicht entlang des Klettersteigs Fausto Susatti staunen {Canon EOS 5D Mark II | 17–40 mm @ 17 mm | f/8 | 1/250 s} {GPS: 45.866856, 10.829476}

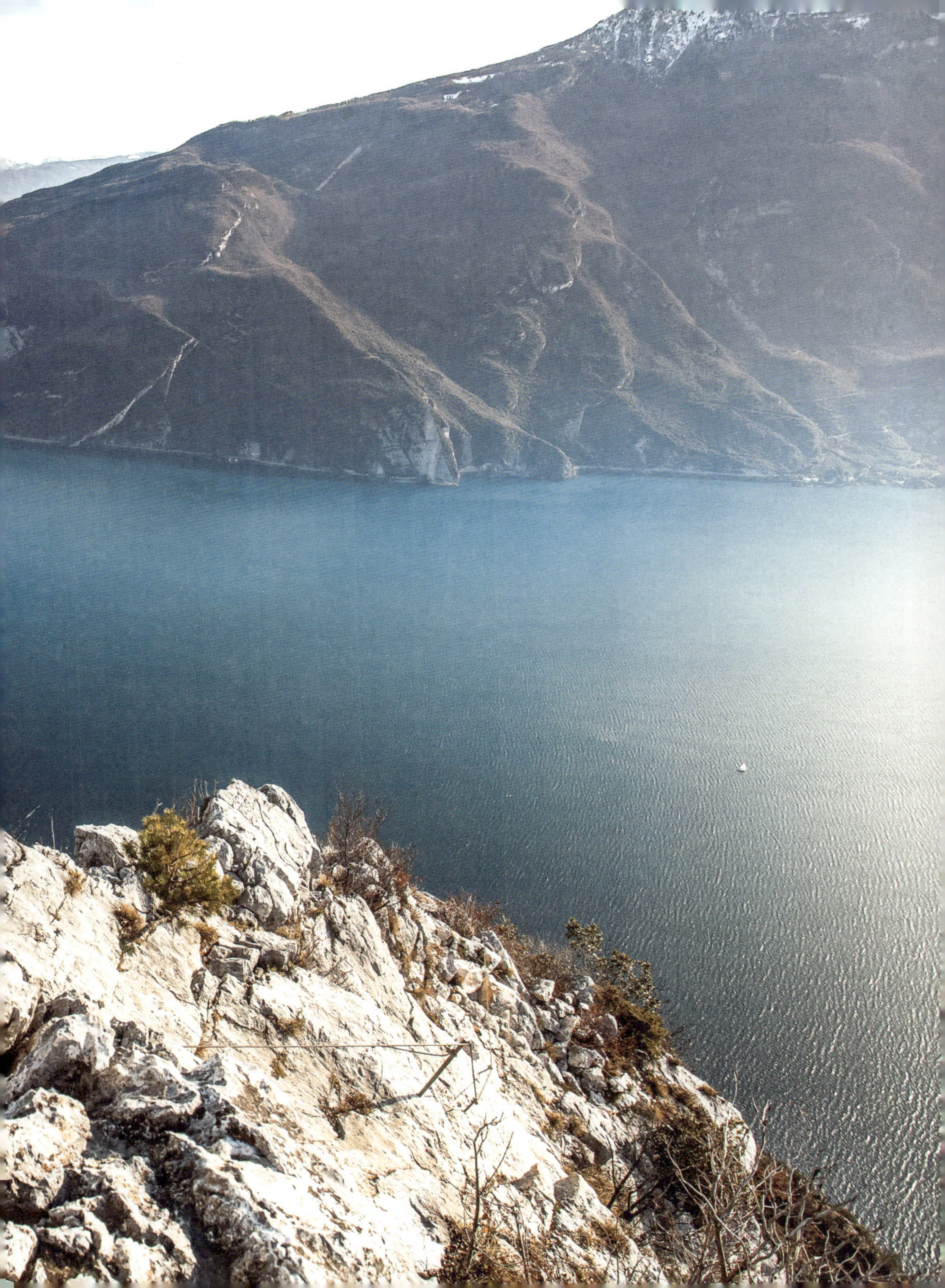

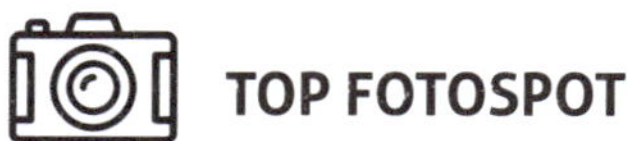

TOP FOTOSPOT

Burgruine von Arco

Ein wunderschönes Fotomotiv am nördlichsten Zipfel des Gardasees ist die Burgruine von Arco. In malerischer Landschaft thront sie hoch über der Stadt auf einer Felsnase, umgeben von Olivenbäumen und den für diese Gegend typischen Zypressen. Eine Landschaft, die mit ihrem Charme selbst Albrecht Dürer in ihren Bann zog, wie das Aquarell „Venediger Klausen" aus dem Jahre 1945 beweist.

Koordinaten: 45.915709, 10.888941
Wie kommt man hin: Östlich von Arco befindet sich der kostenlose Parkplatz Parcheggio alla Sarca. Von hier erreicht man in nur wenigen Minuten den Fotospot. Man folgt dem Fußgänger- und Fahrradweg in Richtung Stadt, zweigt bei der ersten Gabelung gleich links ab und geht noch ein Stück weiter bis ans Ende der Weinberge.
Exif-Daten: Panasonic Lumix G70 | 7–14 mm @ 14 mm | f/5,6 | 1/250 s
Aufnahmedatum: 18.07. – 19:44 Uhr

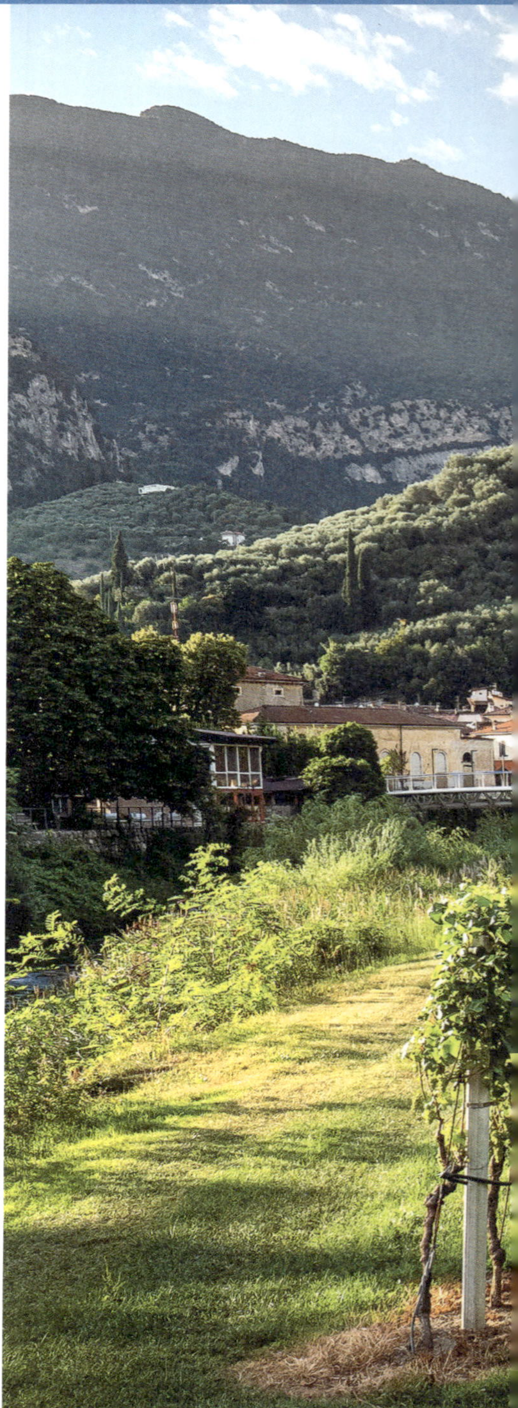

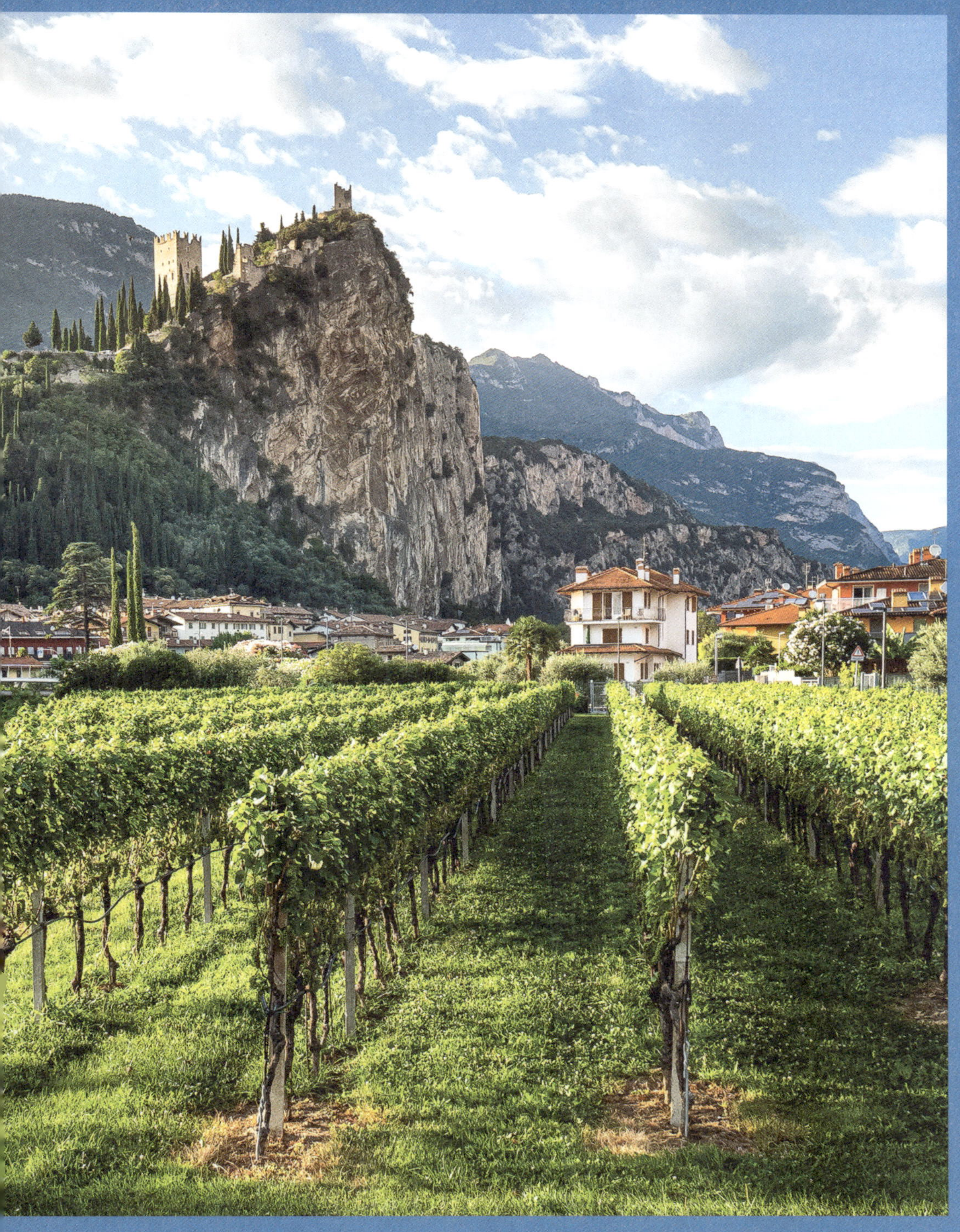

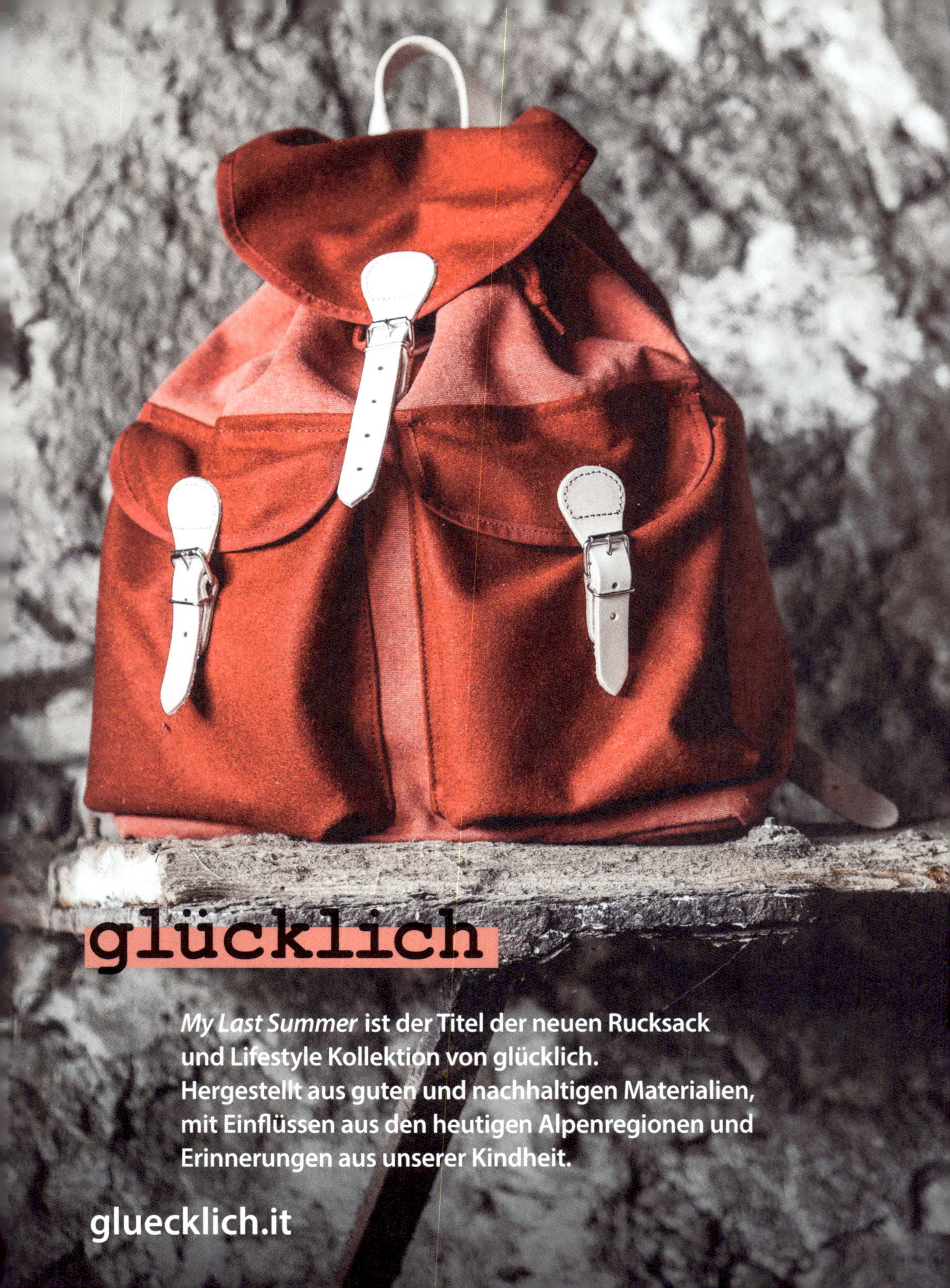
glücklich
My Last Summer ist der Titel der neuen Rucksack
und Lifestyle Kollektion von glücklich.
Hergestellt aus guten und nachhaltigen Materialien,
mit Einflüssen aus den heutigen Alpenregionen und
Erinnerungen aus unserer Kindheit.
gluecklich.it

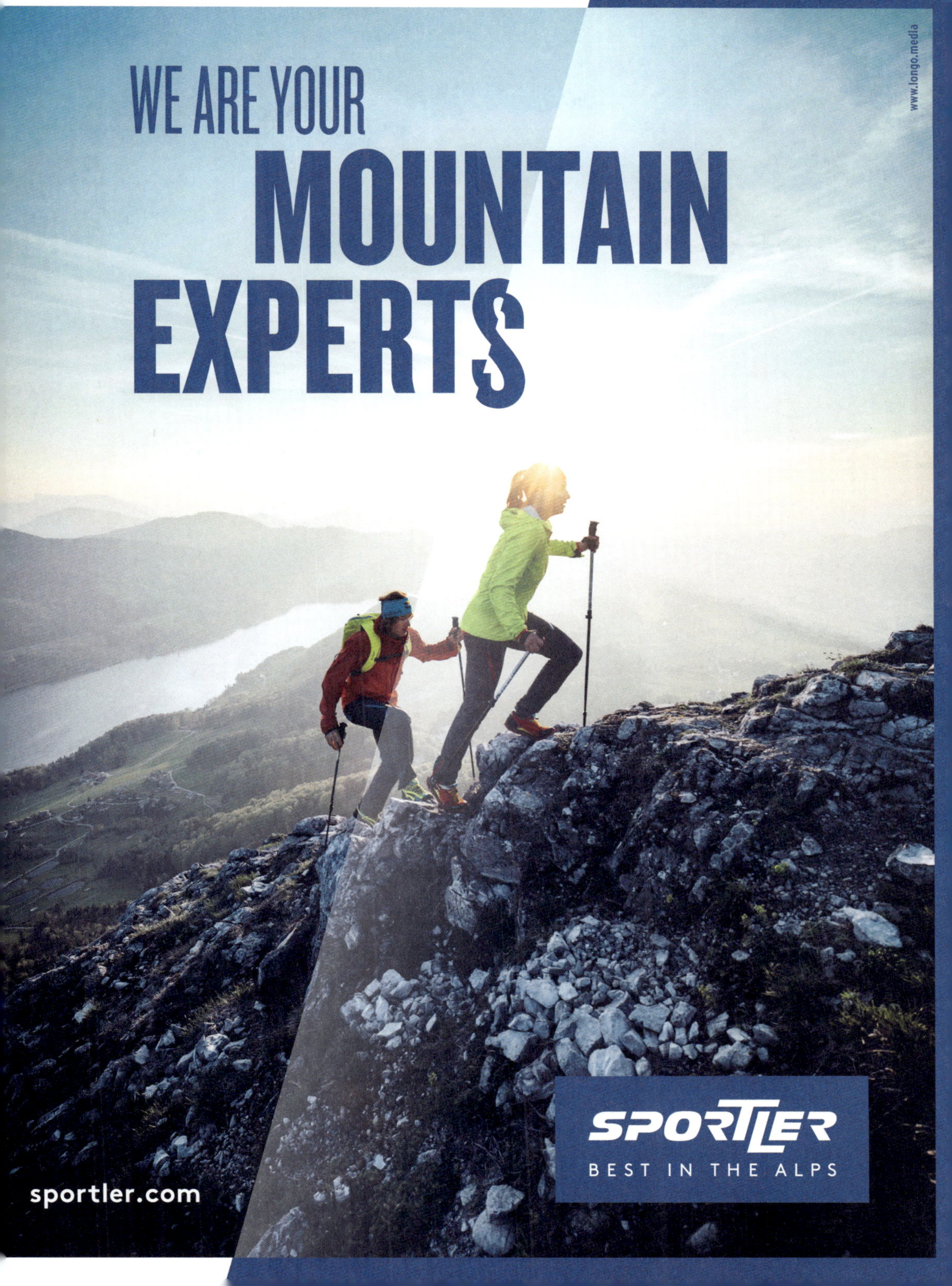

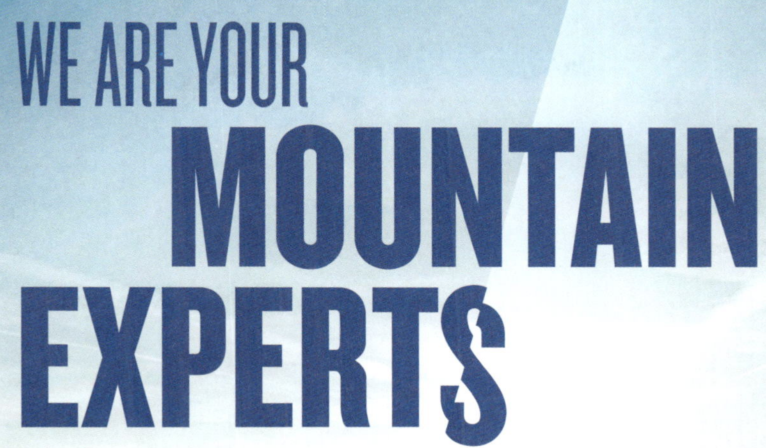
WE ARE YOUR
MOUNTAIN
EXPERTS

Mit freundlicher Unterstützung von

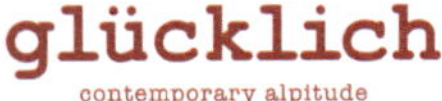

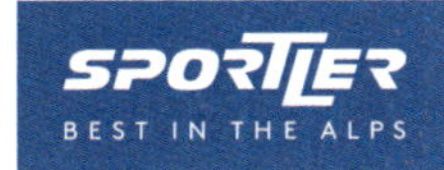

Edition Raetia, Bozen 2023
ISBN 978-88-7283-866-2

Projektleitung im Verlag: Eva Simeaner
Grafisches Konzept und Cover: Alessandra Stefanut, www.cursiva.it
Druckvorstufe: Typoplus
Lektorat und Korrektur: Helene Dorner
Karten: © Casa Editrice TABACCO Srl, Via Enrico Fermi, 78, 33010 Tavagnacco UD
www.tabaccoeditrice.it
Coverbild: Peitlerkofel im Abendlicht
Alle Fotos von Judith Niederwanger und Alexander Pichler, Roter Rucksack
Wir danken der Firma „glücklich" für den roten Rucksack.

Edition Raetia
RoterRucksack

editionraetia
roterrucksack

Judith und Alex sind alle Touren in diesem Wanderführer abgegangen und haben sorgfältig dazu recherchiert. Jedoch ändern sich im Laufe der Zeit Wegnummern, Abzweigungen und Namen. Über Hinweise an info@raetia.com freuen wir uns, die Änderungen können in der nächsten Ausgabe eingearbeitet werden. Für Unfälle auf den Bergen können weder Verlag noch die Autoren eine Haftung übernehmen.